目　录

自　序 / 001

王霸之间
　　——贾谊政治哲学初探 / 001
从教化到启蒙
　　——近代中国政治文化的起源 / 025
现代性与中国现代民族主义 / 040
第三条道路 / 063
杜威在中国的命运 / 075
现代中国的理性主义 / 086
欧克肖特和中国自由主义 / 101
欧克肖特基本思想述评 / 115
《欧克肖特文集》总序 / 143
现代政治的独特观察者 / 186
黑格尔与启蒙
　　——纪念《精神现象学》发表二百周年 / 200

黑格尔和现代国家 / 222

市民社会的神话 / 233

卡尔·施密特 / 245

列奥·施特劳斯 / 281

海德格尔:在哲学和政治之间 / 312

海德格尔:德国和欧洲及其超越 / 340

永远的阿伦特 / 361

政治与判断 / 374

极权主义和政治现代性

——读《极权主义的起源》/ 391

经济全球化和文化认同 / 411

全球化的政治后果

——评哈贝马斯对全球化政治的思考 / 426

哈贝马斯和帝国主义 / 445

恐怖主义的本源 / 461

伯林和乌托邦 / 475

记忆的权力和正当性 / 489

文化,还是政治? / 501

政治世界的思想者

张汝伦 著

复旦大学出版社

自　序

　　这本文集中收入的都是我有关政治哲学和政治思想的论文。"政治"是一个语义并不十分确定的术语，它的定义恐怕至少在两位数，既可以指从专制到民主的各种国家制度，也可以指私人企业的权力分配；既可以指政党的勾心斗角，也可以指政策的制定和社会的治理。五花八门，不一而足。①但不管怎么分殊多样，"最经典"的"政治"定义，它应该是与国家的权力活动有关。韦伯就是这样定义"政治"的："政治追求权力的分享、追求对权力的分配有所影响——不论是在国家之间或者是在同一个国家内的各团体之间。"②

　　这是西方人的定义，按照传统中国人的想法，政治总是不外政道、治道、治术三端。政道是有关政治领域中的正义和统治的合法性问题。治道是关于统治和权力运用、权力分配的原则。而治术则是关于治理的技术。近代以来，西方政治哲学和政治理论越来越偏向后二者，而对政道关注得越来越少。近年来，政治哲学在我国也得到了越来越多的人的关注，有关的著作也不断推出。然而，受西方学术的影响，以及中国的特殊国情，人们关注政治哲学，多为实用，更多是要找到"可操作的"方案，或某种理想的"制度安排"，即更多地是从

---

　　①　韦伯在《政治作为一种志业》的演讲一开头就说："'政治'是一个涵盖极为广泛的概念，每一种自主的领导活动，都算是政治"（韦伯：《政治作为一种志业》，《韦伯作品集》Ⅰ：《学术与政治》；钱永祥等译，广西师范大学出版社，2004年，第195页）。

　　②　韦伯：《政治作为一种志业》，《韦伯作品集》Ⅰ，第197页。

器、而不是道上来思考政治,因而关注的多为治道和治术,而非政道,即政治的根本原则和政治正义。

按照传统中国人的想法,固然是道不离器,器不离道,但道器之间的主从关系或根源与派生的关系还是不容混淆的。离道求器,舍本求末,政治将变成只有权术、没有原则的权力与利益的争夺。法家的确以权术来理解政治,但这不是我们古代政治思想的主流。"政者,正也"。对于儒家来说,政治从根本上来说是事关众人的正义事业,因此,政治的最高原则是"公",天下为公是对一切政治家的根本要求。政道就是公道,公道也是天道。

希腊人对任何事情都喜欢刨根问底,求个根本,对政治也不例外。他们在人类历史上第一次提出了政治的合法性问题。无论是社会制度还是统治形式,都不能作为毫无问题的事实接受,都要求得到理性的证明。柏拉图的二元论,即理型与现象的二元论也已经隐含了是和应该、事实与理想的区分,这使得政治批判成为可能。其次,在柏拉图的政治世界中,城邦与灵魂相对应,而它们也与宇宙相和谐,这就意味着,政道与人道和天道是一致的。灵魂的价值在于正义,而正义也是评判一个城邦的首要原则。对于霍布斯来说,正义是服从国家法律;而对于柏拉图来说,正义是政治的根本原则。城邦最终建立在个人德行基础上,而个人的德行就是灵魂与自身的正义关系。总之,无论对于中国古人还是对于西方古人来说,上述韦伯那种近代的政治定义,是他们无法理解的。

近代的政治理解滥觞于博丹。对他来说,政治只是事关表现为各种国家形式(如君主制、贵族制、民主制等)的权力操作方式,与正义没有任何关系。近代政治哲学的奠基者马基雅弗里和霍布斯,他们政治哲学的共同特点是利字当头,把政治理解为为了权力和利益的斗争,权力和利益是政治的最高原则。马基雅弗里因他一整套所谓"马基雅弗里式"的保持与扩张权力的技巧而臭名昭著,虽然这决不是他对西方政治哲学的贡献。他的贡献是在政治哲学的框架中不受拘束地建构策略理性,并且将使用策略理性提高到一个道德要求的水平。[1]也就是说,政治的根本目的是现实的功利考虑,而不是超越功利之上的任何其他原则。当然,他主张的功利只是他的国家的幸福,而不是统治者,更不是其他国家和人民的幸福,他们的幸福是可以为了他的国家牺牲的。

霍布斯同样只对权力和利益有兴趣,那是他衡量政治理论的准绳。他从博丹那里接过主权的概念,以此作为政治权力的基础。霍布斯名为经验主义者,用的方法却是演绎法,即从几个预设演绎出许多结论,而他之前的马基雅弗里还是从他对历史文本的阅读归纳出一般的政治规则。在霍布斯看来,国家不是一个反映宇宙和谐的神器,而是人为创造的东西。它没有什么先定的目的,如果有的话,那就是每个国民的利益。君主或统治者的存在不是因为天意,而只是因为它是最有效保证国内和平的方式。自然状态说也好,契约论也好,都与这个假设分不开,都为论证这个假设服务。主权者或国王不是一个特别有权的个人,而是国家的代表。从这个代表一般的功能中,派生出构成一个秩序良好的国家的诸多原则:保护人民;关心普遍福利;全民的教育;法律面前人人平等;普遍赋税;公共支持不能工作的人;法律限于必须并且表述清楚;区分公共惩罚和报仇;根据对于相关问题的资格选择政治顾问等等。霍布斯用合理的自利来解释国家的功能,表面上看,国家拥有主权,实际上国家是以保护个人生

---

[1] Cf. Vittorio Hösle, *Morals and Politics*, trans. by Steven Rendall (Notre Dame: University of Notre Dame Press, 2004), p. 30.

命为目的。这样霍布斯就无法最终解释,为什么国家在紧急情况下有权让它的公民去冒生命的危险。①

如果说霍布斯的国家功能主要是保护人的生命,那么洛克的国家主要是保护人的财产。他们都是后来麦克弗森所谓"占有个人主义"的代表。在占有个人主义看来:"个人(被理解为)本质上是他本人的人身或各种禀赋——它们绝对没有得益于社会——的所有者。个人(被)视为既不是一个道德整体,也不是一个更大的社会整体的组成部分,而是他本人的所有者。……个人是自由的,这仅仅是因为他是他的人身即禀赋的所有者。人的本质是免于依赖他人意志的自由,自由是占有的功能。社会是许多自由平等的个人,他们作为自己的禀赋即利用这些禀赋的所得之所有者,彼此联系在一起。社会是由这些所有者之间的交换关系形成的。政治社会(是)……为了保护这种产权并维持有序的交换关系而设计的。"②对于霍布斯和洛克来说,人的本质特征就是不断努力攫取更多的权和钱,国家为了个人合理的自利而存在,政治的目的是经济,参与政治只是要让国家履行这个义务。③尽管在他们两人后面西方还有不少伟大的政治哲学家,如卢梭、康德、黑格尔和马克思,尽管这些人都对西方政治思想作出了极为重要的贡献,但奠定了现代西方政治理解基调的,却是马基雅弗里、霍布斯和洛克。这个基调就是:政治是攫取利益和保障利益的工具。韦伯对政治的定义正体现了这种基调。这个基调完成了西方政治理解的转换,从此,政治的原则逐渐为经济的原则所取代。

马基雅弗里、霍布斯和洛克之所以能定下现代西方政治理解的

---

① Cf. Vittorio Hösle, *Morals and Politics*, pp. 38 – 40.
② C. B. Macpherson, *The Political theory of Possessive Individualism*: Hobbes to Locke(Oxford: At the Clarendon Press, 1962), p. 3.
③ Cf. Vittorio Hösle, *Morals and Politics*, p. 43.

基调,是因为他们的思想与近代资本主义经济对政治的要求相一致。资本主义经济发展除了种种外在的条件之外,还有不可缺少的内在条件,就是人的利益和欲望。资本主义的经济机器是靠不断增强的人的欲望和追逐利益驱动的。而自由主义的政治学和伦理学,就是从理论上将欲望和利益合法化并绝对化,使其成为人生的根本目的,其他所有的东西,不管曾经有多神圣,都不过是达到这个目的的手段,国家也好,政治也好,都不例外。一个最典型的例子就是德国自由主义思想家威廉·冯·洪堡,他在《试图确定国家行为之界限的观念》(1859年)中认为国家之所以必要,是为了保证外部和内部的安全(在某些情况下也为了繁荣经济),仅此而已。

在现代,前现代政治社会中大恶与大德之间的对立变成了平庸的中道,确保财产和个人自重的活动就是这个中道的最终标准。政治斗争的目的往往是用自由民主的旗号来争取经济利益或扩大并巩固经济利益。当人们用脱贫的冲动来取代推翻暴政、追求自由的努力时,革命就一定会最终导致自由的丧失,而不是自由的获得。阿伦特的《论革命》极为精辟地论述过近代政治的这个吊诡现象。自由资本主义和社会主义的角力,焦点其实也在经济。在古代,国家的哲学问题是国家与个人的关系问题;而在现代,这种关系被化约为为了满足尽可能多的公民最大数量的需要,经济不平等在何种程度上是允许的。政治问题变成了经济政策的问题。

与此同时,现代虚无主义也使得政治越来越没有原来的形而上的价值品质。政治如何运作那是一个描述性问题,而不是一个规范性问题。康德很早就指出,描述性命题和规范性命题在逻辑上是彼此独立的,这实际上是科学价值中立(或价值无涉)主张的理论基础。韦伯受新康德主义的影响,对此深信不疑。在他看来,社会科学总要处理价值问题,虽然他把价值看作是社会事实,但认为任何试图决定哪些价值是对的,本身就是不科学的,而且也是不理性的。社会科学研究只要看出事物的手段-目的关系就行了。价值问题只能让它们众声喧哗,让人们各取所爱。韦伯的"价值无政府主义"揭示了现代性的一个似乎是悖论的现象,这就是:一方面是要求丝毫不错的工具理性;另一方面是价值虚无主义。在价值多元论的名义下,人们对价值问题越来越没有共识,政治(不等于国家)无论在理论上还是在实践上,都失去了指导社会的权威。政治成了赤裸裸的权力斗争,或文斗,或武斗,但都是只问权力,不问是非;或者用施米特的话,政治就是区分敌我。但政治运行的逻辑,却与经济运作的逻辑并无二致,同样是计算精准的工具理性的逻辑。

在《论黑暗时代的人性》中,阿伦特曾这样写道:"历史见证了许多黑暗时代,在那种时期,公共领域被遮蔽,世界变得如此不确定,以至于人们绝口不谈政治问题,只是关心对自己的生存利益和人身自由值得考虑的问题。"①阿伦特这里其实是在写现代,在她看来,政治在现代已经被经济所取代,人们表面上在谈论政治,实际是在谈经济,而真正的政治问题,人们绝口不谈。人们关心自己的生计,却不关心自己的命运。这就是为什么人类今天处于有史以来经济最发达的时期,却面对最大的生存危机。政治只是对利益的分配和争夺,而不是对正义的坚持和发扬。与此相应,经济构成了统治的合法性基础,是政党制定政策的指针,人们参与政治活动的动力。

与许多事情一样,现代中国人的政治概念,是从西方传来的,现代中国的政治理解,就是西方现代的政治理解。②因此,我们的政治哲学和政治思想关注的焦点,不在探讨何谓政治,政治的一般原则和

---

① Hannah Arendt, *Men in Dark Time* (San Diego New York London: Harcourt Brace & Company, 1968), p. 11.
② 详见本书《从教化到启蒙》一文。

政治的根本目的,而是何种制度最有利于个人利益的满足和获得。然而,如果是为了个人利益满足的话,人类最初为何要有政治?近代西方人虚构的自然状态和契约说并不能令人信服地解释人们对政治的需要和政治的起源。当古希腊人将 polis 看作是自己的生存方式,而不仅仅是一种外在的制度时,他们显然对政治有更深刻的理解。而他们将人定义为政治动物(有 polis 的动物)时,他们是在告诉我们,人类生活并非只有经济一个维度,个人的安全和利益只有在一个政治共同体中才能得到满足和保证。其实,近代的政治哲学可以说是用消极的方式证明了这一点。

试图将古今政治哲学冶于一炉的黑格尔,用家庭、市民社会和国家来说明人类的共同生活形式,就是要表明经济与政治的不可相互替代。在他看来,国家不仅仅是法律制度,而且也是伦理生活(Sittlichkeit)。家庭与国家不是获得利益的手段,而本身就是超越合理的自利的目的。与康德和费希特一样,黑格尔以一个独立于任何经验存在的理想存在作为出发点,但不像康德,他假定这个理想存在决定经验世界,后者只能对应它,至少在历史中逐渐接近它,这就使得他的政治哲学具有一定的批判性。但黑格尔终究将哲学视为纯粹理论,实践哲学的目的在他看来不是指导我们将来的行为,而是发现在历史中出现的合理的东西,这就使得它的批判功能大打折扣。①

但黑格尔的政治哲学至少使我们看到了政治本身超越经济的独立性,可以和古代哲学一起引导我们"重新发现政治"。如果我们秉承现代性工具理性的思路,将政治哲学都理解为一种指导实践的理论,甚至是可以付诸实施的方案的话,那么古代政治哲学,尤其是中国古代政治哲学,会被很多人看作是纯粹"过去"的东西。但如果我

---

① Cf. Vittorio Hösle, *Morals and Politics*, p. 52.

们不是从认识论,而是从存在论的角度去看古代的政治思想的话,那么古人对政治本身的理解未必就不如现代人"正确"。至少我们可以从古人那里看到被现代人忽略、但其实是非常重要的东西。例如,在开口利益、闭口权利的今天,政治还有没有正义可言?除了权力和利益的协调与分配之外,政治还有没有其他理解的可能?这是《王霸之间》和《从教化到启蒙》这两篇文章写作的初衷。后一篇文章的另一个目的是考察一下,近代西方的政治概念是如何进入中国并被我们接受的。这种对西方政治概念的接受,在相当程度上构成了现代中国的政治文化。

现代性在中国的表现,很大程度表现为西方近现代思想在中国的消化和接受。《现代性与中国现代民族主义》、《现代中国的理性主义》、《杜威在中国的命运》、《欧克肖特和中国自由主义》等四篇文章,都与此有关。"民族主义"在当今世界,包括当代中国的政治话语中,几乎就是一个贬义词,但人们对它的简单理解与它在世界历史和中国历史中的实际意义有很大的出入。无论在世界还是在中国,民族主义产生的效应都比较复杂,不能简单对待。《现代性与中国现代民族主义》就是要分析梳理民族主义在近现代中国历史中的复杂意义与作用。释义学告诉我们,理解总是从理解者的视域出发的。现代中国人理解西方思想,在很大程度上不仅是从中国的传统,而且更是从中国的现实去理解的。传统功利思想加上现代性的工具理性思维方式,使得他们很少以打通西方思想文化的传统为理解目的,了解和理解西方思想,更多是为了找到一个救治中国沉疴的良方。这种赤裸裸的实用心态使得西方思想到中国没有不走样的,结果往往是逾淮为枳,有关的西方思想到了中国后歪曲变形,变成了一种与原本出入很大的简单教条。《现代中国的理性主义》、《杜威在中国的命运》、《欧克肖特和中国自由主义》这三篇文章就是要对这种现象进行一些初步的考察和批判。

当然,也有些中国的政治学者对西方政治思想的了解比较地道,并且能突破意识形态的壁障,试图将它本土化,以解决中国政治现代性的问题,例如张君劢和张东荪等人对社会民主主义的理解和宣传就是如此。他们在中国要走第三条道路虽然没有走通,但他们的努力还是值得后人肯定的。可惜由于意识形态和其他原因,他们的努力一直没有得到政治研究者的足够重视,《第三条道路》试图将他们政治思想的意义,呈现给读者。

近年来我们对现代西方政治哲学的引进多集中在自由主义上,社群主义也有一点,但相比之下是太不成气候。对于激进了一个多世纪的我们来说,更需要对保守主义有所了解和领会。为此,我将欧克肖特引进了中国。《欧克肖特基本思想述评》、《〈欧克肖特文集〉总序》和《现代政治的独特观察者》三篇论文,对欧克肖特的思想及其意义作了提纲挈领的论述,虽不无挂一漏万之虞,但还能持理解之同情的态度。好在多卷本的《欧克肖特文集》即将陆续问世,读者可以根据原著来进一步了解这个独特而重要的现代政治哲学家。此外,《卡尔·施密特》和《列奥·施特劳斯》则是对另外两个20世纪重要的保守主义政治哲学家的研究。

黑格尔是最重要的西方政治哲学家之一,但他的政治哲学与他的整个哲学一样,由于现代学术的政治化和意识形态化,一直遭人误解。除了误解外,还有不理解。黑格尔的哲学博大精深,语言深奥晦涩,让人难以把握。《黑格尔与启蒙》是把黑格尔放在时代的语境中,阐发其哲学的现代意义,以帮助人们正确理解他的政治哲学。《黑格尔与国家》阐明了黑格尔有关市民社会和国家的基本思想,指出他的政治哲学对政治现代性的批判意义。《市民社会的神话》则利用黑格尔以及卢梭有关市民社会的思想资源,批判了某些自由主义者鼓吹的市民社会的神话。

如果黑格尔曾经被称为是"专制主义的思想家"的话,那么海德格尔则至今还戴着"法西斯主义思想家"的帽子。有关海德格尔的政治问题,早已成为国际学术工业的一个热门话题,但能冷静客观地分析他的政治哲学的人,并不是太多。人们对他往往是爱之者曲意维护,恨之者则欲把他一棍子打死。这显然不是对待一个伟大哲学家的应有态度。在我看来,海德格尔本质上是个哲学家,一个非常纯粹的哲学家。他的实践行为,包括他的政治态度,必须看作是他哲学的一部分,才能得到公正的理解。我试图从哲学上,而不是从史学上,即不是根据档案或回忆录,而是根据他的哲学文本来理解他的政治思想和政治态度。《海德格尔:在哲学和政治之间》和《海德格尔:德国和欧洲及其超越》两篇文章,就是基于这种态度写成的。

阿伦特是我非常欣赏的政治哲学家,她犀利的目光、深刻的分析和独到的思想,不仅予人以启发,也给人非凡的精神享受。《永远的阿伦特》、《政治与判断》、《极权主义和政治现代性——读〈极权主义的起源〉》三篇文章,分别从阿伦特的精神人格、政治判断思想和极权主义理论三个方面,论述了阿伦特其人及其思想。阿伦特最让我欣赏的是她永远是不可替代、不可复制的这一个,她始终拒绝将自己归入任何一个"类"中,因而她的思想也永远具有独特的意义。

在我看来,政治哲学的研究不应该是纯粹的理论研究,更不应该是学术工业的制作,而应该是对现实的批判,只有这样,它才符合将哲学作为一种生活方式的要求。今天的世界,虽然人们在说"政治"时,真正的意思是"经济",但人类的危机和苦难时时刻刻在提醒人们,政治不能缺席,也不应缺席。政治批判是唤醒人们政治意识的必要手段;真正的政治哲学家必然是时代的批判者。

全球化是我们时代的特征之一,对时代的批判,必然包括对全球化的批判。《经济全球化和文化认同》与《全球化的政治后果——评哈贝马斯对全球化政治的思考》两篇文章,是批判全球化时代产生的一些重要的政治问题的。后一篇文章以及《哈贝马斯和帝国主义》,都是针对哈贝马斯的。哈贝马斯自觉维护现代性,尤其是政治现代性的立场,必然使得他越来越向西方主流意识形态靠拢,从而更多地是政治现代性的一个辩护士,而不是批评者。对哈贝马斯的批判固然是对他本人的批判,更是对政治现代性的批判。《恐怖主义的本源》与《伯林和自由主义》也都是时代的批判。9·11事件把我们时代的恐怖主义实质,骇人听闻地暴露在人类面前。在我看来,恐怖主义是一种特有的现代现象,是政治现代性的必然产物。乌托邦同样是政治现代性的产物,①近年来人们对乌托邦的挖苦嘲笑和愤怒谴责,都没有看到它在现代性中的深刻根源和复杂意义。

文化研究与政治哲学一样,是近年来学术界的热门。文化研究最初在西方出现的时候,并不是学术工业的一部分,而是政治批判的手段和武器,这说明文化研究本质上的政治关照。文化与政治纠缠在一起,形成所谓政治文化和文化政治,也是现代特有的现象。《记忆的权利和正当性》与《文化,还是政治?》两篇文章,都涉及了文化的政治相关性,以及政治对文化的强暴。从文化与政治复杂的紧张关系中,我们可以看到政治现代性是如何从根本上改造着我们的世界和历史。

最后要说一下本文集的写作风格。一些文章是用所谓学术论文的形式写的,而另一些则有一种相对自由的风格。这固然是由于这些文章最初发表的地方对文章的风格有不同的要求,因而它们的风格并不一致;但也与我本人的喜好有关。我觉得阿伦特和欧克肖特

---

① 有关乌托邦的现代性特质,可看 Vittorio Hösle, *Morals and Politics*, p. 29。

那种散文随笔风格的论文比流行的学术论文更有活力,更自由,更能在表达思想的同时也表达意志和感情。我并不认为这样的论文就比学院八股风格的论文更"浅"或更"不专业"。相反,那是一种更高境界的论文。我对这样的论文是虽不能至,心向往之。

是为序。

张汝伦

2009 年 7 月 10 日于上海

王霸之间
——贾谊政治哲学初探

一

牟宗三在《政道与治道》一书中说,中国古代只有治道而无政道。①他对政道的定义是:"政治上相应政权之为形式的实有、定常的实有,而使其真成为一集团所共同地有之或总持地有之之'道'也。"②是"静态的实有"。③这个充满德国哲学味道的定义问题不少。首先,世界上和历史上都有各式各样的政权,是否它们都有同一个"形式的实有、定常的实有",即"政道"?回答显然是否定的,因为在牟氏看来,"唯民主政治中有政道可言。"④除了民主政治外,其他所有的政权都没有政道,也就是说,不管它们是什么政权,都没有"一集团所共同地有之或总持地有之之'道'"。这就等于说,除了民主政治外,其他政权都没有"定常之有"(Constant being),即静态的抽象原则。如世袭制,就是把政权寄托在一个具体个人身上,但具体个人无法是一个定常的抽象原则。但这是否意味着除了民主制外,其他政治都没有自己形式的抽象原则?其次,"一集团"指什么?一个阶级?一个民族?一个国家?还是其他种类的人类群体?

---

① 牟宗三:《政道与治道》,广西师范大学出版社,2006年,第1页。
②④ 牟宗三:《政道与治道》,第19页。
③ 牟宗三:《政道与治道》,第5页。

牟宗三又把政道定义为"维持政权(维持其本性与实现其为集团所共同地有或总持地有)与产生治权之制度(即宪法)。"①所以他说只有民主政治才有政道。这是以意图立说,即为了要从中国哲学的内圣中开出民主这个外王,他才给出这个定义。由于他的观点是被意图先行决定的,因而就缺乏基本的说服力。中外古代政权都没有宪法,难道就不能维持政权和产生治权?

此外,政权和政治是两个不同性质的概念,牟氏却把它们混为一谈。宗法世袭制恰恰并不像牟氏所认为的那样是把政权寄托在具体个人身上,个人的死亡并不影响政权的延续。例如,汉武帝的死亡并未中断汉朝政权。在这方面它与奉行民主政治的君主立宪治是一样的,维多利亚女王的去世对现行的英国政权并无影响。非民主制的政治同样有它的政道,即它的政治理念,否则它就没有统治的意识形态合法性。至于政道是否是正道,它的实际运作是否完全符合它的政道,即它的政治理念,那是另外一个问题。

政道既然是抽象的理念,就只能是大而化之的一般的抽象原则,而决不可能是具体政治的方法,如全民公决或政党政治或青苗法之类的东西。而现实政治总是非常具体复杂和特殊的,必须根据不断变化的历史形势和现实要求作出决策和实施政策与策略。它不可能把政道作为具体的施政纲领或蓝图来实行,而毋宁说,因为它的实践性质,它经常与政道处于紧张状态中。尽管现实政治常常不买政道的账,甚至颠覆政道,但政道却始终对现实政治起一种批判和匡正的作用,指点政治一个长远的方向。现实的政治可以不买政道的账,但却很难完全消除政道,因为它在天理人欲中有其根据。所以聪明的政治家一定要利用政道,而不是企图把它完全消灭。政道之为政道,

---

① 牟宗三:《政道与治道》,第20页。

在于它是看不见摸不着的"道",是历史理性积淀而成、化为人类良知的东西,是无法消灭的。

另一方面,现实政治尽管要适应形势而总是特殊、复杂和多变的,但不等于它可以完全没有章法,完全机会主义。任何政治要达到自己的实践目的,行政必须要有一定的章法,即治道。按照牟宗三的看法,治道完全是技术性的东西,是"措施处理共同事务之'运用之道'",①"不属于政治者"。②可是离开了政治,所有政府行政行为与民间处理事务的行为就没有本质区别了。而且从牟氏自己对儒家德化的治道的论述来看,他完全是把这种治道视为政治的。③治道之为"道",与政道是有关系的,否则就是治术而不是治道。治道与治术的最大区别是,两者虽然都是实践的操作,但前者有一定之规,而后者没有任何章法,纯粹是权术。但是,与政道相比,治道变化多端。政道是以不变应万变,而治道则是万变不离其宗。这个"宗",就是政道。

中国政治思想的传统源远流长,在主要的政治思想派别中,儒道法三家都是既有政道又有治道,而且它们的治道都有政道的根据,因而与治术大不一样。原始儒家的代表人物的着眼点主要放在对政道的论述上,孔孟荀对现实政治都只有一些原则性、方向性的指点,很少就实际的政治问题发表具体的意见。这并不等于说他们没有治道,而是说他们思考的重点在政道。这是因为,孔孟的时代虽然礼崩乐坏,但政治还未彻底以功利原则(霸)为圭臬。孔孟意在重建政道,以为如此就可以恢复三代之治。

但是,"仲尼既没之后,田氏取齐,六卿分晋,道德大废,上下失

---

① 牟宗三:《政道与治道》,第22页。
② 牟宗三:《政道与治道》,第20页。
③ 但他认为是儒家治道的东西,很多应该是政道。

序。至秦孝公捐礼让而贵战争,弃仁义而用诈谲,苟以取强而已。"①霸(功利、富强)而不是王成为现实政治的方向指南。与中国的政治制度从封建制向郡县制转移同时,中国的现实政治哲学也发生了根本的转变。阳明后来在回顾这一段历史转折时说:"三代之衰,王道熄而霸术猖;孔、孟既没,圣学晦而邪说横。教者不复以此为教,而学者不复以此为学。霸者之徒,窃取先王之近似者,假之于外,以内济其私己之欲,天下靡然而宗之,圣人之道遂以芜塞,相仿相效,日求所以富强之说,倾轧之谋,攻伐之计,一切欺天罔人,苟一时之得,以猎取声利之术,若管、商、苏、张之属者,至不可名数。既其久也,斗争劫夺,不胜其祸,斯人沦于禽兽夷狄,而霸术亦有所不能行矣。世之儒者,慨然悲伤,蒐猎先圣王之典章法制,而掇拾修补于煨烬之余;盖其为心,良亦欲以挽回先王之道。"②汉初诸儒:陆贾、贾谊、董仲舒,都可以作如是看。

二

对于汉初诸儒来说,促使他们对先王之道再思考的直接动力,无疑来自秦的崛起与一统天下和不旋踵的灭亡。对秦亡的反思,成为汉代许多儒生的共同主题。③这些反思最有名的,当属贾谊。这决不仅仅因为他的《过秦论》文章写得好,传诵千古;也不仅仅是要反思秦亡的教训,正如余嘉锡所云:"且秦已亡矣,连篇累牍,极口诋之奚为

---

① 刘向:《战国策序》。
② 王阳明:《传习录中·答顾东桥书》,《王阳明全集》,上海古籍出版社,上册,1992年,第55页。
③ 余嘉锡云:"汉人上疏多喜称引秦事,徐乐、严安之上书,刘向之谏起昌陵,皆如此。贾山《至言》所谓'臣不敢以远为喻,愿为借秦以为喻也'"(《四库提要辨证》,云南人民出版社,2004年,第467页)。

也？贾生岂如后世经生习为策论,以求决策发科乎？"①更是因为他秉承"前事之不忘,后世之师也"的古训,要"观之上古,验之当世,参之人事,察盛衰之理,审权势之宜。"(《过秦下》)"察盛衰之理"事涉政道;而"审权势之宜"则关乎治道矣。总之,贾谊是处在中国政治史的转折关头,即从封建制过渡到郡县制,以新的历史形势为背景,针对当时的政治问题,从政道与治道两个方面来作出回答。正因为如此,贾谊在中国政治思想史或政治哲学史上占有独特的重要地位。

司马迁在《史记》中曾说"贾生、晁错明申商"(《史记》卷一三〇自序),又说谊为尝从李斯学的吴公所荐,遂使有人以为他是法家。宋儒就因他上书中有"髋髀之所,非斤则斧"的说法,疑他乃申韩之徒。②姚鼐虽为贾生辩护,但也认为他是以申商之法教文帝,要立君臣,等上下,定法制。③却不知贾生之意远过于此。姚鼐未能看到:"贾子痛刑法之积,则以礼义为先,伤风俗之偷,则以廉耻为重,优于用者未尝不具夫体。"④贾谊的政治思想体用皆备,即既有政道,又有治道,所以从班固开始,多数论者还是认为他不但是儒家,而且是大儒。萧公权说:"贾生之政治思想以孔孟为主干而参取黄老。虽偶有近于刑名阴阳之处,并非其立论之宏旨,"⑤乃为的论。

贾谊的思想的特点贯穿在他的主要著作中。从表面上看,《过秦

---

① 余嘉锡:《四库提要辨证》,第466页。
② 朱熹云:"贾谊、司马迁皆驳杂,大意是说权谋功利,说得深了,觉见不是,又说一两句仁义。然权谋多了,救不转"(《朱子语类》卷一三五)。但陈亮有不同看法:"贾生于汉道初成之际,经营讲画,不遗余虑,推而达之于仁义礼乐,无所不可。申、韩之书,直发其经世之志耳"(《陈亮集》卷十一)。
③ 姚鼐:《贾生明申商论》,《惜抱轩全集》。
④ 刘毓崧:《通义堂文集》。
⑤ 萧公权:《中国政治思想史》,上册,台湾联经出版社,1991年,第309页。

论》是反思秦亡,故不及时事;而《治安策》则纯为文帝献策,有明确的当下针对性。其实,正如余嘉锡所言:"《过秦》所以戒汉也。"①《过秦论》与《治安策》一样,不是为了发思古之幽情,而是为了回答当时的危机。

汉承秦制,亦承秦敝。用贾谊的话说,就是"曩之为秦者,今转而为汉矣。然其遗风余俗,犹尚未改。今世以侈靡相竞,而上亡制度,弃利谊,捐廉耻,日甚,可谓月异而岁不同矣。逐利不耳,虑非顾行也。今其甚者杀父兄矣。盗者剟寝户之帘,搴两庙之器,白昼大都之中,剽吏而夺之金。矫伪者出几十万石粟,赋六百余万钱,乘传而行郡国"。② 文、景之治,向为人称道,其实不尽然,吕思勉先生就指出:所谓文、景之治,汉人所言,"亦颇有过其实者"。③ 当时不仅社会风气恶劣,吏治严酷,道德水准低下,而且民生也异常艰困,贫富相较,何啻天壤。《汉书·食货志》载晁错说文帝曰:"今农夫五口之家,其服役者不下二人,其能耕者不过百亩。……四时之间,无日休息。……勤苦如此,尚复被水旱之灾;急政暴虐,赋敛不时,朝令而暮改。当其有者,半贾而卖,无者取倍称之息。于是有卖田宅、鬻子孙以偿责者矣。而商贾:大者积贮倍息,小者坐列贩卖,操其奇赢,日游都市。乘上之急,所卖必倍。故其男不耕耘,女不蚕织,衣必文采,食

---

① 余嘉锡:《四库提要辨证》,第466—467页。
② 贾谊:《陈政事疏》,《贾谊集汇校集解》,河海大学出版社,2000年,第449页。
③ 吕思勉:《秦汉史》,上海古籍出版社,2005年,第71页。应劭《风俗通义》言:成帝尝问刘向以世俗传道文帝之事,而向皆以为不然。其说云:"文帝虽节俭,未央前殿至奢,雕文五采画,华榱壁珰,轩槛皆饰以黄金,其势不可以囊为帷。即位十余年时,五谷丰熟,百姓足,仓廪实,稸积有余。然文帝本修黄、老之言,不甚好儒术,其治尚清静无为,以故礼乐、庠序未修,民俗未能大化,苟温饱完给而已。其后匈奴数犯塞,深入寇掠,北边置屯待战,转输络绎;因以平岁不登;百姓饥乏,谷籴常至石五百,不升一钱。前待诏贾捐之为元皇帝言:大宗时民赋四十,断狱四百余。案大宗时民重犯法,治理不能过中宗之世,地节元年,天下断狱四万七千余人,捐之言复不类"(吕思勉:《秦汉史》,第72页)。

必粱肉。无农夫之苦,有阡陌之得。因其肥厚,交通王侯,力过吏势,以利相倾,千里游敖,冠盖相望,乘坚策肥,履丝曳缟。此商人所以兼并农人,农人所以流亡者也。"董仲舒说武帝曰:"富者田连阡陌,贫者无立锥之地。又颛川泽之利,筦山林之饶。荒淫越制,踰侈以相高。邑有人君之尊,里有公侯之富,小民安得不困?"(《汉书·食货志》)

生当如此时世,贾谊盱衡时势,说他"可为痛惜者一,可为流涕者二,可为长大息者六。若其他倍理而伤道者,难偏以疏举",决不是夸张。他对汉王朝面临问题的严重性洞若观火,那决不是一些可以通过单纯治术来加以调整和解决的问题,而是"本末舛逆,首尾横决,国制抢攘,非有纪也"①的根本性问题。"本末舛逆"、"首尾横决"、"国制抢攘",说明汉朝的政道有问题。问题何在?这就必须追溯到秦,因为汉因秦制,汉政权对秦所奉行的政道没有丝毫反思与批判。要解决汉的政道问题,须先过秦,此是贾生政治思想的内在理路。

贾生对秦并无偏见,他对秦一统天下,完成从封建制向郡县制的过渡的历史必要性有充分的认识:"近古无王者久矣。周室卑微,五霸既灭,令不行于天下。是以诸侯力政,强凌弱,众暴寡,兵革不休,士民罢弊。今秦南面而王天下,是上有天子也。即元元之民冀得安其性命,莫不虚心而仰上。"②再坏的政府比没有政府要好,再坏的秩序比没有秩序要好,所以虽然秦取天下手段至为酷烈,仍不足以为秦病。秦之所以"一夫作难而七庙堕,身死人手,为天下笑者",③乃因为它不知"取与守不同术也",④即取天下与守天下术乃不同。清儒

---

① 贾谊:《新书·数宁》。
②④ 贾谊:《过秦中》。
③ 贾谊:《过秦上》。

王耕心云:"秦王既以霸术取天下,当知逆取顺守之义,悉变其旧术,转以王道之大公守之,庶几可久。乃不知更化之术,不尚王道之大公,唯仍执战国并兼之习,歧视其民,以暴虐为守,故孤立于上,其亡可立待也。"①此言深得贾生之意。

贾生特意指出取守不同术,不仅是反思秦迅速败亡的教训,更是在提醒当世汉代的统治者:权力之本在道不在力。汉高起于草莽,对权力的理解至浅:"迺公居马上得之,安事《诗》《书》!"待陆贾点拨道:"居马上得之,宁可以马上治之乎?且汤武逆取以顺守之,文武并用,长久之术也。昔者吴王夫差、智伯极武而亡;秦任刑法不变,卒灭赵氏。乡使秦已并天下,行仁义,法先圣,陛下安得而有之?"②方有所悟,然却未能在政治上有根本改变。根据董仲舒的观察:"汉继秦之后,如朽木粪墙矣。……汉得天下以来,常欲善治,而至今不可善治者,失之于当更化而不更化也。"③有待更化者,在贾子、董子看来,首先当为政道。秦取天下以霸道,守天下亦以霸道,"故不能长"。④汉要免蹈秦之覆辙,长治久安,当弃霸道而就王道。

这个基本思想在他的著作中表达得非常清楚,可由于他的著作中有不少关于现实政治(治术)的建议,遂有不少人对他思想的基本性质产生了误解。例如朱熹就甚至视他为纵横之学:"贾谊之学杂,他本是战国纵横之学,只是较近道理,不至如仪、秦、蔡、范之甚尔。他与这边道理见得分数稍多,所以说得较好。然终是纵横之习,缘他根脚只是从战国中来故也。"⑤这个评论稍嫌武断。

---

① 转引自《贾谊集汇校集解》,第 23 页。
② 司马迁:《史记·郦生陆贾列传第三十七》。
③ 董仲舒:《天人三策》,《董仲舒集》,学苑出版社,2003 年,第 10 页。
④ 贾谊:《过秦下》。
⑤ 朱熹:《朱子语类》卷一三七。

三

贾子论政,最根本的特点就是不就事论事,纯粹着眼于治术权谋,而是以"道"为政教之本。以道论政,非自贾生始。《左传·桓公六年》有:"所谓道,忠于民而信于神也。上思利民,忠也;祝史正辞,信也。"僖公十三年:"天灾流行,国家代有,救灾恤邻,道也。行道有福。"《老子》曰:"道常无为而无不为。侯王若能守之,万物将自化。"(第三十七章)《管子·君臣篇上》曰:"道也者,上之所以导民也。是故道德出于君,制令传于相,事业程于官,百姓之力也,胥令而动者也。"又曰:"道者,成人之生也,非在人也,而圣王明君,善知而道之者也。是故治民有常道,而生则有常法。道也者,万物之要也,为人君者,执要而待之,则下虽有奸伪之心,不敢试也。"荀子曰:"道也者,治之经理也。"①

贾谊分别吸收了上述思想,并加以系统化,形成了一个道的形而上学作为他政治哲学的基础。在贾谊那里就像在老子那里一样,道是最高和最终的本原。"道者无形,平和而神。"②"道者无形"是所有论"道"的哲学家的共同观点,今天的人们也会接受。"平和而神"则表明道既是最恒常不变者,又变幻莫测,化生万物。③这个思想也不是贾生新创,至少在老子那里已经有了。贾生道论的创新处在他以鑑喻道。"道者无形",道者本虚:"道者,其本者谓之虚。"④但此"虚"

---

① 荀况:《荀子·正名篇》。
② 贾谊:《新书·道德说》。
③ 《周易·系辞上》:"阴阳不测之谓神。"如果"道"是"平和而神"的话,那么将"道"解释为"规律"显然不妥,因"规律"的基本意思之一是"可有规则重复"。
④ 贾谊:《新书·道术》。

却绝非绝对的无,而是恰恰是万有。鑑者,镜也。①《释名·释首饰》曰:"镜,景也。言有光景也。"道这面镜中呈现的不是个别一般的"光景",而是宇宙大千,天人万有:"镜义而居,无执不臧,美恶毕至,各得其当;衡虚无私,平静而处,轻重毕悬,各得其所。"②

那样的话,道本来就在事物之中,道并不是附加在事物之上的外在东西;也不是古希腊米利都学派哲学家的"水"或"火",是构成事物的最终基质。道是事物之"神"。"神者,道、德、神、气发于性也,康若泺流不可物效也。变化无所不为,物理及诸变之起,皆神之所化也。"③可见,道是宇宙万物之大化。它并不外在于事物,而是就在事物之中:"道有载物者,毕以顺理适行。"④这就是说,道这个万物之"神"不是毫无章法,而是规定了事物本身的理路。由于上述种种,虽说是"道德造物",但这个"造物"的意思决不能理解为上帝造物那种"创造"的意思,而应理解为事物之所以然。但这个"所以然"不是静态的,而是莫测之神。

因此,道之鑑决不是像镜子一样静态反映镜外或与镜相对的事物。"鑑也,鑑以道之神。模贯物形,通达空窾,奉一出入为先,故谓之鑑。鑑者,所以能见也。见者,目也,道德施物,精微而为目。是故物之始形也,分先而为目,目成也形乃从。"⑤贾子在这里显然是利用汉字的通假法,将鑑见互训。"见"意为"目";但"见"又是"现"的本字。见与目在这里不能简单理解为人的视觉,而首先要理解为事物的显现;并且,这种显现不是单纯的出现,而含有对事物的原始理解和规定。这样,"是故物之始形也,分先而为目,目成也形乃从"才讲

---

① 朱骏声曰:"鑑,假借为镜"(见贾谊:《新书校注》,阎振益、钟夏校注,中华书局,2007年,第329页)。

② 贾谊:《新书·道术》。

③④⑤ 贾谊:《新书·道德说》。

得通。

但另一方面,人亦能鑑(见)道,因为人有目。然此"目"亦不能简单理解为生理学意义上的"眼睛",而是人天生对道原始的理解:"是以人及有因之在气,莫精于目。目清而润泽若濡,无毳秽杂焉,故能见也。由此观之,目足以明道德之润泽矣,故曰'泽者,鑑也','生空窍,通之以道'。"①荀子在《解蔽篇》中说,治之要在于知道。心要虚壹而静,方能知道。而贾子则说,目清润泽若濡,无毳秽杂(即大清明),故能见道。清、虚无杂质,言其原始也。"是以人及有因之在气",疑有错字或脱漏,难有确解。但"气"在此可理解为生命元气,②人之生命莫精于目,"生空窍,通之以道",是说生命始于见道。"空窍",目也。

以近代主客二元论的思维模式,是无法理解贾子的道论的。道不是一个认识对象,它是万物之神,寄生于物。道者,鑑(见)也,见道也。人见道即物见(现)道,归根结底是道鑑道。这个"鑑"不是静态的反映;而"见"也不是西方哲学所依赖和推重的视觉意义上的"看";而是带有发生意义的理解——"明":"目足以明道德之润泽矣","故润则脘然浊而始形矣……然则物得润以生,故谓润德。德者变及物理之所出也";"物有形,而道德之神专而为一气,明其润益厚矣"。③因此,道鑑道可以理解为事物原始的发生。

道鑑道,具体而言,是德鑑道。德是道有形之初:"德者,离无而之有。……道冰凝而为德,神载于德。德者,道之泽也。道虽神,必载于德,而颂乃有所因,以发动变化而为变。变及诸生之理,皆道之化也,各有条理以载于德。德受道之化,而发为各不同状。"④

---

①③④ 贾谊:《新书·道德说》。
② 《文子·守弱》云:"气者,生之元也。"《淮南子·原道训》:"气者,生之充也。"

这就是说,德是道的具体功能与作用。"物所道始谓之道,所得以生谓之德。"①物之源始为道;物之所由生为德。但德以道为本。德有道、德、性、神、明、命六种表现,贾谊把它们称为德之"六理"。

德还有六个基本特性,就是:道、仁、义、忠、信、密,贾谊把它们称为德之"六美":"德之有也,以道为本。故曰'道者,德之本也'。德生物又养物,则物安利矣。安利物者,仁行也。仁行出于德,故曰'仁者,德之出也'。德生理,理立则有宜,适之为义。义者,理也。故曰'义者,德之理也'。德生物,又养长之而弗离也,得以安利。德之遇物也忠厚,故曰'忠者,德之厚也'。德之忠厚也,信固而不易,此德之常也。故曰'信者,德之固也'。德生于道而有理,守理则合于道,与道理密而弗离也,故能畜物养物。物莫不仰恃德,此德之高,故曰'密者,德之高也'。"②可见,这六美首先不是人的德性,而是万物化生向我们的祖先展示出来六种特性。人既然是宇宙的一分子,万物化生的一部分,(他的行为)当然也具有这六种特性。如果我们将德之六美视为人的德性的话,那么从其本源和根据看,它们不属于伦理学的范畴,而属于元伦理学的范畴。

由于宇宙万物的始源本身具有元伦理学的特性,它的种种特性完全可以,也很自然地成为人的行为准则与是非原则,进而成为政道和治道。"道者所道接物也"③说的就是这个道理。道既是万物的始源,也是我们做事的道理。它有虚和术两个维度,前者为本,后者为末。接物也可相应分为虚之接物和术之接物。"虚者,言其精微也,平素而无设诸也。"④虚就是纯任事物的本色,没有任何人为的添加,按照天理来行事;这是指对世界和事物的一个总态度。"术也者,所

---

① ② 贾谊:《新书·道德说》。
③ ④ 贾谊:《新书·道术》。

从制物也,动静之数也。"①术是做具体事情的方式,具体行动的方式,但仍然是有章法,而不是机会主义的权术。《管子·霸言篇》注曰:"数,理也。"正因为如此,术与虚才都是道。虚与术的区分沿用到政治上,略相当于政道与治道。虚之接物可视为政道,术之接物则为治道。

贾谊对道之虚之接物有如下描述:"镜义而居,无执不臧,美恶毕至,各得其当;衡虚无私,平静而处,轻重毕悬,各得其所。"相应地,君主的虚之接物则是:"明主者南面而正,清虚而静,令名自命,令物自定,如鉴之应,如衡之称。有蘲和之,有端随之,物鞠其极,而以当施之。"②这里,"清虚而静"来自老子的"清静为天下正"(第四十五章)。"令名自命,令物自定"则来自《韩非子·主道篇》:"明君守始以知万物之源,虚静以待令,令名自命也,令事自定也。"但这并不能让我们得出贾谊这方面的思想纯来自老与韩。

儒家同样有这样的思想。孔子向来主张为政要宽与简,他是先秦思想家中第一个提出无为而治的人。他称赞舜,就因为他真正做到了无为而治:"无为而治者,其舜也与!夫何为哉,恭己正南面而已矣。"③"孔子赞易,言黄帝、尧、舜垂衣裳而天下治。"④贾谊此处对明主虚之接物的描写究竟是出于黄老和法家,还是本于儒家,不能仅仅看他的文字,还要看他对政治的一贯思想。

四

儒家为何要提倡无为而治?因为儒家主张德政:"为政以德,譬

---

① ② 贾谊:《新书·道术》。
③ 《论语·卫灵公》。
④ 焦循:《论语补疏》。

如北辰,居其所而众星拱之。"①为何要实行德政?这就牵涉儒家对政治的理解。"政者,正也。"②这是孔子对政治的经典定义。我们的古人并不像西方人那样把政治视为必要的恶,而是把政治视为使人文明必不可少的制度。人为什么要有政治?因为人事不齐,性有善恶之分,事有曲直之殊,理有是非之别,行有邪正之辨。必须有正直者出来以正治邪,人类才能和谐地共同生活。于是,人们拥戴正直者为政,主持公道,建立正道,以正道建政制,行政就是行正道。"靖共尔位,好是正直。"③"恤民为德,正直为正,正曲为直,参和为仁。"④儒家对政治的理解尽在其中矣。

首先,民为政权之本。民为邦本,本固邦宁。⑤孟子首先提出:"民为贵,社稷次之,君为轻"⑥的民本思想。贾谊在此基础上,进一步提出了一个系统的民本主义的政治理论:

> "闻之于政也,民无不为本也。国以为本,君以为本,吏以为本。故国以民为安危,君以民为威侮,吏以民为贵贱。此之谓民无不为本也。闻之于政也,民无不为命也。国以为命,君以为命,吏以为命,故国以民为存亡,君以民为盲明,吏以民为贤不肖。此之为民无不为命也。闻之于政也,民无不为功也。故国以为功,君以为功,吏以为功。国以民为兴坏,君以民为强弱,吏以民为能不能。此之谓民无不为功也。闻之于政也,民无不为力也。故国以为力,君以为力,吏以为力。故夫战之胜也,民欲

---

① 《论语·为政》。
② 《论语·颜渊》。
③ 《诗经·小雅·小明》。
④ 《左传·襄公七年》。
⑤ 《尚书·五子之歌》。
⑥ 《孟子·尽心下》。

胜也；攻之得也，民欲得也；守之存也，民欲存也。故率民而守，而民不欲存，则莫能以存矣；故率民而攻，民不欲得，则莫能以得矣；故率民而战，民不欲胜，则莫能以胜矣。故其民之为其上也，接敌而喜，进而不可止，敌人必骇，战由此胜也。夫民之于其上也，接而惧，必走去，战由此败也。故菑与福也，非粹在天也，又在士民也。……天有常福，必与有德；天有常菑，必与夺民时。故夫民者，至贱而不可简也，至愚而不可欺也。故自古至于今，与民为雠者，有迟有速，而民必胜之。"①

"夫忧民之忧者，民必忧其忧；乐民之乐者，民亦乐其乐。与士民若此者，受天之福矣。"②

在这个民本主义的政治理论中，民是政治的根本，政治的命脉。国、君、吏，即政体、政权和统治者，都以民为本。民决定它们的存亡命运，也是衡量它们成就的尺度。国家与统治者以民为功，意味着它们乃服务于民，而不是盘剥于民。国家与统治者的力量在于人民，而不在于它们手中掌握的武力。总之，政治与政权的成败祸福，取决于民，而不是取决于君。与民为雠，终必败亡。

但贾谊不是天真的民粹主义者，他清醒地看到："夫民者，贤不肖之才，贤不肖皆具焉。"③但尽管如此，他还是认为，选拔官员，要让人民参与，唯民意是从："夫民者虽愚也，明上选吏焉，必使民与焉。故士民誉之，则明上察之，见归而举之；故士民苦之，则明上察之，见非而去之。故王者取吏不妄，必使民唱，然后和之。故夫民者，吏之程也，察吏于民，然后随之。夫民至卑也，使之取吏，必取其爱焉。故十

---

① 贾谊：《新书·大政上》。
② 贾谊：《新书·礼》。
③ 贾谊：《新书·大政下》。

人爱之有归,则十人之吏也;百人爱之有归,则百人之吏也;千人爱之有归,则千人之吏也;万人爱之有归,则万人之吏也。故万人之吏,选卿相焉。"①

然而,尊重人民的意愿,并不等于无原则地迎合人民。儒家向来认为,政治不是为了迎合人民(那样的话就没必要有政治),而是为了引导人民努力变得更好。让百姓丰衣足食即养民只是政治的最低目的,政治的最高目的在让人民有完美的品性与行为,也就是教化。这与柏拉图在《理想国》中提出的理想是颇为接近的。在贾谊看来,人民的眼睛不是雪亮的,而正相反:"夫民之为言也,暝也;萌之为言也,盲也。故唯上之所扶而以之,民无不化。"②政治的目的在民,根本在于教化:"教者,政之本也;道者,教之本也。有道,然后教也;有教,然后政治也;政治,然后民劝之;民劝之,然后国丰富也。"③

但教化不是现代意义上的教育,即教育者将某种客观知识传授给受教育者,而是人的品质的本质转变。教化者必须自化才能化人。儒家一向认为,"自天子以至于庶人,壹是以修身为本"(《大学》)。教化不在为政者说什么,而在他们怎么做。子曰:"下之事上也,不从其所令,从其所行。上好是物,下必有甚者矣。故上之所好,不可不慎也,是民之表也。"④孟子曰:"行有不得者皆反求诸己,其身正而天下归之。"⑤贾谊论教化,也是这个思路:"君国子民者,反求之己。"⑥教化的关键在教化者自身必须是教化的体现,这样,化民成俗便水到渠成,不在话下了。他对术之接物的描述正是为了说明这个道理,而不是任何意义的权术之类的东西:"人主仁而境内和矣,故其士民莫弗

---

① ② ③ 贾谊:《新书·大政下》。
④ 《礼记·缁衣》。
⑤ 《孟子·离娄上》。
⑥ 贾谊:《新书·君道》。

亲也;人主义而境内理矣,故其士民莫弗顺也;人主有礼而境内肃矣,故其士民莫弗敬也;人主有信而境内贞矣,故其士民莫弗信也;人主公而境内服矣,故其士民莫弗戴也;人主法而境内轨矣,故其士民莫弗辅也。举贤则民化善,使能则官职治;英俊在位则主尊,羽翼胜任则民显;操德而固则威立,教顺而必则令行;周听而不蔽,稽验而不惶,明好恶则民心化,密事端则人主神。"①

对于儒家来说,政道与治道统一于教化。统治者本身的教化决定政治的好坏和能否长治久安,周为天子三十余世而秦为天子二世而亡,原因就在于周教太子以礼;秦教太子以狱。贾谊用《尚书》"一人有庆,兆民赖之"的成句来说明教化对于统治者,尤其是最高统治者的重要。"人君不可以不学。"②儒家始终认为政治的好坏取决于最高统治者:"故有不能求士之君,而无不可得之士;故有不能治民之吏,而无不可治之民。故君明而吏贤矣,吏贤而民治矣。故见其民而知其吏,见其吏而知其君矣。"③政治与社会风气的种种,都可以追溯到为政者,因为他们(以自己的行为)承担着教化的责任。

这其实也不仅仅是儒家的想法。《吕氏春秋》有云:"昔者先圣王成其身而天下成,治其身而天下治,故善响者不于响于声,善影者不于影于形,为天下者不于天下于身。《诗》曰:'淑人君子,其仪不忒,正是四国。'言正诸身也。故反其道而身善矣,行义则人善矣,乐备君道而百官已治矣。"④对于古人来说,君主自身的教化不仅仅是教化,而直接就是政治,并且是政治最重要的方面,因为它影响整个政治。

教化的外在形式是礼,礼不仅仅是礼仪制度,更是君民都必须接

---

① 贾谊:《新书·道术》。
② 范晔:《后汉书·樊宏阴识列传》引。
③ 贾谊:《新书·大政下》。
④ 《吕氏春秋·先己篇》。

受的硬性教化和一切人类行为的制度性准则:"故道德仁义,非礼不成;教训正俗,非礼不备;分争辩讼,非礼不决;君臣、上下、父子、兄弟,非礼不定;宦学事师,非礼不亲;班朝治军、莅官行法,非礼威严不行;祷祠祭祀,供给鬼神,非礼不诚不庄。是以君子恭敬、撙节、退让以明礼。"①礼固然是"臣下所以承其上也",②但也是人主"自行之义,养民之道":"故礼,国有饥人,人主不飧;国有冻人,人主不裘;报囚之日,人主不举乐。岁凶谷不登,台扉不涂,榭彻干侯,马不食谷,驰道不除,食减膳,飨祭有阙。"③可见,礼是人主教化的主要方式。

礼不仅规范调节人与人的关系,而且还规范和调节人与其他生物的关系:

"礼,圣王之于禽兽也,见其生不忍见其死,闻其声不尝其肉,隐弗忍也。故远庖厨,仁之至也。不合围,不掩群,不射宿,不涸泽。豺不祭兽,不田猎;獭不祭鱼,不设网罟;鹰隼不鸷,眭而不逮,不出颖罗;草木不凋零,斧斤不入山林;昆虫不蛰,不以火田;不麛,不卵,不刳胎,不殀夭,鱼育不入庙门,鸟兽不成毫毛不登庖厨。取之有时,用之有节,则物蕃多。……故仁人行其礼,则天下安而万理得矣。逮至德渥泽洽,调和大畅,则天清澈,地富熅,物时熟;民心不挟诈贼,气脉淳化;攫齧搏击之兽群,毒蠚猛蚔之虫密,毒山不蕃,草木少薄矣。铄乎大仁之化也。"④

这也是儒家理想的自然世界,而这种理想的自然世界是通过理想的人文世界来保证的。如果人都是不受教化之人,不是仁人,就不能指望他们对自然事物"取之有时,用之有节",更不能指望"天下安而万

①②③④ 贾谊:《新书·礼》。

理得"。但真正的长治久安,只能建立在这个基础上,而不是以政权是否还维持着为标准。这也就是为什么贾谊在一个"明主"统治的"承平"时期,会觉得他面对的事势让他"可为痛哭者一,可为流涕者二,可为长太息者六"了。

五

中国传统的政道,到了战国有一大转折,就是由王道而霸道。三代的政治究竟如何,由于缺乏记载,难以定论。但现有的记载传说都证明以王道为主。夏商以前,记载尤缺,不去说。但殷商政治崇尚宽简却有此说。《尚书·舜典》说商之先祖契为舜司徒,"敬敷五教,在宽"。微子之命亦谓"乃祖成汤""抚民在宽"。《史记·殷本纪》载汤出,见野张网四面,乃去其三面的故事。其祝词曰:"欲左,左。欲右,右。不用命,乃入吾网。"微子论纣之失政,说他纲纪不立,失之在宽。[①]可见即便是纣王,也不像周人说的那样残暴,子贡已有怀疑:"纣之不善,不如是之甚。"[②]"周监于二代,郁郁乎文哉。"[③]这是孔子对周代政教的评价。周"敬德保民"的政治方针乃儒家政治哲学的基础。[④]

[①]《尚书·微子》。
[②]《论语·子张》。
[③]《论语·八佾》。
[④]《通鉴外纪》记载周祖先古公亶父避狄事:"熏育狄人来攻,古公事之以皮币、犬马、珠玉、菽粟、财货,不得免焉,狄人又欲土地。古公曰:'与之。'耆老曰:'君不为社稷乎?'古公曰:'社稷所以为民也,不可以所谓亡民也。'耆老曰:'君不为宗庙乎?'公曰:'宗庙吾私也,不可以私害民。夫有民立君,将以利之。与人之兄居而杀其弟,与人之父居而杀其子,以其所养,吾不忍也。民之在我与在彼,为吾臣与狄人臣,奚以异哉?二三子何患乎无君?'杖策而去率其私属,出豳,渡漆沮,踰梁山,邑于岐山之阳,始改国为周。豳人曰:'仁人之君,不可失也。'举国扶老携弱从之者二千乘,一止而成三千户之邑。旁国闻其仁,亦多归之。古公乃贬夷狄之俗,营筑城郭室屋而邑别居之。作五官,有司,民皆歌乐颂其德"(转引自柳诒徵:《中国文化史》,上卷,东方出版中心,1996年,第113—114页)。

一直到春秋时代，三代的政道典型尚在。宋襄公以"亡国之余"，仍坚持"君子不重伤，不禽二毛"。①后人讥其行仁义而败，却未看到此一评价其实是建立在三代政道转移之基础上。

到了战国，宋襄公式的人物成了绝响，不用说与三代，即便是与春秋时人比，战国人也完全有了一套新的价值标准。王道被弃，霸道嚣张。顾炎武曾这样描写春秋与战国风气之不同："春秋时犹尊礼重信，而七国则绝不言礼与信矣；春秋时犹宗周王，而七国则绝不言王矣；春秋犹严祭祀，重聘享，而七国则绝无其事矣；春秋时犹论宗姓氏族，而七国则无一言及之矣；春秋时犹宴会赋诗，而七国则不闻矣；春秋时犹有赴告策书，而七国则无有矣。邦无定交，士无定主……"②这还只是现象描述，实际是三代的王道被霸道所代替，霸道成了通行的政治原则："仲尼既没之后，田氏取齐，六卿分晋，道德大废，上下失序。至秦孝公捐礼让而贵战争，弃仁义而用诈谲，苟以取强而已矣。夫篡盗之人，列为侯王，诈谲之国，兴立为强，是以转相放效。后生师之，遂相吞灭，并大兼小。暴师经岁，流血满野。父子不相亲，兄弟不相安，夫妇离散，莫保其命，湣然道德绝矣。"③刘向的这段话真实地揭示了中国在从封建制向郡县制的转变中，政道的根本转变。

七国中最彻底、最自觉实行这种转变的当属秦国，时人已有"秦者，弃礼义而上首功之国也"的观察。④秦内政非恶，荀卿入秦，"应侯问孙卿子曰：'入秦何见？'孙卿子曰：……入境，观其风俗，其百姓朴，其声乐不流污，其服不佻，甚畏有司而顺，古之民也。及都邑官府，其

---

① 《左传·僖公二十二年》。
② 顾炎武：《日知录集释》卷十三，黄汝成集释，上海古籍出版社，2006年，第749页。
③ 刘向：《战国策序》。
④ 司马迁：《史记·鲁仲连列传》。

百吏肃然，莫不恭俭敦敬忠信而不楛，古之吏也。入其国，观其士大夫，出于其门，入于公门，出于公门，归于其家，无有私事也。不比周，不朋党，偶然莫不明通而公也，古之士大夫。观其朝庭，其朝闲，听决百事不留，恬然如无治者，古之朝也。故四世有胜，非幸也，数也。"①也就是说，秦治道斐然，政道却非王道，而是霸道，所以用商韩之法，崇功利而弃仁义，一味兼并，"不信功臣，不亲士民，非王道而立私爱，焚文书而酷刑法，先诈力而后仁义，以暴虐为天下始。"②正因为如此，秦治极强，③但却败亡甚速。

秦亡汉兴，虽改朝换代，秦的政道治道却被汉朝统治者全盘接受。"凡秦之政，皆待汉行之。秦人启其端，汉人竟其绪。"④柳诒徵的这个论断是十分深刻的。"西汉承暴秦之余习，公卿多刀笔吏，皆以簿书钱谷为事而不知大体，即所谓学士大夫如儿宽、公孙弘者，亦缘饰为进身之具，曲学阿世以自保其身家。"⑤"孝文之兴，汉三世矣，孤秦之弊未救，诸吕之危继作；南北兴两军之诛，京师新喋血之变。"⑥汉的统治都不稳定。虽然"文帝即位，躬修节俭，思安百姓"，但"时民近战国，皆背本趋末"。⑦贾谊对此历史处境看得很清楚，他一方面承认当时的政治现实，并试图对现实政治有所影响；另一方面又相信儒家崇尚的政道与治道有其永久的意义，在新的历史条件与政治条件下同样有效，可以根本解决当时政治所面临的种种危机。

---

① 荀况：《荀子·强国》。
② 贾谊：《过秦中》。
③ 秦治理上的一些优长，未必都始于秦，而是于三代明王之治有所本，见顾炎武：《日知录集释》卷八"乡亭之职"条，第471页。
④ 柳诒徵：《中国文化史》，上卷，第289页。
⑤ 刘毓崧：《通义堂文集》卷八。
⑥ 欧阳修：《欧阳文忠集》，转引自《新书校注》，第560页。
⑦ 班固：《汉书·食货志》。

他的政治思想试图打通本末、体用、政道和治道,寓道于术,寓用于体,寓政道于治道,最终以王道代替霸道。

可是,他并不成功。后世论者,无论是赞是弹,无论同情还是批评,都往往着眼于他论述的治道和治术,即经世之学;而对他要以王道为政道的苦心,以及他的思想努力在中国政治思想史和中国传统政治中的关键作用,却未予以足够的重视,这不能不令人感到遗憾。

贾谊在中国政治思想史和中国传统政治中的关键作用何在?在于他在中国政治霸道原则已经确立的情况下,仍试图恢复王道的政治原则(政道)。他这么做,不是出于思古之幽情,而是建立在他对秦汉政治的深刻思考基础上的。

如前所述,贾谊所处的时代并不是一个太平无事的时代,而是危机四伏的时代。贾谊没有就事论事地看问题,从治术出发着手问题的解决,而能从政道着眼来考虑危机产生的原因。贾谊不像后来宋明儒那般迂腐,一概排斥权谋功利,但他只是将权谋功利视为解决燃眉之急(匈奴威胁和诸侯尾大不掉)的手段,而非政治的根本。权谋功利决非政道,它只能解决一时的问题,却无法解决社会的根本冲突与矛盾,和国家的长治久安问题。儒家相信,政治决不是一件纯粹功利的事,它是有原则的。"治国家者,行道之谓。"①此道即政道。

儒家的政道是王道,而不是霸道。贾谊对王道的理解显然是以民为本。落实在治道上,则是养民和教民。前者更多是大臣的任务,"夫为人臣者,以富乐民为功,以贫苦民为罪"。②而后者则是君主的职责:"夫移风易俗,使天下移心而向道,类非俗吏所能为也。"③贾谊与之前的陆贾和后来的董仲舒一样,认为当世的种种危机最根本的

---

① 贾谊:《新书·大政下》。
② 贾谊:《新书·大政上》。
③ 贾谊:《新书·俗激》。

原因是"……以侈靡相竞,而上无制度,弃礼义,捐廉丑,日甚,可为月异而岁不同矣。逐利乎不耳,虑念非顾行也"。①但社会风气在儒家看来不纯粹是今人所谓的道德问题,而是与政治有莫大的关系,确切说,是为政者的政道与治道所致。"尧、舜率天下以仁,而民从之;桀、纣率民以暴,而民从之。"②"故尧、舜之民,可比屋而封;桀、纣之民,可比屋而诛",③说的也是这个道理。

贾谊志在为汉定制,他说汉文帝曰:"汉兴二十余年,宜定制度,兴礼乐,然后诸侯轨道,百姓素朴,狱讼衰息。"④文帝虽颇为欣赏,终不能用。⑤嗣后汉儒不断以此向皇帝进言(董仲舒说武帝;王吉说宣帝;刘向说成帝),都无果。其中武帝稍有所悟,曾制诏御史曰:"盖受命而王,各有所由兴,殊路而同归,谓因民而作,追俗为制也。议者咸称大古,百姓何望?汉亦一家之事,典法不传,谓子孙何?化隆者闳博,治浅者褊狭,可不勉与?"⑥而欲法制度,兴教化,固非儒家莫能为。"故儒术之兴,实时势使然。"⑦然武帝终非"能知儒术之人",⑧他独尊儒术终究只是作些表面文章,以粉饰太平耳。诚如吕思勉所分析:"而武帝则徒欲速其成,虽褊狭有所不恤。其曰汉亦一家之事,非知五帝不袭礼,三皇不沿乐之义,特恶夫高议难成而已。自身以后,所谓礼乐者,遂徒以饰观听,为粉饰升平之具,而于民生日用无与焉。"⑨汉代统治者深谙阳儒阴法的好处,一方面兴学讲学之盛自古

---

① 贾谊:《新书·俗激》。
② 《礼记·学记》。
③ 陆贾:《新语·无为第四》。
④ 班固:《汉书·礼乐志》。
⑤ 根据《汉书》,贾谊是遭到了与高祖一起打天下的"绛、灌之属害之",故不能用。
⑥ 司马迁:《史记·礼书》。
⑦⑧ 吕思勉:《秦汉史》,第90页。
⑨ 吕思勉:《秦汉史》,第91页。

未有;另一方面仍坚持秦政。①此不特汉为然,以后的每一个王朝都是这样。谭嗣同后来说"常以为二千年来之政,秦政也",②并没有说错。

儒家的王道政治始终无法实现,客观原因很多。但儒家政治思想在政道与治道上的脱节是一个重要的主观原因。贾谊就是一个典型的例子。他的著作中有政道,也有治术(功利权谋),却缺乏治道(但不是完全没有)。理想的状态是政道通过治道与治术接通,使治术不至于只问功利,不问是非。但在贾谊那里,由于治道较弱(一个原因是他在前辈儒家那里几乎在这方面无可继承和借鉴),政道与治术基本脱节。董仲舒也是这样。这使得儒家的政道成了理念之道而非实践之道,必然造成现实政治阳儒阴法、霸王杂用的局面。王道沦为意识形态,用来收拾人心和论证统治的合法性;而霸道才是支配实际政治的政道,王道只是霸道掩饰自己的面具和工具。而后来许多宋明儒干脆只讲政道,不讲治道,遑论治术,使得王道在多数人眼里是非常不合时宜的东西,仅仅是少数人的政治理想和批判现实政治的标尺,却不能对现实政治有丝毫影响,终不免在近代被彻底抛弃的命运。中国现实的政道,两千年来就只是"以力假仁"的霸道。而这个政道,也正是现代以来流行世界的政道。从这点上说,我们早已进入了现代。

---

① 《汉书·元帝纪》载:"元帝柔弱好儒。见宣帝所用多文法吏,以刑名绳下。……尝侍宴,从容曰:'陛下持刑太深,宜用儒生。'宣帝作色曰:'汉家自有制度,本以霸王道杂之,奈何纯任德教,用周政乎!'"

② 谭嗣同:《仁学·二十九》。

从教化到启蒙

——近代中国政治文化的起源

一

"政治"与"文化"本是中国古已有之的两个名词,只是到了近代,才逐渐成了构成现代中国人日常世界的重要概念。《周礼·地官·遂人》就有"掌其政治禁令"的说法;而《汉书·京房传》也有"(石)显告房与张博通谋,非谤政治,归恶天子,讪误诸侯王"的语句。在这两个地方,"政治"只是指国家施行的一切措施,是一个一般的名词,而不是一个规定人类共同体的一种特定活动的范畴或概念。

"文化"同样如此。它最早出现在刘向《说苑·指武》中:"凡武之兴,为不服也,文化不改,然后加诛。"这里"文化"并没有今天"文化"的含义,充其量是文章教化的意思,相似的用法有晋代束皙的"文化内辑,武功外攸"。① 这种用法的"文化",也只是一个一般名词,而不是一个规定人类特殊精神现象的概念。

"概念"之为物,乃为中华先哲所未知,它本身就是一个非常西方的东西,而决非像"力量"或"魅力"那样的抽象名词。"概念"并不像它看上去那么简单,而是即便对于西方哲学家来说也是相当困难的

---

① 转引自冯天瑜:《新语探源——中西日文化互动与近代汉字术语生成》,中华书局,2004年,第567页。

东西。伽德默尔说:"说概念是什么,似乎就像对于奥古斯丁来说,说时间由什么组成一样困难。我们都知道答案,却仍然不能说它由什么组成。当问题是概念的问题时,语词就始终背叛了我们。"① 概念问题之困难,于此可见一斑。

"概念"是西方哲学特有的产物,它的意思决非是简单的,而是复杂的。即使在西方文化中,哲学家、心理学家、语言学家和逻辑学家对它的认识也并不尽同。我们这里只涉及哲学的"概念"。"概念"一词出于拉丁文 *conceptus*。沃尔夫首先将它引入德国哲学的语言中,他把"概念"理解为一事物在思想中的表象。康德则给了它在逻辑中的通常意义:"概念与直观相对立;因为它是一个一般表象或一个更多对象所指的东西的表象,只要它能包含在不同的东西中,它就是一个表象。"② 无论在哲学还是逻辑学中,概念都是一个一般表象。而"表象"(Vorstellung)又是一个非常西方的概念,它与柏拉图的"相"(Idea)的观念有关。作为表象或相,概念是一个思维行动的结果,一般指普遍的、抽象的、一般的东西。

按照黑格尔的说法,概念是对象真正的自我,是生命本身的灵魂,是现实本身的一个结构规定,而不只是一个心理学意义上的知性表象;是一个观念性的意义内容,是事物的本质规定性,它在事实的历史中实现自己,因此,它本身具有历史性的特征。在后期维特根斯坦和受其影响的语言哲学那里,概念是语言使用者在特定的语言情境中正确使用相应的语言表达式的能力,使用规定了概念。

虽然一般认为概念是普遍、抽象、一般的东西,但绝不能把它等

---

① Hans-Georg Gadamer, "The beginning and the end of Philosophy", in *Martin Heidegger. Critical Assessments*, ed. by Christopher Macann, vol. 1(London & New York: Routledge, 1992), p. 20.

② Kant, *Logik* I, 1 §1. Akademie-Ausgabe. Bd. Ⅸ (Berlin and Leipzig, 1923).

同于一般的抽象名词。后者只是一个简单的语言工具,用以指代类名或抽象共相;概念却是在历史中形成,并且本身是历史的对事物的意义规定和结构规定。它的功能决不是简单的指代,而是"整体把握事物,将事物放在一起"。①也就是有机地将事物的方方面面综合地加以理解与规定。这是一般知性思维无法做到的。这也是为什么黑格尔和海德格尔都一再强调哲学是用概念思维。"用概念思维是一种积极的切入和展开的思维。"②切入事物的核心,展开其历史蕴涵。任何概念都渗透了概念发明者和使用者对事物的特殊规定。

因此,虽然"政治"与"文化"这两个词在中国古代就有,但作为概念,它们却是两个现代的概念,渗透着现代性赋予它们的种种含义,人们无法在讨论它们的时候无视它们的现代性特点。另一方面,这两个来自西方的概念与其他来自西方的概念一样,不是纯粹的形式和工具,而必然带有西方的种种历史经验。因此,当我们在说中国古代的政治和文化,或中国古代的政治文化时,我们不能忘记我们观察问题的现代出发点,和使用这两个概念必然产生的对中国经验的扭曲性再塑。

因此,在我们开始讨论近代中国的政治与文化之前,先要对这两个概念的西方意义和近代中国人的理解作一番梳理,否则我们将无法正确把握我们所要讨论的问题的特殊性。"政治"一词的真正含义在西方古今实际上并不是始终一致的,近代意义的政治与古代西方人理解的政治有了本质的变化,不可不察。"文化"也是一个在近代才开始在西方流行的概念,人们将它与文明区别使用,已经含有对现代性的反思在。中国人首先是通过翻译知道这两个概念,因而不可能一下子了解它们的复杂和不断变化的含义,而只能表面与平面地理解这两个概念。尽管如此,这两个概念(政治与文化)却依然会以

---

①② Hans-Georg Gadamer, "The beginning and the end of Philosophy", in *Martin Heidegger. Critical Assessments*, Vol. 1, p. 20.

它们的历史意义逻辑来制约中国人使用这两个概念产生的自我理解和对现代中国的理想塑造。

在中国,"政治"与"文化"由一般的传统名词变成现代意义的概念,是通过人们将它们分别用来翻译 politics 和 culture 而完成的,通过这样的翻译,人们将西方近代 politics 和 culture 的含义赋予了这两个中国传统名词,使它们变成了现代的概念。但这种翻译是通过日本人完成的。根据日本和香港学者的研究,无论是"政治"还是"文化",都是日本人在近代首先用它们来分别翻译 politics 和 culture 的。[1]Politics 和 culture 这两个词虽然现代前就已在西方出现,但也是现代性使它们成为了目前人们所熟知的概念。

在英语中,politics 最初是攻击人们卷入宗派或小集团活动的词。只是到了近代才成了一个比较体面的词,指代表制政治。英国法学家 John Fortescue 认为政治的政府形式(political form of government)与王政的政府形式(regal form of government)的区别就在于前者通过代表制和调和来取得法律的赞同。但迪斯累里还是说 politics 是"通过欺骗统治人类的艺术"。部分是在亚里士多德遗产的影响下,但更多是在现代性生活条件的作用下,政治逐渐被理解和规定为在一个国家或共同体中控制和调解不同利益的艺术:"政治……可以被简单定义为这样一种活动,通过这种活动,一个特定的统治单位中的不同利益按它们对整个共同体的福祉与生存的重要性的比例而享有权力,这些不同利益以此得到调和。"[2]

Culture 一词来自拉丁文 cultura,意为"对土地的开垦"。西塞罗曾经用它来指哲学和学术,说它们是 cultura animi(灵魂的开垦)。

---

[1] 见冯天瑜:《新语探源》,第 495、497 页。

[2] Bernard Crick, *In Defence of Politics*, quoted from Roger Scruton, *A Dictionary of Political Thought* (London: Macmillan Press, 1982), p. 361.

即使这样,它在拉丁语中只是一个普通名词。从18世纪下半叶开始,这个词的意义大量增殖。在1952年出版的一部题为《文化》的著作中,作者已统计出它有164个意义。①但雷蒙·威廉姆斯还是在他的代表作《文化与社会》中概括出西方作为**概念**的"文化"的四个基本定义:(1)心灵的一般状态或习性,与人类完善的思想有密切关系;(2)作为整体的某个社会的理智发展的一般状态;(3)各种艺术;(4)物质、理智和精神的整体生活方式。②很显然,这四个定义是相互关联的,它们构成了当今世界人们对"文化"的理解,当然也包括我们中国人对文化的理解。无论是谈论"政治"、"文化"还是"政治文化",我们现在都是在上述西方近现代形成的"政治"与"文化"概念的意义上来理解的。

如果我们接受美国人阿尔蒙德和维巴在《公民文化》一书中对"政治文化"的定义的话,③那么我们对上述"政治"和"文化"概念的理解在很大程度上形成构成了我们对自己和自己命运的理解;对我们历史的理解;对这个世界的理解;对我们行为取向(应该)的理解;以及对人类未来的理解。

二

在古代中国,"政治"并不是一个概念,而只是一个普通名词,由

---

① Cf. A. L. Kroeber & Clyde Kluckhohn, *Culture. A Critical Review of Concepts and Definitions* (Cambridre, MA.: Peabody Museum, 1952).

② Cf. Raymond Williams, *Culture and Society*, *1870 - 1950* (New York & London: Columbia University Press, 1958), p. 16.

③ 阿尔蒙德和维巴在他们编的《公民文化》中把政治文化定义为对政治客体的"取向性模式"。取向是对政治行动的先行倾向,它们取决于传统、历史回忆、动机、规范、情感和象征等因素(Cf. G. A. Almond & S. Verba, eds., *The Civic Culture: political attitudes and democracy in five nations*, Princeton, NJ.: Princeton University Press, 1963).

"政"和"治"两字结合而成。这个词的重心不在"政"而在"治"。《尚书·毕命》经曰:"道洽政治,泽润生民。"《传》曰:"道至普洽,政化治理,其德泽惠施,乃浸润生民。"贾谊《新书·大政下》也有"有教然后政治也,政治然后民劝之"的说法。可见"政治"只是指政事之"治(理)",不构成一个规定基本意义域的概念。

在古代中国,相应于今日政治概念的,不是"政治",而应该是"政"。英国学者罗杰·斯克鲁顿在他的《政治思想辞典》"政治"条中说"政治"指与"政府"相关的活动。[1]这个定义固然狭窄了一些,但也大致能与我国传统的"政"之概念契合。"夫子至于是邦也,必闻其政,求之与? 抑与之与?"[2]"今欲以先王之政,治当世之民,皆守株之类也。"[3]这两段中,孔子和韩非说的"政"都与斯克鲁顿的"政治"定义基本相容。

然而,这种相容只是形式上的,中西古今对政府活动或政治的看法有相当的距离。对于中国古人来说,政治的目的决不是利益的协调与分配,而在于"教"、"养"二字。"养"是富民;而"教"是教化。"养"是手段,但也是"教"的前提,目的是教化。政治或国家的根本目的不仅在人民的丰衣足食,更在于有优良的品行和行为。孔子论卫国之民说既富而教;答子贡问政则曰去食存信,都表明了这一点。人事不齐,有正有邪,需要以正纠不正,所以曰:"政者,正也。"[4]政的本义是使不正改正,故功同于教。也因为如此,纠不正主要靠教,而非暴力。季康子问政于孔子曰:"如杀无道以就有道,何如?"孔子对曰:

---

[1] Roger Scruton, *A Dictionary of Political Thought*, p. 361.
[2] 《论语·学而》。
[3] 《韩非子·五蠹》。
[4] 《论语·颜渊》。

"子为政,焉用杀?子欲善而民善矣。君子之德风,小人之德草。草上之风,必偃。"①

儒家不但把教化理解为政治的根本目的,也把教化理解为产生政治的原因和政治权力的根据:"天生民,性有善质而未能善,于是为之立王以善之。此天意也。民受未能善之性于天,而退受成性之教于王。王承天意以成民之性为任者也。"②

由于儒家在漫长的古代历史中逐渐成为社会和民族的主流思想,政治的实质和目的在教化遂被多数人接受,甚至被当政者至少表面上接受。这就使得政治在古代中国很早就与文化交织在一切,形成一种特有的政治文化。虽然"政治文化"是一个现代才出现的概念,但中国古代的政治的自我理解却使得我们有理由将它理解为政治文化而不是纯粹政治。

中国古人把现实政治一般理解为文治和武功两个方面:"文王以文治,武王以武功"。③文治远高于武功,因为它才是政治的根本。文治就是文章教化,就是《禹贡》"三百里揆文教"的"文教"。"宣文教以章其化,立武备以秉其威。"④但文教总是在武备之上,因为它是政治的目的。"先王以是经夫妇,成孝敬,厚人伦,美教化,移风俗。"⑤教化在任何时候都是政治的理想目标,同时也应是为政者的规范性活动。这不仅指君主,而且一切欲从事政治活动的人,都会将此作为自己应尽的责任,不仅孔、孟、贾(谊)、董(仲舒)、程、朱这些大儒是这样,连杜甫这样的诗人也要"致君尧舜上,再使风俗淳"。

---

① 《论语·颜渊》。
② 董仲舒:《春秋繁露·深察名号第三十五》。
③ 《礼记·祭法》。
④ 荀悦:《申鉴·政体》。
⑤ 《诗·周南·关雎序》。

教化不是现代意义上的教育,即教育者将某种客观知识传授给受教育者,而是人的品质的本质转变。教化者必须自化才能化人。儒家一向认为,"自天子以至于庶人,壹是以修身为本"。(《大学》)教化不在为政者说什么,而在他们怎么做。子曰:"下之事上也,不从其所令,从其所行。上好是物,下必有甚者矣。故上之所好,不可不慎也,是民之表也。"①孟子曰:"行有不得者皆反求诸己,其身正而天下归之。"②直到汉代贾谊论教化,也是这个思路:"君国子民者,反求之己。"③教化的关键在教化者自身必须是教化的体现,这样,化民成俗便水到渠成,不在话下了。

对于儒家来说,政道与治道统一于教化。统治者本身的教化决定政治的好坏和能否长治久安,周为天子三十余世而秦为天子二世而亡,原因就在于周教太子以礼;秦教太子以狱。贾谊用《尚书》"一人有庆,兆民赖之"的成句来说明教化对于统治者,尤其是最高统治者的重要。"人君不可以不学。"④儒家始终认为政治的好坏取决于最高统治者:"故有不能求士之君,而无不可得之士;故有不能治民之吏,而无不可治之民。故君明而吏贤矣,吏贤而民治矣。故见其民而知其吏,见其吏而知其君矣。"⑤政治与社会风气的种种,都可以追溯到为政者,因为他们(以自己的行为)承担着教化的责任。

由于将教化理解为政治的本质和目的,那么一切文化活动只要具备教化的功能,就有了政治的色彩和一定程度的政治功能,甚至影响着政治的自我理解。事实上儒家始终肯定文化的教化功能,以致

---

① 《礼记·缁衣》。
② 《孟子·离娄上》。
③ 贾谊:《新书·君道》。
④ 范晔:《后汉书·樊宏阴识列传》引。
⑤ 贾谊:《新书·大政下》。

于传统意义上的"文化"其实就可以理解为教化。这样,政治与文化就内在地联系在一起,这种联系表现为教化。但这并不是说政治与文化合为一体,或是一体之两面。事实恰好相反,文化现实的教化功能与政治理想的教化目标构成了文化与政治之间无法消除的紧张。一方面,文化制约着政治和塑造着政治,同时也批判政治(以德抗位);另一方面,现实的政治总是对文化有强烈的反弹,总是试图根据它的要求控制文化。言教化讲礼乐以饰观听,为粉饰升平之具,两千年皆然。但教化的概念却使得政治对文化的要求和控制不具有根本的正当性。文化的政治总是在对抗和制约着政治文化。我们未尝不可把"《春秋》作而乱臣贼子惧"看作对这样一种情况的喻象表达。也因此,以天下苍生为己任的士人,无不以教化的使命自期。

三

近代中国人对政治的理解可称为是"模仿的政治",即按照近代西方(包括马克思列宁主义)的政治理解来理解近代中国的政治处境和历史命运,并试图按照西方的理解来加以把握和规划。具体而言,就是建设一个建立在科学与民主基础上的现代民族国家,以实现(个人和国家的)富强。这既是现代(中国)政治的目标,也是现代政治本身。由于将这个目标与民族的命运相挂钩,政治的意义域被简单化和缩小,几乎可以用请进赛德两先生来概括。

近代中国人对政治的理解最显著的一个转变,就是从对政治内在性质的关注转到对政治机构,如政府、制度、法规和国家的关注上。这既有西方近代政治学的影响,也是近代中国生存处境使然,根本原因却在政治现代性本身,因为那二者都不过是政治现代性在近代中国的表现而已。康有为的政治哲学貌似孔孟言仁、言大同,又大谈权利义务,实际却着眼在"托古改制"的"制"上。在他看来,"孔子以匹夫制宪法",①"孟子立民主之制"。②教化在他那里只是一个指代传统文化的名词,而不是规定政治本质目标的概念。

梁启超先受其师康有为之三世说,后受进化论的影响,相信政治进化有一定的阶段,民权政治为政治发展之最后归宿。启超与多数中国人一样,希望建立一个近代西方式的民主的民族国家,"以立于此物竞最剧之世界"。③他也热心建立现代的政治制度,但他始终认为,政治之善恶不专在制度而系于道德。他以为政治进步的原因非徒在于人民的知识,而实在于人民的品性。这在中国近现代思想家中非常突出。启超一生思想多变,但知识与道德为政治之基础这一点,"纲维梁氏一切主张"。④尽管如此,启超却绝口不谈教化对政治的意义。

除了梁启超外,章太炎也重视道德对于政治的重要意义。章氏提倡民族革命,亦是要建立现代民族国家,他深信欲达此目的不可无道德,"道德衰亡诚亡国灭种之根极也"。⑤但章氏是以道德为政治之工具,而非为政治之目的。道德之所以可贵,是因为在政治上有用。如果不道德在政治上也有用,则不妨许可或竟提倡也。⑥在这种认识下,自不会对政治的教化功能感兴趣。

严复属于近代中国最早引进西方近代政治思想的人之一。虽然

---

① 转引自萧公权:《中国政治思想史》下册,台湾联经出版事业公司,1991年,第733页。

② 康有为:《孟子微》,中华书局,1987年,第20页。

③ 梁启超:《政治学大家伯伦知理之学说》,《分类饮冰室文集全编》,卷五,第4页。

④ 萧公权:《中国政治思想史》下册,第822页。

⑤ 章太炎:《革命之道德》,《革故鼎新的哲理——章太炎文选》,上海远东出版社,1996年,第186页。

⑥ 参看萧公权:《中国政治思想史》下册,第918页。

他认为当时之要政莫过于鼓民力、开民智、新明德三项,而且他在晚年公开宣称:"中国目前危难全由人心之非,而异日一线命根仍是数千年先王教化之泽。"①但他的《政治讲义》一书注意的几全是属于制度方面的事情:国体、政体、国家、政府。教化与政治的关系,几无涉及。

1900年后大量西方法政书籍被翻译引进、1905年科举制度的废除和新式学堂的建立,以及留学欧美获得政治学学位者的回国和国内各大学政治学系的建立,使得西方近代的"政治"概念也成了我们的"政治"概念。从此以后,我们对政治的理解与现代西方人日趋一致。近代中国的生存危机和对西方近代历史的解读使得民国政治学者很容易接受19世纪末德国政治学的观点,即政治学就是国家学,它研究国家的性质、目的、起源、结构以及运行机制。如张慰慈说:"政治学的题目是国家。"②高一涵认为:"政治学上的中心问题是国家,政治学上最难解答的问题也是国家。"③李圣五也认为政治学"所研究的,是国家的基础,国家的主要性质,以及政治组织的形式、作用、与发展"。④杨幼炯则认为政治是国家机关和国民行为关于国家根本的直接活动的总称。⑤但也有学者已经看到:"现代政治现象,是在各社会集团之间政权维持,获得斗争,以及随着此事而发生底社会的支配、经营过程。"⑥这和上述西方学者(如 Bernard Crick)对"政治"的理解相去不远了。

与"政治"的含义发生根本变化的同时,"文化"的含义也发生了

---

① 转引自萧公权:《中国政治思想史》下册,第864页。
② 张慰慈:《政治学大纲》,商务印书馆,1930年,第7页。
③ 高一涵:《政治学纲要》,上海神州国光印刷所,1931年,第35页。
④ 李圣五:《政治学浅说》,商务印书馆,1932年,第1页。
⑤ 杨幼炯:《政治学纲要》,中华书局,1935年,第1页。
⑥ 邹敬芳:《政治学原理》,上海会文堂新记书局,1937年,第7页。

根本变化,它不再与教化有任何关系,胡适对它的定义是"一种文明所形成的生活方式",而文明则是"一个民族应付他的环境的总成绩"。①中国的固有文明既然已被现实证明无法应付环境,那么当然这种文明所形成的文化也一样糟糕,必须为新文化所取代,以便再造文明。这不可能只是一个文化问题,而必然也是一个政治问题。虽然胡适认为文学是非政治的,但陈独秀却一语道破文学革命与政治革命的关系:"今欲革新政治,势不得不革新盘踞于运用此政治者精神界之文学。"②

其实,"五四"虽然被称为"新文化运动",倒不如说它是一次文化政治运动,参与者的政治意向是很明显的。尽管胡适最初竭力要将文化与政治分开,但最后不得不承认,"1919年所造成的种种观点无论在精神上还是在倾向上都不是非政治的"。③所谓的新文化运动的参加者们不管初衷如何,潜意识里都有救亡的旨趣。传统教化意义上的文化,成了启蒙意义上的文化。

"文化"意义这样的转变,是与对政治的理解转变分不开的。政治是手段,陈独秀公开主张:"我们把国家,政治,法律,看作是一种改良社会的手段。"④其实是在中国建立近代西方式的民主制的民族国家,使中国享有与西方同样的现代文明,除此之外再无别的目的。既然文化作为教化可以在传统政治中起作用,那么文化也可以在现代政治中起作用,只是不是作为教化,而是作为启蒙。

早在1915年,黄远庸在去国赴美之前写给章士钊的信中就

---

① 胡适:《我们对于西洋近代文明的态度》,《胡适文集》,第四册,北京大学出版社,1998年,第3页。
② 陈独秀:《文学革命论》,《新青年》二卷六号。
③ 格里德:《胡适与中国的文艺复兴》,鲁奇译,江苏人民出版社,1989年,第189页。
④ 陈独秀:《谈政治》,《新青年》八卷一号。

说:"愚见以为居今论政,实不知从何处说起。……至根本就济,远意当从提倡新文学入手。综之,当使吾辈思潮如何能与现代思潮相接触,而促其猛醒。"①陈独秀则从以往革命的经验得出结论:"单独政治革命所以于吾之社会,不生若何变化,不收若何效果。"②欲政治革命成功,必配合以文化革命。甚至不如说,必以文化革命为先导。不用新文学、新思想、新道德来驱逐旧文学、旧思想、旧道德,改变人们的思想观念,政治革命就不能成功。新文化运动潜伏的政治意向,经常使得它的话语充满政治话语中常见的话语暴力。

虽然新文化运动的参与者们喜欢将他们自己的工作看作是中国的"文艺复兴";只是到了上个世纪30年代以后文化人才自觉地将自己的工作视为"启蒙",但正如有的论者所指出的,"五四"更接近于启蒙运动而不是文艺复兴。③它同样具有欧洲启蒙运动的那种热情、大胆无畏和批判精神;但同时也有启蒙运动的一切弊病:自以为是、独断教条和缺乏自我反省的意识。这也不奇怪,归根结底它们是现代性在东西方的特殊表现而已。但它们有一点不同,欧洲的启蒙运动是以工具理想为图腾,而"五四"形成的政治文化是以西方的思想历史为教条。它根据西方的历史为鉴来理解自己的历史,根据近现代西方国家(包括苏俄)的状况来规划自己的未来。

这样,启蒙在中国就成了一个颇为简单的任务。它不是如康德说的那样是自主地运用自己的理性,而只是"输入学理",从晚清到今天,大量的文化人将主要精力投入到翻译西书和稗贩西学上,其热情就是由这样的"启蒙"信念支撑着。"西学"之所以长盛不衰,翻译西

---

① 黄远庸:《致章士钊书》,《甲寅》卷一第十号。
② 陈独秀:《文学革命论》,《新青年》二卷六号。
③ 周策纵:《五四运动:现代中国的思想革命》,周子平等译,江苏人民出版社,1996年,第471页。

籍之所以始终为人们所热衷，端由于这样的"启蒙"概念。"启蒙者"们思想的分歧往往表现为走俄国人的路还是走美国人的路上，而没有对这种"启蒙"信念本身提出质疑，缺乏根本的反思批判精神，即自我批判的精神。人们总是用这种或那种西方的理论话语来解释我们的现实，形塑我们的政治。另一方面，中国政治也的确缓慢但却越来越明确地按照这种启蒙来理解自己，并以此要求现代中国文化。

如果说在上个世纪50年代之前，中国政治把建立现代民族国家作为自己的基本任务的话，那么在此之后则是以现代化作为自己的目标。文化自觉地按照这个政治目标理解自己和发挥自己的作用。由于把政治理解成决定自身和国家命运的东西，文化自觉充当它的手段。近代中国种种文化活动，都有意无意以推进达成现代化的目标自命。换言之，为此种政治目的服务，甘愿成为手段。规范、引导和约束政治和实现政治的教化，作为"封建反动的"东西被彻底抛弃，代之而起的是从西方引进，却有悖西方本来意义的"启蒙"。这种启蒙可说是一种变了质的现代"教化"，它的目的是使人抛弃和批判一切不利于现代政治目标——实现现代化的东西，根据这个目标及其实现来理解一切。它没有独立的内容，只是根据一些固定的政治教条来统一思想、统一文化。"五四"标志着这种启蒙的初步成功，从此以后，中国文化成了一种广义的现代政治文化，现代化的诉求，成了一切文化是否合理与正当的最终判准。政治进入了文化，文化成为了政治。但这种现代政治却不是真正的政治，而只是利益诉求和分配的制度博弈；是经济，而不是政治。在可以预见的将来，文化经济终将代替文化政治，名正言顺地登场，已然成为政治的经济将决定人们所有公共活动，包括文化活动。

最近在全球发生的事情，表明这绝非危言耸听。从表面上看，是经济绑架了政治，让政治为酿成危机的经济埋单；实际是经济用它自己的权力合法地实施赤裸裸的丛林原则,损不足以奉有余,莫此为甚。而自由与民主在这样的经济强权面前,毫无抵抗能力。要遏制经济的霸权,只有恢复政治。而要恢复政治本身,先要对我们目前现代性的政治和政治文化进行深刻的反思和批判;否则,我们只是以反对的姿态在维护我们所反对的东西。

现代性与中国现代民族主义

一

就像社会进化论一样,到了 20 世纪初,民族主义已成了中国现代知识分子的共识,或者说,一种共同的信念。要救亡,舍民族主义其道莫由。当时有人在《浙江潮》上撰文说:"故今日而再不以民族主义提倡于吾中国,则吾中国乃真亡矣",①即表达了当时人们的心声。

中国民族主义的实质目标,是在西方帝国主义扩张的背景下,被迫进入现代世界,开始自己的现代化进程,作为这个进程的第一步,建立自己的民族国家作为现代化的主体。如果说民族主义对于任何社会来说都是发展的必要阶段的话,②那么对于像中国这样被动走上现代化道路的非西方国家来说,它揭开了现代化的序幕。从表面上看,民族主义似乎只是由尖锐的民族危机产生的一种情感反应,实际上却是现代性全球扩张的一个必然产物。无论民族主义的表达用了多么情绪化的偏激言辞,我们都不能忘记这样一个基本事实。否则,民族主义这样的普遍的意识形态将失去其真实的历史根据。

帝国主义对中国的侵略与扩张,不仅大大加剧了中国社会已有

---

① 余一:《民族主义论》,《浙江潮》,第 1 期,《辛亥革命前十年间时论选集》,第 1 卷,下册,张枬、王忍之编,三联书店,1978 年,第 485 页。
② Tom Nairn, "The Maladies of Development", in *Nationalism*, ed. by John Hutchinson & Anthony D. Smith, (Oxford and New York: Oxfort University Press, 1994) p. 70.

的矛盾,还使中国陷入深重的民族危机,激发了中国人的民族主义情绪。由于中国并未沦为殖民地,而是由一个专制腐败的满清政府统治,这个政府虽也试图进行现代改革,以适应它所面对的危机,但却不很成功。其明显的标志是它不愿意通过坚决的政治改革来化解历史形成的满汉矛盾,通过权力再分配的形式实现民族团结,进而建立一个新的民族国家。相反,它在政治上缺乏远见使得越来越多的人对它失去信心,将它视为现代中国的障碍,而不是现代中国的缔造者。越来越多的人转向革命就说明了这一点。这个政府由满族建立和控制,使得它理所当然地成为日益壮大的民族主义的主要打击目标。满汉恩怨不仅证明了民族主义的合理性,而且为它提供了最具煽动性和杀伤力的武器。晚清士人,如章太炎,在谈到自己反清排满的思想渊源时,常常会提到明清之际从顾炎武、王夫之到吕留良、戴名世等人种族思想的影响,使人往往会以为满汉矛盾是现代中国民族主义最早的起因之一。实际却如列文森所见到的那样:"反满情绪仅仅是民族主义的一种结果和现象,而不是它的起因和实质。"[1]这就提醒我们,不要被充斥当时反清排满文献中那些准种族主义的偏激言辞和谩骂所迷惑,而要始终抓住其现代本质。

邹容的《革命军》是清末反满民族主义的一个典型个案。与当时多数反清文献一样,《革命军》中也有不少扬汉贬满的种族主义言辞;但与《黄书》这样明清之际谈种族问题的书相比,就会发现,它的主旨已不是言夷夏之防,重申华夏文化的优越了。在一定意义上可以说它的主旨正相反。它以一个以西方现代国家为榜样的现代民族国家为诉求。为达此目的,它不仅不再陶醉于传统固有文化,反而对中国

---

[1] 列文森:《儒教中国及其现代命运》,郑大华、任菁译,中国社会科学出版社,2000年,第80页。

人及其文化展开了激烈的批判。它不是要肯定和高扬传统;相反,为了其政治目标,它必须批判传统。这也不奇怪,民族主义追求的目标本身就是超越传统的现实目标。民族主义者清楚这个目标对于传统的异质性,但这个目标对他们来说是一个"绝对命令",如果传统对此有所妨碍,当然就是批判的对象。因此,"当20世纪初民族主义开始在中国知识分子中间兴起时,它体现的是一种要将一切明显的为中国传统辩护的时髦话扫除干净的企图"。① 人们常常会想当然地以为,民族主义总是以捍卫传统为职志,其实,与一般人所以为的相反,民族主义的来源就决定了它本质上是反传统的。它对传统如有肯定的话,也是策略性的。传统对它来说只是手段,而不是目的。② 目的是民族主义本身所蕴含的现代目标。我们在讨论文化民族主义时,将会更清楚地看到这一点。

印刷销行量曾达百万余册的《革命军》,③ 无疑是中国现代民族主义的经典之一。在这部著作中,作者很少诉诸传统的资源,而是完全用西方的自由民主思想来阐明中国革命的必要性和正当性,规划未来新中国的基本蓝图。实际上,对于作者来说,革命就是在中国重演西方近代的民主革命,建立一个西方国家那样的民主国家。反满革命的实质是伸张民权,建立民主的民主革命。"吾但信卢骚、华盛顿、威曼诸大哲于地下必哂曰:'孺子有知,吾道其东'。"④

正因为邹容将中国革命视为西道东来,东行西道的结果,所以他认为,与西方列强相遇对中国人来说是天大的好事,由此我们才得知"文明之政体,文明之革命"。我们才能读到《民约论》、《万法精义》和

---

① 列文森:《儒教中国及其现代命运》,第82页。
② 参看列文森:《儒教中国及其现代命运》,第92页。
③ 李泽厚:《中国近代思想史论》,人民出版社,1979年,第301页。
④ 邹容:《革命军》,中华书局,1958年,第4页。

《论自由》,法国革命史和《独立宣言》,才知道自己处于奴隶的悲惨境地,非革命不可。不仅如此,"夫卢梭诸大哲之微言大义,为起死回生之灵药,返魄还魂之宝方,金丹换骨,刀圭奏效,法、美文明之胚胎,皆基于是。我祖国今日病矣,死矣,岂不欲食灵药,投宝方而生乎?"① 以西方的妙药,起中国之沉疴,代表了许多人的想法。

不管西方自由民主思想是否是治疗中国衰亡之病的灵丹妙药,将它用于反满革命却不能说是食洋不化或邯郸学步。民族主义在西方的流行与法国革命和美国革命有绝大的关系。这两次革命将个人自由和反抗压迫的权利扩展到民族,民族主义由此蔚然成风。在中国,从清朝入主中原开始,反满思想就一直不绝如缕,但基本内容不脱种族之争和夷夏之辨。严格说,那还不是现代民族主义,而是种族主义。民族主义作为一种现代意识形态和社会运动,有它特定的时代意义和文化内容。当中国民族主义者用它来观察和理解满汉恩怨和矛盾时,历时近三百年的满汉冲突,也就有了新的解释。满人入主中原,不是简单的王朝兴替,而是剥夺了汉人天赋的自主权利。满人对汉人的压制和屠杀,是取消了汉人与生俱来的自由。而权力分配的不平等实质是人与人的不平等。因此,排满革命不能再是像朱元璋那样恢复汉家河山,而是像"法人三次,美洲七年"②那样的民主革命。

邹容和当时的一些民族主义者一样,认为中国人之所以长时间处于专制制度下不能自拔,是因为中国人身上的奴隶根性,中国人未能自认为国民。要革命必先去这种奴隶根性。国民与奴隶的区别在于:"国民者,有自治之才力,有独立之性质,有参政之公权,有自由之幸福,无论执何业,而皆得为完全无缺之人。曰奴隶也,则既无自治

---

① 邹容:《革命军》,中华书局,1958年,第3—4页。
② 邹容:《革命军》,第21页。

之力,亦无独立之心,举凡饮食、男女、衣服、居处,莫不待命于主人,而天赋之人权,应享之幸福,亦莫不奉之主人之手。"①国民就是现代国家独立自主,享有基本人权和公民权利的公民;而奴隶则是专制社会中没有自主性的臣民。有无国民,是现代国家能否建立的关键。这也是当时许多民族主义者的共识。就在《革命军》发表的同一年,《湖北学生界》上有篇文章也说:"且夫立国于地球之上者,无国民则亡,有国民则强。"②

正是基于这样的认识,当时的民族主义者认为民族主义必须辅之以个人权利的学说。"虽然民族建国主义,不得个人权利主义以辅翼之,其分子亲和犹未密,其质点之结集犹未坚,其形式之组织犹未完,其势力犹未达于全盛也。"③杨笃生根据卢梭的学说,这样来阐发国民与国家的关系:在民族主义未起之前,人们之所以没有国家意识,是因为误以天下为国家;由于没有个人权利意识,总是以政府为国家,认为国家与自己毫无关系。个人天赋人权的学说,使人明白自由权人与我皆平等,既不能放弃自己的权利,也不能侵犯别人的权利。为保护和增进自由权,人们订契约,成国家。国家以众人幸福为目标,不以个别人幸福为趋向。政府为国家之一部,国民才是国家的全体。这就进到了人民主权的思想。"民权之集,是为国权;民而无权,国权何有?"④这就是中国民族主义关于人权与国权的逻辑。要人们爱国,首先要让他们觉得自己是国家的主人。人们不会爱不属于自己的东西。中国最早的民族主义者已经看到了这一点。

---

① 邹容:《革命军》,中华书局,1958年,第29页。
② 《论中国之前途及国民应尽之责任》,《湖北学生界》,第3期,1903年3月,《辛亥革命前十年间时论选集》,第1卷,上册,第462页。
③ 杨笃生:《新湖南》,《辛亥革命前十年间时论选集》,第1卷,下册,第632页。
④ 《二十世纪之中国》,《民报》,第1期,1901年,5月10日,《辛亥革命前十年间时论选集》,第1卷,上册,第69页。

就其初衷来说,民族主义并非像后来有些人所指责的那样,以民族和集体主义的名义来取消个人权利。相反,"民族主义首先是人们自由和主权的学说。人们必须解放,即免于任何外在强制;他们必须决定他们自己的命运,成为他们自己家园的主人;他们必须控制他们自己的资源;他们必须只服从他们自己'内在的'声音。"①民族主义理论的两位奠基者卢梭和赫尔德都是个人自由和权利的坚决捍卫者。否认个人自由和权利的民族主义只能是法西斯的民族主义,而不是中国最早的民族主义者所要的民族主义。

这种民族主义的目标——自由、民主、富强的中国使他们一方面极力鼓吹个人权利和自由思想;另一方面则对中国人的民族劣根性进行毫不留情的批判。这是中国民族主义的一个很值得注意的现象。一般说来,民族主义总要构造一个美好的民族神话,其中包括悠久的历史,丰富的传统,优良的民族性,等等。而这些往往被说成是独一无二的,以激发民族感情和认同。中国的民族主义自然也不能免俗。但一个比较特殊的现象是,民族主义者在赞美民族优点的同时,不遗余力地批评民族劣根性和阴暗面,丝毫不觉其中巨大的紧张。发表于《民报》第1期上题为"二十世纪之中国"的文章,就是一个典型的例子。作者先似乎信心十足地说:"且夫我中国固其有雄视宇内,威震环球,操纵万国,辖轹五洲之资格也。方里二千万,倍半于全欧;人民四百兆,六倍于北美;开辟五千年,与尧舜商汤文武周孔之遗教,有英雄豪杰龙战虎斗之历史;且地处温带,人性聪慧,国多平原,物产饶裕,皆地球万国之所无,而我中国所独有者也。"②直到今天,这些还是构成一般中国人民族自豪感的基本成分。然而,"二十

---

① John Hutchinson and Anthony D. Smith, Introduction to *Nationalism*, p. 4.
② 《二十世纪之中国》,《辛亥革命前十年间时论选集》,第1卷,上册,第67页。

世纪之中国"的作者却马上笔锋一转,说是俱往矣,暴秦以下,中国乏善可陈,无学术,无政治,无法无天,人民则奴性十足,中国乃"一醉生梦死,行尸走肉,不痛不痒,麻木不仁之世界"。①这种对同一中国大扬大贬的矛盾做法,如何解释?

这种矛盾的做法,体现了中国民族主义矛盾的存在。民族主义的目标,是要将中国建成一个现代民族国家,建立中国人的现代认同。然而,除了章太炎外,大多数民族主义者都以高度理想化,甚至可说是他们想象创造的西方国家和西方文化为榜样,希望能照样建立现代中国。但另一方面,西方列强对中国的欺凌与蔑视,又使他们无法认同西方和西方文化。在西方强势政治经济文化面前,他们不能不坚持自己的民族性,以保存独立的民族认同。换言之,无论从理智上,还是从感情上,他们都不能不认同中国。他们不能没有作为一个中国人自尊和骄傲的理由。此外,民族主义政治的现实考虑,也使他们不能不构造一个光荣的过去来激发和动员民众,同时也使自己对中国的前途保持信心。

但所有这一切并未使他们对中国的种种问题失去知觉。相反,高度理想化了的西方文化参照系使他们对中国的种种问题和弊病有更痛切的感受和认识。这就是为什么早期民族主义者很少有人不批判民族劣根性的。批判民族劣根性是现代中国民族主义的必然产物,它使中国民族主义得以保持清醒的头脑,而不至于蜕变为排外主义和沙文主义。然而,从20世纪下半叶开始,民族自我批判的声音却日益微弱;而说"不"的音量却有放大。这当然与中国在世界上的地位改变有关。但却未必是一个值得高兴的现象。只有不断进行自我批判的民族,才是真正有希望的民族。

---

① 《二十世纪之中国》,《辛亥革命前十年间时论选集》,第1卷,上册,第68页。

二

虽然本世纪初中国民族主义的矛头似乎都对准满清政府,但是在反满的背后更有对帝国主义步步扩张的忧虑和警惕。革命派之所以要反清排满,一个重要的理由是清政府无法维护民族利益和国家主权,在与西方列强的交往中屡屡丧权辱国,出卖国家主权,甚至为外国所控制,形同傀儡。因此,要反抗帝国主义侵略,维护国家的独立和主权,必须先推翻满清政府。中国近代史无可辩驳地表明,中国人民与满清政府的矛盾,是被西方列强对中国的侵略与扩张日益激化的;中国的民族主义,也是被这种侵略和扩张逼出来的。中国的民族主义只有放在现代资本主义全球扩张这个背景下,才能得到真正的理解。现代性——现代世界政治经济的不平衡发展是中国现代民族主义产生的深层起源,西方帝国主义和殖民主义的全球扩张是这种不平衡发展的根本原因。这种不平衡发展必然造成中心对边缘的帝国主义。①其影响与后果对边缘国家来说就是支配、控制和侵略。中国民族主义的深层起源,使得中国民族主义者任何时候都不会对帝国主义掉以轻心。相反,帝国主义在中国的所作所为,不断加深了他们对其的感性认识。

不过,中国人对帝国主义的认识,并未停留在感性层面。梁启超已经看到,帝国主义产生于西方资本主义的竞争与扩张。雨尘子则进一步指出,帝国主义是由于列强内部竞争转为外部竞争和民族膨胀,而民族膨胀也属于经济上的问题。"使欧人资本不膨胀,人口不膨胀,不求贸易市场于他洲,则其兵力虽强,必不至骋雄于远东,而亚

---

① Tom Nairn, "The Maladies of Development", in *Nationalism*, p. 75.

洲东陆,仍可高枕无事也。然势之所迫,今彼不能坐食而自毙,遂鼓大浪于东洋矣。"①这就将近代东西方关系的实质揭示出来了。西方列强总是将它们向全球扩张称为传播文明,推动进步。然而,在这些启蒙的修辞下,却是如马克思和恩格斯所指出的"卑鄙的物质利益"。雨尘子对此也洞若观火,一语道破说:"帝国主义,质言之,则强盗主义也。自己不足而羡人之足,因己之膨胀而芟除世之不如己者,乃有以所谓文明、所谓野蛮、所谓天职、所谓义务等议论以文之。"②为此,帝国主义必须扩充军备,以保护贸易,刺激工商业。尽管在现代,"兵战不如商战",但帝国主义总是和暴力结下了不解之缘。一旦人们不接受他们的文明和进步,随之而来的就会是大炮和战舰。

弱势民族反对帝国主义的声音,在有些人听起来总有点刺耳。他们往往将其说成是排外主义。然而,在排外与否的问题上,中国的民族主义者始终是清醒的。他们都认为:"保国存种其义最高,而文明富强之幸福至为难得故也。"③中国人反抗强权,自强救亡,不是要和谁过不去,而是要使自己进于更高的文明境界。所以严复说:"与其言排外,诚莫若相勖于文明。果文明乎,虽不言排外,必自全于物竞之际;而意主排外,求文明之术,傅以行之,将排外而不能,而终为文明之大梗。"④

在中国历史上的确有排外的时期和排外的运动,但那恰恰不是出于民族主义,而是利用了民族主义。中国民族主义的目的从来不是要排外,而是要建立一个富强文明的现代民族国家。为此,它从不

---

① 雨尘子:《论世界经济竞争大势》,《新民丛报》第11,14期,《辛亥革命前十年间时论选集》,第1卷,上册,第202页。
② 雨尘子:《论世界经济竞争大势》,《新民丛报》第11,14期,《辛亥革命前十年间时论选集》,第1卷,上册,第199页。
③ 严复:《论教育书》,《辛亥革命前十年间时论选集》,第1卷,上册,第109页。
④ 严复:《论教育书》,《辛亥革命前十年间时论选集》,第1卷,上册,第107页。

以学习西方文明为耻;相反,却将它视为达到自己目的的必要条件。中国的民族主义者相信:"……中国今日当以无学为可耻,而不当以学人为可耻。夫人能发明许多新理新学,文明极于高顶,而我学无所进,并替减其所固有文明者,则真可耻。"①这就是为什么向西方学习成了这个民族持续了一个半世纪的热情。

中国人为了自己的利益,不能不反对帝国主义;同样也是为了自己的利益,不能不学习西方文明。帝国主义的确是西方的产物,但与西方文明不能混为一谈。西方列强的对外政策和国际行为,与西方文化的崇高理想也不是一回事。这其中的区别本来是既简单又清楚。中国人抗议和谴责英法联军火烧圆明园,不等于中国人反对或谴责英国古典政治经济学或《人权宣言》,谁都知道那是风马牛不相及的两回事。前者是彻头彻尾的野蛮行径,不管以什么为借口;后者是人类文明的共同财富。可是,当代的一些论者认为民族主义是中国现代思想的病症,理由就是其实质是反对西方文明,也就是反对人类普遍文明。中国的民族主义的确反对西方的强权,却从来也没有反对过西方文明,更不用说人类普遍文明。相反,为了它自己的目标,它倒是经常以反传统和西化的面目出现。将反对西方强权视为反对西方文明,不仅是逻辑混乱,也是感情错乱。当然,也是对于民族主义的实质没有正确的了解。

民族主义从理论上讲根源于现代性,虽然它的历史表现形式往往是反对外来统治和压迫,其实质却是要建立一个现代民族国家。它的对内的功能也是积极的,《马关条约》和巴黎和会所激起的民族主义浪潮对中国政治的积极影响,就是两个显例。西方有些研究民

---

① 《劝同乡父老遣子弟航洋游学书》,《游学译编》,第 6 期,1903 年 4 月,《辛亥革命前十年间时论选集》,第 1 卷,上册,第 387 页。

族主义的学者出于种种偏见,认为即使非西方民族的政治民族主义的确有现代取向,它们的文化民族主义则完全是倒退的。

例如,民族主义理论研究的先驱 Hans Kohn 就认为政治民族主义是"理性的",而文化民族主义则是"神秘的",这两种形式的民族主义哪一种占上风关系到一个社会的社会—政治发展水平。①文化民族主义被一些西方学者认为是倒退的力量,是落后社会知识分子的产物,他们面对科学上更为先进的文化时,想通过退回到历史,声称自己是一个一度伟大的文明的传人来弥补自己的自卑感。文化民族主义在这种落后文化中对民族的形成固然有作用,但本身却不能形成它们通向社会-政治现代化的道路。②也就是说,在持这种观点的西方学者看来,文化民族主义在一定程度上是对现代化的反动。但事实恰好证明,文化民族主义的结果只是一个用本土语言讲的、以科学为基础的现代文化。③

就以中国的文化民族主义为例。中国的文化民族主义始于章太炎为代表的国粹派。"国粹"一词来自日本,是日本人对英文 nationality 一词的翻译。日本的国粹论者认为国粹就是一个国家的民族性和民族精神。他们试图通过强调国粹来反对当时日本盲目的欧化政策。国粹论者是民族主义者,但不是锁国论者。他们并不反对学习西方,只是主张要消化理解,不能盲目照搬。④

中国的国粹派同样不是顽固不化的传统主义者。相反,他们大都热心西学,传播西学,受到西学不同程度的影响。⑤他们不仅从未

---

① ② Cf. John Hutchinson, "Cultural Nationalism and Moral Regeneration", in *Nationalism*, p. 127.

③ Cf. John Hutchinson, "Cultural Nationalism and Moral Regeneration", in *Nationalism*, p. 128.

④ 见郑师渠:《晚清国粹派》,北京师范大学出版社,1997年,第2—3页。

⑤ 参见郑师渠:《晚清国粹派》,第65—103页。

以中学去抵制西学,相反,还有意模糊中西的界限,认为"国粹"不等于"本我国之所有"。"是故本我国之所有而适宜焉者国粹也,取外国之宜于我国而吾足以行焉者,亦国粹也。"①这就是说,只要是适宜我国的东西,外国的优秀文化也可以通过我们的吸纳而成为国粹。和许多人所以为的相反,文化民族主义并非是要无条件地保存一切传统和民族的东西,它只是要通过回到民族的创造性的生命原则,重建统一民族的不同方面——传统和现代,农业和工业,科学和宗教。②国粹派正是这样。他们不是要被动地保存固有文化,而是要通过对国粹的研究,给现代中国找到一个立国的精神根基和民族的内在生命力。

国粹派讲国学和古学,为的是立国。他们认为,国无学则国亡。既然现代欧洲由文艺复兴而崛起,那么现代中国当然也可以通过复兴古学而兴。虽然国粹派大都是学者,但他们学术活动却有强烈的实用主义色彩。实际上,他们研究国粹只是手段,目的是为了反清排满,在中国建立一个现代民族国家。这一点在许守微写的"论国粹无阻于欧化"中表达得最清楚。文章一开头就说,欧化乃救中夏之道。"夫欧化者,固吾人所祷祀以求者也。"③但中国引入西法将30年,却总未收效,欧化成逾淮之橘。究其原因,是中国使欧化生效的条件还缺乏。"虽有嘉种,田野弗治弗长也;虽有佳实,场圃弗修弗植也;虽有良法,民德弗进弗行也。"④进民德,修民习,靠的是爱国心,国粹之用即在斯。只有改变人的精神,欧化才能大行其道。所以他得出结

---

① 黄节:《国粹保存主义》,《壬寅政艺丛书》,转引自郑师渠:《晚清国粹派》,第113页。
② John Hutchinson, "Cultural Nationalism and Moral Regeneration", in *Nationalism*, p.123.
③④ 许守微:《论国粹无阻于欧化》,《国粹学报》,第7期,1905年8月,《辛亥革命前十年间时论选集》,第2卷,上册,张枬、王忍之编,三联书店,1978年,第52页。

论说:"国粹也者,助欧化而愈彰,非敌欧化以自防。"①这就是说,国粹不仅不是西方文化的对立者,反而是其促进者。这个诡论式的结论,深刻地揭示了文化民族主义的现代取向。

三

可是,由于对民族主义,尤其是文化民族主义的现代性质没有明确的认识,人们往往将民族主义与传统主义混为一谈。文化民族主义等于"保守"、"落后",甚至"反西方文化"几成不刊之论。汪晖在谈到中国近代的民族主义时说,中国的"民族主义兴起是一种'文化民族主义':无论是'以夷制夷',还是'中体西用',以至于孙中山的'民族主义',文化之体都处于核心位置。"②这就把"以夷制夷"这样的传统思想,"中体西用"的保守主义和文化民族主义混为一谈了。"以夷制夷"是传统天下主义的产物,还根本未将中国和西方放在一个平等的地位上,以民族国家的世界体系的眼光来看问题。而"中体西用"的确是一个非常容易引起误解的立场,至今还有不少人认为文化民族主义的实质就是"中体西用"。但它同样算不上文化民族主义。为了不使问题复杂化,我们将张之洞的立场作为"中体西用"论的代表,尽管张之洞在《劝学篇》中说的不是"中学为体,西学为用",而是"旧学为体,新学为用"。

文化民族主义的现代性主要表现在两个方面:(1)他们的政治目标,无一例外的是现代民族国家。这个现代民族国家的政治体制,决不是传统的君主专制。(2)文化民族主义对传统文化采取的是一种

---

① 许守微:《论国粹无阻于欧化》,《国粹学报》,第7期,1905年8月,《辛亥革命前十年间时论选集》,第2卷,上册,第56页。

② 汪晖:《中国现代史中的'五四'启蒙运动》,《汪晖自选集》,广西师范大学出版社,1997年,第323页。

非本质主义的建构主义的态度,而不是本质主义和原教旨主义的态度。而张之洞及其"中体西用"论,恰恰在这两点上与现代中国的文化民族主义形成了明显的对照。在张之洞那里,国家即是朝廷,朝廷即是国家。"讲求富强、尊朝廷、卫社稷"的核心是"尊朝廷"。"保国,保教,保种"的关键是"保国"。"然则舍保国之外,安有所谓保教保种之术哉?"①"教忠","明纲",无非是要维护现有的满清政权和专制体制。现代的民族国家的概念在张之洞那里是没有的。而对于传统文化,张之洞更是采取本质主义的立场。"体"这一概念在中国传统思想中就有"根本"与"本质"的意思。而"中体西用"讲的"中体"则是传统意识形态的纲常名教,传统价值体系与世界观,这些是道,"天不变,道亦不变",容不得有丝毫改变。所以陈旭麓说"中体西用"的实质是"以新卫旧",②是十分正确的。尽管"中体西用"论主张接受现代性的许多东西,就其实质而言,却是非现代的。

文化民族主义则相反。他们对现代民族国家的追求就不用说了。他们对待传统文化的态度也决非像人们所想象的那样,是以孤臣孽子之心来抱残守缺,消极地保存固有文化。他们讲国粹,讲国学,却不大讲"体"。保存国粹或国学,并非要维护中国的传统体制,而是要激发和培养自觉的民族意识和民族精神,这样才能竞争于民族国家的世界。所以,国学保存会才会将"欧化与国粹并行不悖"作为他们的宗旨。③并且,对于什么是"国粹",他们的态度也决不是本质主义的。黄节认为,不应拘泥于"一名、一论、一事、一物、一法、一命"去界定国粹。④国粹是助益民族进化,富有生命活力的文化精华。

---

① 张之洞:《劝学篇·内篇·同心第一》。
② 陈旭麓:《论"中体西用"》,《陈旭麓学术文存》,上海人民出版社,1990年,第274页。
③ 郑师渠:《晚清国粹派》,第13页。
④ 郑师渠:《晚清国粹派》,第112页。

"它不是可供人摩挲的具体现成的历史遗物,而是如同弥漫于空气中的水分,溶解于水中的盐分一样,蕴含在中国漫漫的历史与文化的长河之中。"①正因为以这种非本质主义对待传统,所以"国粹思想的提倡者不但反对晚清的政治制度,也反对传统儒家的社会规范成为排他性专制主义的靠背,而对它采取了改革性的批判。……他们曾提出了一个儒家思想的修正理论:理性的道德观,怀疑的历史传统,或以仁义为基础,而非以礼为基础的普遍价值系统。因此,他们的理论在某些程度上不但脱离了传统的政治形式,而且也脱离了传统的社会形式。将文化给理想化的做法,显示出他们一方面抗拒,但另一方面也在适应着他们当时的时代处境。"②

文化民族主义的现代起源和环境制约着其性质。本土化的修辞和对传统的赞美都不应该使我们看不到其现代实质。民族主义曾是国民党的官方意识形态。国民党的宣传家们也常常将传统、本土和民族混为一谈。但是,那只是一种意识形态姿态。实际上,"他们很少赞美农村生活本身的道德优越性,他们用严格的理性标准和正统标准来制约那些在他们的势力控制下故步自封而荒诞不经的民间习俗,或许他们曾经称赞着家庭制度的伦理精神,但是他们不会在法律上规定或引为模范来鼓励宗族形态的家庭组织之维持,他们也不会把家庭性价值放在民族性价值之上。新生活运动就是一个以当时都市规律、卫生与礼节为标准来促进国民社会生活现代化的动力,藉此重振已经面临威胁的传统平民的道德气质。"③值得深思的不是文化民族

---

① 郑师渠:《晚清国粹派》,第112页。
② 傅乐诗:《现代中国保守主义的文化与政治》,《港台及海外学者论近代中国文化》,姜义华、吴根梁、乌学新编,重庆出版社,1987年,第209页。
③ 傅乐诗:《现代中国保守主义的文化与政治》,《港台及海外学者论近代中国文化》,第211页。

主义的传统性,而是它看似诡论的现代性。它提醒我们,民族主义决非一个简单的课题。梁漱溟的文化民族主义更让我们看到了这一点。

从表面上看,梁漱溟似乎非常适宜作为那些认为文化民族主义本质上是保守、倒退、落后的思想和情绪的看法的例子。梁漱溟一贯坚持中国文化的特殊性,认为中国文化与西方文化不相容,走的并非同一条路;中国文化在精神上要比西方文化高明;中国既不能走西方的路,也不能走俄国的路,而只能走自己的路。他厌恶都市文化,将上海这种城市视为罪恶的象征,主张以农村为本的发展模式,试图以乡规民约和传统道德来重组中国社会;不相信法治,而崇尚礼治。[1]凡此种种,都足以证明梁漱溟所代表的文化民族主义在性质上不仅是文化中心主义的,而且也是文化种族主义的;不仅是反西方的,而且也是反现代化的;不仅是保守主义的,而且也是传统主义的。有人甚至得出这样的结论:"现代中国的民族主义,由于其发生学上的特殊性以及历史传统中特具的思想资源,使得它一方面在社会底层仅仅停留在种族归属感的原初形态,与现代化的要求往往发生冲突;另一方面,在知识阶层中又偏于文化民族主义一路发展,虽然不拒绝西方的科技成果,却始终以伦理中心主义的价值取向,顽固地拒斥现代化背后的若干重要文化元素,因而具有深刻的保守性格。"[2]

的确,如果对梁漱溟的思想和著作没有仔细阅读和分析的话,人们很容易得出或接受上述结论。然倘若我们能撇开传统=反现代;民族主义=反西方这样的成见,并且深入梁漱溟的思路,就不能不对

---

[1] 参看张汝伦:《梁漱溟思想研究》一文,《中国现代思想研究》,上海人民出版社,2001年,第409—466页。
[2] 许纪霖:《文化民族主义者的心路历程》,李世涛主编:《知识分子立场——民族主义与转型期中国的命运》,时代文艺出版社,2002年,第323页。

上述结论表示怀疑。从表面上看,梁漱溟喜欢谈文化,喜欢谈哲学,影响最大的也是他关于东西方文化和传统文化的思想,似乎他的兴趣的确在文化上。其实不然。他一直声称自己是问题中人,而非学问中人。"我是感受中国问题的刺激,切志中国问题的解决,从而根追到其历史,其文化,不能不用番心,寻个明白。"①可见,他谈历史,谈文化,并非是目的,目的是要解决中国问题,是要"认识老中国,建设新中国"。②这个新中国,即现代民族国家,是他梦寐以求的。

他心目中不同于西方的中国发展的独特道路,并非传统中国的重建,而是一个有本土特色的现代中国。具体而言,就是一个统一的、独立的民族国家,社会主义的计划经济,以人为本、伦理本位的社会组织。"中国社会的出路在走向社会主义而非重走欧美资本主义老路,此一认识为四十多年前我与中国共产党之所同。为了从计划经济建设社会主义,先要有全国统一的高明政权之建立。此一要求又为我与中共之所同。"③

他根据这个现代国家的目标,总结中共的三大贡献是全国统一,引进团体生活和透出了人心。④国家的统一稳定,是现代国家的基本条件,自不待言。这个目标从清末开始,到共产党手里才算达成。引进团体生活对于现代中国同样具有重要的意义。梁漱溟认为,西方胜过中国之处主要有二:曰团体生活(在《东西方文化及其哲学》中是民主)和科学技术。把这两样东西引进中国,为改造中国文化所必

---

① 梁漱溟:《中国文化要义》,《梁漱溟全集》,第3卷,山东人民出版社,1990年,第9页。
② 梁漱溟:《中国文化要义》,《梁漱溟全集》,第3卷,第6页。
③ 梁漱溟:《在政协整风小组会向党交心的发言》,《梁漱溟全集》,第7卷,1993年,第144页。
④ 梁漱溟:《中国建国之路》,《梁漱溟全集》,第3卷,第321—414页。

需。但引进科技需要有组织的人,现代科技本身就是一种高度组织性的活动和创制。因此,引进团体组织应该先于科学技术。此外,民主政治也需要团体组织,人民的社会经济和文化生活也少不了团体组织。梁漱溟认为,传统中国人有四大缺点,曰:缺乏公共观念;缺乏纪律习惯;缺乏法治精神;缺乏组织能力。①由于这四大缺点,中国便无法产生西方近代的民主政治。他搞乡村建设,一个重要的目标是培养人的政治习惯,克服上述四大缺点。"透出了人心"是指根据现代民族国家的需要改变旧的风俗习惯、礼俗、法律。"说建国,其意乃在建造一新中国社会;而社会所以新,却在文化上。政治要新,经济要新,种种皆要新,而不从宗教、道德、礼俗、法律这些新起,却新不了。照直说:建国问题,正是如何给中国人心理上改换路道走的那个问题。"②

建立统一的国家政权,社会组织化,文化的更新,这些都是现代化,也是民族主义最基本的目标,也是梁漱溟"建国"的基本目标。他在漫长的一生中,从未放弃过这些目标。他一生的思想与活动,无不是为了这些目标。梁漱溟的民族主义不仅不是反现代化的,而且是现代主义的。梁漱溟关于中国文化和中国传统的确说了很多,但这都是手段,他虚构出传统文化,无非是要阐明一条不同于西方的现代化道路。人们之所以将梁漱溟及其民族主义视为反现代化的,无非是他主张中国不能照搬西方现代化的道路,而要走自己独特的现代化道路。在设想这条中国的现代化之路时,他用了若干传统资源。除非我们坚持传统/现代断裂二分和现代化=西化的教条,除非我们能肯定梁漱溟要建立一个传统国家;否则我们不仅不能说梁漱溟是反现代化的,而且必须承认他在某种意义上是现代主义者。

---

① 梁漱溟:《中国建国之路》,《梁漱溟全集》,第3卷,第340页。
② 梁漱溟:《中国建国之路》,《梁漱溟全集》,第3卷,第371页。

严格说，我们很难用通常意义的"传统"和"现代"概念来指谓文化民族主义者。文化民族主义本身就对通常意义的"传统"和"现代"概念提出了挑战。文化民族主义固然强调民族特殊性，强调传统文化的价值，但是，他们在对传统的批判上，在对现代化的追求上，丝毫不比西化派逊色。新儒家被人认为是中国现代文化民族主义和文化保守主义的代表，但他们对传统文化的批判，其激烈程度并不亚于他们的任何对手。只不过他们是有批判，也有肯定而已。对他们来说，现代化是中国的唯一出路也是毫无疑问的，只是他们认为这个目标可以借助传统的资源达到。所谓"老内圣开出新外王"，无非是这个意思。提出这个口号的牟宗三在对"新外王"（科学与民主）的认定上毫不含糊。他甚至认为大陆提出的四个现代化还不是真正的现代化，只有政治现代化，即政治民主化"才是真正的近代化，是近代化的本质，也可以说是近代化底形式条件。所谓四个现代化是近代化的物质方面，不算什么，不能决定什么"。①

文化民族主义之所以坚持中国式的现代化道路，坚持传统文化的价值，民族情感和自信方面的因素是次要的，否则他们对传统文化的批判不会那么毫不留情，深恶痛绝。主要是出于对中国现代化道路和现代性本身的理性思考。他们认为，中国和西方现代化的历史条件和现实条件都相当不同，中国不可能照搬西方现代化道路取得成功。中国必须走自己的路。对西方现代性负面效应的认识，又进一步坚定了他们的这个信念。在许多人看来是反西方的东西，恰恰是中国文化民族主义对西方现代性的批判。汪晖曾正确地指出："对现代性的批判和反思是中国现代性思想的最为重要的特征之一。"②

---

① 牟宗三：《三十年来大陆上知识分子想些什么》，《联合报·副刊》，1984 年 6 月 21 日。

② 汪晖：《现代性问题答要》，《死火重温》，人民文学出版社，2000 年，第 14 页。

但他将中国思想家在寻求现代性过程中展开对现代性的批判称为"反现代的现代性",①我以为不妥。因为现代性并非一元的同质体,而是多元的模式。②因此,也许除了章太炎外,没有一个现代中国思想家是"反现代的"。他们程度不同地批判西方模式的现代性,却并不等于反现代性。我以为将"在寻求现代性的过程中展开对现代性的批判"称为"批判现代性的现代性"要更为合适。"批判"不等于"反"。"反"是简单的、单向的否定;而我讲的"批判"却不是简单的否定,而是在类似黑格尔的"扬弃"(Aufhebung)概念的意义上用这个词。中国人批判现代性不是要回到过去,而是在试探一个更为合理与人性的未来之可能性。

文化民族主义者阐发传统文化的合理因素,不完全是文化怀旧心理使然。他们几乎都是以西方现代性的弊病为反衬,来论述中国文化的优点,证明他们并非为传统而传统,而是针对现代性的问题,以诠释传统的方式来提出自己的批判。对西方文化越了解,这种批判就越自觉。尽管这种批判有时会变成一种单向的批判,即忘了同时对传统进行批判。但其正面的意义是不能抹杀的。

当然,如果我们接受传统/现代;旧/新;农业文明/工业文明这种二元对立的思维模式,那就会把文化民族主义对现代性的批判视为一种时代的错乱造成的文化反动。以代表封建文化的传统文化来批判代表资本主义文化的现代性,不完全是倒退吗?有何进步可言?然而,时代性不等于真理性。真理有其历史性,但这历史不是人为设定的进化阶段,而是人类生存的历史经验。在这种历史经验中形成的人类良知、价值判断和理想,与产生它们的社会条件不是一回事。

---

① 汪晖:《现代性问题答要》,《死火重温》,第14页。
② 参看艾森斯塔特:《迈向二十一世纪的轴心》,《二十一世纪》,2000年2月号。

后者有其时间性或时代性,而前者却完全可以超越产生它们的时代,而具有真理性。希腊艺术和史诗虽然是与一定社会发展形式相联系的,但它们至今仍是一种典范和高不可及的范本。马克思曾因此发问:"为什么历史上的人类童年时代,在它发展得最完美的地方,不该作为永不复返的阶段而显示出永久的魅力呢?"①我们当然也有理由问,为什么人类的一些永久理想不能用来批判现代性,尽管它们可能产生于现代前?

应该指出的是,文化民族主义讲的传统文化,完全是一种传统的现代建构,或现代建构的传统,而不是传统资源的照搬。"历史总是表明民族性是建构起来的而不是原生性的。"②文化民族主义讲的民族性和中国文化的长处,实际上决非在重现过去,而是表达了他们的社会理想。当梁漱溟在阐发中国传统文化的优点时,他是要以此作为现代中国的价值基础。这些价值可能会与西方现代性发生冲突,但这丝毫也不能消除其本身的现代性质。例如梁启超对于报恩、明分和虑后的解释;章太炎对于公廉和贞信的提倡,以及国粹派主张"人人自由,人人平等",无不带有强烈的现代取向。文化民族主义者在阐发这些价值时,无不强调其与现代社会的兼容性。没有一个文化民族主义者要回到古代去。相反,他们绝大多数人都以西方现代的国家形式作为自己的奋斗目标。而强调本土文化或传统文化目的有二:填补价值真空和建立民族认同。

现代是一个目的理性或工具理性占支配地位的时代,功利成了唯一的价值和信仰。黑格尔和尼采先后以"上帝死了"这震撼人心的

---

① 马克思:《政治经济学批判》导言,《马克思恩格斯选集》,第2卷,人民出版社,1972年,第114页。
② 克雷格·卡尔霍恩:《民族主义与市民社会:民主,多样性和自决》,《国家与市民社会》,邓正来、J.C.亚历山大编,中央编译出版社,1999年,第346页。

呐喊来描述这个时代的特征。许多近代中国人将西方文明理解为只有物质文明可观,固然是由于对西方文化不够了解,最先接触到的大部分是西方的物质文明,但恐怕与从19世纪下半叶开始的西方精神危机和文化危机日趋明显不无关系。自身陷于危机的西方文化,是很难给人以精神优越感的。但另一方面,中国传统在明清之际颓势已然昭著,进入现代后更呈土崩瓦解之势。价值和道德领域同样呈现空虚状态。文化民族主义高扬传统的或中国的"精神文明",是想填补这个道德真空。这至少部分解释了为什么文化民族主义者都只强调传统精神的优越性。其实,他们对传统的精神缺陷十分清楚,之所以仍强调传统的精神方面,固然有激发民族自尊心和爱国心的考虑,但深一层的原因却是想为中国人在现代化转型期(或用当时人的说法"过渡时期")提供一个价值和精神的基础。从东西方现代化经验来看,这只能是一个唐·吉诃德式的使命。

现代又是一个普遍化和趋同化的时代。资本主义的世界经济政治文化体系,以其无情的逻辑,消灭异己的因素,建立同样的制度、习惯、法律和行为方式。"它迫使一切民族——如果它们不想灭亡的话——采用资产阶级的生产方式;它迫使它们在自己那里推行所谓文明制度,即变成资产者。一句话,它按照自己的面貌为自己创造出一个世界。"① 然而,只要还不存在一个统一的全球民族(global nation),这个过程会在全世界引起认同危机和认同追求。全球化的过程不仅不能消除认同问题,反而使之更加突出。这就是为什么"民族主义和民族认同话语在这个愈益全球化的世界上看来仍然会保持其重要性"。②

---

① 马克思、恩格斯:《共产党宣言》,《马克思恩格斯选集》,第1卷,第255页。
② 克雷格·卡尔霍恩:《民族主义与市民社会:民主,多样性和自决》,《国家与市民社会》,第366页。

然而，在肯定文化民族主义的正当性的同时，我们也应该看到，传统的华夏中心主义容易助长中国文化民族主义的狭隘性和自大心。①这种狭隘性和自大心的典型表现就是认为中国文化最高明，可以拯救今日世界的种种弊病，孔子不仅是万世师表，也是万国师表，中国文化的复兴就是人类的希望所在等等，不一而足。这种文化虚骄自大的现象既是文化自卑感的另一面，也是弱势文化的精神自慰法。但这还不是问题的全部。

问题是一些伟大民族的文化民族主义往往赋予自己独特的历史使命。如英美认为自己代表了自由民主文化；法国人认为自己有推广其文明的责任；而德国人则认为自己的历史使命是拯救西方文明。中国的文化民族主义者虽还没有人明确说这个民族的世界历史使命，从那么多人相信中国文化可以救治西方文化的许多不足来看，中国的文化民族主义似乎也暗暗地赋予了中国拯救世界的使命。这种使命感与上述文化自大感相互刺激，含有非常危险的因素。它会使文化民族主义演变成种族文化中心主义和文化沙文主义。这将会是亨廷顿讲的"文明的冲突"的真正根源。因此，即使为了对抗强势文化的挤压，文化自大也不可取。文化的自我批判永远比文化自大要明智得多，也重要得多。

---

① 参看王培元：《华夏中心主义的幻灭与近代中国爱国主义的产生》，《知识分子立场——民族主义与转型期中国的命运》，第287页。

第三条道路

半个多世纪以前,在中国的政治舞台上,出现了所谓的"第三方面"。这"第三"两字,就表明他们要在殊死拼杀的国共之间,走一条"中间路线"。张东荪1946年在天津青年会一次题为"一个中间性的政治路线"的演讲中,对这条"中间路线"作了清晰扼要的表述:"在政治方面比较多采取英美式的自由主义与民主主义;同时在经济方面比较多采取苏联式的计划经济与社会主义。从消极方面来说,即采取民主主义而不要资本主义,同时采取社会主义而不要无产专政的革命。我们要自由而不要放任,要合作而不要斗争,不要放任故不要资本家垄断,不要斗争故不要阶级斗争"。在国内政治方面,他们认为国家利益高于党派利益,故要调和国共两党。但同时对国共两党都有批评。只是因为国民党是执政党,"第三方面"同样受到它的迫害,故他们对国民党的批评更多一些。在对外政治上,"第三方面"主张对美苏两强采取等距离外交,不偏袒任何一方,更不与任何一方结盟。

不仅现在,即便在当时,这样一条"中间路线"也被看作是一条非驴非马,根本行不通的路线。二战结束后,世界上两强对峙,两种意识形态相争的大势已定,似乎不是姓"资",就是姓"社";不是拥美,就是亲苏,再无其他路可走。用后来人们非常熟悉的一句话来说,是"在路线问题上没有调和的余地"。相信进化论的人更是认为,实际上只有一条路,第二条路都是死路,遑论第三条路。郭沫若在一篇题为《历史是进化的》文章中,劈头上来就教训"第三方面":"历史是进化的,宇宙万汇是进化的,人类社会是进化的,今天谁也不能否认这个事实了。照着进化的箭头所指示,整个历史只有一条路线"。这条路线,在他看来,就是苏联的路线。所有别的路线,当然都是违背历史发展方向的反动路线。

但"第三方面"并不认同这种独断霸道的历史观。"中间路线"的积极鼓吹者施复亮(存统)在发表于《观察》杂志上的《论自由主义者的道路》一文中,斩钉截铁地说:"自由主义者不相信'路只有一条',他相信有他自己的道路"。"因为决定中国前途的力量,不仅是国共两党,还有自由主义者和国共两党以外的广大人民。这是第三种力量,也是一种民主的力量。这一力量的动向,对于中国前途的决定,具有举足轻重的作用。新民主主义的政治和新资本主义的经济,正是这一力量所要求的前途,也是自由主义者所应走的道路。"

这条路不仅在当时的左派看来是欺人之谈,在今天的有些人看来,何尝不也是不通得可以?民主政治与计划经济水火不相容,资本主义和社会主义冰炭不同器,连这点自由主义的"常识"都不知道,还配称"自由主义者"?在这一点上他们倒是与郭老英雄所见略同,都相信进化论,都认为历史只有一条路。只是他们可能把结论从"走俄国人的路",换成了"走美国人的路"。果真如此,那当然不用说"第三条路",连第二条路也不必谈了。历史只剩下不可避免的必然性。不是决定论,就是命定论,传统天命观的幽灵又在现代牌号的历史哲学中徘徊。人类自由的根本条件与根据也就不复存在。所谓自由,只能是冰冷无情的"对必然的认识",和狂妄自负的"对自然的改造"。不过,"形而上学的命题倒过来仍是形而上学"的真理性,于此却得到了证明。

"第三方面",及基本赞同它的"中间路线"和"第三条道路"的,大都是当时中国的知识精英,这些人也都自认是自由主义者。他们的这条在当时和现在的许多人看来是幼稚可笑的"中间路线",虽然在40年代后期才稍成规模,但其基本思想,却成形于20、30年代。张君劢在他的《国宪议》、《国家民主政治与国家社会主义》和《立国之道》等著作中,曾系统阐述过后来"第三方面"的基本思想。

中国现代的自由主义思潮基本有两条脉络。一条是以胡适为代表,以英美留学生为主体;另一条是从梁启超开始,经研究系到第三方面的自由主义。二者的区别并不在成员有否留学经历,而在后一种自由主义更多地考虑中国的具体情况,更注重从中国的传统中寻找与发掘与自由主义理念较相契合的资源;而前一种自由主义基本照搬英美自由主义的一些基本概念。所以前者可称为"西化自由主义";而后者可称为"本土自由主义"。这当然不是说他们所信奉的自由主义理念是在本土产生的;而是说他们更注重将自由主义的基本理念与中国的特殊问题结合起来考虑,更注重将自己的理念付诸实践。张君劢就是后一种自由主义的代表。

现在的人对于张君劢,除了"玄学鬼"和"新儒家"外,怕是很少会有别的印象了。虽然他在1946年曾起草了当时的中国宪法,他领导的民社党最终参加了国大和国民党政府,以致他多年的好友张东荪与之绝交。但张君劢始终是国民党独裁统治的死敌,受到长达十几年的迫害,长期过着地下生活。张君劢"从读书起,一直看重英美民主政治,这种政治是以尊重人民为基础,而以选举方法表示民意,始终觉得值得爱护"。但国民党政权以"训政"为名,行一党专政之实,使得一贯反对独裁统治的张君劢,成了国民党有关部门重点"照顾"的人物。其实张君劢除了言论而外,并无任何危及国民党政权的举动。

从丁文江编的梁启超《年谱》中可以看到,20年代后梁与二张

(君劢、东荪)一致认为,办学讲学,以言论思想从事人民的政治素质教育,是使中国政治现代化的重要途径。因此,他们积极办学办刊,宣传他们的宗旨。然而,国民党却连这也不容。1927年,张君劢因名列"反动派",他所办的国立政治大学被迫停办。1928年,他所办的《新路》杂志被禁。1929年在上海被绑架。1931—1932年在燕京大学教书,因演讲"一二八"抗战而去职。1933—1934年中山大学请他讲学,却半途废约,据校长邹鲁对他说是有人要暗杀他。1935年与张东荪在广东创办学海书院,国民党解决了两广事变之后,该书院被封。1941年在云南大理办的民族文化学院,也奉令停办。同年被软禁于重庆汪山,两年后始获自由。比起胡适等留学英美的自由主义者来说,张君劢受到的迫害和压力要大得多,不但没有出版办学的自由,连译著都不能用真名出版。当时国民党北方党部曾将他所译著的书收集起来,搭了7个塔,一举焚之。在国民党眼里,赤手空拳的张君劢竟也与洪水猛兽相仿佛,所以他一度在国内无法存身,只好去德国讲学。

张君劢说过,哲学他喜欢德国的;政治则喜欢英国的。英美式的民主政治是他毕生追求的目标。在20世纪上半叶,就对自由民主基本理念的阐述、发挥和论证而言,国内无人能出张氏之右。然而,可能会让今天不少人费解,乃至不屑的是,坚定的自由主义者和民主主义者的张君劢,在经济上却主张中国"不应走资本制度的路";相反,应该走社会主义的进化经济之路。甚至认为"立足于个人主义和自由放任的经济学已早不切当今的世界了"。这是怎么回事?

与当时多数中国知识分子一样,张君劢是个国家本位主义者。国家的统一富强是他梦寐以求的目标。他认为中国在经济上最急切的问题是如何增加国家民族的富力,因为中国的情况是一穷二白。但在中国民族资本微乎其微,国际资本环伺左右的情况下,仿照欧美先进国家的样子,一步一步发展出一个产业革命,如果不是不可能的话,也是非常不容易。在此情况下,中国要想发展经济,解决贫穷问题,必须集中全民族的力量,统一计划,统一调配,统一行动,才有成功的可能。加上当时资讯有限,苏联经济的问题并未完全为人所知,却往往只看到它成功的一面,把它当做中国的榜样。再就是进化论心理作祟,总以为计划经济比自由市场经济又进了一步。但与苏联式的社会主义不同的是,张君劢明确反对废除私有财产制度,所以也不主张所有生产资料都国有化。其次,实行社会主义经济制度有助于使私有财产渐趋平衡与普遍,防止贫富差距扩大为贫富悬殊,导致阶级冲突和社会动乱。这不仅是张君劢,也是所有主张"中间路线"的人之所以倾向在经济上实行社会主义,或有社会主义倾向的计划经济的基本考虑。但是,与"第三方面"的许多人不一样,张君劢从未将苏联理想化,而是始终对它持坚决的批评态度。原因就是苏联政治不民主。张君劢认为"由政治民主到经济民主,很容易,由经济民主到政治民主,则很困难"。但英美的政治民主,他又觉得不够,希望能兼而走上经济民主的路。"第三方面"的自由主义者们之所以多数主张实行社会主义经济,是因为他们和当时大多数知识分子一样,特别重视社会正义。他们清醒地看到,没有社会正义,必然引起阶级冲突和社会动荡。但他们并未因重视社会正义而忽略了个人自由。张君劢明确指出:"社会公道与个人自由,如鸟之两翼,车之两轮,缺一者不可也"。当然,在"第三方面"也有人认为中国实行社会主义的条件还未成熟,当务之急是发展民族资本主义。但在反对官僚买办资本,维护广大工农和一切工薪阶层的利益,政治民主和经济民主并重这点上,则是完全一致的。

可是,在当时中国严酷的现实面前,"第三方面"很快就跟着国民党在大陆的政权一起土崩瓦解了,他们的"中间路线"也随着内战最后一道硝烟一起消散了。随后的中国历史,似乎只是一个对他们越来越残酷的否定与嘲讽。半个世纪后的今天,中国不仅没有走上一条他们所设想的道路,反而似乎走上了一条刚好相反的路。无怪今天已经很少有人想起他们来。将他们及其路线的失败归之于所谓的历史必然性,当然再方便不过;以时髦流行的意识形态对他们嗤之以鼻,当然也可显示自己的政治正确性。

然而,这些人长期不懈的思考与努力,真的只是一些浅薄的谬想或乌托邦,与今天的现实毫无深层的历史相关性?我们真的可以这样自负地鄙弃我们先人的痛苦、奋斗和牺牲?人类今天所面临的挑战和问题,真是简单到了只要鹦鹉学舌般照搬一些意识形态的陈词滥调,就可以奇迹般地加以解决?

冷战结束在许多人看来,既是历史之谜的解决,也是历史本身的结束。一切都那么确定和不容置疑,似乎只有最顽固不化的各类政治经济原教旨主义者才会予以怀疑。然而,俄罗斯的现状和东南亚金融危机的爆发与蔓延深化,却使人不得不对上述乐观的宣布产生怀疑。既然建立在功利主义基础上的自由主义是讲究实效的,那么,上述现象就使得极端的自由市场迷和《经济学人》这样的刊物都有了新的观点。

尽管这是一个经济至上,或经济主义的时代,但今天人类面临的问题,却不仅仅关系到经济,也不是都能用经济手段加以解决。苏联东欧社会主义的崩溃;两极化世界秩序的瓦解;日益加速的全球化和日益增强的个体化过程,以及日益明显的生态危机,使人类遇到了前所未有的问题和挑战。只有思想的懒汉,或精神的奴隶,才会继续抱着那些本来就已漏洞百出的老方子,奉若神明。相反,自由的精神必然要面对新的问题,探索新的道路。

在自由民主和资本主义制度的发祥地——欧洲,"第三条道路"

正越来越成为政治思想者和实践者的共识与目标。虽然"第三条道路"的理念是随着英国杰出社会学家吉登斯的同名新作而引起人们的广泛注意,但希望有第三条道路的强烈愿望,却反映在美、英、德、法、意、荷等主要西方国家最近大选的结果中。这些国家现都由社会民主党类型的政党执政。尽管美国共和党最近利用克林顿的性丑闻,竭尽所能来打击民主党,为自己在下次大选中获胜创造条件,但最近民意调查的结果却是克氏声望不降反升,而共和党却声望大跌。这当然不意味着美国民众支持一个拈花惹草的总统,他们是支持克林顿的施政方针。

"第三条道路"的概念并非吉登斯的发明。在欧洲,最初是新马克思主义的理论家用它来指建立在"人道的"、"民主的"社会主义基础上的社会秩序。结果这个概念不是使他们失望,就是把他们送进监狱。而吉登斯及欧洲思想界和政治界现在所谈论的"第三条道路",却是指不同于无限扩张、毫无节制的市场资本主义和计划经济、一党专政的社会主义的新的社会民主道路。法国总理若斯潘对这条道路作了最简洁的表述:市场经济,是;市场社会,不。

"第三条道路"讨论中的一个基本问题是:在全球化时代,社会和生态民主如何可能?第三条道路的拥护者提出"人道面孔的全球化"的概念。在主张第三条道路的人看来,亚洲、南美和俄罗斯的危机,是世界性的反对调节的市场原教旨主义的危机。其实,一直有自由市场的信徒直言不讳地表示过这样的疑虑:在苏联体制崩溃后,自由市场经济的敌人只剩下一个,这就是不负其对于民主与社会的责任、只根据短期赢利最大化原则行事的、毫无节制的自由市场经济。

其实,切尔诺贝利核灾难与东南亚金融危机的惊人相似处就已揭示了:全球风险是无法控制,也是不可阻挡的。数以百万计的失业者和穷人无法予以经济补助;人们也不可能给全球经济衰退的后果买保险。全球市场风险的社会和政治爆破力有目共睹:政府颠覆,内战威胁。这一切恰恰将新自由主义政治倒了个个:不是政治的经济化,而是经济的政治化。有鉴于此,吉登斯提出,应该在联合国成立一个经济安理会。因为"许多问题,如调节外汇市场,对付生态风险,没有许多国家和组织的集体行动和参与就无法完成。既然一个最自由的国民经济没有宏观经济协调就决不能奏效,为什么人们却认为世界经济不是如此?"

吉登斯的观点是:必须改革社会国家,经济必须承担社会责任,创造一个自觉个人的公民社会。新自由主义的反对调节者认为,增长的不安全和不平等为社会变动释放了必要的能量。但第三条道路的政治却认为,只有重申社会安全和正义,以及相应地改革社会国家,才能为必要的社会变迁创造信任和自觉意识。如果赢利私有化了,那么赢利的社会与生态后果也应该私有化。这就是说,大企业必须积极参与解决诸如失业、生态危机、乡土生活的瓦解等社会问题,无论是自愿的,还是在一个新的社会契约基础上被迫这么做。没有经济的社会责任,没有公民社会的自我负责和自我规定,未来根本没有社会安全可言。

关于第三条道路的讨论和实践正在欧洲深入。有人提出,可以预见,将会有许多第三条道路,而不是只有一条。这当然是对的。如果只有一条,那就失去了第三条道路的意义。第三条道路实际上体现了人类不甘心被所谓"客观必然的"逻辑或规律摆布的自由意志。在此意义上,第三条道路才是真正的"自由之路"。因此,也有人认为,第三条道路是一切国家未来发展的康庄大道。

这个想法是否过于乐观姑且不论,至少它使我们重新想起被遗忘了半个世纪的中国的"第三条道路"的问题。当然,对于那些习惯了进化论——社会发展史思维模式,因而掌握了"历史发展的客观规律"的人来说,这个问题根本不能成立。西方人讨论"第三条道路",那是因为他们已进入了"后现代";而中国的当务之急是现代化。把西方正在讨论的问题搬到中国来,是完全脱离了中国的本土情况。说轻了是食洋不化;说重了就是与守旧势力为伍。照理说,这种既缺乏"常识",又不讲"逻辑"的言论不值一驳。但为了便于我们问题的展开,不妨由此说起。

西方人关于"后现代"的观点五花八门,可说是人言言殊。但却一般都同意,"后现代"并不是像"奴隶社会"或"封建社会"那样,是一个人类社会发展的历史时期或阶段。例如,Anges Heller 和 Ferner Feher 合著的《后现代的政治状况》一书一开头就说:"后现代既不是一个历史时期,也不是一个有明显规定特征的文化或政治倾向,后现代可以理解为在现代性更为广阔的时空中的私人-集体时空……"。由此可见,所谓西方已进入了后现代,而中国则远未到这一步的流行说法,是何等的缺乏"常识"!

至于当代西方的一些话语和所讨论的问题与中国的实际情况有无相关性,稍有常识的人也不该有疑问。中国早已不是"五四"时代的中国,更不是马嘎尔尼来华时的中国。无视中国一个半世纪以来的沧桑巨变,设想中国现在的社会发展阶段只相当于 15、16 世纪时的欧洲,这难道是对中国本土情况的客观判断吗?远的不说,中国的改革开放已有 20 年。一个不断开放的中国,怎么可能置身于全球化过程之外,丝毫不受其影响?中国的政治经济和社会生活的各个方面,从未像现在这样受到全球政治经济格局和状况的影响,这难道不是中国当下的实际情况吗?正如不存在孤立的原子式的个人,也不存在一个脱离世界,不被它的世界关系与坐标规定的中国。事实上,进入资本主义时代以后,一个孤立自足的中国就已不复存在。不了解 19 世纪的帝国主义和 20 世纪敌对的意识形态冲突格局,就无法理解中国近现代史。现代中国的种种问题,正是由世界问题所引发产生,或与之有重要关联的。不明白或不承认这一点,就不可能对中国的问题有真正的认识。正因为如此,西方现代性批判和后现代的话语,同启蒙与现代话语一样,都不是与中国毫不相干。

顺便指出,"现代性"和"现代化"是两个不同的概念。"批判"的基本意思也不是"否定"或"反对",而是"分析"和"辨析"。将现代性批判理解为"反对现代化",如果不是太缺乏"常识",就是别有用心了。在从事现代化的同时,进行现代性批判,丝毫无损于现代化。相反,却可以避免或减轻它的负面效应。西方国家的现代性批判并非始于 20 世纪,而是几乎与现代过程同时开始。事实上,不少西方思想家把现代性批判看作是现代话语的一部分。现代性批判体现了人类的自由精神和自觉意识,是一个民族精神成熟的象征。因此,在中国研究和批判现代性,只要始终立足和着眼本土情况和问题,即使有些挪用与移植,也未必是对西方话语的机械模仿;而是和中国的全部现代化努力一样,是人类现代文明进程的一部分。中国人一个多世纪以来的种种遭遇,无不与现代性息息相关。中国人完全可以为现代性及其批判作出自己的贡献,丰富人类的现代经验。

如此看来,半个世纪前"第三方面"提出的"中间路线",未尝不可说是今天在西方讨论的"第三条道路"的先声。尽管由于历史语境的不同,存在着种种具体考虑和着眼点的极大差异,但根本目标却是完全一致的,这就是政治民主加经济民主,统称社会民主。当时"中间路线"的鼓吹者普遍认为,英美有政治民主,苏联有经济民主(张君劢则对此似乎也有所保留),而中国应该既有政治民主,又有经济民主,所以提出政治民主加经济民主的"中间路线",这难道不意味着不仅要在国共两党之间,而且也要在美苏之间走第三条道路?尽管现在看来,他们对实现经济民主的手段的理解(计划经济)是根本错了,但他们追求的目标——一个既有政治民主,又有经济民主的中国,不仍然应该是全体中国人今天奋斗的目标?当年那些自由主义者的事业,不应该仍是今天人们的事业?

当然,今天的中国与半个世纪以前的中国大不一样了。中国作为一个统一的民族国家的地位已经奠定,中国经济也已走上了市场经济的不归路。但是,政治民主和经济民主的问题在新的历史条件下显得更加突出和尖锐。如果说 50 年前的人们认为计划经济可以导致,或就等于经济民主是错了的话,今天有些人认为市场经济自然会导致政治民主也同样错了。市场经济和民主不是一回事。市场经济为民主创造了必要的条件,但并不必然导致民主。市场经济与专制政治可以兼容,纳粹德国就是一个例子。民主的首要条件应该是社会正义。正义是民主的理由与前提。因为要正义,才需要民主。民主的基本前提是人人享有同样的政治、经济、文化和社会权利。所以哈贝马斯在最近的一次采访中直截了当地表示:"没有社会正义就没有民主。"

在一个贫富差距日益扩大,掌权者肆无忌惮地掠夺社会财富,权钱交易盛行,而某些人却以原始积累的必要性和自由竞争的名义反对分配公正的社会,是不可能建立什么民主的。谓予不信,请看今日之俄罗斯。政治民主与经济民主,如鸟之双翼,车之两轮,相辅相成,缺一不可。因此,政治民主与经济民主必须同时进行,方能奏效。没有经济民主,政治民主就失去了其根本意义;没有政治民主,经济民主也无法保证。这就是为什么被许多人视为民主典范的西方国家在冷战后的今天,还要提出"第三条道路"的原因。他们认为,真正的民主是建立在全面的社会民主基础上的,不仅要有政治、经济的民主,还要有家庭、性别、族群、种族等方面的民主。

很清楚,"第三条道路"的根本目的是扩大民主的范围,提高民主的质量;而其基本理念,则是社会正义。离开社会正义和公正来谈民主,还有什么意义呢?"第三条道路"的道德立场和人道理想,难道是可以放弃的吗?

杜威在中国的命运

自从杜威在1921年离开中国已经整整82年过去了。杜威在中国为期26个月的讲学在他个人一生经历中固然是一个重要的经历，但更是现代中国文化史上最重要最有影响的事件之一。杜威演讲的足迹遍布半个中国，不但在北京、上海这样的大城市，而且也深入到太原、济南、杭州、扬州、徐州、苏州、长沙这样的内地城市，杜威所到之处受到了热烈的欢迎，他在中国的演讲结集出版，一版再版。中国的报章杂志关于杜威思想的介绍和杜威演讲的报导连篇累牍，杜威如历史学家 Barry Keenan 所说成了"一时时尚"。然而，82年后的今天，人们对杜威已完全淡忘。哈贝马斯或德里达成了新的时尚，他们在中国蜻蜓点水式的旅行被人说成是重要的文化事件，而半个世纪前去世的杜威，却被人当成了过气的人物，不予理会。在学术工业当行的时代，人们往往根据学术界的时尚而不是一个人真正的成就和重要性来判断一个思想家，杜威也难逃这样的命运。

然而，杜威在中国的演讲不仅在其时间、内容和规模上说非常重要，而且对杜威思想本身的发展来说，也非常重要。杜威在中国的演讲根据内容分几大块，其中社会政治哲学共16讲，这16讲在杜威思想发展史上都具有重要的意义。在这16次演讲中，杜威第一次系统阐述了他的政治哲学。在此之前，杜威也写过一些有关社会和政治哲学的文章，但都零零碎碎，不成系统。这16讲是他应胡适的要求，第一次系统表述他的社会政治哲学，其学术意义不言而喻。另外，不知什么原因,杜威在中国的演讲稿始终找不到英文的原稿,或哪怕是有关的笔记。我不久前还问过南伊利诺大学杜威档案馆的主任,他说至今没有任何踪迹。因此,现在由上述机构编辑出版的杜威全集里没有他在中国的演讲。而夏威夷大学出版社在1962年出版的《杜威在中国的演讲,1919—1920》是根据中文本翻译成英语的,就像当年玄奘大师将已在印度失传的一部佛经再译成梵文一样。

根据我的看法,这16讲虽然是正面阐述杜威的社会政治哲学,但不是没有特意针对中国的地方,这是需要加以阐发的。国内以往对杜威思想的研究少有涉及他的社会政治哲学,对他在中国的这16次关于社会政治哲学的演讲,也是他社会政治哲学第一次系统的表达,更是无人问津。而国外研究杜威社会政治哲学的文献,就我阅读的范围而言,也很少提到他在中国的这16次演讲。这16次演讲中所表达的思想,即使在今天仍有其现实的意义,而不仅仅只有学术史或思想史或文化交流史的意义,值得我们重视。

杜威是在1919年4月30日抵达中国,4天后便爆发了五四运动。老中国迸发出来的青春热情和生命力给他深刻的印象,使他激动不已。他在写给哥伦比亚大学同事的一封信中说,"西方再也看不到同样的东西,这几乎就是恢复青春……"在来中国之前,杜威曾先在日本讲学一年,他对中国的热爱(他的女儿说中国是杜威仅次于美国最爱的国家)与他对日本明显的不喜欢形成了鲜明的对照。

但对中国的热爱并没有影响他对中国事情的判断。尽管他被他的自由主义学生和"新青年"们包围,但他并不完全同意他们对中国事情的看法。他根本反对当时在相当一部分中国人和西方人中流行的观点,认为中国人天生保守、迟钝、懒散、腐败、不思进取,因而长期处于一种停滞的状态。他指出,如果人们把欧洲政治的发展作为正常政治发展的标准,认为一切从野蛮到文明的发展都必须遵循同样的进程,经历相似的阶段,那就会将与此标准不符的社会视为不正常,是残存的落后国家,或是缺乏政治能力。先于柯文提出"在中国发现历史"半个多世纪,杜威就认为必须从中国自身的情况出发去理解中国的历史,而不应该用近代西方的那些政治概念来理解中国的历史状况,因为那些概念根本不合适。中国的种种社会建制不仅异于现代西方的习惯,而且也是史无前例的。因此,西方的政治科学和西方的历史都不能提供任何分类系统去理解中国的种种建制最具特点的现象。他认为,如果那样的话,我们会发现,事实上中国的种种制度和思想是在一个特殊方向上非凡地发展着。

当然,杜威承认,现代中国遇到了一个几乎在所有方面都与她不同地组织起来的世界,遇到了一种全新的力量。这种力量严格说不是人的力量,而是无法计算的物质力量——战舰、大炮、铁路、奇怪的机器和化学制品。中国必须进行改革。但因为中国有自己长期形成的政治传统和习惯,变革将是长期而艰难的。但是,就像他发现许多中国人将美国理想化了一样,他也在某种意义上将中国理想化了。但他不像某些西方人那样,到了中国将中国的一切理想化,他只是将中国人的精神能力理想化了。他觉得日本对待西方文明的态度是照搬式的拿来主义,这他很反对。而他相信中国在借鉴西方在行政管理、公共卫生、税收、教育、制造等方面的技术行动迟缓是因为她要通过与西方文明的接触,彻底改变她的制度。中国人不像日本人,中国人要参透产生西方进步的原则、观念、心智,通过运用她自己更新了的和活跃的民族精神拯救自己。如果我们将他的这个观察当作事实陈述,对照中国人对待他思想的态度来看的话,也许不得不遗憾地说,杜威的观察是错了。但是,我们也不妨将他的上述看法理解为他以为中国的"应该",或对中国的期望。任何"应该"都表达了一种理想。正是在这个意义上,我们说杜威将中国理想化了。

实际上那些有幸享有机会听杜威第一次系统表述他的社会政治哲学的人似乎最不在意的就是他的这些思想。杜威思想对中国的影响最大在教育，其次在经过胡适曲解和简单化的所谓实验主义，最无影响的就是他的社会哲学和政治哲学了。有人认为这是因为杜威的社会和政治哲学在中国的语境下是根本不相关的。例如，Maurice Meisner 在他的《李大钊和中国马克思主义的起源》一书中说："应用于中国，杜威的纲领既不是保守也不是激进，而是非常不相关。辛亥革命后中国面对大规模的社会、文化和政治瓦解的危机。极度的贫困和中国人广泛的文盲，甚至缺乏基本的负责的政治权威否定了杜威纲领预设的普遍社会共识的可能。"实际上，杜威并没有提出任何行动的纲领。他只是要帮助他的中国听众和读者"参透产生西方进步的原则、观念、心智，通过运用她自己更新了的和活跃的民族心灵拯救她自己。"但是，对于他的多数听众来说，杜威说什么并不重要，重要的只是他是西方思想的一个人物。

在他的社会哲学和政治哲学的演讲中，杜威将所有的社会问题分为三个范畴——经济的、政治的和思想的。在谈了社会和政治思想的性质、范围和功能后，他首先讨论了经济问题。根据周策纵在《五四运动史》中的说法，"杜威讨论的重要的经济问题并没有引起他的中国学生和朋友以及其他中国自由主义者的足够注意。中国的自由主义者此时关注的是教育改革、学术研究和重新评估国故。他们很少人认真考虑过用经济组织和实践在中国实现民主"。但根据杜威自己观察，"世界上没有一个国家的学生像中国的学生那么一致和热切地对思想中现代的和新的东西感兴趣，尤其是对社会和经济问题感兴趣，能有利于现存秩序和现状的论证那么微不足道，——实际上是说不得的"。如果杜威的观察不错，那么问题是为什么他的社会和政治哲学没有被那么推崇他的那些人领会？

这自然不是由于他们的智力。而是由于他们的定见，或者说关于西方文明和思想的偏见。人们只听得见他们要听的话。对于杜威的大多数中国听众来说，西方文明是一个不同于我们自己的我们的同质性的本质，它的核心是民主与科学。在他们看来，德先生和赛先生是解决一切中国问题的万能灵药。胡适在他的留学日记中就写道："今日吾国之急需，不在新奇之学术，高深之学理，而在所以求学、论事、观物、经国之术。"留学是要"采三山之神药，乞医国之金丹，然后扬帆而归，载宝而返。"找到这种万能灵药。这种简单的功利主义的态度使他们看不到西方思想和文明的复杂性，尽管杜威在他的演讲中苦心孤诣地反复提醒他的中国听众，任何思想与文明，包括西方思想与文明的历史性和复杂性。他本人的多元主义倾向也是非常明显的。但他的中国听众对他的历史性思想似乎毫无感觉。

更成问题的则是杜威的中国听众对科学与民主本身的理解。他们对科学的理解基本是科学主义的；而他们对民主的理解则被杜威在他的演讲里批评的自由主义的陈词滥调所支配。我们知道，在杜威看来，民主不只是一种政府形式，他认为民主根本的特定是它是一种生活形式，确切地说，是"共同体生活本身的观念"。在他的中国演讲中，他把民主叫"交往的生活"。"自由和公开的交往，无私地追求和交互关系，促进相互利益的那种交往，是交往生活的本质因素。"他告诉我们，真正的民主是"一个有个人发展机会，有自由交流感情、认知和思想的机会的社会。这种社会的基础是社会的每个成员自由参与设定它的目标和目的，每个人为这些目标的实现充分和自愿作出贡献"。杜威实际上是现代交往理论的开山鼻祖，他将人的自由交往视为民主的基本条件和形式。缺乏这个基本条件，任何所谓的民主只能是挂羊头卖狗肉，不是少数人对多数人的强加，就是多数人的暴政。可惜今天的人们大都热衷谈哈贝马斯的交往理论（虽然它极有可能是受到杜威的影响),而很少知道是杜威而不是哈贝马斯才是交往理论真正的创始人。

在中国的自由主义者看来,民主没那么复杂,民主只是一种政府形式,一种改良中国或改造中国的手段,本身不是目的。他们看待民主的方式恰恰就是杜威所谓"外在的方式"。民主就是允许大家自由投票更换政府,与自由交流思想、感情、认知八竿子谈不到一块去。胡适公然说,民主是幼稚园的政治,意思自然是不需要有任何内在的要求,甚至不需要有知识,只要让人投票选举就行了。这样看待民主,显然对于民主的价值内涵和精神内涵缺乏了解,而对于民主的生活世界的基础更是不在心里。因此,尽管杜威在中国得到了热情的接待,蔡元培更是把他与孔子相比,但他独特的民主观念却没有引起人们的足够注意。也许在他的中国接待者看来,杜威的民主思想太不实用主义了,它根本不是中国人要找的那样能解决一切问题的万能良药,相反,实在是有点迂腐不切实际。

其实,从一开始杜威的中国崇拜者们就是以功利主义的态度对待杜威的思想,片面强调它只是一种方法。他们希望以此能解决他们面临的问题,实际上对杜威的哲学精神根本缺乏了解。因此,在政治上,他们表面上认同杜威一点一滴改良的主张,反对根本解决或全盘解决。但是,在具体行动上,他们对于社会生活的逐步改良并没有太大的兴趣。他们的抗争基本在政治层面,而对基本的社会改造或民生问题则留给了别人。他们宁愿在大学里发发宣言签签名,或写写文章,谈谈人权自由,而不太会像梁漱溟那样放弃北大教职去搞乡村建设。他们对国故的兴趣远过于他们对北京人力车夫生计或城乡卫生条件的兴趣。他们心里仍有一个万能灵药的情结,这就使他们不能不认为政治(确切说,政府形式)是中国一切问题的症结所在。胡适曾发誓20年不谈政治,但很快就自食其言。用蒋梦麟(他也是杜威的学生)的话说,"政治太腐败了,我们怎么能不谈?"而政治问题的症结在他们看来就是在中国建立一个英美式的政府,与生活方式不生活方式没有什么关系。既然民主只是一种手段而不是目的,那么在证明它不是一种合适的策略时当然也可以放弃。胡适提倡过"好人政府",丁文江可以在孙传芳手下做事。这其中有否所谓历史合理性暂且不论,至少他们对待民主的态度是比较功利的。

在民主问题上,杜威却是个彻头彻尾的理想主义者。他认为:"民主的目的是一个激进的目的。因为它在任何时候都不能被充分实现。"唯其如此,我们才能看到目前制度的缺陷而设法逐步完善。中国的自由主义者当然不会同意他们的杜威老师,因为在他们看来美国就已经实现了充分的民主,民主不是像杜威老师说的那样是摆在每个人面前的任务。而今天,杜威的民主思想似乎比当年更不被人认同。越来越多的人认为民主不过是一种政府形式,一套制度安排,或一套程序。与此同时,民主的基础和深厚内容不断被挖空。

杜威的民主思想的理论前提是他的新个人主义和他的社会冲突理论和国家理论。在他的中国演讲中,杜威说,社会和政治哲学的基础是我们从我们关于人的本质的经验得来的事实。在杜威看来,最简单最重要的事实是每个人都生活在,并只能生活在某种与别人的交往中。只有人们生活在有着共同利益的交往群体中合作与互动才有可能。虽然我们生来是单独的有机体,但不是个人。个体性(个人)是社会的产物,是社会关系的结果,是公共承认的和稳定的社会功能的结果。因此,杜威批评大多数社会哲学家用像个人对社会、人民对政府、或自由对权威这种"一般化的对立"来解释社会冲突是掩盖了社会冲突的基础,社会冲突的根源在群体间对立的关系。社会冲突的产生是由于它包含的群体间关系的不平等。"社会冲突不是因为个人利益与他的社会利益的不一致,而是因为某些群体的利益损害,或甚至压制了其他群体的利益。"即使在东方的家庭里,个别成员(年青一代或妇女)和老辈的冲突也不是像当时许多中国人认为的那样是个人与社会的冲突,而也是"两个群体之间的冲突,一个被更大的社会承认,另一个还没有得到这样的承认"。杜威在他的中国演讲中特意提到东方式家庭的例子,显然是有针对性的。

我们知道,在"五四"时期,家庭被许多中国知识分子认为是传统社会的象征,甚至有人说家庭是万恶之首。在他们看来,个人与家庭的关系是像个人对社会,人民对政府这样的"一般化对立"缩影。因此,反叛家庭就意味着反抗任何社会压迫。个人决不是社会的产物,而是社会的牺牲品。由于接待杜威的那些人大都是这个观点,杜威显然了解这种观点,他的中国演讲对此表示了不同看法。杜威认为社会是由多种多样的群体组成的,而中国的自由主义者认为社会是由个人组成的。在杜威看来,社会冲突归根结底是"阶级,职业群体,或按照观念,甚至种族的界线构成的群体之间的冲突";但在中国自由主义者看来,冲突总是个人与社会或国家间的冲突。民主意味着个人对社会或国家的胜利。

杜威告诉他的中国听众,国家是沟通社会上群体间冲突的机制。群体先于国家存在,国家只是协调它们之间争吵的工具。政治的基本问题是"建立一个不断为全体人民的福利工作的国家"。社会改造在更大程度上是建立这样一个国家,并用它来调和各个群体的关系。杜威说:"除非我们有一个建立我们判断的标准,我们不能判断什么是好,什么是坏,什么更好,什么更坏。"这个标准就是"交往生活"的理想。根据这个标准,"一种积极促进自由交往,自由交换思想,相互尊重和友爱的社会实践,简言之,使生活对每一个人都更丰富,更值得活的那些行为模式得判断是好的;相反,任何阻碍向这些目标进步的习俗或制度就得判断是坏的"。发展交往生活的主要障碍是阶级和社会等级制度，它们将不同的社会部分彼此分隔，在社会群体间建立剥削关系。在交往生活的理想的另一端是主奴关系，杜威将它大致规定为"一个有效地使一个人服从另一个人的关系系统——孩子服从他们的父母，妻子服从她们的丈夫，臣民服从他们的统治者，劳工服从他们的雇主"。主奴关系将危及社会的持久存在。由此可见，平等是杜威讲的"交往生活"的基本条件。

杜威的社会和政治哲学是建立在他对古典个人主义和主张自由放任的自由主义批判的基础上的。杜威一方面肯定上述的学说对于发展资本主义的确是起到了一定的积极作用，但却有根本的错误，这两种思潮可以说是第一次世界大战的罪魁祸首。古典自由主义认为一个开通的个人主义者不会不顾一切地追求自己的利益，他也会考虑别人的利益。追求自利的人各行其是最后会歪打正着，促进人类的共同利益。这就是主张自由放任的古典自由主义基本的道德理由。然而，在杜威看来，不存在开通地追求自利的人，只要以追求自利为目的，就一定会追求利益的最大化，就一定会不顾一切去追求目标，在现代工业和科技的条件下就一定会造成不可收拾的恶果。第一次世界大战其实就是一个证明。

然而，对于正在争取个人自由、个性解放的中国人来说，这些话自然听不进去，所谓言者谆谆，听者藐藐。他们只关心个人，而不太关心群体，更不能理解交往生活的重要性。他们无法理解社会改造不是由不满的个人对社会的攻击，而是要努力调和组成社会的各个群体的利益，这才是长治久安之道。个人的解放实际是以群体的解放为前提的。历史上任何一个寻求解放的群体总是以全体人民的名义争取自身的解放。纯粹个人只能反叛或逃亡，却谈不上解放。

对杜威有一个长期的误解，就是他反对社会主义。杜威的确对国家社会主义和马克思主义很不喜欢，但他并不反对一般的社会主义。相反,像他这样始终把全社会的利益放在心上的人,天然会倾向社会主义。他的中国演讲就正面分析了基尔特社会主义,认为中国传统的行会制度是与基尔特社会主义接轨的很好条件。他警告中国人不要让少数企业家控制这个国家的物质资源而失去自己的未来。他说:"社会主义,不管它的细微差别,都集中在全社会的福利一个概念上,这,而不是个人利益,应该是据以判断经济组织和经济事业的标准。"他坚持认为,对社会的任何一个部分的损害最终就是对全体的损害。也许是他的这些思想,使得一些保守主义者称他"为共产主义者铺平了道路"。但真正为共产主义者铺平道路的当然不是杜威的学说,而是中国社会现实的群体冲突或阶级冲突,而这些冲突恰恰为我们的自由主义者所忽视,他们只注意个人,而不关心群体,自然无法承担在现代化的转型期全面调整社会利益格局的重任。他们日益失去社会影响力几乎是不可避免的。

然而,历史似乎以被杜威批判的自由主义的回潮证明了杜威的思想的失败,不仅在中国,而且在世界。那些极度推崇杜威的美国同行,就有杜威思想对今天的世界是否还相干这样的疑问。在全球化的条件下,杜威的哲学似乎的确过时了。杜威要人们不要忘记一个不可回避的事实:一个群体的任何真实的利益都由所有群体共享;一个群体处于不利时,全体都受伤害。社会各群体实际上是密切相互关联的,对一个群体发生的事最终要影响到所有人的福利。虽然不是所有的人都能理解这一点,但它却是现代条件下的一个基本事实。可是,今天人们似乎更愿意相信牺牲某些群体是发展的必然代价,而不愿认同杜威的学说。

康德和古典经济学家相信,商业的发展将促使人类合作而消灭战争。今天的人们仍然相信,全球化和市场经济将必然导致人类的合作,将使人们开明地追求自利而放弃非理性的自私自利,使人们看到战争是处理人类争端愚蠢的方式,因为这对于冲突双方都代价太大。但只要我们打开报纸或电视机,我们就会像杜威当年一样不相信这些美好的幻想。事实正如杜威83年前在中国所说的:"无论是在个人间还是在国家间,具有更丰富资源和专业知识的人会压倒他们不太幸运的邻居;自私会滋生自私,最终结果将是不平等,不公正和暴政。"杜威要我们"首先去观察社会冲突的进程,找出什么群体已太具支配力了,已经在实施不成比例的权力,认出被压制、被否定特权和机会的群体。只有通过做这样准确的诊断,我们才能希望防止社会传染和建立一个健康的社会。我们必须发明能协调社会所有群体利益的手段,为它们所有人提供发展的机会,这样每个人都能帮助别人而不是与之冲突"。在私人资本已成为中国财富的主要形式,57%的资本掌握在私人手里,30%左右的城市居民拥有近80%的居民金融资产,其中近一半又被20%的少数高收入阶层占有的情况下,杜威的提醒也许不是不相干的。

根据杜威的看法,社会有问题了才会产生社会哲学,政治有问题了才产生政治哲学。这意味着社会哲学和政治哲学主要是处理人类问题的工具。只要杜威思考和诊断的问题没有被解决,杜威的哲学仍然是重要的和相关的,无论对中国还是对世界,都是这样。

现代中国的理性主义

《意义之意义》的作者 I. A. 瑞恰兹尝谓将中国哲学概念译为英语可能是"宇宙演化中产生的最复杂一类的事情"。而以译书为自强"第一策"、"第一事"的中国人,似乎从来没有类似地想过。一个多世纪以来,译书劲头长盛不衰。早在清末,就已经"日本每一新书出,译者动数家"。(梁启超语)一百多年后的今天,译书热情有增无已。译书的范围在不断扩大,速度在不断加快。主张译书为自强"第一策"、"第一事"的梁启超当年还顾虑"能消化与否"和"能无召病与否",今天在市场经济赚钱第一的思想指导下,自然不再会有人去问这样的问题。"大干快上"乃我国翻译事业的真实写照。

然而,每年上百种译著的推出,并不能掩盖我们对外国文化,主要是西方文化,依然了解有限,没有完全摆脱梁启超当年所说的"稗贩、破碎、笼统、肤浅、错误诸弊"。即使那些在不同时代"热"过一阵的人物,我们的了解和研究还都不够;至于那些在主流话语支配之外的人物,就更不用说了。能归入主流话语的人物或国际学术界当红人物的译著还能引起一阵吆喝和炒作,而那些不能纳入主流话语的人物或冷门人物,其作品的译本就只能来去无声地被人忘却。

但欧克肖特的情况却有点复杂。说冷门他也不算太冷门,至少在他的祖国,他被公认是自伯克以来盎格鲁-撒克逊传统最伟大的政治哲学家。与阿伦特一样,他的名声和地位在逐年上升。他与当今世界的主流话语多少也能挂上点号,不是自由主义,就是保守主义。

即便如此,欧克肖特在中国还是遭到了冷场。没有人会否认他的重要性,但对他著作的第一个中文译本《政治中的理性主义》人们却保持沉默。这其实不是沉默,而是失语。面对这样一个另类政治哲学家,人们感到难以理解。所有我们关于英国哲学家的想象,在他身上似乎都失效了。这个远比伯林来得正宗的英国思想家读上去好像不那么英国;这个对理性主义大张挞伐的人却也不是经验主义;这个被有些人称为"自由主义",被另一些人叫做"保守主义"的思想家,用我们熟悉的自由主义和保守主义的话语去理解似乎有问题。怎么办?只有无奈地沉默。

欧克肖特在中国的遭遇揭示了我们外来思想接受中的一个根本问题。曾经有好几位英美同行问我是如何将《政治中的理性主义》译成中文的。在他们看来,这是一个非常困难的工作,不仅欧克肖特的文章风格独特,就是要找到对应的基本概念亦非易事。的确,不仅欧克肖特自己创造的概念,即使一些常用的语词和概念在他那里往往也有特殊的意义,要找到一个合适的中文对应词很费斟酌,英汉辞典在这里起不了多大作用。但使我们无法真正理解欧克肖特的,很可能并不是这些一开始就让人难以把握的概念和语词,而是那些我们不费事就能在中文中找到现成的对应词的概念或语词,例如理性、政治或法治。

语言也好,语词也罢,都不是我们可以任意使用的纯粹符号和工具。它们的意义并不是由我们外在强加上去,而是历史地形成和演变的。概念和观念积淀着我们的历史理解,这种历史理解构成了它们的真实内容。这就是为什么文艺复兴的新柏拉图主义不是雪莱的新柏拉图主义,荷尔德林的俄狄浦斯不是弗洛伊德的俄狄浦斯。我们用来翻译西方思想的许多译名,如理性、政治、哲学等,在古汉语中是找不到的,这些词语大都是在清末或由国人或来华传教士生造,或从日语中借来。当时人们生造或借用这些词语是为了翻译西方的概念和思想。翻译总是理解。不仅生造和借用这些词语的人,而且最初读中译西书的人,都将他们对西方思想的理解放入了这些词语中,这些词语的意义实际是由他们的理解构成的。

但是,他们的理解不是纯粹理性把握的产物,而是由他们的历史存在决定的。我们向来认为我们的文化是世上最好的。这种文化的自满使我们很长时间觉得没有必要向别的文化学习。在近代遭受了一连串的挫折与耻辱之后,我们不得不承认西方思想文化的优越性,不得不向它学习。民族存亡的紧迫性使我们的先人一时无法分别西方思想和文化的复杂性与多样性。对于他们来说,他们首先接触到西方近代思想文化,当时流行的启蒙意识形态,亦即现代性,就是西方思想文化的正解。这种历史处境或历史存在制约了他们对西方思想的一切理解,"理性"概念就是一个很好的例子。

据张东荪说,古代中国没有"理性"的概念。虽然《后汉书·党锢列传》有"是以圣人导人理性,裁抑宕佚,慎其所与,节其所用……"的说法,但这里的"理"字当作动词讲,"理性"指"修养德性",根本不是西方思想中 reason 的意思。关于中国传统"理"的概念与西方"理性"概念的不同,张东荪曾有细致的区分,大意为西方的"理性"概念偏于心理或主观的方面,属于知识论的范畴;而中国人的"理"并不自心理方面出发,而是从宇宙论出发,与"礼"相通。不仅《礼记》上就有"礼也者,合于天时,设于地财,顺于鬼神,合于人心,理万物者也"的说法,阮元也早已指出"理必出于礼也"。所以中国人的"理"始终是伦常之理,与西方人讲的"物理"(physical law)完全不同。西方的"理性"概念恰恰与这个物理观念有关系,集中体现理性的科学方法,就是要于纷繁现象中表面上所现出的前后关系(因果关系)设法拨开而直窥其根底上所存的真正关系。张东荪说,中国非迎接西方文化上的科学进来不可,这是大家都公认的。"但提倡科学却非先具有西方人那样的理性主义不可。要讲理性主义,则又必须对于十七世纪十八世纪的思想加以注意,断断不能把十八世纪除去,而专谈西方现代文明。"可见,张东荪对于西方"理性"概念的理解是以西方近代理性主义和启蒙传统为依据的。直到今天,一般人对"理性"的理解,基本仍不出这个传统。

但张东荪不是一般人,他是同时代人中对西方文化最为了解的人之一。他不但知道他所欣赏和服膺的这个理性主义的传统到20世纪初受到了西方人自己猛烈的批评,"起了很大的摇动,受了很大的打击。反理性主义乃抬头了"。而且也知道自然科学本身在现代也起了很大的变化,古典的因果观念和存在观念都动摇了。但相信进化论的他在这里却忘掉了进化论的教条,坚持18世纪的文明乃是20世纪文明的基础,20世纪的灾难恰恰是反理性主义所致。人们在受了这样的灾难后,必会重返到理性主义上来。

张东荪这种坚持18世纪理性主义的立场决不是个别的。他的好友张君劢在给他的《思想与社会》写的序中就特意指出:"我之立场,谓之理性主义可也。"一般人虽然没有像他们那样对理性概念有过深入的思考,但都会认同理性主义的立场。这主要是因为理性与科学的关系。谁都承认科学是理性的产物,也是理性的事业;而科学几乎是所有近代中国人梦寐以求的东西。科学有多少权威,理性就有多少权威。就像至今没有人敢声称反对科学一样,今天也没有人敢以反理性主义者自居。人们认为理性是科学的内在动力,就像工业是它的外在动力一样。

然而,为什么科学有那么大的权威?或者说,为什么人们那么崇拜科学?答案是因为它能使我们富强。科学在中国的权威,来自人们将它理解为技术,以及技术产生的实际利益。但不管怎么说,对于科学来说,理性总是从事科学活动不可少的条件。但如果人们将理性只是理解为人所共有的认识外部事物的能力,或从事理论活动(科学活动)和其他活动时都会使用的推理能力或思维能力的话,实际上他们是把它理解为我们可以任意使用的工具。现代生活的功利特性使得理性在现代实际上成了实现或达到某种目的的工具,也就是说,成了目的理性或工具理性,也有人把它称为计算理性。古希腊人讲的实践理性或存在理性只是在个别哲学家的著作中被提到,而在现实生活中,理性已经演变为工具理性了。韦伯对于现代社会理性化的描写实际同时也揭示了理性在现代的工具化过程。而当中国人将理性理解为科学知识、科学理论和科学活动不可或缺的主观条件时,他们心目中的理性实际上只能是工具理性。

但二张与一般人有所不同。张东荪虽然在他关于理性问题的大量论述中从未提到"实践理性"的字样,但却明确指出,即使西方人也未尝没有人看到,"实践较智辨为重要"。他坚持理性主义的立场,是因为它不仅仅是科学的基础,也是民主的基础。因此,他的理性主义决不是一种狭隘的认识论立场,而首先是一种政治哲学的立场。在他看来,虽然理性是一个认识论的概念,但在政治领域里,它是一个道德概念。理性和自由、平等、正义、人权这些概念构成了一个观念群,形成民主的概念系统。张东荪并不像一般人那样,将理性理解为人的理智能力,而是认为它是一种设定(postulate)。他说,"主张民主,其要旨是在于认定人人都是同样知道是非善恶的,即所有人有理性是也。'人之理性'(the rationality of man)的假定乃是民主主义的前提"。他接受杜威"民主是一种生活方式"的说法,但补充说:"是有理性的人之集合的合理的生活方式。"民主是讲理的人的生活,不讲理的人不能有民主。譬如国民党一党专政的训政理论,就根本不符合逻辑("既同为国民,何以一入国民党便有资格以训他人"),即不讲理。显然,张东荪这里讲的理性,既不是工具理性也不是理论理性,而是实践理性。但他却只用"理性"概念而不另外标举"实践理性"的概念。原因可能是在他看来只有一个理性,理性本身包含理智和道德两方面的内容。他认为西方的"理性"概念就是这样:"西方文化上讲理的优点是以理想来改善条理,又以理智来窥测条理。遂致所谓理于一方面与'善'相接轨,在他方面与'智'相并进。"这种理解自然有理想化的成分,但也不是毫无根据、一厢情愿的想法。今天哈贝马斯一路相信"启蒙未完成的计划"的西方人,基本也秉持类似的理性概念,只是他们宁愿区分不同的理性(如工具理性、实践理性、交往理性等),而不愿用同一个笼统的"理性"概念。

张君劢的理性主义也偏重于道德理性主义。他在《思想与社会》的序中说,他的理性概念虽然沿欧洲 18 世纪旧名,但"其中含有道德成分"。与张东荪不同的是,他已看到了近代西方文化"所注重者为思为知识,以知识之可靠与否为中心问题,其名曰理性,实即理智而已"。而"欧人之理智,未尝涵育于道德空气之中";为此,"吾所以推尊理性,以为应驾理智与行动而上者,盖以为理智如刀,用之不得其当,鲜有不伤人者;行动如马,苟不系之以缰继,则骑者未有不颠且踬者。重理性者,所以纳二者于规矩之中也"。很明显,张君劢这里讲的理性是实践理性,他想用它来制约和规范工具理性的使用。

当然,二张标榜的理性主义立场,首先是针对中国问题的。他们都认定理性是科学与民主的基本前提,因而不遗余力地张扬理性主义的立场。这在张东荪那里表现得尤为明显和自觉,他的一部主要的政治哲学著作的书名就叫《理性与民主》。他对于民主的深刻理解国人至今还无人能够超越。民主与科学一样,是一个近代中国无人敢公开反对的词汇。即便如蒋介石这样的人,也会在需要时以"民主"相号召。而对于绝大多数人来说,民主只是一个言论自由和自由选举的问题,一个政府制度的问题。张东荪批评他的同时代人对民主只有极为肤浅表面的理解,使得民主流于空洞的口号,因而无法真正实现民主。他已经看到,民主有种种不同的涵义与诠释,在西方也有种种不同的学说与观念。他自己把民主理解为"一个整个文化精神之代表或总称"。这种文化就是理性主义的文化。民主不仅是一种政治制度,而且是一个包含道德、思想、社会、宗教、法律、经济等诸方面的一个综合性制度,它能发展人的理性和道德。一句话,民主是一种文明。民主之根本要义不是作为整体的人民的统治,而是"自己治理自己"。这就必然会有多种不同的意见,就需要自由讨论来达成共识。由于张东荪把理性认同为人性,所以推想"个人主义与理性主义在初起必是相连的",因而理性的自由讨论是可能的。不过张东荪不愿像哈贝马斯那样一定要坚持"理想的对话"和"完全共识",他认为绝对的共识是不可能的,总有一些人的意见要被排除在外,所以民主有个程度问题。

另一方面,民主是一种人格结合的方式。"人格"在张东荪那里的意思是指有独立意志、自然权利和人格尊严的个人。他是法律的主体,享有充分自由。当然,他必须能自由运用他的理性。他自觉意识到个人的价值,但同时也承认所有人都有同样的本性和自然权利。在张东荪看来,这个个人主义的人格概念是理性主义的根本条件。但是,个人主义本性建立在理性主义基础上,因为价值和尊严是对有理性的人格而言的。理性主义在18世纪已经吸纳了个人主义,因而它能成为民主的理论基础。虽然每个人都是意志主体,但他们必须与别人妥协,与他人协调,彼此承认,和而不同。要达到这个目标,理性的、自由的讨论是不可少的。没有它就没有民主。在民主社会里,人们必须有自由讨论的习惯,有让步和容忍不同的气量。一句话,民主社会是一个理性人格的共同体。理性与理性主义是民主和民主社会的基本条件。张东荪说:"我们必须知道民主主义与理性主义,以及自由与平等,都是一件事,换言之,即民主、理性、平等、自由,这四个概念,是分不开的。要成为一个讲理的社会,必须实行民主;要有自由必须讲理;只有讲理才会有公平。故我们普通用民主主义一辞,即代表这些意义在内,并不是只指宪法与议会。"

在张东荪看来,民主不仅是一个政治问题,也是一个道德问题。他说:"我以为民主运动根本是一个道德的挣扎,即对于不自由不平等不向上的一种抗争,可以说是出于纯粹道德的动机。"自由和判断是民主的基本概念,也是需要理性支持的道德概念。是道德,而不是自利给民主以推动。是道德理想的能量使民主得以实现。由于是一个政治理性主义者(未必完全是欧克肖特意义上的),张东荪常常更多地是从道德而不是政治上来谈论民主。正是这种道德的民主观使他最终赞成社会主义。他发现社会主义和民主有同样的目标,它们都把自由和平等作为自己的基本概念。资本主义的确推进了个人自由和个人主义,但它不能给每个人以同等程度的自由。就像霍布豪斯说的,某些人的自由必然会压制其他人的自由。因此,资本主义产生以来,个人自由逐渐受到了限制。贫富差距越来越大。资本主义国家里的经济剥削阻碍了真正的民主。因此,张东荪得出结论:没有社会主义的民主不是真正的民主,没有民主的社会主义不是真正的社会主义。

张东荪把民主和社会主义都视为理想,这种理想只能通过三种媒介才得以实现:资本主义、民族主义和计划经济。在今天的许多人听来,这简直不可思议。但我们要知道,张东荪与他的许多同时代人和现在可能嘲笑他的某些人一样,是进化论的信徒。他觉得在19世纪末之前,资本主义与民族主义还不错,虽然即使那时它们也是有利有弊,但到了20世纪,资本主义内在的罪恶愈益明显,只有通过计划经济才能实现民主和社会主义的理想,尤其是对于俄国和中国这样的不发达国家,因为它更有效。但他并不认为只有社会主义国家才能实行计划经济,计划经济与资本主义也不矛盾。

这些在今天会被一些事后诸葛亮式的聪明人嗤之以鼻的想法,在当时却并不奇怪。在张东荪那个时代,相信社会主义和计划经济的知识分子不在少数,甚至有些人因为计划经济才相信社会主义。个中原因主要有三:进化论世界观和历史观、理性主义的哲学信仰和对社会正义的关怀。进化论的世界观和历史观使他们相信社会主义是比资本主义更高的历史发展阶段,当然也就更好。理性主义的信仰使他们相信完全用理性操控的经济一定比自由放任的经济更有效。而对社会正义的追求则使他们只能拒绝资本主义而选择社会主义和计划经济。

今天自然再也不会有二张这样的人,他们当年的信仰,似乎只有思想史资料的价值。与当年二张自豪地宣称是理性主义者相反,现在已少有人会这么做或敢这么做了。因为据说理性主义要为很多可怕的事情负责,而人间正道应该是从理性主义到经验主义。经验主义代替了理性主义被认为是民主与科学的基础。至于根据,主张者决没有像张东荪当年对理性主义那样有深入的论述。这种做法自然也是彻底"经验主义"的:看看英美,再比比德法,自然就清楚了,无须多说。

然而,根据英国人安东尼·弗卢主编的《新哲学辞典》中"经验主义"的定义:"经验主义有各种形式,其共同特征是从经验科学出发,把经验科学作为人类知识的原型或者范例。与此相对立,理性主义则以纯数学为出发点。"看不出经验主义有我们的"经验主义者"赋予它的那么大的效力。从哲学史的角度严格讲,西方的经验主义和理性主义都只是一种知识论的立场。相对而言,经验主义更消极一些,因为它的逻辑结果是"导致我们对于知识的许多日常主张持彻底的怀疑态度"。这恐怕不会为我们的"经验主义者"所接受。

当然,我们完全可以有"自家的经验主义",和西人讲的经验主义不是一回事。我们的"经验主义者"心目中的"经验主义"自然不是西方哲学知识论意义上的经验主义,而是一种政治哲学意义上的经验主义。然而,在正宗英国哲学家欧克肖特看来,"将政治理解为纯粹经验的活动是不合适的","纯粹经验的政治不是什么难以办到或最好避免的事,它们只是不可能;是误解的产物"。显然比我们的"经验主义者"更了解英美乃至西方政治及其历史的欧克肖特也许无法改变我们的"经验主义者"关于西方政治的想象,却能使我们进一步思考现代中国的理性主义。

其实,正如"理性主义的许多口号都是从英国的土壤上冒出来的"(斯宾格勒语),在理性主义与经验主义之间并没有隔着一道万丈鸿沟。就像经验主义在一定意义上可说是理性主义的一个变种一样,我们的"经验主义者"其实是彻底的理性主义者。他们主张经验主义没有任何哲学的理由,只有政治的理由,即以一个其实是虚构和想象的所谓"经验主义"的政治模式为效法模仿的蓝图和理想。这正是欧克肖特笔下政治理性主义者的典型特征。而这也恰恰从反面部分证明欧克肖特经验主义政治不可能的论断。

《政治中的理性主义》也许会使许多人感到失望、难堪和沮丧,不管他们自认是理性主义者、理想主义者,还是经验主义者。因为说到底,他们都是欧克肖特意义上的政治理性主义者。理性主义是一种普遍主义。它相信理性是超历史和普遍的,因此,理性所创造的观念和制度中必有放之四海而皆准的东西。而进化论使我们相信,谁富谁强谁就代表普遍性,代表先进。因此我们的经验不是经验,别人的经验才是经验。"走某某人的路"成了百年来国人的共识。东方不亮西方亮,计划不行有市场,只要接轨就有希望。迫切接轨的心情甚至使人们提出中小学用英语上语文课,大学里能用外语上非外语类课者另外加钱。这些看似毫无道理的建议和做法背后其实有很深的合理性,只不过合的是现代的目的理性罢了。而这种理性与非理性其实只有一步之遥。

可是,按照欧克肖特的分析,既然经验主义的政治决不可能,那么政治中的理性主义似乎是现代人的宿命,我们对之毫无办法:"我们时代的困境是,理性主义者长期忙于他们抽去我们的道德理想悬浮于其中的液体……的计划,这样我们就只剩下满是尘砂的干枯残余,当我们试图把它拆掉时,会使我们窒息。我们先是尽力去破坏家长的权威……然后我们感伤地哀叹'美好家庭'之少,最终创造出完成这一破坏工作的替代物。因此,看到一批装腔作势的理性主义政治家对全体人民鼓吹一种无私和为社会服务的意识形态,而他们和他们的前辈已经在人民中尽力毁坏了道德行为唯一有生命的根基时,想用另一批在对我们的政治传统重新理性化的鼓舞下,轻率地试图计划使我们转而背离理性主义的政治家来加以对抗,同样是堕落和有害的。"这似乎是说,理性主义和反理性主义同样不可取。怎么办?

细读《政治中的理性主义》的话,我们会发现,欧克肖特用来和理性主义相对的,不是经验主义,而是他所谓的实践知识。它不仅是思维活动,也是生命的活动。它不是一种技术,而是一种存在方式。正是这种被现代人遗忘,却不会完全消失的实践知识,反衬出我们的理性概念的根本问题。欧克肖特所谓的"实践知识"不是什么新东西,它就是亚里士多德所谓的"实践智慧"($phronesis$);康德"实践理性"产生的实践判断。欧克肖特其实并不反对理性本身,他反对的是理性主义和构成这种理性主义的技术理性,也就是工具理性和目的理性。《政治中的理性主义》所产生的疑惑,恰恰应该使我们重新审视我们的理性概念。

虽然"理性"概念不但成为我们基本的哲学术语,而且也早已成为我们日常语言中常用的概念之一。但是,在现代中国的哲学家和思想家中,除了张东荪和张君劢外,很少有人对它进行过深入的思考。在一般人眼里,它只是与感性相区分的主观思维能力,是我们可以任意使用的工具。多数人首先是因为科学技术才信服理性和成为理性主义者的;而他们相信科学技术,是因为它能给我们带来看得见、摸得着的好处。科学技术是达到我们意欲目的的工具,操作科学技术的理性当然也是如此。在现代性的条件下,理性成为工具理性或目的理性似乎是必然的。现代世界理性化的过程也是理性本身技术化和工具化的过程。张东荪虽然强调了道德理性,却没有将它与工具理性或技术理性完全区分。他很有可能认为没有必要进行区分,只有一种理性;否则很难解释对康德哲学非常熟悉的他在论述理性问题时竟然不提实践理性。他用是否合乎逻辑来判断政治上是否讲理也证明了这一点。

张东荪的理性概念,无疑如他自己说的,是18世纪启蒙理性的概念。18世纪乐观的理性主义者认为理性一方面可以帮助我们征服自然,另一方面可以帮助我们建立美好社会。然而,18世纪理性主义者心目中的理性,实际上是技术理性或工具理性,而不是实践理性。由于张东荪思想中还有相当的本土资源,在接受这种理性概念时不能没有若干制约乃至变异。这就使得他和我们的"经验主义者"相比,显得不那么理性主义。例如,他在批评我们的传统和历史的同时对传统和历史也有相当的保留;他并不认为西方任何一个国家已经成为民主的典范;他坚持中国只能有自己类型的民主制度,等等。即便如此,他的理性概念还是常常会露出工具理性的底色。这在他的政治理想中表现得尤为明显。

张君劢虽然对理性的论述远少于张东荪,但见解较东荪为高。他清醒地看到工具理性(理智)之用,害亦随之,因而主张应该像康德那样明确区分纯粹理性和实践理性。他将康德的纯粹理性以及逻辑归为理智,而认为实践理性以人为目的,应该制约理智。可惜他一方面没有对这些观点进一步展开;另一方面落入东方重德性,西方重智性,双方互补,相得益彰的老套表述,未能深入问题的本质。

现代理性主义的问题并不在于是否应该让道德来制约理智,而在于我们如何使用理智和为什么使用理智。这也就是理性的目的性问题。理智和工具理性本身显然无法回答这个问题;道德和道德哲学同样不能。在现代条件下,道德本身面临相对主义和虚无主义的困境,自顾不暇,如何制约工具理性的使用?只有实践智慧和实践理性才能回答这样的问题,而它们在我们的祖先那里是一点也不缺乏的。欧克肖特这样的外国人用《庄子》里的例子来说明他的"实践知识",就足以证明这一点。

奇怪的是,近代以来为传统辩护或表彰传统的人,恰恰都忘了这一点。传统的维护者主要围绕着"道德"二字作文章,却不知阐扬道德背后的实践理性和实践智慧。究其原因,仍在现代中国的理性概念。当人们在大谈西方人重分析,中国人讲直觉;中国没有逻辑;中国没有科学,或要人们补分析哲学的课时,潜台词实际就是中国人理性思维能力是不行的。而这种心照不宣的信念的根据还是老中国没有西方工具理性所产生的种种,首先当然是科学技术。总之,对理性的工具主义和技术主义的理解使得我们完全忘记了实践智慧和实践理性。

直到今天,技术理性仍然是我们"合理性"和"可行性"的唯一判准。技术理性导致生活的极端非理性已是我们不得不面对的一个诡论性事实了。在这里,简单诉诸感性经验救不了我们。现代世界的理想化过程同时也包括感性的理性化。各种传媒和其他技术理性的产物难道不正在使我们的感性越来越可计算或可推算?不少现代西方思想家希图通过艺术和审美经验来救赎理性,但倘若艺术最终成为批量生产的商品和消费对象时(电脑作曲、绘画和写诗应该打消我们对此的任何怀疑),我们还能有他们心目中的那种起救赎作用的审美经验吗?反理性主义更不是出路,反理性主义与世界理性化过程齐头并进表明,它们实际有共同的根源。

张君劢在《思想与社会》的序中写道,他和张东荪、胡适"皆受欧美反理智主义哲学之洗礼之人也",之所以最终采取理性主义的立场,是由于看到"夫欧洲文艺复兴以降之开明时代与理性主义时代,其学术之所以昌盛,政治之所以赴于民主,皆以尊重理性与理智之故,今则学术自由受压迫,人民基本权利受蹂躏,是理智与理性之衰落也"。这就是说,是理性的衰落导致文明的衰落。因此,在张君劢和张东荪看来,理性主义的立场是时代的需要,乃不得不然。这种观察不能说没有道理,但却没有触及事情的根本。问题不在于理性的衰落,而在于它为什么在现代反而衰落?他们也没有看到,他们推崇的18世纪的理性主义本身包含着异质性的自身颠覆的因素,将走向自己的反面。20世纪的"反理智主义哲学"恰恰是对工具理性的一种针砭和纠正。而另一方面,在现代性的语境下,他们理想化理解的理性或理性主义只能是一种无法实现的美好想象。人从来就不是只有理性,历史从来就不服从逻辑规律。

尽管如此,他们诉诸理性的初衷,却应该得到我们理解之同情。理性和理性主义本身的问题不能使我们得出反理性主义的结论。理性主义和反理性主义其实是同一个硬币的两面。海德格尔在《形而上学导论》中极为深刻地指出:"非理性主义只是理性主义公开了的弱点和对它完整的拒绝,因此本身就是一种这样的理性主义。非理性主义是理性主义的一条出路,这条出路却不通向自由,而只是更多地卷入理性主义,因为非理性主义会使人认为,只要简单地对理性主义说不就可以将其克服,而它现在却是更危险了,因为它隐蔽而不受干扰地在玩它的把戏。"所以问题远不像二张当年想象的那么简单。问题不是要不要理性,而是要什么理性,为什么理性。

欧克肖特和中国自由主义①

近年来,一直有人在鼓吹经验主义的政治传统,在这些鼓吹者看来,英美政治是经验主义政治的典范。然而,当代最伟大的英国政治哲学家欧克肖特却认为,现代政治的根本特点,一言以蔽之,恰是经验主义的反面——理性主义,英美政治同样不例外,《独立宣言》实际上就是理性主义政治的代表文献。理性主义政治的特点就是无视传统,拒绝积累,迷信技术,追求完美,总想通过一定的计划和安排,将一切推倒了重来。②更可怕的是,通过将抵制的因素转化为一种意识形态,它可以同化这些因素。例如,哈耶克的《走向奴役之路》其实是"一个抵制一切计划的计划",它可能比它反对的东西要好,"但它属于同一种政治风格"。③事实上,不是哪一种或哪几种牌号的政治是理性主义,而是"所有当代政治都深深感染了理性主义"。④但欧克肖特的"理性主义"并不完全同于一般哲学史上讲的理性主义。让我们先来看看他对理性主义的谱系学描述。

---

① 本文在本人提交给国际欧克肖特协会成立大会暨第一届年会的论文基础上修订而成。
② 欧克肖特对政治理性主义的经典分析,请看他的"Rationalism in Politics", in *Rationalism in Politics and Other Essays*, ed. Timothy Fuller(Indianpolis: Liberty Fund, 1991), pp. 6 – 42.
③ Michael Oakeshott, "Rationalism in Politics", in *Rationalism in Politics and other Essays*, p. 26.
④ Michael Oakeshott, "Rationalism in Politics", in *Rationalism in Politics and other Essays*, p. 25.

理性主义起源于17世纪的欧洲,它的主要代表是培根和笛卡尔。他们两个人的共同特点,就是要找到确定可靠的知识。他们对于过去的知识观念都不信任,都想推倒了从头开始知识的工作。在培根看来,这就需要一个"可靠的计划",一种新的理解"方式",一种探索的"艺术"或"方法",一种"工具"。总而言之,我们需要一种探索的技术,这技术是一套可以普遍应用的规则,它是一把万能钥匙,能解决所有的问题。欧克肖特说,培根《新工具》中的学说可以总结为"技术的霸权"。[1]笛卡尔和培根一样想以一种可靠的方法来获得确定的知识,虽然他对方法不像培根那样倾心,而是有所保留,但他的思想给后人的教训却是技术的霸权。欧克肖特说:"理性主义的历史不仅是这种新的理智特征逐渐出现和界定的历史;它也是理智活动的每一部门被技术霸权的教条侵入的历史。"[2]可见,欧克肖特讲的理性主义实际上是工具理性主义,它推崇的不是理性本身,而是理性的特殊应用,即技术。它将工具理性或技术误以为是理性本身。

这种误解起源于近代欧洲片面的知识观。在古希腊,亚里士多德曾明确区分技术知识和实践知识。前者指工匠制造一件东西的知识;而后者则是道德政治知识。前者可教可学;后者则只能通过自己的历练才能掌握。近代理性主义者恰恰忘记了这种实践的知识,在他们看来,知识就只是技术知识,我们可以像学一种游戏规则那样将它学会,它完全符合理性主义者所要求的确定的知识。而实践的知识根本就不是知识,完全可以忽略不计。

所以理性主义的政治,也是书本的政治,因为它是政治上没有经

---

[1] Michael Oakeshott, "Rationalism in Politics", in *Rationalism in Politics and other Essays*, pp. 20 - 21.

[2] Michael Oakeshott, "Rationalism in Politics", in *Rationalism in Politics and other Essays*, p. 22.

验的人的政治。它的产生有其历史的原因。近代欧洲的统治者不是被培养或教育来搞政治的,他们不像以前的贵族,他们没有政治经验,迫切需要政治技术。但政治知识实际上是一种特殊的知识,即亚里士多德讲的实际的知识,它只可意会,不可言传,只能通过政治历练慢慢习得。但近代理性主义却使近代的统治者们以为政治就是一门普通的技术,它可以通过一本书来速成。所以现在需要一个可以照抄的底本(crib),即提供给没有政治经验的统治者以政治技术。马基雅弗里的《君主论》和洛克的《政府论》就是这样的底本,一个人们可以机械照着做的计划。

书本的政治就是意识形态的政治,它不再依据传统和行为习惯,而是将意识形态机械地应用于实际政治事务。经验只有被纳入意识形态的公式才有意义。因此,近代政治只能是理性主义的政治,而不可能是经验主义的政治。意识形态无例外地成了社会改造的蓝图。理性主义者不能看到,也不愿意承认不能为他们的意识形态容纳的东西。理性主义"不仅导致特殊的错误,而且它也使心灵本身干涸:靠戒律生活最终产生理智的不诚实"。[1]并且,由于理性主义者从一开始就拒绝了实践知识,他就没有可能纠正他的错误。

应该指出的是,欧克肖特反对理性主义政治或政治理性主义,并不等于他赞同经验主义或经验主义政治。他实际上既反对理性主义政治,又反对经验主义政治,政治既不是一个经验主义的活动,也不是一个意识形态活动。在他看来,经验主义政治是不可能的。所谓经验主义政治,就是没有通盘的计划或目标,只追求一时的欲望。但一时的欲望实际上并不是一时的,作为人的产物,它们必然含有思想

---

[1] Michael Oakeshott, "Rationalism in Politics", in *Rationalism in Politics and other Essays*, p. 37.

和意义的成份。没有任何人类活动,包括欲望的活动是完全任意而没有目的和意义的。因此,政治只可能是差强经验主义的,或近似经验主义的,而不可能是纯然经验主义的,不含思想或知识的政治,或欧克肖特所谓"没有政策的政治"是不可能的。

如果政治活动不可能是纯然经验主义的,而必有经验以外的目标性事物推动,那么似乎意识形态政治倒是合理的,因为意识形态政治的特点就是由一个像科学活动中的假设那样的意识形态来指导和推动政治活动,它先于实际活动提出了一个追求的目标,人们可以以此区分哪些欲望是应该追求的,哪些是应该加以压制或改变方向的。似乎是政治意识形态给政治活动提供了动力。①可实际上政治活动总是先于意识形态,政治意识形态只是政治行为方式的节略,例如,《人权宣言》和洛克的《政府论》就是如此,它们决不先于政治实践,而是政治实践先于它们,它们只是政治实践的节略。所以意识形态政治与经验主义政治一样,实际上也是对政治活动的歪曲。

理性主义者的困境也是现代政治的困境,它既排斥传统的政治经验,也不能以实践的智慧,而不是意识形态来处理人类的事务。政治理性主义的技术性质使得理性主义政治的目的异常单调,它的目的就是要解决所谓"公认的需要"(the felt need)。因此,"最大生产率"决不只是经济学家的禁脔,而且成了流行的意识形态信仰。欧克肖特曾将自由主义的这个物质主义的因素一直追溯到洛克。②明确指出,自由民主制度最成问题的因素就是可称为它的道德理想的"似乎有理的生产律伦理学"(the plausible ethics of productivity)。他认为这个道德理想"始终是这个学说最弱的部分"。③

---

① Michael Oakeshott, *Rationalism in Politics and other Essays*, pp. 48 – 51.
② Michael Oakeshott, "John Locke", in *The Cambridge Review* 54(1932 – 33), p. 73.
③ Michael Oakeshott, (ed.) *The Social and Political Doctrines of Contemporary Europe* (Cambridge: Cambridge University Press, 1942), pp. xx, xxi.

欧克肖特讲明他的分析是以近代欧洲的政治经验为基础,那么,他的分析与中国有否相关性?虽然欧克肖特对中国古代思想有精深的了解和体会,但中国却很少有人知道他。人们热衷谈论罗尔斯、哈耶克或伯林,但他们的思想有些未必切中现代中国政治和政治思想的病根,倒是欧克肖特对政治理性主义的批判分析,与现代中国的政治意识形态,例如中国的自由主义,若合符节。

欧克肖特认为政治中的理性主义与理性主义者的精神气质有关。在他的经典性论文"政治中的理性主义"中,他一开始就描述了理性主义者的四个基本精神特征。首先,理性主义者除了"理性"的权威外,不服从任何权威。他可以怀疑一切观点、习俗和信念,但他不会怀疑理性决定事物的价值。其次,理性主义者没有经验积累感,不要传统,总想白手起家。第三,理性主义者怀疑时间,渴望永恒,对一切局部和短暂的东西烦躁不安。第四,迷信技术的霸权。[1]

非常有意思的是,殷海光在题为"自由主义的趋向"的文章中也给中国自由主义者归纳了六个特征,它们是(一)抨孔;(二)提倡科学;(三)追求民主;(四)好尚自由;(五)倾向进步;(六)用白话文。[2] 殷海光归纳的中国自由主义者的这六个特征,与欧克肖特归纳的理性主义者的四个特征之间有着明显的家族相似。

在中国自由主义者看来,科学是西方文化的特征,表现了人类理智最好的东西。科学代表理性的权威。在此意义上,西方文化是理性的文化。它的优越性,很大程度上要归功于科学。因而,现代中国人从一开始就对科学有异乎寻常的热情,这热情很快就变成对科学的无限崇拜。从表面上看,现代中国人的科学崇拜是由于渴望用科

---

[1] Michael Oakeshott, (ed.) *The Social and Political Doctrines of Contemporary Europe* (Cambridge, 1942), pp. 6-7.

[2] 殷海光:《自由主义的趋向》,《港台及海外学者论近代中国文化》,第109页。

学救国和富强使然,实际上现代中国的科学崇拜或科学主义只是现代世界理性崇拜或理性主义的一个变种。

但是,中国自由主义者不仅承认理性在科学领域的作用,而且也承认它在政治领域里的作用。张君劢就看出近代欧洲政治与哲学上的理性主义同出一源。民主和社会主义都有理性主义的背景。他说他的立场也是理性主义的。①他的朋友张东荪相信,理性不但是一个认识论的概念,而且也是一个道德的概念。自由必然伴随着理性,没有理性就没有自由。不合理的东西就不属于自由。②

中国的自由主义者敏锐地感到了理性主义的批判含义。胡适称自由主义者的态度就是评判的态度,他甚至从尼采那里借了"重新估定一切价值"来描述这种态度。这种态度就是对传统制度和习俗的批判态度,对古代圣人学说的批判态度,和对公认的行为和信仰的批判态度。③因此,抨孔和使用白话文成为中国自由主义的两个特征就一点也不奇怪了。这两个特征恰恰对应于欧克肖特指出的理性主义反传统的特征。

然而,在明显的家族相似下,西方政治中的理性主义与中国自由主义之间也存在着重大的不同。西方理性主义者在反对传统的权威时,他诉诸的是理性。而中国自由主义者在这么做的时候,他诉诸的是西方的历史经验或西方的现代价值!胡适并不是真正想要重新估定一切价值,而只是要重新估定中国传统的价值。他不是用理性本身,而是用西方的思想和价值来评估我们的传统价值。这就是为什么他把引进西方学说和理论视为"评判的态度"的表现。④

---

① 张君劢:《张东荪〈思想与社会〉序》,《思想与社会》,辽宁教育出版社,1998年,第v页。
② 张东荪:《思想与社会》,第220页。
③ 《胡适文集》,第二卷,北京大学出版社,1998年,第552页。
④ 《胡适文集》,第二卷,第556页。

应该怎样来解释这个事实？我以为，西方理性主义与中国自由主义之间的这种不同，是由于西方与中国不同的历史经验产生的。在近代欧洲，在知识方面取得的明显进展鼓励和坚定了人们对理性的信仰，理性遂成为唯一的权威。但在现代中国，人们最关心的是她如何作为一个社会政治实体生存下去。中国的自由主义者相信，中国要生存下去，只有一条路，这就是以西方为榜样。在他们看来，西方的观念和学说是救中国的万能灵药。许多中国知识分子都喜欢谈论启蒙，但对于他们来说，启蒙并不意味着如康德所说的，相信自己的理性，而是引进西方的学说和价值。一旦我们掌握了这些学说和价值，我们就能做西方人已经做过的事。当然，作为理性主义者，他们需要一个底本。西方的政治理论和政治制度，就是这样一个现成的底本。

与此同时，一度流行的社会达尔文主义通过严复翻译的《天演论》迅速征服了中国知识分子的心，使中国人死心塌地相信人类历史线性单向的发展。中国和西方处在普遍历史的不同发展阶段，这最终将消除它们的不同。中国的传统是中世纪的，因而是中国现代化的一大障碍。要实现现代化，就必须反传统。这就是为什么全盘反传统成为近代中国的基本精神时尚，抨孔和使用白话文竟然成为中国自由主义的特征。这样，胡适所谓"评判的态度"体系为对传统的批判和引进西方学说与价值，也就一点不奇怪了。

然而，如果中国自由主义不是直接诉诸理性，而是诉诸西方的观念和经验的话，人们有理由怀疑，中国自由主义的精神特征能否是欧克肖特意义上的理性主义。回答是肯定的。在中国自由主义者看来，科学与民主是理性的产物，而西方则是科学与民主的象征。西方在科学知识和民主政治方面的成就是以文明的形式实现了人类的理性。因此，从逻辑上讲，对于中国自由主义者来说，诉诸西方的观念和制度就是间接诉诸理性本身。当然,我们可以说,这种对西方文化的崇拜本身是不理性的。但理性主义本身难道不蕴含着某种独断论或教条主义的东西吗?我以为,欧克肖特对理性主义的分析实际上揭示了这一点,他描述的理性主义者并不是完全理性的。我们的自由主义者对西方无批判的态度也证明了欧克肖特所说的理性主义者的教条气质。

实际上,中国的自由主义者是彻头彻尾的欧克肖特意义上的理性主义者。我们的自由主义者也如欧克肖特说的那样,"没有经验积累感,只是在经验变为公式时感到经验已准备就绪:过去只是作为障碍才对他有意义。"[1]他们从整体上拒绝了我们的文化传统。在我们的自由主义者看来,我们的传统是一个庞大、惰性的梦魇,扼杀了民族的生机。我们必须重新开始,必须"待从头安排旧河山"。可是,具有讽刺意味的是,对于我们的自由主义者来说,重新开始就是照着西方的样子做。

在我们的自由主义者看来,西方提供了我们将中国建设为一个现代国家的蓝图。将中国建设成一个现代国家是一个向西方学习,然后将学到的东西应用于中国的问题。我们所需要的只是一种方法或技术,可以按照西方的蓝图在中国操作。问题同样被简化为技术问题。这就是为什么直到今天"方法"在中国还是一个充满魔力的词。人们热衷于找到有效的方法来解决我们的问题。结果,所有理论和学说都被理解为方法。例如,胡适就把杜威的实用主义理解为一种方法。他在美国学习期间,就在日记中写道:"今日吾国之急需,不在新奇之学说,高深之哲理,而在所以求学论事观物经国之术。"[2]

---

[1] Micheal Oakeshott, "Rationalism in Politics", in *Rationalism in Politics and Other Essays*, p. 6.

[2] 《胡适留学日记》,第1部,海南出版社,1994年,第95页。

因此，他对西方思想本身没有太大的兴趣，在他看来，那只是解决中国问题的一个有效工具。实际上，多数中国自由主义者都是这个态度，因此，他们对自由的学理兴趣始终不大，但对于作为意识形态的自由主义却坚信不疑。理性主义的政治实际上是意识形态的政治，我们的自由主义者不需要太多的理论，只需要一些简单的公式。

面对近代中国的困境，我们的自由主义者是乐观的，因为他们非常简单地看待中国的问题。他们始终认为，照搬西方的制度就可以解决中国的问题。在中国建立民主制度只是从西方学一门政治技术，然后照式照样将它机械地用于中国就行了。因此，他们喜欢计划，给予计划以很高的评价。我们传统的政治经验根本不是新的政治生长的必要基础，相反，最好把它们忘得干干净净，或把它们彻底清除。就像任何别的知识一样，政治知识可以从书本上学，它的应用也像数学或物理学的应用一样，是普遍的。这样，在现代中国，我们只有意识形态，没有政治知识。

从以上论述中我们可以看到，中国自由主义者是非常典型的欧克肖特意义上的理性主义者，当然，不光是他们，其他的意识形态者也都是如此。欧克肖特在分析和批判近代欧洲的政治理性主义时，当然不会想到现代中国的政治状况，他也无意要使他的分析具有超出西方世界的效力；然而，我们看到，中国自由主义者的精神特征与他所描写的理性主义者的精神特征竟无二致。这不仅说明他的理论对于现代中国有其相关性，而且更说明他所揭示的政治理性主义是一种超越了西方政治的狭隘范围的普遍现象。现代中国的政治其实也是一种理性主义的政治，我们无法离开意识形态来认识我们的经验。

问题是，欧克肖特描写的政治理性主义起源于近代欧洲的历史经验，而近代中国的历史经验与近代欧洲的历史经验迥然不同，为什么可以轻易找到典型的政治理性主义的表现？一个比较简单,但不一定错的回答是,政治理性主义作为一种现代性的精神样态,具有超越特殊性的普遍特性,任何想成为现代国家的民族都无法避免这种特性;政治理性主义在不同的地方有不同的表现,但作为一种精神样态却是到处都一样的。因此,欧克肖特的政治哲学也许比某些国人津津乐道的西方政治哲学对中国现代政治更有针对性。但这种回答并没有说明具有完全不同文化传统的中国人,为什么会那么彻底地接受了这样一种精神样态。

颇为吊诡的是,起源于近代欧洲的现代性的这种精神特征,恰恰是通过近代中国的历史经验起作用的。近代中国在与西方列强的遭遇中屡战屡败,稍有头脑的人都不得不承认西方的优越性。西方的优越性固然在他们的制度,更在他们的价值与观念,那是使西方繁荣强盛的内在动力。因此,若要学西方有成效,必须全心全意、毫无保留地接受他们的价值与观念。既然学西方的初衷是为了救国自强,那么最吸引中国人,给中国人以最深印象的,就是西方人的讲求实利。几乎所有领导近代中国思想言论的人都痛恨传统文化崇尚虚文,不务实利。这样,现代性以追求实利为底色,以科学为包装的技术理性崇拜,自然与中国人一拍即合,迅速为人们接受。各种竞争的意识形态,自由主义或非自由主义,最后诉诸的都是"最大生产率",直到今天,依然如此。因此,政治与别处一样,变得越来越简单,即只有一个中心。而在欧克肖特心目中,政治不应该是这样。

因为实利成了政治的实际唯一目的,那么按照一套固定的程序或规则亦步亦趋,或干脆接轨或照搬,自然是非常合乎逻辑的想法。虽然持此想法的人甚夥,但以自由主义者为最力。然而,在欧克肖特看来,任何政治制度都是无法在全世界输出和移植的,因为它们实际上不是抽象的观念,而是具体的生活方式。就拿国人羡慕不已的英国民主制度来说，它是起源于中世纪的英国人的生活和政治方式，它是一种不断变化的活生生的传统，而不是抽象的、干巴巴的一套权利和义务，机械地将它移植，必然是淮橘成枳。因为它原本是一套行为样式的传统，脱水成意识形态后，它不可能在另一种传统中复原。因此，无论是全盘输出一套制度，还是机械照搬一套制度，都是注定没有希望的。

欧克肖特的这种观点对中国自由主义构成了极大的挑战。虽然一些所谓的自由主义者自称是经验主义者，然而，他们所诉诸的经验，究竟是中国的经验，还是西方的经验？答案显然是后者，因为中国的政治经验正是他们所要否定的东西。但西方的政治经验对于非西方人来说，只有意识形态样品的意义，而没有真正作为行为方式的实践经验意义。而诉诸并非自身经验的意识形态样品，无论如何算不上是什么经验主义，而恰恰是教条主义和欧克肖特讲的理性主义。且不说纯然的经验主义不可能，即使可能的话，中国的自由主义也离它最远。

然而，不仅中国的自由主义者无法接受欧克肖特的理论，就是其他的政治现代主义者，也都无法接受他的理论。如果西方的制度是无法输出，也无法移植的，那么岂不断了中国政治现代化的希望？一般中国人的共识是，要将中国建设成一个现代国家，必须引进西方的政治制度，因为传统中国的政治制度是与现代化要求格格不入的封建制度，必须彻底铲除，在原来传统的政治制度上是不可能建立或发展出新东西来的。因此，唯一的选择就是建立西式的制度。而且，非西方国家在这方面成功的例子似乎也不难找，欧克肖特的理论不值一驳。

但是，恰恰因为现代政治都是理性主义政治，一般对政治的理解是理性主义的，我们才会觉得欧克肖特不值一驳。如果政治像欧克肖特描述的那样,只是按照一个意识形态的底本,机械地照搬那些简单的规则,那么当然,西方的制度在一些非西方国家取得了程度不同成功。然而,在欧克肖特看来,那只是意识形态的政治,或意识形态的活动,即用某个意识形态的底本来机械操作的政治,而不是真正的政治活动。真正的政治活动并不起于意识形态,相反,意识形态只是真正政治活动的节略,以它为前提。真正的政治活动以亚里士多德所谓的实践智慧为指导,在行为传统中寻求"提示"(intimation)和指导。行为传统(tradition of behavior)才是政治活动的真正条件和前提。以意识形态政治代替以行为传统为基础的政治活动,不是政治的成功,而是政治的败坏。

我们知道,任何政治活动都有其目的,即使所谓的经验主义政治也不例外。就像科学假设只能出现在已经存在的科学研究传统中,并在其中起作用一样,政治活动的目的规划也只有与一个研究存在的行为传统有关时,才会出现。欧克肖特所说的"行为传统",是构成一个社会的种种安排。欧克肖特说:"构成一个能进行政治活动的社会的种种安排,无论它们是习俗、制度、法律,还是外交决定,都既是自洽的,又是无条理的;它们构成了一种格式,同时又暗示了对还未出现的东西的赞同。政治活动就是探索这种赞同,并有说服力地证明,现在承认它正当其时。"① 由此可见,政治活动就是要在传统中探索新的可能性。这种态度比起伯克或哈耶克在传统中寻找智慧的态度似乎更积极些。

然而,在认定传统,尤其是政治传统与现代化不两立的国人看来,至少对于中国的情况来说,欧克肖特关于政治活动的看法是无稽

---

① Micheal Oakeshott, "Political Education", in *Rationalism in Politics and other Essays*, pp. 56–57.

之谈。中国的政治传统哪有什么好东西,去之唯恐不尽,更不要说从中寻找新的可能性了。然而,欧克肖特的"行为传统"或"传统"不能本质主义地去理解。在欧克肖特那里,传统是一个异质性的东西,是一个多样混杂的构成。但这不是说欧克肖特的"传统"没有同一性,而是说它是一个多元的统一,或借用黑格尔的概念,它是一个具体的普遍。更应该注意的,是传统"既不是固定的,也没有完成;它没有知性可以停靠的不变的中心;感觉不到它有什么最高的目的,或发现不了它有什么不变的方向;没有什么模式要复制,没有什么观念要实现,或什么规则得遵照。它的某些部分可能比别的部分变得更慢,但没有部分是不变的。一切都是暂时的"。①

但这不是说在传统中找不到区分政治好坏的标准,"虽然传统是脆弱和捉摸不定的,它不是没有同一性,它之所以能认识,是因为它的所有部分不是同时变的,它经历的变化潜在它之中。它的原则是**延续**的原则:权威散布在过去、现在和未来之间;散布在老的、新的和将来的东西之间。它是稳定的,因为虽然它运动,它不是完全运动;虽然它静止,它不是完全平静。属于它的东西不会完全消失;我们总是会转回去,从它甚至最久远的因素中再次发现某些东西,并使它成为当下关注的问题:……一切都是暂时的,但没什么是任意的。一切都是通过比较而出现,不是与紧挨着它的东西比较,而是与全体比较。"②欧克肖特不是相对主义者,虽然他反对简单的意识形态的判断标准,但他还是坚持了历史的比较的标准,这种标准不是固定的,而是在历史经验中发现和形成的。对于欧克肖特来说,政治的善恶不是由意识形态决定的,而是由人们在自己的历史经验或政治活动

---

①② Micheal Oakeshott, "Political Education", in *Rationalism in Politics and other Essays*, p. 61.

中发现的。传统并不给人规定什么,而只是给我们"暗示",它给我们留下了制度创新的足够空间。

然而,理性主义政治却宣告制度创新的不可能,福山的"历史终极"论最明白地表明了这一点。

问题是:理性主义政治,难道真是人类的宿命?

欧克肖特基本思想述评

迈克尔·欧克肖特(1901—1990)不仅是20世纪英国最重要的政治哲学家和世界最重要的政治哲学家之一,而且也是有史以来英国最重要的政治哲学家之一。在他死后第三天(1990年12月21日)英国《每日电讯报》称他是"从密尔——或甚至伯克以来盎格鲁-撒克逊传统最伟大的政治哲学家"。这个评价应该经得起时间的考验。

和阿伦特一样,欧克肖特对西方近代政治基本持批评的态度,他对近代政治种种弊病的诊断,一言以蔽之,曰理性主义。《政治中的理性主义及其他论文》中的所有论文都是从不同的角度来处理理性主义的问题,但"政治中的理性主义"这篇经典论文则精辟扼要地论述了他在这个问题上的基本观点。因此,对于欧克肖特的政治哲学来说,这篇论文的地位怎样估计都不会过分。

在我国,曾经有一种想当然的说法,就是西方政治分为英美和法俄两大流派,后者的政治哲学倾向是理性主义或理想主义;而前者则是经验主义。现代政治的种种弊端都是从前者产生的。但是,出生于经验主义故乡的欧克肖特的看法却与之大相径庭。在他看来,"今天几乎所有政治都成了理性主义或近理性主义的"。[①]这就是说,理性主义政治并不限于某些国家的政治,而是近代(欧洲)政治最主要

---

① 欧克肖特:《政治中的理性主义》,张汝伦译,上海译文出版社,2003年,第1页。

的样式,他的祖国英国并不例外。而且,欧克肖特在论证时往往声明他是以英国的历史经验为依据。

欧克肖特讲的理性主义主要是指近代理性主义,他在"政治中的理性主义"这篇论文中对理性主义的谱系学追溯也是从培根和笛卡尔开始。这不是偶然的。像阿伦特一样,欧克肖特在第二次世界大战前并不对政治十分感兴趣,相反,他的第一部著作《经验及其模式》给人的印象是他是一个纯哲学家。但二战结束后他却转向政治哲学,并最终以政治哲学名世。有人说"从他的作品看",他的"政治学转向""极可能是因为他对第二次世界大战后的英国政治深感失望、甚至厌恶所致"。① 可仔细研读他的著作的话,结论可能正好相反。欧克肖特不是对战后的英国政治感到失望和厌恶,而是对现代性本身深感失望和厌恶。这我们从"政治中的理性主义"对理性主义及其在政治中的表现的描述就可以看出。

欧克肖特所谓"理性主义"的理性,不是一般的理性,而是近代以来流行的技术理性,这一点他在"政治中的理性主义"提出两种知识的区分时就昭然若揭。所谓两种知识,即技术的知识和实践的知识或传统的知识。前者是可以通过学习规则、公式、条例或其他书本的东西掌握的;而后者则类似于亚里士多德讲的睿智($phron\bar{e}sis$)或波兰尼讲的"默会之知"(tacit knowledge),无法像学交通规则和数学公式那样把它学会,而只能通过长期的实践达到心领神会,运用自如。一个人不可能通过熟读烹饪指南之类的书就成为一个称职的厨师,就像一个人不能通过《诗韵合璧》或《诗艺》而成为诗人一样。纸上谈兵和军事艺术是完全不同的两回事。这些生活的常识虽然大家

---

① 迈克尔·H.莱斯诺夫:《二十世纪的政治哲学家》,冯克利译,商务印书馆,2002年,第157页。

都知道,但理性主义偏偏只相信和承认技术知识。所以,理性主义对理性的信仰其实是对技术的信仰,它所崇尚的理性是技术理性。

之所以如此,是因为近代西方人对确定性的追求。①用欧克肖特的话说,就是:"理性主义者专注于确定性。技术和确定性在他看来是不可分隔地连在一起的,因为确定的知识,在他看来,是不需要在它自身之外寻找确定性的;知识,就是不仅以确定性终,而且也从确定性始,确定性贯彻始终的知识。技术知识似乎正好是这样。……技术知识似乎是唯一满足理性主义者选择的确定性目标的那种知识。"②既然技术知识可以被制定为规则、原则、指示和准则之类的东西,那么所谓理性就是对这些东西的学习和机械运用就是题中应有之义。追求确定性和将知识等同为技术在理性嬗变为技术理性上起了关键的作用。理性主义不是像许多人想当然以为的那样,是将科学方法应用于非科学事务,也不是将理性应用于内在非理性的东西,而是根本误解了理性本身,将知识与技术混为一谈。③

但是,欧克肖特在这里并不是要像许多西方哲学家那样进行理性批判,他关心的是这种理性主义对欧洲政治造成了什么影响。在他看来,这种理性主义对政治的影响比对生活其他方面的影响更重要。因为"所有当代政治都深深感染了理性主义……理性主义不再只是政治上的一种风格,它已成了一切应受尊重的政治的风格标准"。④英美政治在这点上并不例外,"不仅我们的政治罪恶是理性主义的,而且我们的政治美德也是如此。我们的种种计划在目的与特

---

① 杜威《确定性的寻求》一书对此有精辟的论述。
② 欧克肖特:《政治中的理性主义》,第11页。
③ Paul Franco, *The Political Philosophy of Michael Oakeshoot* (New Haven & London: Yale University Press, 1990), p.115.
④ 欧克肖特:《政治中的理性主义》,第20—21页。

性上大体是理性主义的;但更重要的是,在政治上,我们整个的精神态度都类似地被决定了。"①

理性主义政治有如下特点:首先,它是一种功利政治,欧克肖特称之为"所感知的需要的政治"(politics of the felt need),即运用理性解决现实的需要、问题或危机。很显然,这种理性主义的政治是将理性作纯粹工具使用的政治,它唯一的目的是成功。因此,欧克肖特并不认为纳粹运动是对理性主义政治的反动,而认为恰恰是与其完全一致的。

其次,理性主义的政治是完美的政治(the politics of perfection)和一式的政治(the politics of uniformity)。这种政治认为"任何问题的'理性'解决,在其本质上都是完美的解决。在理性主义者的计划中没有'在这些环境下最好'的位置;只有'最好'的位置"。②既然环境因素不被理性主义者放在眼里,既然他们相信自己的计划是最好的,他们也相信它是放之四海而皆准的,这就是所谓"一式的政治"。此外,完美主义的政治必然想要在地上建立天堂,必然想要找到一条直达天堂的捷径,所以欧克肖特说通天塔是人类神话中最深刻的。③虽然追求完美是人类固有的倾向,但是,在近代它却得到了理性主义的巨大支持。理性主义者相信人类可以用理性来控制、设计、监视社会和政治生活的一切方面,这似乎保证了人类可以在自己的生活中达到完美的境地。这就必然导致种种政治和社会乌托邦。

理性主义的政治又是意识形态政治或"书本的政治"(the

---

① 欧克肖特:《政治中的理性主义》,第20页。
② 欧克肖特:《政治中的理性主义》,第6页。
③ 欧克肖特写过两篇以同样的《通天塔》为题的论文。一篇收在《政治中的理性主义及其他论文》,另一篇收在《论历史及其他论文》中。

politics of the book)。既然理性是技术理性,而理性主义者又视传统为无物,那么政治在他们那里就不是一种实践的智慧,而是可以从书上学到的知识和技术。而从马基雅弗里的《君主论》开始,近代也出现了一些供没有政治经验的人和阶级照抄照搬的抄本(crib),政治成了与传统无关,甚至要把传统完全抛弃,只要照着抄本做的技术操作,政治与其他工程没什么两样的技术过程。"工程"、"建设"、"操作"这些技术性词汇也成了最普通的政治词汇。人们觉得可以先于政治经验提出一个政治构想和政治目标,然后按部就班地加以实现。向国外输出自己的政治制度和照搬别人的政治制度,同样都是理想主义和理性主义的政治,而不是经验主义的政治。不过,在欧克肖特看来,没有纯粹的经验主义政治,因为人的活动,尤其是政治活动,总是有目的和意义的。但这并不是说意识形态政治是正当的,更不是说它是无害的。相反,在欧克肖特看来,"欧洲国家的日常实践政治已固定为一种理性主义的缺陷,它们的许多失败……实际上产生于理性主义特性在控制事态时的缺点"。①而之所以欧洲(西方)政治失去了对人类事务的控制,是因为人们现在只知道技术和意识形态,而不复有政治智慧。这已为一个世纪以来的西方政治的无情事实所证实;也为非西方政治所证实,因为它同样坚决地走上了理性主义政治的道路。虽然欧克肖特始终将自己的诊断和结论严格限于西方。

在欧克肖特看来,现代政治的困境并非如某些人,如列奥·施特劳斯所认为的那样是由于相对主义,而是由于意识形态。4个世纪以来,人们热衷于按照种种意识形态建造通天塔,包括施特劳斯本人,从来就没有失去过对某种意识形态的信仰。人们都相信,人类的

---

① 欧克肖特:《政治中的理性主义》,第28页。

困境是由于他们所信仰的意识形态没有能大行其道。人类的危机越深,这种信仰越坚定,各种牌号的原教旨主义传统越演越烈,正说明这一点。欧克肖特不认为理性主义政治造成的困境能轻易摆脱,因为理性主义者能做的"只是用一个他希望成功的理性主义计划代替另一个他已经失败了的理性主义计划"。①因为理性主义政治必然趋向一个排外的理性主义教育形式,这使得他无法超越技术理性的层面考虑问题。因此,欧克肖特明智地指出:"只要促使理性主义政治出现的环境还在,我们就必须料想我们的政治在气质上是理性主义的。"②这就是说,只要还处在现代性的条件下,人类就只能有理性主义的政治。这的确是一个会令人沮丧的结论。但是,为了保持希望而不顾现实条件硬拿出一个先验的替代方案,岂不正是理性主义的做法?

如果说欧克肖特在《政治中的理性主义》中主要是提出了对现代西方政治的批判,那么《政治教育》这篇论文就是正面谈他对政治的定义和看法,他对政治的理解和解释,而不仅仅局限于政治教育,其意义之重要自不待言。

在这篇论文一开始欧克肖特就给出了他的政治定义:"政治是参加一批人的一般安排的活动。……这个活动是除了儿童和疯子外,群体的每一个成员都有份和有责任的活动。"③这种群体就是"国家";这种安排是法律安排:"我们这里考虑的是依照法律组织起来的社会,我们考虑的是它的法律结构……改革和改进的样式。"④

然后,欧克肖特考察了两种他不同意的对政治的理解。一种可

---

① 欧克肖特:《政治中的理性主义》,第31页。
② 欧克肖特:《政治中的理性主义》,第28页。
③ 欧克肖特:《政治中的理性主义》,第37页。
④ 欧克肖特:《政治中的理性主义》,第59—60页。

称为经验政治观,即认为政治是一种经验活动,它只是追求当下的目的和欲望,而没有整体的计划和目的。欧克肖特把这种政治观称为"没有政策的政治"。但这种政治其实是不可能的,政治总是渗透了思想和观念,政治不是赤裸裸的经验活动。欧克肖特认为:"将政治理解为一纯粹的经验活动的缺点是,它揭示的根本不是一种活动方式,而只是一种抽象;我们无法找到一种政治方式与之近似就表现了这种缺点。"①

经验主义要在政治中起作用,需要另一种东西,这就是政治意识形态。欧克肖特对政治意识形态的定义是:"一种政治意识形态意味着一个抽象原则,或一套抽象原则,它独立地被人预先策划。它预先给参加一个社会安排的活动提供一个明确表述的、有待追求的目的,在这么做时,它也提供了区分应该鼓励的欲望和应该压抑或改变其方向的欲望的手段。"②像"1789年原则"、"自由主义"、"民主"、"马克思主义"等都是这样的意识形态。经验主义只有和意识形态结合在一起才能起作用。

与经验主义政治观不同,意识形态政治观认为:"参加一个社会的安排可以始于一个预先策划的意识形态,可以始于独立获得的有待追求的目的的知识。"③这种政治观是一切启蒙信徒的行动出发点,也是一切相信全盘解决或根本解决的社会革命家或改革者的基本实践预设,更是输出自由民主或输出革命的知识论根据。但是,在欧克肖特看来,是先有政治活动,后有政治意识形态,意识形态政治观在严格意义上有本末倒置的毛病。意识形态只是政治行动的抽象或缩写,如洛克的《政府论》就是英国人政治习惯的缩写,而不是英国

---

① 欧克肖特:《政治中的理性主义》,第42页。
② 欧克肖特:《政治中的理性主义》,第41页。
③ 欧克肖特:《政治中的理性主义》,第43页。

人得去追求加以实现的东西。政治活动当然要追求某些理想和目的,但这些理想和目的不是通过抽象思辨演绎出来的,而是应该在我们的经验中暗示了的。以自由为例:"自由就像野味馅饼的制作法一样,不是一个好主意;它不是一种从某个思辨的人性概念演绎出来的'人权'。我们享有的自由只是某种安排、程序:一个英国人的自由不是反映在人身保护法的程序中的什么东西,在那一点上它是利用那个程序的有效性。我们希望享有的自由,不是一个我们独立于我们的政治经验预先策划的'理想',它是已经在那经验中暗示的东西。"① "将政治理解为在一个独立地预先策划的意识形态指导下参加一个社会的安排的活动,就像将它理解为一个纯经验的活动一样,是一个误解。"② 这是欧克肖特最有创见的思想之一。

然而,有些人可能会认为,这不正证明欧克肖特不但不是经验主义的反对者,而且还是经验主义的政治哲学家吗? 然而,欧克肖特已经明确表示,经验主义政治不是对不对的问题,而是根本不可能。政治不是做当下想做的事,而总是一种追求,总包含有待追求和实现的目的;但这目的不是经验中已经现有的,而是在我们的历史经验或传统中提示的。这就是欧克肖特自己主张的暗示的政治观,即政治是"追求提示"(the pursuit of intimation)。既然是提示,当然不可能是纯粹经验的概括或归纳,不是什么"逻辑蕴涵"或"必然结果",而是需要通过对历史经验的体悟和历练加以显明和阐发。但这种体悟和阐发不是纯粹的理智活动或知识过程,更不是一般经验,而是生存实践的过程。

欧克肖特用妇女选举权来作为他提示的政治的例子。给予妇女

---

① 欧克肖特:《政治中的理性主义》,第46页。
② 欧克肖特:《政治中的理性主义》,第47—48页。

选举权并不是出于什么抽象的自然权利或"正义"概念,而是"在所有或大多数别的重要方面她们已经被给予政治权利了。……这就是说,在社会安排中有一种不连贯性,它令人信服地要求补救。那么,在政治上,每件事情都是作为结果发生的事情,都是追求,但不是追求梦想或一般原则,而是追求一种提示。"①

提示主要来自行为传统。但欧克肖特对传统的理解与同样被称为保守主义者的伯克不同,他的传统观是非本质主义的,传统对他来说是偶然的、可变的,"它甚至可能似乎是本质上不可知的。它既不是固定的,也没有完成;它没有知性可以停靠的不变的中心;感觉不到它有什么最高目的,或发现不了它有什么不变的方向;没有什么模式要复制,没有什么观念要实现,或什么规则得遵照。它的某些部分可能比别的部分变得更慢,但没什么是不变的。一切都是暂时的。"②但这不是说传统是神龙见首不见尾,完全无法辨认。"它之所以能成为知识的可能对象,是因为它的所有部分不是同时变化的,它经历的变化潜伏在它之中。它的原则是**延续**的原则:权威散布在过去、现在和未来之间;散布在老的、新的和将来的东西之间。它是稳定的,因为它虽然运动,它不是完全运动;虽然它静止,它不是完全平静。"③这种传统其实就是我们生活世界的一部分。

既然政治是追求传统和经验给我们的种种提示,政治教育就不只是理解传统,"它是学会如何参与对话:它既是进入我们对之有生活兴趣的传统,又是探讨它的提示"。④这当然不是像学一门客观知识或技术那样的学习,而是像学母语那样的学习,即不是按部就班从字母和语法学起,而是在生活中学习。同样,政治教育也就是在自己

---

① 欧克肖特:《政治中的理性主义》,第49页。
② 欧克肖特:《政治中的理性主义》,第52—53页。
③④ 欧克肖特:《政治中的理性主义》,第53页。

的政治生活中学习,通过自觉的历史意识来学习。这是一种存在论意义上的学习,而非知识论意义上的学习。所以,"我们政治教育较大的部分——也许是最重要的部分——是我们偶然在我们出生的自然-人为世界中找出路时获得的,没有别的获得它的办法。"①

作为政治学教授,欧克肖特也不否定对政治的学术研究。在对政治的学术研究中,主导的考虑同样是"我们学着去理解的是一个政治传统,一种具体的行为样式"。②既然如此,历史研究就是政治教育不可或缺部分。历史研究将使我们消除对政治的种种误解,尤其是以为种种政治制度和程序是可以脱离一定的历史语境,任意设计出来达到预定目的的。

政治教育不仅要了解自己的政治行为传统,还包括了解"其他当代社会的政治知识。它必须这么做,因为至少我们某些政治活动是与其他人民的政治活动相关联的,不知他们如何参加他们自己的安排,就是不知道他们追求的事业,不知道在我们自己的传统中什么资源是随时可用的;因为仅仅知道自己的传统就是甚至连那也不知道"。③了解自己必须了解别人,只有了解别人才能真正了解自己。但有时在特别自卑的情况下,人们会对别人采取理想化的了解,即不但将别人的长处理想化,而且绝对化,因而看不到别人的短处,更看不到自己潜藏的有价值的可能性。近代中国人就有不少是这样来理解西方传统的。但欧克肖特提醒人们:"研究其他人民的政治,就像研究我们自己的政治,应该是对一个行为传统的生态学研究,而不是对一个机械装置的解剖学研究,或对一个意识形态的研究。只有当我们的研究是这种研究,我们才会发现我们自己是被他人的样式所

---

①② 欧克肖特:《政治中的理性主义》,第54页。
③ 欧克肖特:《政治中的理性主义》,第55页。

刺激,而不是被陶醉。编排世界以选出他人实践和目的中最好的东西(就像据说宙克西斯试图通过将一切引人注目的完美特征放在一起,创作一幅比海伦更美的画像)是一件有害的事,是失去人们政治平衡最准确的方式之一;但研究其他人民从事参加他们的安排的样式,可以揭示我们自己传统中否则还隐藏着的重要东西。"①

政治的学术研究的第三个途径是政治哲学研究,但它研究的不是政治学说和体系的历史,而是"哲学家们在普通的思维方法和他们提出的解决方式中发现的种种不融贯的历史"。②政治哲学对现实政治不会发生影响,"它不会帮助我们区别好的和坏的政治规划;它没有力量在追求我们传统的提示中指引或指导我们"。③它是解释性,而不是实践性的活动。它只是帮助我们理解政治活动。"我们对政治活动的理解越深刻,我们就越少受看似有理但是错误的类比的摆布,我们就越少受错误或不相干的模式诱惑。"

在"政治论说"中,欧克肖特给出了又一个政治的定义:"政治首先可被认作一种实践活动,它关系到对某种形势——政治形势作出回应。"由于政治形势总是偶然的,所以人们对政治形势的回应也一定是经过选择的,而不是必然的。正因为如此,人们必然要对作出某种选择的理由进行说明,以证明他们所作的选择是合理的,或者说论证他们的选择。"政治论说"中的"论说",指的就是这种论证性话语,它要证明对政治形势所作回应的合理性。用欧克肖特的话说:"一切政治论说都可说是用一套被理解为与政治活动相联系的特殊词汇,去认出政治形势,维护或推荐一种对它的回应。"④这种词汇有"必然"、"原因"、"公共的"、"私人的"、"权利"、"正义"、"种族"、"人民"、

---

① 欧克肖特:《政治中的理性主义》,第56页。
②③ 欧克肖特:《政治中的理性主义》,第57页。
④ 欧克肖特:《政治中的理性主义》,第65页。

"自由主义"、"殖民主义"、"革命"、"反动"、"进步"、"欠发达",等等等等。这些词汇实际表示的是某种信念。欧克肖特把这些词汇都称为"意识形态"。"一个政治'意识形态'就是一个解释政治形势和以某种方式思考想要和不想要东西的要求,一个考虑政治决定和行动的某些结果比别的结果更重要的要求。"①

但政治论说并不是仅由那些表示信念的词汇组成,除了信念词汇外,政治论说都有一个逻辑设计,以给包含在政治论说的词汇所表达的信念以公理的逻辑地位,或将某种逻辑地位强加于它的结论。我们熟悉的"这是历史发展的必由之路"、"历史的辩证法就是如此",或"历史已经证明……"之类的说法,就属这类逻辑设计。

当然,这类逻辑设计是多种多样的。最普通的是赋予信念以基本原理或基本原理的组成部分的地位,用它作为三段论的大前提,但它的论证是与偶然性有关,而不是和必然性有关;是与或然性和预期,而不是与可证明的确定性有关;与猜测有关,而不是与证据有关;与推测和猜想有关,而不是和计算有关。伯利克里说服雅典向斯巴达开战的演说就是这种逻辑设计的典型例子。它是去说服,但不能证明。它提供的仅仅是关于行动的可能结果和关于不同事情状况偶然的可取性的猜测和意见。严格说,这不是论证性的政治论说。

论证性的政治论说是能够证明或否证政治建议"正确性"的论证,或具有必然真理的政治论说。人们相信,至少在两种不同的条件下,可以有这样的政治论说:"(1)人们认为,如果已知绝对确定性和普遍应用的原理或公理,任何政治建议可以参照它们决定其优点,论证性的政治论说就能出现。(2)或者,如果我们有关于人类行为、人

---

① 欧克肖特:《政治中的理性主义》,第65页。

类状况、事件进程和有时被称为政治社会的条件的东西的绝对知识，能在不同的决定付诸实施前，就预言而不是猜测它们的结果，并且使我们能证明，我们关于做什么有利，什么有害的判断，以及什么是在任何时候都要坚持的判断的'正确性'，政治论说也会出现。"①柏拉图和卢梭是第一种论证性政治论说的典型；而马克思则是第二种的典型。欧克肖特试图证明，这两种论证性政治论说在逻辑上都是自我挫败的。

在欧克肖特看来，我们在政治事务上需要的不是从一个基本原理出发的普遍性论证，而是就事论事的实践推理，它不是要向人们证明历史发展的客观规律或放之四海而皆准的真理，而只是要处理猜测和可能性，权衡形势的利弊。"在这个问题上，亚里士多德和伊索克拉底是比柏拉图和马克思更好的指导。"②欧克肖特认为，在政治事务上，我们只有猜测和纯粹意见，而没有普遍必然的真理。这对于缺乏怀疑主义传统的中国人来说，这可能是一个怎么也无法接受的"意见"(doxa)。因为这样一来，政治不是没是非了吗？自由民主与专制集权不是没区别了吗？人类不是没公理了吗？然而，在政治事务上有所谓像自然规律一样"不以人的意志为转移的客观规律"，那么掌握这一规律者的一切政治行为岂不都是合理的吗？而那些给人类带来空前灾难，犯下滔天罪行的人，不大都认为他们掌握了论说发展规律和普遍真理吗？之所以多少罪恶假自由之名行之，难道不是它具有了不容怀疑，也不容抗拒的公理的逻辑地位吗？也许欧克肖特认为，稍有现代历史常识和推理能力的人都能看出他对于论证性政治论说的讨论不光是出于纯粹的理论和逻辑兴趣，更是因为看到

---

① 欧克肖特：《政治中的理性主义》，第72页。
② 欧克肖特：《政治中的理性主义》，第84页。

了这种论说的现实后果,所以他对后者没有过多着墨,但读者却不应将它轻轻放过。

尽管如此,欧克肖特恐怕仍然会被不少人认为是相对主义者或非理性主义者。这些人最好好好看一下欧克肖特在"政治论证"中最后说的那几句话,它清楚地表明了他自己的立场:"它这样来理解我们的'原理'和我们'承认的善',将它们每一个认作是我们根据我们自己的道德责任所作的选择,这样,每一个都得到了应有的承认,没有一个会成为专横的东西;这种努力使我们致力于现实的,而不是想象的形势;这种努力用相关的论证来支持我们的建议,在这些论证中,猜测不会被误作确定性,意见也不会被误作证明性真理。"①很显然,欧克肖特是有原则的,但他的原则不是出于天理或神意,也不是历史发展的普遍规律,而是出于我们生活的那个共同体共同的道德选择。他不但不排斥论证,还要坚持论证,只是他的论证不会得出铁律或公理;他只是论证他的意见。那些认为不但有普遍规律和绝对真理,且已为他们所掌握的人,当然不会接受欧克肖特;但怀疑论者和独断论者,究竟谁对自由和民主的威胁更大?

"大众"是一个典型的现代性现象,自这一现象出现以来,尤其是到了20世纪,引起了许多人的兴趣和研究,欧克肖特的"代议制民主中的大众"以非常深刻独到的眼光对这一现象进行了独到的考察。一般都认为,大众是现代工业社会、科层制或理性化的产物,现代生活方式的制度化、理想化和划一化,使人越来越丧失其个性,成为现代体制庞大机器上微不足道的齿轮和螺丝钉。这也就是人们所谓的异化,异化就是个人丧失自我,成为大众。

欧克肖特的看法与此不同。他和杜威一样,并不认为"个体性"

---

① 欧克肖特:《政治中的理性主义》,第85页。

是人的本然。个体性是历史的产物,它发轫于13世纪,经过4个世纪的发展而最终改变了欧洲的道德和政治面貌。而大众并不是个人的丧失,而恰恰是个人的伴生物。欧克肖特在考察了个人和个体性产生的过程后指出:"在几百年的过程中,它被抬高为一种伦理学、甚至形而上学理论,它给它自己得出了一种对政府职能的适当理解,它改变了政治样式和种种制度,它在艺术、宗教、工业、贸易和一切人类关系上确立自己。"①总之,"这种要成为一个个人的倾向的出现是近代欧洲历史上最突出的事件"。②

但是,正因为个体性并非人性的本然而是历史的产物,所以并不是所有人都热烈欢迎和拥抱,都能适应新的个体化的世界和环境。个性和个人产生的结果不是日益进步,皆大欢喜的世界,而是埋下了无法化解的社会矛盾和冲突的种籽。欧克肖特敏锐地看到:"相对于16世纪的农业和工业企业家的是流离失所的劳动者;相对于自由民的是被剥夺的信仰者。熟悉的公共压力的温暖对所有人都同样消散了——一种使一些人激动,使其他人沮丧的解放。熟悉的公共生活匿名性为个人身份所取代,它对于那些不能将它变为一种个体性的人来说是难以承受的。一些人认为是幸福的东西,对其他人来说则是不舒服。人类处境的同一条件被认为是进步,又被认为是衰败。简言之,近代欧洲的环境,早在16世纪,就不是孕育一种单一的特性,而是两个间接对立的特性:不仅有个人的特性,而且也有'不成功的个人'的特性。这个'不成功的个人'不是过去时代的孑遗;他是一个'近代的'人物,是产生了近代欧洲个人的同样的公共纽带瓦解的产物。"③从这些"不成功的个人"中产生了好战的"反个人";一旦这

---

① 欧克肖特:《政治中的理性主义》,第89页。
② 欧克肖特:《政治中的理性主义》,第92页。
③ 欧克肖特:《政治中的理性主义》,第93页。

些"反个人"看到自己数量上的优势时,他就认为自己是"大众人"。"大众"是由反个人构成的。

相对于个人的道德是"自由"和"自决"的道德,"反个人"的道德是"平等"和"团结"的道德。它的核心不是"自爱",而是爱"共同体"。反个人的道德其实就是尼采讲的"奴隶道德"。它"不是一派有抱负的人的道德,而是社会上一个很大的现成阶级的道德(不是'穷人'的阶级,而是那些被处境或职业否定了个体性经验的人的阶级),为了这个阶级的利益,它必须强加给全人类"。①远在19世纪以前,"反个体性"已经成为近代欧洲主要的道德特征之一。

同样,"反个人"也有他对政府的理解,这种理解与个人主义者对政府的理解是截然相反的。个人主义者要求政府"首先,它必须是单一和至高无上的;只有通过把一切权威集中在一个中心,出现的个人才能避免家庭和行会、教会与地方社群的公共压力,这些东西阻碍了他享有他自己的性格。其次,它必须是一个不受传统束缚的政府工具,因而有权威去取消旧的权利,创造新的权利:它必须是一个'主权'政府。根据流行的观念,这意味着一个这样的政府,在其中所有享有权利的人都是伙伴,其领土上'各社会阶层'都是直接或间接的参与者。第三,它必须是有力的——能维护秩序,没有秩序个体性的愿望就不能实现。但其力量不能大到本身构成对个体性的一个新的威胁"。②而"反个人"将统治理解为操作权力以便强加和维持人类处境的实质性条件,这些条件被看作是"公善"。因此,他们认为政府是建筑师和保卫者,不是个人联合的公共秩序的建筑师和保卫者,而是共同体的"公善"的建筑师和保卫者。统治者不是个人冲突的裁判,

---

① 欧克肖特:《政治中的理性主义》,第97页。
② 欧克肖特:《政治中的理性主义》,第91页。

而是共同体的道德领袖和管理总监。

欧克肖特说,由个体性愿望产生的政府是"议会制政府",但"大众人"可以把它改变为"大众"政府,即适合"大众人"愿望的政府样式。具体的做法是:"首先,肯定纯粹数量的权威(一种与'议会制政府'的实践相异的权威);其次,给政府无限增加的权力。"①"大众人"达成他们愿望的法宝是公民投票,少数服从多数,"由普遍成人投票选举的、由被委派的代表组成的、用全民投票的手段掩护的代表大会,就是'大众人'的对应物。……公民投票不是'大众人'将他的选择强加给他的统治者们的方法;它是产生一个有着无限权威,代表他作选择的政府的方法"。②值得注意的是,欧克肖特在这里并不是在指控某种集权制度,而是对(西方)现代政治的一种主要倾向提出批判。作为英国人和欧洲人,他清醒地看到:"成为一个'反个人'的倾向是每一个欧洲人都有的习性;'大众人'只是这种习性占优势的人。"③"随着普遍选举权出现了现代世界的大政党,它们不是由个人组成,而是由'反个人'组成。"④"大众"政府实际上是议会制政府的一种变型。这就是说,"大众"政府并不是现代(西方)政治外部的一个对立物,而是它的一个变异物,与它有共同的根源。

欧克肖特认为:"'大众人'行使'完全的社会权力'的世界将是一个统治活动被唯一地理解为强加一个单一的人类处境的实质条件的世界,一个'大众政府'完全取代了'议会制政府'的世界,一个个体性的'公民'权利被反个体性的'社会'权利取消的世界……"⑤他并不

---

① 欧克肖特:《政治中的理性主义》,第100页。
②④ 欧克肖特:《政治中的理性主义》,第101页。
③ 欧克肖特:《政治中的理性主义》,第102页。
⑤ 欧克肖特:《政治中的理性主义》,第103页。

认为我们现在生活在这样一个世界,而且他相信,"反个人"永远只能作为个人的阴影出现,他不可能取得对个人的胜利。但是,很显然,个人与反个人的道德和政治冲突在现代性的条件下将会继续下去,这是我们无法回避的历史条件。

欧克肖特和阿伦特一样,是个思想上难以归类的人。虽然不少人喜欢将他称为"自由主义者",[①]但他却将自己称为"自由至上论者"(libertarian),以区别于自由主义者(liberal)。这决不只是名称的区别。事实上欧克肖特在一些重要的问题上与正统自由主义者有重大的区别。"自由的政治经济"为我们了解欧克肖特不同于自由主义的立场提供了一个重要的文本。

在这篇文章一开始,欧克肖特就表明了他对自由主义自由观的不满。他说,现在人们指示我们要区分积极自由和消极自由,老的自由和新的自由,"社会"、"政治"、"经济"和"个人"自由;也有人告诉我们自由是"对必然的认识",等等。但自由不是一个抽象的定义,不是一个梦想和理想,也不是思辨的观念,而是被一些人实实在在享有的生活方式。因此,探讨自由问题的目的不是要定义一个词,"而是要发现我们享有的东西的秘密,看出什么是对它有敌意的,在哪里和怎么能更充分地享有它"。[②]与自由主义者不同的是,对欧克肖特来说,自由既不是天赋人权(自然权利),也不是人性本有的要求,而是从特殊传统的历史经验中产生的。英国人讲的自由是从英国人的政治经验中产生,就像希腊人、罗马人和法国人讲的自由是从他们各种完全不同的经验中产生一样。

欧克肖特认为,英国人享有的自由不是从政教分离中产生,也不

---

① 如他的同胞莱斯诺夫写的《二十世纪的政治哲学家》就把他归在"严阵以待的自由主义"这一部分(参看该书中文本第147—187页)。

② 欧克肖特:《政治中的理性主义》,第108页。

是从法治、从私有财产,从议会制政府,从人身保护法令中产生,也不是从司法独立中产生,而是从所有这些所表示和代表的东西,"即我们社会缺乏压倒性的权力集中中所产生的。这是我们自由最一般的条件,它一般得使其他条件都可视为包括在这个条件中"。①也就是说,欧克肖特认为英国的自由根本是分权:"它的自由的秘密就是它由众多组织在宪法范围内组成,从这部宪法最好的东西中产生出这个整体特有的分权。"②制度不是万能的和一成不变的,它需要自我批判。法治(依靠同样束缚统治者和被统治者的规则规定的方法来强制)政府是特别适合自由社会的政府,法治是使用权力最经济的统治方法,"法治是我们自由最大的单一条件"。③

欧克肖特也和自由主义者一样,认为私有财产的权利对于自由来说是重要的;但他清楚地看到,"财产是一种权力形式,财产制度是一种特殊的在一个社会中组织行使这种形式的权力的方式。……个人财产和不动产、动产、人自己的物质和精神能力的财产,以及所谓生产工具的财产,都在不同程度上是权力的各种形式……"④因此,经济问题不是纯粹经济问题,而是政治经济(political economy)问题:"自由的政治经济在于明确承认被认为不是'经济'(不是财富的最大化,不是生产力或生活标准),而是政治的东西,即对一种生活方式的保护。"⑤这里讲的"生活方式",就是自由的生活方式。就是说,自由的政治经济在于维护自由的生活方式。那么,具体就财产制度而言,它必须有利于分权,而不是损坏或威胁分权。"最有利于自由的财产制度无疑是最少被任意限制和排斥限定的

---

① ② 欧克肖特:《政治中的理性主义》,第 109 页。
③ 欧克肖特:《政治中的理性主义》,第 111 页。
④ 欧克肖特:《政治中的理性主义》,第 112—113 页。
⑤ 欧克肖特:《政治中的理性主义》,第 124 页。

私人财产权,因为只有这样才能实现最大限度分散从所有权中产生的权力。"①一切垄断,或近乎垄断,都是对自由的威胁。必须通过法律而不是政治控制来压制一切私人垄断,建立和维护有效的竞争。欧克肖特并不同意传统自由主义的自由放任(*laissez-faire*)的观点,他虽然坚决反对集体主义,但他并不无条件反对企业交付公共经营。无论是私有化还是国有化,都以不损害自由为限。

欧克肖特与正统自由主义重要的不同在于,正统自由主义是着眼经济来看政治,而欧克肖特是着眼政治来看经济,或者说,让经济服从政治。因此,在欧克肖特看来,信仰"最大生产率"是我们时代最有害的道德迷信。②对生产率的信仰不仅仅限于经济学家和庸众,而且更是深深扎根于自由主义的传统,自由主义的这种唯物主义因素一直可以追溯到洛克。③欧克肖特认为,自由民主制度最成问题的因素就是"可称为它的道德理想的'看似有理的生产率伦理学'"。这个道德理想始终是这个学说最弱的部分。④自由制度之所以可贵首先不是因为它提供了最大生产率或最高的生活水平,而是因为它能保证我们的自由不受损害。

欧克肖特一般被视为保守主义者,但他的保守主义与英国近代保守主义的开山伯克的保守主义有明显的不同,与德·迈斯特尔之流的保守主义就更不同了。与伯克的保守主义相比,欧克肖特的保守主义是相当低调的。伯克的保守主义陈义过高,他是从神圣的传

---

① 欧克肖特:《政治中的理性主义》,第 113—114 页。
② Michael Oakeshott, "Review of *Modern Capitalism and Economic Progress*", by T. Wilson, *The Cambridge Journal* 4 (1950-51), p. 506.
③ Michael Oakeshott, " John Locke", *The Cambridge Review* 54 (1932-33), p. 73.
④ Michael Oakeshott (ed), *The Social and Political Doctrines of Cotemporary Europe*, pp. xx, xxi.

统、自然规律或天意的高度,从宗教信仰引申出他的保守主义观点;而在欧克肖特看来,"使政治上保守气质可理解的东西与自然规律或一个天意的秩序无关,与道德和宗教无关";①"保守就是宁要熟悉的东西不要未知的东西,宁要试过的东西不要未试的东西,宁要事实不要神秘,宁要实际的东西不要无限的东西,宁要切近的东西不要遥远的东西,宁要充足不要过剩,宁要方便不要完美,宁要现在的欢笑不要乌托邦的极乐。宁要熟悉的关系与忠诚,不要更有利的依附的诱惑;保持、培养和享受比得到和扩大更重要;失去的悲痛比新奇或允诺的刺激更剧烈。保守就是按自己的收入水平生活,安于自己和自己环境的不那么完善,将这同样视为自己的财富"。②

这似乎真是卑之无甚高论。但欧克肖特之所以在这里郑重其事加以提出,是因为在过去500年,进步的信仰使得我们身上本来都有的保守气质越来越不明显。人们渴望变化,愿意为一个美好的许诺孤注一掷。在这种情况下,保守被视为反潮流,保守的人被视为反动分子,被人蔑视。在日常生活中,保守已愈来愈成为一个贬义词。但是,对于某些人类行为来说,保守"不仅是合适的,而且是一个必要条件"。③这些行为主要是非功利的行为,如朋友间的交往,纯粹的娱乐活动(如为钓鱼而钓鱼)。"只要所寻求的不是从事业的成功中产生,而是从从事活动的熟悉中产生的享受,一切活动都是保守气质的标志。"④如果是这样的话,保守主义的式微与功利主义成为压倒一切的价值标准有莫大的关系。欧克肖特的保守主义者并不反对变革,只是主张变革能小就不要大,宁慢而勿快,对一切革新持冷静批判的

---

① 欧克肖特:《政治中的理性主义》,第141页。
② 欧克肖特:《政治中的理性主义》,第127页。
③ 欧克肖特:《政治中的理性主义》,第134页。
④ 欧克肖特:《政治中的理性主义》,第136页。

态度。

其实,人类在无论什么活动上,都需要保守的气质,"无论何时,只要稳定比改进更有利,确定性比推测更有价值,熟悉比完美更合意,一致同意的错误比有争议的真理更优越,疾病比治疗更可忍受,期望的满足比期望本身的'正义'更重要,有某种规则比根本没规则的冒险更好,保守的气质就比任何别的气质更合适;……那些把保守气质的人……看作是孤独地在和环境压倒一切的潮流搏斗的游泳者的人,已使他们的双目看不到一个广大的人类活动领域"。① 很显然,保守是人类生存实践不可缺少的一种气质。它不是人性释放的结果,而是后天培养起来的。

正因为如此,保守主义,或政治上的保守主义,就不是出于什么关于宇宙,关于一般世界或关于一般人类的信仰,而是"遵守我们当前的生活方式,与此相关的是相信……治理是一个特殊有限的活动,即规定和保护一般的行为规则,这些规则不是被理解为强加实质活动的计划,而是使人们能以最小的挫折从事他们自己选择的活动的工具"。② 这种保守主义认为:"政府的职能不是将别的信仰和活动强加给它的国民,不是指导或教育他们,不是用另一种方式使他们更好或更幸福,不是去指引他们,激励他们去行动,领导他们或协调他们的活动,使得任何冲突的诱因都不会发生;政府的职能只是统治。"③ 但这不意味着无为而治,统治者仍有事做:"统治者的形象是仲裁人,他的事情就是执行游戏规则;或主席,他根据已知的规则指导争论,但他自己不参与争论。"④

欧克肖特认为,人民愿意过什么样的生活是人民自己的事,人民

---

①④ 欧克肖特:《政治中的理性主义》,第 136 页。
② 欧克肖特:《政治中的理性主义》,第 141 页。
③ 欧克肖特:《政治中的理性主义》,第 144 页。

不是受保护的孩子,需要政府告诉他们应该选择怎样的生活和理想,每个人都可以自由选择自己的信仰和活动,政府的职能只是在多元的信仰与活动发生冲突时依法解决这些冲突。欧克肖特的保守主义"赋予政府的职能是解决这多种多样的信仰和活动产生的某些冲突;维护和平,不是通过禁止从偏爱中产生的选择和多样性,不是通过强加实质的统一,而是通过一视同仁地将程序的一般规则实施于所有国民"。①这个程序就是法律。政府不能替人民来计划,更不能强制推行它的计划。用统治的力量强行实施某个计划或某个理想必然导致暴政。

欧克肖特的这种政治保守主义源于他的政治怀疑主义。他认为,在最近5个世纪的欧洲政治经验中,对于"政治应该做什么"有两条截然不同的思路,两种截然不同的回答。他把它们分别叫做"信仰的政治"和"怀疑主义的政治"。②卢梭和马克思是前一种思路的代表思想家,他们相信人能控制、设计和监管社会和政治生活的一切方面。近代政府权力的不断增加既得到了这种信仰的支持,也进一步加强了这种信仰。蒙田、帕斯卡、哈里法克斯和休谟这些怀疑论者是后一种思路的代表,他们认为政府在原则上不能产生完美,我们应该尽量防止权力集中,因为这会产生压制人的尊严的暴政。欧克肖特的保守主义固然更接近后一种立场,而坚决反对前一种立场,但他并不主张政府无为而治。政治是有追求的,但追求的不是完美,不是理想,而是暗示:传统的暗示和法律的暗示。他的"暗示的政治"试图采取的是一种中间立场。

《法治》是一篇非常重要的论文,它表述了一些欧克肖特后来在他的另一部代表作《论人类行为》中阐发的独特思想,在某种意义上

---

① 欧克肖特:《政治中的理性主义》,第145页。
② Michael Oakeshott, *The Politics of Faith & the Politics of Scepticism* (New Haven and London: Yale University Press, 1996).

可以说《法治》是《论人类行为》的缩写和摘要。

在这篇文章一开头,欧克肖特就指出,"法治"这个词语与人类联合有关,法律是人类关系的条件。法律不是劝诫或教诲,也不是指令或命令。法律是一套规则,就像游戏是一套规则一样。"它不仅区分行为的对与错,它是得在行动中同意的条件的权威规定,它的对应物是同意这些条件的**义务**。"①作为规则,法律是非工具性的,它不是劝诫,也不是指令,它只是人们行动的限定条件,而与行动的得失成败无关。"法治""指一种只依据承认已知的、非工具性的规则(即法律)的权威的道德联合模式,它将在做自选行动时同意限定条件的义务强加给所有在它们权限内的人"。②

欧克肖特认为,人类有两种不同的联合关系。一种是功利的联合,即人们走到一起是为了促进各自的目的或共同利益。另一种就是法治的那种人际关系,它不是也不能促进或达到一个选择的共同目的,它是"非目的的联合"。"法律不关心不同利益的价值,不关心满足实质需要,不关心促进繁荣,消除浪费,不关心普遍认为的好处或机会的平等或不同分配,不关心仲裁对利益或满足的竞争性要求,或不关心促进公认为是公善的事物的条件。因此,法律的正义不能等同于成功提供这些或任何别的实质好处,不能以提供它们的有效性或迅速,或分配它们的'公平'来衡量。"③但这并不等于说法律与道德无关。相反,正因为法律是非工具性的或非功利的,它才是真正道德的。但法律的正义也不是来自先验的领域,来自神意或一套"基本价值",因为法律的种种规定都是有条件的,不可能从无条件的"价值"(如"自由"、"权利")中得出。法律的正义就蕴含在法律之中,而不

---

① 欧克肖特:《政治中的理性主义》,第165页。
② 欧克肖特:《政治中的理性主义》,第170页。
③ 欧克肖特:《政治中的理性主义》,第174页。

是在法律之外。欧克肖特的这个立场与新老自由主义都是有区别的。

法治有三个基本条件。一个是一个"主权"的立法机关;"立法机关的章程就是赋予法律可靠性的东西。"①但法律本身的正义却不能从这样的章程或程序中得出。法律的正义要在它与一个真正的法律的种种规定的关系中寻求,"为决定法律的正义,这种联合模式要求的不是一套抽象准则,而是一种可以用来深思熟虑问题的话语的适当论证形式;即一种道德话语的形式,不是一般关心人类行为的对或错,而是狭隘地集中在一个法律可能施加的有条件的义务上……"②法治的另一个条件是"一个只在它们的合法性方面考虑实际行动的法院"。③法院的任务是就事论事,"将一个有条件义务的一般陈述与一个事件联系在一起"。④除了法律所加的全部义务外,法院不知道什么"公共利益"。"它也不会根据在某个流行的道德观点中作为正义问题被主张的所谓实质'权利':言论权、知情权、享有平等机会或给伤残者优先权利,来思考一个案子。"⑤在法院里,正义体现为一个论证的结论,但程序的规则本身不能宣布这样的结论。现代西方法学有形式正义和实质正义之争,初一看欧克肖特的立场似乎是主张形式正义。他认为使法律生效的正义不是来自一套绝对"价值",一部不可让渡的"权利"的宣言,一部无条件"自由"的宪章,或一部描述一个基本法或根本法的《权利法案》;"法治能容纳的唯一'正义'是忠于内在于法律性质的形式原则:非工具性,对人与利益无动于衷,排斥**特权**和逍遥法外,等等"。⑥实际上欧克肖特的立场是在形式正义和

---

① 欧克肖特:《政治中的理性主义》,第173页。
② 欧克肖特:《政治中的理性主义》,第176页。
③④ 欧克肖特:《政治中的理性主义》,第177页。
⑤ 欧克肖特:《政治中的理性主义》,第178页。
⑥ 欧克肖特:《政治中的理性主义》,第189页。

实质正义之间,他明确指出:"法律的正义不能简单等同于它忠于法律的形式性质。仔细思考法律的正义会引起一种特别的道德考虑:既不是一个荒谬的对于应该在法律中得到承认的道德绝对物(言论、知情、生殖,等等'权利')的信仰,也不是依据进行行动的动机区分行动的对错,而是法律的规定不应该与一个通行的受过一定教育的人的道德感受相冲突这个消极的和有限的考虑,这种道德感能够区分'德性'的条件,道德联合的条件(善行)和那些应该由法律('正义')强加的那样一种条件。"① 法治最后一个基本条件是权力,即它要有各种可以执行法院命令的强制机关。

应该注意的是,在欧克肖特那里,"法治"不仅是指一种制度,更是指一种人类关系,这种人类关系其实就是国家,法治归根结底是一种国家性质。但法治"不是关系到一个国家政府的宪法,而是关系到它在被统治的联合者方面的作用;不是关系到一个政府可以要求或被承认有权威的实际条件,而是关系到统治的活动"。② 欧克肖特说"法治是人类关系的理想模式之一",③ 实际上法治是他心目中理想的国家模式,他以此对近代西方的国家性质提出了根本的批评。

我们知道,近代自由主义的国家学说是建立在趋利避害的人性论和避免自然状态的社会契约论这两个基本假设上,国家是保护人民生命财产安全,促进国民福利的工具。在欧克肖特看来,"它的主要版本可称为培根的或技术的国家概念。这里,国家被理解为在追求一个共同的实质目的,为联合者的福利利用它领土上的自然资源(和在别处可以通过殖民、武力或秘密行动获得的资源)中结合在一起的有进取心的角色的联合;它的政府机关(技术统治)是这个事业

---

① 欧克肖特:《政治中的理性主义》,第 190 页。
② 欧克肖特:《政治中的理性主义》,第 182 页。
③ 欧克肖特:《政治中的理性主义》,第 181 页。

的'开明的'保护者和指导者;它的'法律'是对各种实践的授权,是决定优先权并且也许是分配事业产品的工具。简言之,是后来被认作效率国家(Leistungsstaat)或更一般地被认作警察国家(Polizeistaat)的东西。"欧克肖特在《论人类行为》中把这种近代国家的典型形式称为"企业联合"(an enterprise association)。虽然"企业联合"这种人类联合模式可以追溯到中世纪,但它大行其道,成为现代流行的国家模式却是近代以来的事。

与这种国家模式相对立的国家模式就是法治,欧克肖特又把这种人类联合称为"公民联合"(civic association),它是欧克肖特理想的国家形式。它是一种道德联合,公民联合的法律不是为了达到共同的事业目的,而是与关心过"像我这样的人"的生活的人多种多样、不可预见的选择和交往有关,它是亚里士多德意义上的实践规则,而不是为某个功利目的做具体事的技术规则。这些人联合在一起不是为了共同的目的或约定,他们彼此可以是陌生人,他们爱好的对象像他们自己一样多种多样,他们可能只有对彼此的道德忠诚。法律是公民联系的唯一纽带,而不是促进公共利益的工具。①也就是说,"公民联合"是以义相联,而不是以利相结。这在"利"字当头的现代当然只能是一个理想。对此欧克肖特也十分清楚,他看到,功利主义的国家概念"全面和有计划地否定了一个作为依据法治的联合的国家概念"。②

的确,欧克肖特的国家既不是担任"保障基本人权"的"守夜者"角色的国家,也不是实行"分配正义"的"福利国家",更不是"人民群众当家作主"的"人民民主国家"。在他眼里,"统治"不是杀富济贫,

---

① Cf Michael Oakeshott, *On Human Conduct* (Oxford: Clarendon Press, 1975), p. 129.

② 欧克肖特:《政治中的理性主义》,第185页。

当然也不是损不足以奉有余。"统治"意味着不承认任何特权:"统治不'意味'继承权,也不意味财产,也不意味用益权,而是意味着一个机关,意味着从那机关去除残存的种种自由决定的、特权的、专有的、保护的、捐助的、管理上的约束,承认它是一个主权权威,法律的保护人和司法程序的保护人……。"①"它的权威在于它的正义。"②耐人寻味的是,生活在被许多人视为模范法治国家的英国的欧克肖特,居然认为法治还只是一个理想,一个被现代国家否定的国家理想。

的确,被许多人叫作"自由主义者"的欧克肖特的思想,对被现代主流意识形态支配了头脑的人来说,的确是费解的,他们要么以自由主义的立场来强作解人,要么掉头不顾。欧克肖特思想在当今世界的"另类",恰是其价值之所在,对于不甘心成为任何教条的奴隶的人来说,对于希望有自己的头脑,而不是被人牵着鼻子走的人来说,尤其是如此。

---

① 欧克肖特:《政治中的理性主义》,第 183 页。
② 欧克肖特:《政治中的理性主义》,第 186 页。

《欧克肖特文集》总序

一

在学术日趋时尚化的中国,编一套欧克肖特译文集似乎有点不合时宜。晚清以降,翻译西书一直为国人所热衷,于今尤甚。其中固然也有雅好学术的因素,但更多的恐怕是要引进一张能使中国现代化的药方,能让国人比照着去规划中国未来的走向。而这种心态恰恰是欧克肖特着力批判的政治理性主义的心态。他的思想决不给任何人提供任何行动的指南或指出人间正道之类的东西,而只是对急于找现成蓝图的心态和做法提出尖锐的批判与辛辣的嘲讽,不免会使一切希望以西学来给中国人启蒙者沮丧。因此,虽然欧克肖特的著作已有三部译成中文出版(《经验及其模式》、《政治中的理性主义》节选本、《近代欧洲的道德与政治》),但似乎并没有产生什么影响。

热衷西学的中国人冷淡欧克肖特的另一个原因是:无法将他在我们熟悉的政治谱系中归类。就像一位英国学者说的:"欧克肖特的思想特别难以捉摸。不能把它浓缩为一句口号,写上一面旗帜,或是很容易将它纳入任何人的政治纲领。[①]"尽管在西方也一直有人试图

[①] Robert Grant, *The Politics of Sex and Other Essays. On Conservatism, Culture and Imagination* (New York: St. Martin's Press, 2000), p. 24.

给他贴上"自由主义"的标签,①但他自己只承认自己是保守主义者。"保守主义"近年在中国也不像早些年那样人们避之唯恐不及,但欧克肖特正宗而又彻底的英格兰保守主义却使许多"保守主义"的叶公望而却步,更不用说那些口口声声反对"激进主义"的"自由主义者"了。至于"左派",就更不会对欧克肖特有兴趣了,他对理性主义的批评会使他们如坐针毡。

其实,欧克肖特即使在自己的国家,即使在西方,也是一个不合时宜的人。在分析哲学统治英伦哲学界的时代,他却坚持以布拉德雷、格林和柯林伍德为代表的英国观念论(British Idealism,我们一般称其为"新黑格尔主义")的立场;在二战后艾德礼政府大力推行社会主义政策,并得到许多知识分子认同时,他却出来批判中央社会计划和政治中的理性主义;而对同样因批判社会计划而声名鹊起的哈耶克、波普和伯林,他并不趋附引为同道,而是明确表达了他对他们的嘲讽和批评。从思想倾向上来说,欧克肖特是个十足的另类,他"是个很少传统信仰的传统主义者,是一个比许多实证主义者更为怀疑论的'观念论者',一个拒绝接受自由主义的热爱自由的人,一个宁要黑格尔不要洛克的个人主义者,一个不赞成包罗万象的哲学体系(philosophisme)的哲学家,也许是一个浪漫之人(如果也能被称为是浪漫之人的话),和一个了不起的文体家。欧克肖特的声音是独特的。"②正因为如此,尽管他死后可说是备极哀荣,可生前却并不走红。

可是,欧克肖特对他的边缘地位毫不介意。到目前为止的回忆

---

① Cf. Paul Franco, *Micheal Oakeshott. An Introduction* (New Haven & London: Yale University Press, 2004); W. Coats Jr., "Micheal Oakeshott as Liberal Theorist", *Canadian Journal of Political Science*, vol. 2 1985, p. 411.

② M. Cranston, "Michael Oakeshott's Politics", *Encounter* 28(1967), p. 82.

材料都表明,他的为人与他的思想一样低调。他生命最后的20年,与他的艺术家妻子一直住在多塞特郡一个海边小村庄的一个乡村采石工人的小屋里,村里没有人知道他是一个著名哲学家。他视名位如浮云,视荣誉如粪土。他拒绝撒切尔夫人授予他荣誉爵士。当披头士被授予英帝国勋章时,他说了句:"非常合适。荣誉归于那些想要的人。"与他的同时代人伯林不同,他从来就不是英国思想和政治权势集团的一员。他也公开拒绝宗师的地位。相反,他是英国知识界的另类和异数,用一位评论者的话来说,他"拒绝接受(我们时代)的一切信仰和假定"。①在这个崇尚实用的时代,他坚决反对将知识政治化的倾向,反对历史与哲学应该与实践相关、应该介入实践和为实践服务的主张。这样,他在20世纪西方思想舞台上始终处于边缘地位,也就不难理解了。

尽管如此,尽管按照现代学院的学术标准,他在世时发表的东西太少,尽管不少人对他不以为然,但是,在他在世时,已经有人称他为一流政治哲学家,并且"也许是在世的盎格鲁-撒克逊传统最伟大的政治哲学家"。②他的《论人类行为》具有霍布斯的《利维坦》或黑格尔的《法哲学》那样的宽广度。③而他的去世,则似乎使得人们彻底打消了对他地位的怀疑与否定。伦敦的《泰晤士报》称"欧克肖特是20世纪少有的杰出政治哲学家之一"。《卫报》则说欧克肖特"也许是这个世纪最有原创性的学院政治哲学家"。《每日电讯报》甚至说欧克肖特是密尔或伯克以来盎格鲁-撒克逊传统最伟大的政治哲学家。④

---

① Noel Annan, *Our Age: English Intellectuals between the World Wars—A Group Portrait*(New York: Random House, 1990), p. 5.
② Robert Grant, *Oakeshott*(London: Claridge Press, 1990), p. 9.
③ K. Minogue, "Oakeshott and the Idea of Freedom", *Quadrant*, vol. 19, 1975, p. 83.
④ Cf. Paul Franco, *Micheal Oakeshott. An Introduction*, p. 1.

可这不等于欧克肖特在西方学术界的地位有根本改观。虽然目前在西方有关他的学术出版物和对他的研究已足以构成一个"欧克肖特工业",①但人们对他的关注度,远远不能与对哈耶克、伯林甚至诺齐克相比,更不用说罗尔斯、哈贝马斯或施特劳斯了。在这种情况下,在中国翻译出版欧克肖特的著作,似乎是在烧冷灶,逆学术时尚潮流而动。

然而,为人不可势利,为学同样不可势利。学者贵在有自己的判断,而不是趋附各类时髦。在一个普遍平庸的时代,不被人理解和追捧也许正表明了思想的超前与价值。欧克肖特的第一部著作《经验及其模式》出版于1933年,印了一千册,卖了30年才卖完。当时英国哲学界的当红人物是罗素、G. E. 摩尔和艾耶尔,可是今天,除了专门研究逻辑实证主义的人,很少有人会去看他们的著作,能说出他们主要著作的人都不会很多。但《经验及其模式》却经受了时间的考验,被证明具有相当的超前性,与海德格尔、后期维特根斯坦和赖尔的一些基本思想异曲同工,代表了20世纪哲学思想最重要的一些成就。随着人们对现代性反思批判的深入,欧克肖特会越来越受到人们的关注和重视。

欧克肖特1901年12月11日出生于英国肯特郡的切尔斯费尔德的一个中产阶级家庭,父亲是税务局长,也是费边社的创始成员。母亲是护士,一次大战时曾领导一个小军医院。欧克肖特从小被送到一所当时还不多见的改良主义的实验学校接受初等教育。那所学校给欧克肖特留下不错的印象。1920年,欧克肖特入剑桥大学,在Gonville 和 Caius 学院学历史,但在最后的荣誉学位考试(即所谓

---

① R. Grant, "Review of Oakeshott", *Religion, Politics and the Moral Life* and *Morality and Politics in Modern Europe*, *Times Literacy Supplement*, 15 April 1994, p. 31.

Tripos)时他选的是政治思想。1923年大学毕业,1925年被选为Caius的研究员。其间在德国图宾根大学和马堡大学度过了两个暑假,学习神学和德国文学。在德国期间,他参加了当时德国的一个非正式的学生运动——徒步旅行奖励会(Wandervögel)的野营活动。这个青年学生运动秉承德国浪漫派的流风,崇拜自然,喜欢野营,主张爱的自由。欧克肖特一生喜欢孤独和简朴生活,对爱情却极为浪漫,这些趣味显然受到了 Wandervögel 的影响。

欧克肖特在马堡期间,正值海德格尔也在那里教书。虽然欧克肖特有可能听过他的课,但还没有此事的证据。不过,虽然欧克肖特在他的所有著作中只有两次提到海德格尔(一次在《论历史》第20页;另一次在《论人类行为》第26页),但《存在与时间》的一些思想与欧克肖特的有关思想确是相通的。图宾根大学是黑格尔的母校,欧克肖特的哲学从一开始就受到英国观念论即新黑格尔主义哲学(布拉德雷、格林、鲍桑葵)的影响,并通过英国新黑格尔主义对黑格尔哲学有浓厚的兴趣。而在德国的学习经历则使得黑格尔哲学对他一生的思想产生了根本性的影响。一本平装本详注的《精神现象学》从那时起伴随了他的一生。

欧克肖特的思想从一开始就与他那个时代英国思想界的主流——实证主义格格不入,而始终坚持英国观念论的立场。在他早期一篇题为《剑桥学派的政治科学》论文(1924年)中,他对剑桥学派提出了尖锐的批评。剑桥学派以自然科学作为自己的研究范式,将政治科学当做自然科学来对待,不是去努力理解人性和政治这种人类共同生活的特殊样式,而只满足于对政治制度和政府形式进行纯粹经验的分类。对此,欧克肖特指出:"如果政治科学这个术语要有任何有效意义的话,它必须指一门道德科学,而不是一门自然科学,即我们的主题叫政治哲学比叫任何别的名字更合适。"①这表明,欧克肖特虽然不是学哲学出身,但却从一开始就与柏拉图、亚里士多德和黑格尔这些大家一样,认为政治首先应是哲学研究的对象。

在1925年写的《政治哲学某些基本问题之讨论》中,他进一步区分了政治哲学与史学、心理学和政治经济学,坚持认为"政治哲学不是一门科学",而是"努力要达到真正的意义和我们叫做政治生活这种复杂事情的含义"。②从这段话我们可以看出,在一个人们普遍希望把哲学与科学扯在一起的时代,欧克肖特自觉坚持哲学的独立性和独特性。他的这种立场,与当时英国观念论对他的影响是分不开的,虽然当时英国观念论已经被新起的逻辑实证主义者如G.E.摩尔和罗素所"拒斥"。英国观念论继承了黑格尔的思想,坚决批判英国古典经验论、功利主义和原子式的个人主义,这些批判统统为欧克肖特所接受。但英国观念论对欧克肖特的影响不仅在具体立场上,而且更在欧克肖特的基本身份上。欧克肖特以政治哲学家名世,他对政治、宗教、历史、教育和艺术都有深入的研究和精湛的论述,但他首先是个哲学家,并且是个纯粹的哲学家。

虽然一切政治哲学都是哲学,但并不是所有政治哲学家都是纯粹哲学家,像施特劳斯和伯林就不能算是纯粹哲学家,充其量是思想史家,而欧克肖特与他们完全不同,他从一开始就把自己的任何研究定位为哲学的研究。这缘于他对哲学在人类精神活动中的基础地位的认识。早在1925年,他就指出:"伦理学、所谓的宗教哲学、政治学、美学,思辨的一切部门,都建立在一种知识论的基础上。""一种政治哲学,不建立在形而上学导论基础上,注定不会产生真理,只会产生谬误。"③

---

① Quoted from Paul Franco, *Micheal Oakeshott. An Introduction*, p. 3.
② Quoted from Paul Franco, *Micheal Oakeshott. An Introduction*, p. 4.
③ Quoted from Paul Franco, *Micheal Oakeshott. An Introduction*, p. 6.

显然,欧克肖特首先把自己看作是一个哲学家。正因为如此,他的第一部专著《经验及其模式》是一部纯哲学著作,就不能视为偶然。这部著作堪称他一生思想的奠基石,不理解这部著作的基本思想,就无法真正理解欧克肖特的任何思想,包括他的政治哲学思想。据说柯林伍德把它称为20世纪最伟大的哲学成就。①

可许多只是将欧克肖特视为政治哲学家或政治思想家的人往往忽视欧克肖特的这部重要著作,例如,英国学者莱斯诺夫就说,与《政治中的理性主义》和《论人类行为》相比,《经验及其模式》算不上"大作","此书中的一些关键信念,在我看来古怪而有违常理,它们常常论证不足,只是一些陈述和(冗长的)说明而已"。他甚至说:"假如欧克肖特使自己过分拘泥于第一本书中的哲学体系,他在晚年也许就不会成为一个大政治哲学家了。"②这除了证明说话者对欧克肖特理解之肤浅外,丝毫不能动摇《经验及其模式》在整个欧克肖特思想中的核心地位。事实是,欧克肖特在上世纪30年代剩余的时间里都在抽绎《经验及其模式》中的哲学观念对于政治哲学的含义。在他此后的所有著作中,我们都可以发现《经验及其模式》所表达的一些基本思想,这当然不是说他的立场没有丝毫改变。

我们完全可以把《经验及其模式》视为欧克肖特政治哲学和其他一切哲学思考,如历史哲学和教育哲学的"形而上学导论",这个"导论"的出版意味着欧克肖特以后对各个领域的思考有了坚实的哲学基础,也意味着他有了自己比较成熟独立的思想。随着该书的出版,欧克肖特转向政治哲学史方面的写作,开始了他作为政治哲学家的生涯。最初是关于洛克和边沁的一些论文,以及两篇很长的关于霍

---

① Quoted from Paul Franco, *Micheal Oakeshott. An Introduction*, p. 7.
② 迈克尔·H. 莱斯诺夫:《二十世纪的政治哲学家》,第148页。

布斯著作的书评。

从一开始,欧克肖特就认为政治哲学的思考与政治活动是两回事,前者是哲学,后者是政治。他甚至否认政治哲学应该卷入政治活动。这与他的哲学观有关。他始终认为哲学是没有前提、保留、限定和限制的经验,是对事物前提的批判与思考,以及对事物本质的透彻分析,它与文学艺术一样,是再造社会的价值,防止它陷入"意识的腐败"。①人们可以说他的哲学没有实践意义,但这种坚持却使他避免在一个意识形态的时代成为一个意识形态者,避免加入任何一个意识形态的阵营,而能对20世纪流行的任何一种意识形态都持批判态度。他批判代议制民主,尤其是它理论的个人主义和物质主义的伦理理想。但还是承认代议制民主要比别的任何东西都更能表达西方文明。他不喜欢共产主义,但对马克思本人还是有正面的评价,认为他的哲学中有"某些深刻和富有启发的洞见"。②他是剑桥大学第一个开有关马克思课程的教师。

第二次世界大战爆发后欧克肖特报名参军,加入了一个叫"幽灵"的情报分队,任务是深入敌后观察炮兵射击的效果。据说已过不惑之年的他能与青年军官打成一片,使大家都看不出他是著名的剑桥教师。战后欧克肖特解甲归校,重回剑桥执教。

1946年,Blackwell出版社要出一套政治著作,请他给霍布斯的《利维坦》写个导言。霍布斯是对他的思想产生了重要影响的英国哲学家,正是霍布斯对理性在政治中的作用的极端怀疑和他对权威与个体性相互依存的深刻思想,形成了欧克肖特对现代政治的独特诊断。欧克肖特写的这个《利维坦》导言,已被公认为是研究这部著作

---

① Cf. Michael Oakeshott, *Religion, Politics and the Moral Life*, ed. Timothy Fuller (New Haven and London: Yale University Press, 1993), p. 95.

② Oakeshott, "Official Philosophy", *Cambridge Review* 57 (1935 – 36), pp. 325 – 326.

最经典的文献之一。在这篇论文中他写道:"是理性,而不是权威,摧毁个体性。……霍布斯不是专制主义者,恰恰是因为他是一个权力主义者。他对推理力量的怀疑主义,与他其余的个体主义一起,将他与他的时代或任何时代的理性主义独裁者区分开来。"[①]这既是对霍布斯思想慧眼独具的揭示,也预示了欧克肖特后来批判政治理性主义最基本的一些观点。

当然,欧克肖特对政治理性主义的批判不能完全归结为他对霍布斯的独特理解,更有他对现当代欧洲政治的观察,包括对他的祖国英国的现代政治的观察。就像奥威尔的《1984》并不是直接针对苏俄,而是针对西方的现代政治一样,欧克肖特批判政治理性主义的一些重要论文,直接的动机是对战后艾德礼政府的集体主义政策不满。1947年,欧克肖特接掌《剑桥学刊》(*Cambridge Journal*)编务,借此机会他写了一系列批判政治理性主义的文章:《政治中的理性主义》(1947)、《科学的政治学》(1948)、《当代英国政治》(1948)、《通天塔》(1948)、《自由的政治经济》(1949)、《大学》(1949)、《理性行为》(1950)、《英国广播公司(BBC)》(1951)。这些文章都明显与现实相关,使得欧克肖特一下子由学院教授变成了公共知识分子。

但这决不等于说欧克肖特的这些文章都只是些应景之作。相反,虽然这些论文的风格与寻常的学术论文不同,有点像放大了的培根的随笔,但它们都是精深的哲学论文。在欧克肖特之前,伯克也对理性主义政治有所批判,但他的批判缺乏哲学基础;而欧克肖特的批判是建立在他的观念论哲学基础上,因而远为深刻。正是通过这些论文,欧克肖特揭示了政治理性主义的实质及其对现实政治的危害。

[①] Michael Oakeshott, *Hobbes on Civil Association* (Indianapolis: Liberty Fund, 2000), p. 67.

理性主义对欧克肖特来说首先是一种精神倾向，它总是想把"复杂多样的经验归约为一套原则，然后只根据理性的理由来攻击或捍卫这些原则"。①这种还原论的精神倾向在政治中表现为意识形态政治，即把一套抽象原则简单化，并拔高为不容置疑的普遍真理，完全无视实际经验本身的复杂性和行为传统的相对开放性。理想主义者要将"他那个社会的、政治的、法律的和制度的遗产带到他理智的法庭上"，②认为有意识地精心计划和执行要比一个时期无意识的自然生长和建立的东西要好。理性主义者都是社会工程师，相信人类可以按照自己的计划来改造世界和人自己。"中央计划的社会是一切理性主义政治的理想。"③具体而言，就是无视社会的复杂性，把一个单一目的强加给社会，将权力集中在政府手里去贯彻这个目的。

欧克肖特的同时代人哈耶克在他的《通向奴役之路》中也批判中央社会计划（只针对苏俄而不包括西方），但欧克肖特并不把他引为同道。在他看来，哈耶克的这部著作本身也是意识形态，④它的意义不是"他的主义的说服力，而是它是一种主义这个事实。一个抵制一切计划的计划可能比它反对的东西要好，但它属于同一种政治风格"。⑤这段话不但批评了哈耶克的批判，也间接表明了欧克肖特的理性主义批判的独特性。此外，欧克肖特对哈耶克为自由辩护只是

---

① Michael Oakeshott, *Rationalism in Politics and Other Essays*, p. 6.
② Michael Oakeshott, *Rationalism in Politics and Other Essays*, p. 8.
③ Michael Oakeshott, "The Contemporary British Politics", *Cambridge Journal* 1 (1947-1948), p. 478.
④ 哈耶克自己并不讳言这一点，他强调需要自由的意识形态来与集体主义的意识形态作斗争(Cf. Friedrich Hayek, *The Road to Serfdom*, Chicago: University of Chicago Press, 1944, pp. 216-219)。
⑤ Michael Oakeshott, *Rationalism in Politics and Other Essays*, p. 26.

因为它能促进经济效率和繁荣的工具主义态度,也有深刻的保留。①

1950年,欧克肖特受邀就任伦敦经济政治学院政治科学教授,这是拉斯基去世空出的位置。接着他又担任了政府系主任之职,直到退休。1956年,欧克肖特写了《论保守》一文,阐述了他对保守主义的看法,人们也因为这篇论文认为他是个保守主义者。在英国的语境下,说到保守主义,人们首先会想到伯克。欧克肖特最初对伯克是肯定的,但此时已经不再把伯克视为近代保守主义的鼻祖了。与伯克相比,欧克肖特是个现代主义者。他反对伯克用诸如自然法或上帝的秩序之类的形而上学或宗教信仰来支持保守主义。他认为没有必要用这些思辨的信念来维护政治中的保守主义气质。保守就是将治理视为一种有限和特殊的活动。"在我看来,关于这种气质,从蒙田、帕斯卡、霍布斯和休谟那里比从伯克和边沁那里有更多的东西可学。"②

欧克肖特与施特劳斯的区别也在这里。有人描写前者的保守主义是"小保守主义",后者的保守主义是"大保守主义",③虽不中,亦不远。施特劳斯的保守主义相信自然法(或自然正当)和形而上学,从而能从宏观上证明某种政治。相比之下,欧克肖特的保守主义却低调得多,丝毫没有救世的野心,故不为美国新保守主义所喜,美国著名新保守主义知识分子克里斯托尔(Irving Kristol)就拒绝将《论保守》发表在他编的《相见》(Encounter)杂志上,因为他觉得欧克肖特的保守主义"不可救药地俗气",与美国人的意识形态和信条格格不入。而施特劳斯的保守主义看上去是基于古代的思想资源来提倡

---

① Paul Franco, *Michael Oakeshott. An Introduction*, p. 12.
② Michael Oakeshott, *Rationalism in Politics and Other Essays*, p. 435.
③ Cf. Alan Wolfe, "The Revolution That Never Was", *New Republic*, 7 June 1999, pp. 34 – 42.

保守主义,却与现代性政治相反相成,在形成当代美国新保守主义政治上居功至伟。①

1962年,欧克肖特将他在1947—1961年间写的许多论文结集出版,题为《政治中的理性主义》。这部著作奠定了他作为20世纪最富原创性的政治哲学家的地位;但他哲学成就的最高峰却是13年以后出版的《论人类行为》。欧克肖特于1968年退休。在祝贺他荣休的纪念文集中他对给予他的荣誉表示了一贯的低调,说编辑们犯了一个"大错误",把他当成"某种宗师或圣人"来对待。"但我知道我不是任何那样的东西。我最多认为自己是一个有点衰弱的教师,他生活在他学生的光辉中,与他们发生共鸣。一个平凡的教师。"他还说,虽然他很高兴享受一个学者的荣耀,但他其实应该得到这个称号,"我有气质、意志和耐心,但我缺乏能力"。②欧克肖特实在是过谦了,《论人类行为》足以证明他比他的许多同时代人更配得到这个称号。

《论人类行为》也许是欧克肖特最难读的著作,由三篇相互联系的长篇论文组成,大部分篇幅没有他其他著作的那种优美,而这么写只是为了它不被误解,足见欧克肖特对它的重视。但这部著作的标题就容易引起误解,它实际上是研究近代欧洲的政治意识和近代欧洲国家的特征,而不是简单讨论人的行为。第一篇论文研究他理想中的国家形态——公民联合的前提,即自由和道德;第二篇正面阐述公民联合的理论;第三篇则讨论公民联合在构成和理解近代欧洲国家的暧昧特征中的地位。这部著作使得欧克肖特当之无愧成为20世纪最重要的政治哲学家之一。

---

① Cf. Irving Kristol, *Neoconservatism* (New York: Free Press, 1995), pp. 373–380.
② Quoted from Paul Franco, *Michael Oakeshott. An Introduction*, p. 18.

在《论人类行为》之后,欧克肖特还出版了三本著作,即《霍布斯论公民联合》(1975)、《论历史与其他三篇论文》(1983)和《人文知识的声音》(1989)。他死后由别人给他整理出版的著作有:《近代欧洲的道德与政治:哈佛演讲录》(1993)、《宗教、政治和道德生活》(1993)、《信仰的政治和怀疑论政治》(1996),以及《什么是历史?》(2004)。从这些著作可以看到,欧克肖特绝不仅仅是个政治哲学家,他对于知识论、历史哲学、宗教哲学和教育哲学都有深湛的研究和阐发,时间将证明他对于人类思想的杰出贡献。

二

要真正把握欧克肖特的思想,必须记住他首先是个哲学家,他的一切思想,都是建立在他的哲学基础上的。只有真正理解他的哲学,才能理解他的思想。而他的哲学思想集中表现在《经验及其模式》中,这部著作是他此后一切思想的基础,这已为不少欧克肖特研究者所指出。①这部著作既是欧克肖特的形而上学导论,也是他的方法论导论,系统体现了欧克肖特的哲学思想。

《经验及其模式》的楷模是黑格尔的《精神现象学》和布拉德雷的《现象与实在》,②这两部著作都系统阐发了它们的作者对于世界的根本性解释。《经验及其模式》也是如此。对于哲学家来说,要从根本上解释世界,首先要明确哲学本身,即"什么是哲学?"因为哲学家

---

① Cf. Robert Grant, *The Politics of Sex and Other Essays*, p. 27; Terry Nardin, *The Philosophy of Michael Oakeshott* (University Park, Penn. The Pennsylvania State University Press, 2001), p. 17.

② 欧克肖特在此书的一开头就承认他从这两部著作中学到的东西最多(Cf. Michael Oakeshott, *Experience and Its Modes*, Cambridge: Cambridge University Press, 1933, p. 6)。

对世界的解释必然是哲学的解释。所以欧克肖特在《经验及其模式》的一开始就说,此书目的是要揭示他的哲学概念的主要含义。①对于欧克肖特来说,哲学是一种没有预设、没有保留、没有限定、没有限制的经验。②唯一完整和令人满意的经验世界就是哲学本身。哲学是一个自我独立的话语领域,有它自己的兴趣和逻辑。

可是,在欧克肖特的时代,哲学的独立性受到了来自三个方面的严峻挑战。首先是实证主义(在欧克肖特时代的英国是逻辑实证主义)的挑战,实证主义者将哲学诉诸科学的权威,以科学作为哲学效仿的楷模。而历史主义则与之相反,指出一切知识都受到历史条件的制约,因而是历史的,由此可以得出哲学也必须是历史的结论。而实用主义则既不关心哲学的普遍性和永恒性,也不关心历史性,而只关心知识的价值要有助于我们的实践生活。詹姆斯说:"哲学的整个功能应该是去发现,如果这个世界公式或那个世界公式是真的话,在我们生命的特定时刻,对你我造成什么不同。"③在欧克肖特看来,这三种对哲学的看法都是建立在混淆范畴的基础上的,即它们没有看出哲学与科学、历史和实践在范畴上是根本不同的,不能任意混淆。

但这不意味着我们有好几种不同的经验,相反,"经验是一个同质的整体,它有一些区分和变式,但它没有绝对的分裂"。④那么,什么是经验? 对于英国经验论来说,无论是直接经验(当下的感觉)还是间接经验(印象、观念),都是对所经验的东西的全盘接受,在此意义上,经验完全是被动的。而对于黑格尔及其英国追随者——英国观念论者来说,没有单纯的经验,经验总是已经包含了某种解释,所

---

① Cf. Michael Oakeshott, *Experience and Its Modes*, p. 3.
② Cf. Michael Oakeshott, *Experience and Its Modes*, p. 2.
③ James, *Pragmatism*(New York: Dover, 1995), p. 20.
④ Michael Oakeshott, *Experience and Its Modes*, p. 27.

以欧克肖特后来又把经验叫做理解（understanding），它是经验（experiencing）和被经验者的统一。对于欧克肖特来说，"经验"代表一个具体的整体，只有在分析中这个整体才能分为经验行为与被经验者。实际上经验与被经验者是不能分开的，分开了它们就是无意义的抽象物。例如，知觉总是包括某种被知觉者；意愿包括被意愿者。一方不能决定另一方，它们之间的关系也不像古典经验论者认为的那样是因果关系。此外，经验"不仅与思想不可分，而且它本身是思想的一种形式"。①英国经验论所设想的那种不掺杂丝毫思想的经验是不存在的。意识到某物总是已经认出和判断它了。

欧克肖特深受布拉德雷"内在关系"学说的影响。在他眼里，单一的观念没有固定意义；它的意义就是它在整个观念体系中的位置。在经验中，没有什么东西是孤立的、不与以前经验发生关系、为它所改变的。例如，在现实经验中，"黄色是通过与先前经验的联系而展现自己的特征的，我们看出先前经验要么在种类上，要么在程度上与之不同或相似"。②如果我没有首先认识黄色的概念，那么，无论别人是否看见黄色，我都根本想不到用"黄色"来指我看到的那个东西。但如果我把某物看作是黄色的，我一定同时也看到它不是蓝色或红色的。如果在我以前的经验中没有这样一个相关体系，即颜色的体系，那么，经验某物为黄色就是不可能的。其次，黄色的概念与"这是黄色的"判断无法确切区分。因为经验至少包含某种意义的积极意识，一个单纯的"这"实际是无，是非存在者。说"这是黄色的"其实是说"我看出这是黄色的"。看出和意识必然使我们立刻卷入判断、推理、反思和思想。③这就是说，任何形式的经验都包含某种程度的判

---

① Michael Oakeshott, *Experience and Its Modes*, p. 10.
② Michael Oakeshott, *Experience and Its Modes*, p. 13.
③ Michael Oakeshott, *Experience and Its Modes*, p. 14.

断和思想。"在思想中,没有类似画家的颜料或瓦工的砖那样的东西——与对其使用分开存在的原材料。"①在思维时,我们不是在思维先于解释的纯粹材料,而是在解释已有的解释。经验的世界就是解释的世界,意义的世界,或用欧克肖特自己的话说,是"观念世界"。②

至此,我们已经可以发现,欧克肖特的哲学其实也是一种释义学哲学。对于这种释义学哲学来说,当下给予的不是单纯的感性经验,而是一个完整的世界。"经验中最初被给予的是单一和有意义的东西,是一个一(One),而不是一个多。在思想中被给予的是我们在意识的最初时刻发现我们自己置身于其中的复杂处境。没有与间接的、非自然状态相对的当下的或'自然的'东西;只有程度不等的非自然状态。"③这里说的"非自然状态"(sophistication)就是观念世界。观念世界是"一个联结在一起,相互确立和解释的意义整体"。④这个观念世界的概念与海德格尔《存在与时间》中的世界概念如出一辙。

说世界就是观念世界或意义世界,并不意味着它是虚构的世界,恰恰相反,它是实在的世界,因为"经验、真理和实在是不可分的"。⑤"如果我们要避免矛盾的话,必须把知识视为在实在领域中有其位置;实在必须在知识领域中。因为,如果经验不在某种意义上是实在的,那么就没什么能是实在的,因而也没有不实在的东西。如果实在与知识相分离,它必定使自己处于非存在者的状况——一个空洞的概念,一个没有意义或意涵的观念。"⑥

---

① Michael Oakeshott, *Experience and Its Modes*, p. 19.
②⑤ Michael Oakeshott, *Experience and Its Modes*, p. 69.
③ Michael Oakeshott, *Experience and Its Modes*, p. 20.
④ Michael Oakeshott, *The Voice of Liberal Learning: Michael Oakeshott on Education*, ed. Timothy Fuller (New Haven: Yale University Press, 1989), p. 45.
⑥ Michael Oakeshott, *Experience and Its Modes*, p. 50.

这听上去似乎就是巴门尼德以来"思维与存在同一"(思有同一)的观念论传统。然而,传统观念论这个命题的主客体对立之可能性却由于意义概念的引入而被消除了。在欧克肖特看来,区分实在与经验、主体与客体、主观与客观,只是心理学的产物。事实上"我们有的,和我们所有的一切,是一个'意义'的世界"。①实在与经验统一于这个世界。这个世界不是人或人的经验和思维构成的,而是"我们被迫去思维的东西;既然去思维就是去经验,去经验就是去经验意义,实在的东西就是有意义的东西,或就是合理的东西"。②

就其构成经验的条件来说,意义世界是客观的,即实在的,但不是实在论意义上的"实在"。它的实在,取决于意义:"无论什么有意义的东西,如果我们给它充分的意义,就是实在的;无论什么实在的东西,都有意义。"③这种"意义实在论"(我发明的术语)彻底消除了近代西方哲学(经验论与唯理论)的主客体二元论,对于这种意义实在论来说,"主体与客体不是经验的独立要素或部分;它们是经验的方面,这些方面相互分开时,就退化成抽象物。每一经验……都是主客体的统一,这统一可分析为这两个方面,但决不能还原为它们之间的一种纯粹关系……客体不是独立于经验的什么东西,而只是我被迫去思考的东西,因此它是实在的。属于这个客体的主体、我,不是我的身体,也不是一个纯粹心理学的主体,不是我的世界的一个要素或部分,而就是作为整体的我的世界。我的世界是一个对象的世界。主体不属于我的世界,它就是我的世界"。④这里说的"我的世界",显然是一个主体间的意义世界,它是进一步区分作为抽象物的主体与客体的先决条件。

---

① Michael Oakeshott, *Experience and Its Modes*, p. 61.
②③ Michael Oakeshott, *Experience and Its Modes*, p. 58.
④ Michael Oakeshott, *Experience and Its Modes*, p. 59.

虽然意义世界是一个整体，但它不是一个单一维度的整体，而是有许多不同的方面，或者说，可以从不同的方面来解释世界，或者说，可以从不同的观点来接近世界。经验不同的接近世界的方式构成不同的观念系统，这些系统不可通约，但各自都是一个自洽的系统（coherence）。这些自洽的观念系统，其实就是我们经验或理解世界的不同样式，它们原则上对所有人都是一样的。欧克肖特按照布拉德雷的说法，把这些样式称为"模式"。在他看来，在西方文化中，这样的经验模式最主要的有三种：科学、历史和实践，欧克肖特后来又加上诗，即审美经验。

这样的模式区分带有明显的黑格尔的印记。黑格尔在他的体系中把艺术、宗教和哲学作为精神发展的三种高级形态，但它们之间有等级之分。欧克肖特的同时代人柯林伍德则把精神的生命发展分为艺术、宗教、科学、历史、哲学五个阶段，这五个阶段同样存在等级之分，艺术最低，哲学最高。但欧克肖特和他的老师布拉德雷一样，把这些模式看作是自主和平等的，没有等级之分，也没有先后之分。模式的区别是种类的区别，而不是等级的区别。它们没有一个包含经验的全部真理；每一个都同样参与了整体；每一个同样都是抽象，从整体的抽象。它们不是整体的一个分开的部分，而是对所有存在者整体的部分说明。

实践的模式就是我们日常生活经验的模式，类似于海德格尔在《存在与时间》中讲的"日常性"，它完全不同于科学和历史。它是从好恶、快乐与痛苦、善与恶出发来看待（理解）世界的。在实践中，我们总是根据对我们有用还是无用、友好还是敌意来判断事物，用这样的范畴来安排事物。对于实践就像对于宗教一样，道德是主要的。实践不是单纯的做或行动，而是涉及我们的愿望、选择和命运。我们通过实践实现我们想要的事情，获得我们想要的东西。因此，我们总是用因果关系去思考我们的环境,以便控制它。①实践是因果实用智慧和判断的领域。

历史则刚好相反,它与任何实用的目的无关。历史是根据"过去"这个观念组织起来的经验。它的目标不是满足我们的种种欲望,而是根据当前的证据构建一个可知的和客观的过去经验的世界。历史不是要通过说明历史来告诉我们是如何成为现在的我们的,也不是要以历史来告诫或激励我们。它只是要让过去人们的言行不那么神秘,根据他们之间的偶然关系来理解他们的言行。②总之,历史研究试图通过发现构成过去世界的各种因素间的偶然关系来理解过去的世界。因此,它总是从特殊性出发来理解世界,排除对历史事件的任何归纳和概括,坚持历史事件的绝对个体性和偶然性。

科学与历史一样,是价值无涉的。它们都不想操控它们的对象,而只想理解它们。科学是从规则性和一般性的角度去理解世界的,一切现象对它来说只是一条涵盖万有的规律的例子。科学并不研究作为实在一部分的"自然",科学研究的"自然"只是一种抽象物;既不是诗人所说的自然,也不是哲学家所说的自然,或"借助感官在感觉中观察到的自然"。③它实际是科学的抽象构造物。科学只关心用抽象的东西,如不变的概念、量的计量和数学一般化来理解世界和世界的一切。科学正好与历史和实践相反,它不关心特殊的事件,而是关心事件的类之间的关系。如果说科学也对特殊、偶然的事物感兴趣的话,那里因为它们对抽象、一般的关系有

---

① Cf. Michael Oakeshott, *Rationalism in Politics and Other Essays*, pp. 158 – 159.
② Cf. Michael Oakeshott, *The Voice of Liberal Learning: Michael Oakeshott on Education*, pp. 33 – 34.
③ Michael Oakeshott, *Experience and Its Modes*, p. 193.

所揭示。因此,"科学世界是一个抽象的、有缺陷的世界,是经验的一种限定物"。①但就科学经验自身而言,它还是"达到了一种同质的、融贯一致的经验世界"。②

在《经验及其模式》中,欧克肖特并未将诗作为经验的一个主要模式提出,只是在1959年写的《人类对话中诗的声音》这篇论文中方始提出。在《政治中的理性主义》初版序言中,欧克肖特说这篇文章是"对《经验及其模式》中一句愚蠢的话迟到的收回","愚蠢的话"指他在那部著作中将艺术从属于实践。诗既不同于实践也不同于科学,即它既不是为了实践的目的,也不是要揭示真理。诗,即审美经验,是沉思时出现的世界。在欧克肖特这里,沉思与抽象思维无涉,而只包含意象。我们不能说这些意象是事实的或不是事实的,也不需要道德上赞同或是反对它们;而是就把它们当作纯粹的意象。在沉思冥想时,我们既不在意意象从何处来,也不担心它们的后果;我们只是反思它们的联系,享受它们的呈现。在文学、音乐和视觉艺术中,意象不会变成结论,我们只是"创造和再创造它们、观察它们、反复思考它们、从容涵玩它们、连接它们、喜欢它们"。③诗,或者说审美经验,构成了一个独立的、融贯一致的世界。

其实,在欧克肖特看来,任何一种经验模式本身是融贯一致的,但只是在某个特殊经验层面上融贯一致,它决不能超越它的种种条件,它只能局限在自己的领域。因此,从逻辑上讲,模式既不能相交,也不能彼此矛盾。在《论历史》中,欧克肖特写道:模式"不只是一种态度或一种观点",它是"一种自主的、能根据确切条件详细说明的理解方式,它逻辑上不能否定或肯定任何别的理解模式

---

①② Michael Oakeshott, *Experience and Its Modes*, p. 214.
③ Michael Oakeshott, *Rationalism in Politics and Other Essays*, p. 517.

的结论,或实际上也不能否定或肯定在任何其他模式方面所作的相关言论"。①每一种经验的模式都构成了一个抽象的观念世界,"每一个观念世界,只要它是融贯一致的,那么就其是适用的而言,它就是真的,如果人们接受它的种种设定,它就是真的,如果人们容许它的种种保留,它就是真的。但是,因为每一个都是一个抽象的观念世界,是限定经验的产物,当人们绝对和无条件断言它可能包含的无论什么真理时,它的真理就变为了错误。一种经验模式的真理始终是相对的,相对于它的观念世界的完整性之程度,相对于它对实在的组织"。②这就是说,任何经验模式对世界的理解都是有限的、其真理是相对的,它对世界的把握是局部的。

但哲学就不同,哲学要掌握完全融贯一致和完满的经验世界,因为它是"无保留或保藏的经验,是彻底自觉和自我批判的经验,它对任何缺乏一个完整而自洽的观念世界的东西保持不满的决心是绝对和无条件的"。③但这并不意味着哲学是精神发展的最高阶段或最高形态,是一切其他知识之基础的知识系统,是一个包罗万象的整全系统。那种意义上的"哲学"欧克肖特把它称为 *philosophie*,而不是 philosophy。欧克肖特的哲学概念与他的为人一样低调。哲学的任务既不是包括也不是要取代经验的种种模式,"不是去预期或建议经验的种种限定,而是去思考那些实际存在的模式的特性"。④或者说,哲学是要批判地检验各种模式。具体而言,哲学要批判地检验各种模式的前提和假设。

---

① Michael Oakeshott, *On History and Other Essays* (Oxford: Basil Blackwell, 1983), p. 2.
② Michael Oakeshott, *Experience and Its Modes*, p. 77.
③ Michael Oakeshott, *Experience and Its Modes*, p. 82.
④ Michael Oakeshott, *Experience and Its Modes*, p. 331.

每种经验模式都是一种从它自己的种种假设出发对世界的研究,它以这些假设来组织经验,在此意义上,这些假设规定了此模式。也因此,模式不能质疑自己的假设,如果它这么做,那就等于放弃了它的模式特性。例如,科学模式以事物抽象的普遍特征为出发点,一旦它质疑这个出发点或假设,它就无以为继了。这并不是说经验模式没有任何自我批判,而只是说它们不可能批判它们赖以进行的那些作为基本出发点的假设。在此意义上,模式是有条件的理解。而哲学要批判地检验无论什么理解的条件,所以它是无条件的理解。因此,它的目标不是用另一种有条件的理解取代某种有条件的理解,而是要将理解从无论什么条件中解放出来,从而接近无条件理解这个不可能达到的目标。在此意义上,哲学的命运就是西西弗斯的命运,由于它自身的原因,它必须追求一种无限的、未被模式化的经验,但它却永远也达不到这个目标。① 作为一种追求整体的无穷探究,哲学是无限的或无条件的,它的结果却总是有限的和暂时的。

哲学,作为对概念和预设的批判,是一个自由的统一的事业。就像一棵大树,它也有很多分支,如形而上学、认识论、逻辑等等。但这些分支,包括政治哲学,都只是哲学的各个部分,而不是像实践、科学、历史那样独立的模式。这些分支的划分远比模式的划分来得任意,因为它们每一个的论证都要依赖另外分支的论证,"没有形而上学的逻辑和没有逻辑的形而上学,同样是枯瘠的抽象"。② 事实上,哲学分支的地图一直在重画,以至于罗蒂把哲学称为不稳定的事业,③但哲学的各个分支不可能通过与哲学以外的其他学科结盟而脱离哲

---

① Cf. Michael Oakeshott, *Experience and Its Modes*, pp. 355–356.
② Michael Oakeshott, *Experience and Its Modes*, p. 348.
③ Cf. Richard Rorty, *Philosophy and the Mirror of Nature* (Princeton: Princeton University Press, 1979), p. 168.

学,它们始终依赖于作为一个整体的哲学。虽然人们习惯将欧克肖特称为"政治哲学家",但他可能更愿意把自己定位为哲学家。政治哲学只是对政治的哲学思考,或者说,对政治的哲学批判,它本身是哲学,而非政治。欧克肖特始终坚持从哲学来思考政治,而不是从政治来对待政治哲学。

对于欧克肖特来说,哲学始终是对我们理解之种种条件(概念、预设等等)的批判,一旦将它同化为逻辑、科学、意识形态或思想史,也就是否定它的独立性,哲学也就不成其为哲学了。各种将宗教的、科学的或其他的结论作为哲学思辨毋庸置疑的基础的哲学学派,已经背叛了哲学内在的批判特性。哲学也不能教条地尊奉大学各系科和专业学会,那样的话哲学也就完了。哲学不依赖任何特殊的知识来源,"没有任何书对哲学研究来说是不可缺少的";①也不承认任何权威,"如果哲学要成立的话,它绝对必须站在自己的基础上"。②哲学不能还原为任何一种模式,也不是一种学问,而是一种心态(mood),它与任何专业化和专业人员无关,但也与日常生活格格不入,因为它的使命就是发现、批判和拒绝人们认为理所当然的种种假设。"哲学不在于说服他人,而在于使我们自己的头脑清楚。"③

前面已经提到过,欧克肖特的哲学观其实是低调的,这种低调源自他思想的怀疑论性质。他虽然深受黑格尔的影响,但却不像黑格尔那样,认为哲学可以把握绝对。他的哲学只是要检验一切经验而已。哲学的任务不是建立一个包罗万象的体系,而只是"从作为一个整体和为其自身缘故的经验的立场"批判经验模式,"它证明抽象的模式和不足;但它没有权力废除它们。它可以使它们黯然失色,但不

---

① Michael Oakeshott, *Experience and Its Modes*, p. 8.
② Michael Oakeshott, *Experience and Its Modes*, p. 7.
③ Michael Oakeshott, *Experience and Its Modes*, p. 3.

能除去它们"。① 例如，历史在哲学家看来是有条件和不完全的理解，但史学家被迫思考和信仰的世界却是可能世界中最好的世界。哲学与实践和科学一样，不能取代历史经验；哲学家的任务只是从外部，即从哲学的观点思考历史的性质。② 在欧克肖特这里，我们看不到黑格尔那种作为普遍理性和绝对精神化身的哲学。哲学是经验模式的批判者，但不是它们的奠基者。欧克肖特更不像马克思或实用主义那样，要让哲学掌握群众，对我们的日常实践起作用。哲学是远离日常生活的精深思考，"要普及哲学同时就是在贬低它；对哲学的普遍要求，就是对哲学贬值的普遍要求。……大多数哲学能给我们提供的不是福音，而是（在实践生活方面的）一种逃避，也许是我们唯一可能的完全的逃避"。③

对于听惯了"哲学是科学的科学"或"哲学的时代精神的精华"的耳朵来说，欧克肖特的哲学观不免使人气馁。但对于欧克肖特来说，要求哲学提供任何实践指南都是犯了逻辑上所谓 ignoratio elenchi（不相干的结论）的错误，即要证明甲，实际证明的却是乙。哲学是理论，而不是实践。但哲学不是普遍的理论，而是哲学理论。哲学家不能教导史学家、科学家或实际生活中的人更好地去做他们的工作，反之亦然。历史地、科学地或实践地思考是一回事；思考"什么是历史的本质？""什么是科学的本质？""什么是实践的本质？"是另一回事。哲学家只是为了哲学而思考。哲学不是唯一的理论，哲学家也不代表普遍理性说话。人类理性是多样的，欧克肖特不想用哲学来一统人类的精神世界。蒙田的著名谚语："让每一只脚都有它的鞋"最能

---

① Michael Oakeshott, *Experience and Its Modes*, p. 350.
② Cf. Michael Oakeshott, *Experience and Its Modes*, pp. 86–88.
③ Cf. Michael Oakeshott, *Experience and Its Modes*, p. 3.

说明欧克肖特的立场。①

尽管如此,欧克肖特把哲学排除在经验的模式之外,赋予它批判它们的预设和思考它们的本质、追求完整的经验的任务,实际上还是隐含有哲学要比经验诸模式高的意思。但是,到了上世纪50年代,他的这个立场有所改变。通过对人文教育、艺术、历史探究的研究,欧克肖特发展出来对话的概念,即各种知识模式不但没有等级之分,而且它们也不是竞争者;它们只是人类文明中互补的声音,"它们的音调既不是专制的,也不是气势汹汹的,而是谦恭和可对话的"。②哲学不再是"没有预设、没有保留、没有限定和限制的经验",欧克肖特说他不知道"把一个完全没有模式性的经验安顿在何处"。③哲学不再被理解为是高于抽象模式的具体经验,而是在没有等级的对话中诸种声音中的一种声音。但这并不意味着哲学的任务有所改变。"哲学是要研究每一种声音之性质和风格,反思一种声音与另一种声音之关系的冲动,必须把它看作是一种寄生的活动;它源于对话,因为这就是哲学家反思的东西,但哲学并未对对话有特殊贡献。"④

在《论人类行为》中,欧克肖特进一步深化了他的哲学思想。在那里,他把所有深思熟虑的思维称为"理论思维"(theorizing)。但也有时也在较狭隘的意义上使用 theorizing 一词,此时它指某种特定的理解,即从发现事物的预设中产生的对事物的理解,即哲学。这种对 theorizing 的使用显然是继续了《经验及其模式》对模式和哲学的区分。哲学不同于其他理论思维的地方就在于它对自己的结论更怀

---

① Cf. Roy Tseng, *The Sceptical Idealist. Michael Oakeshott as a Critic of the Enlightenment* (Thorverton: Imprint Academic, 2003), p. 118.
② Michael Oakeshott, *The Voice of Liberal Learning: Michael Oakeshott on Education*, p. 98.
③ Michael Oakeshott, *Rationalism in Politics and Other Essays*, p. 512.
④ Michael Oakeshott, *Rationalism in Politics and Other Essays*, p. 14.

疑。一切理论思维都始于已经接受的观念，批判地考察它们，辩证地重新提出它们以产生一个新的观念体系。通过质疑它开始的观念，理论思维不是把这些观念看作无条件的真理，而是看作暂时的结论，它们的有效性取决于某些假设的条件。因此，对这些假设的怀疑并不限于哲学。哲学只是自我批判比其他理论思维更彻底。①

哲学是无条件的理论思维，它要批判地考察事实后面的范畴和预设。换言之，哲学家是要用其他的方式来理解他研究理解了的东西。②他要看出事物的预设，并理解它们。例如，一般人都会问："现在是什么时间？"在这么问时，人们当然已经对时间有所理解。但哲学家还要进一步问："时间是什么？"这就是在追问我们时间的概念及其预设了。哲学不但要追问一般事物的预设，它的自我批判特性使它还要追问它自己理论思维的预设，因为它知道自己也是有条件的，哲学的定义与前哲学的经验之间没有断裂。前哲学的经验并不是纯粹无知；它隐含着与经验整体的关联，哲学的任务就是要让这种隐含的关联显现出来。在哲学中，我们决不是"从纯粹无知到完全知识"；哲学"始终是一个逐渐更充分和更清晰地认识在某种意义上已经认识的东西"。③哲学的"无条件"只是指它承认条件，永远能批判地考察种种预设，包括它自己的预设。

三

欧克肖特是一个渊博的维多利亚时代式的学者，他一生工作除

---

① Cf. Terry Nardin, *The Philosophy of Michael Oakeshott*, pp. 50-51.
② Michael Oakeshott, *On Human Conduct* (Oxford: Clarendon Press, 1975), p. vii.
③ Cf. Michael Oakeshott, "The Concept of Philosophical Jurisprudence", *Politica* 3(1938), pp. 345-347.

哲学外,涉猎政治、历史、宗教、艺术、教育诸多领域,这套《文集》所收的著作(《经验及其模式》未能收入是一大遗憾)基本能反映他思想的各个方面。上述他的基本哲学思想贯穿在他的所有工作中,是他一切著作的灵魂。下面我们将简单勾勒它们在他工作各个方面所起的作用。

与亚里士多德以来的许多实践哲学家不同,欧克肖特严格区分理论与实践。政治是实践,它不仅包括政治行为,也包括它影响的所有人的生活;而政治哲学只是对政治的判断,对政治本质的思考,是理论。它不是要干预世界的事务,而是要逃避生活在世界中的责任。政治哲学不是对政治实践耳提面命,"政治的哲学本身不是一个政治纲领;它不是基本原则或基础,一些可以据以构建一个政治纲领的原理"。①相反,"有真正哲学的地方就不能有指导;如果我们寻求指导,我们必须'挂起哲学'"。②"我们不能指望政治哲学增加我们在政治活动中成功的能力。"③欧克肖特对政治哲学非实践性的强调,是他政治哲学的特点,是我们在阅读他有关的著作必须时刻注意的。

但这决不意味着欧克肖特的政治哲学是一种完全脱离现实的乌托邦。刚好相反,它始终意识到并承认自己理解的条件性,即政治理解与解释不能脱离在人类过去一直存在的理解,这种条件性是这种保守主义政治哲学的根本原因和出发点。政治哲学的任务不是给现实政治提供一个解答或指南,而只是要批判地反思日常人们对政治理解的种种范畴和预设,在此意义上,政治哲学是极端颠覆性的,而不是建设性的。他的政治哲学之所以围绕着对政治理性主义的批判展开,就因为理性主义是近代西方政治的根本性预设。这个根本预

---

① Michael Oakeshott, *Religion, Politics and the Moral Life*, p. 137.
② Michael Oakeshott, *Religion, Politics and the Moral Life*, p. 155.
③ Michael Oakeshott, *Rationalism in Politics and Other Essays*, p. 65.

设不仅导致对政治的现代理解,也支配了现代政治。

理性主义严格说来不是一种理论,而是一种信仰。它的基本假设是世界上的一切事情都是可以人为加以安排的,人为安排要比听其自然好得多,"在严格意义上他(指理性主义者)相信造成的东西比纯粹生长出来的东西要好,整齐划一比丰富多彩和生气勃勃更好。philosophe① 的才华是理性化的才华,是使生活和生活的事情合理,而不是看到生活的本身的道理的才华,是不管什么代价计算精确的秩序的才华,而不是把握一个看上去是混乱不堪、实则精妙的秩序的存在的才华"。②

很显然,理性主义的"理性"是工具理性,对于理性主义者来说,只有一种知识,这就是可以工具理性的机械操作过程学会的"技术知识",有了这种知识,人们就可以随心所欲安排有关政治的一切。这就必然产生全盘计划的想法(信仰的政治、计划经济、社会工程,等等);这种伪科学的行动纲领和计划需要有一个全盘的思想体系来证明,意识形态就应运而生了。而一般人理论决定实践,理论指导实践,或理论化为实践的想法,无疑也都是这种理性主义题中应有之义。

欧克肖特并不一般地反对计划,"计划"本身没什么错,我们做事有计划总比没计划好,例如安排一个会议程序或制定一个教学计划。他反对的是对整个社会生活的计划,因为社会不是一台由本身无活力的部件组成的机器,这些部件的相互关系只有根据驱动机器的外力才有意义,它们共同服务于一个外在目的。在欧克肖特看来,社会是一个活的东西,它的共同生活及其实现取决于它成员的自选目的

---

① philosophe 是个法文词,意为"哲学家",但往往被用来特指启蒙时代文人型的法国思想界;欧克肖特用它特指理性主义者。

② Michael Oakeshott, *Rationalism in Politics and Other Essays*, p.139.

非强制的一致。而任何社会计划则是要将一个计划的外在目的强加于所有社会成员,这固然威胁了个人自由,而且也注定要失败,因为任何计划都不可能以经验的全体(那是任何人为努力无法达到的)为基础,而只能以某种有限的理解为基础,而社会却是经验的全体。

在他伦敦经济政治学院的就职演说,即《政治教育》中,欧克肖特指出,政治没有实质目标,历史是不可预言的,没有万能灵方可以保证我们的集体幸福、拯救、甚至安全,我们最靠得住的指导是传统,因为它是我们持续的政治经验的产物:"在政治活动中,人们是在一个无边无底的大海上航行;既没有港口躲避,也没有海底抛锚,既没有出发地,也没有目的地。事情就是平稳地漂浮;大海既是朋友,又是敌人;航海技术就在于利用传统行为样式的资源化敌为友。"①

这话听上去似乎非常保守和消极,但要真正理解这段经常被人引用来说明欧克肖特的保守主义的话,并进而理解欧克肖特的保守主义,我们必须知道他的传统概念的特殊含义。欧克肖特的传统概念与伯克的传统概念不同。对于伯克来说,传统就是一个社会已有的宗教信仰和伦理习惯。而在欧克肖特那里,传统首先是指行为传统,它不是固定与完成了的东西,一种死板的做事方式。传统一个复杂的整体,并不指向一个单一方向,它也不是完全自我一致的。它有同一性,但这是一种复杂的同一性,而不是一种单一的本性。用黑格尔的话讲,传统是具体的普遍。作为实践的资本,传统是"有多种声音的创造物"。②

如前所述,作为一个观念论者,欧克肖特拒绝实在论的世界观,即认为世界是由具体事物组成的。在他看来,世界是意义的世界。

---

① Michael Oakeshott, *Rationalism in Politics and Other Essays*, p. 60.
② Michael Oakeshott, "Rationalism in Politics: A Reply to Professor Raphael", *Political Studies* 13 (1965), p. 90.

他说:"我们所进入的世界是由一批情感、信仰、意象、说话方式、语言、技巧、实践和产生这些'事物'的活动方式组成的。因此,认为它是资本而不是股票是合适的;即某种只在使用中认识和享有的东西。因为这些东西没有一个是固定和完成了的;每一个都既是一个成就又是一个许诺。这个资本是几百年积累起来的。它在使用中赚得利息,利息部分消费在当前的生活方式中,部分再投资。"① 很显然,这里说的"世界",就是传统,欧克肖特在《论人类行为》中又把它叫做"实践"。它实际上就是我们历史形成的当下复杂的生活方式,而不是纯然过去。它是政治的基本条件。与试图脱离传统构建政治的理性主义政治(自由主义和社会主义)不同,欧克肖特所属意的保守主义政治"与自然法和天意秩序无关,与道德或宗教无关;它是对我们当前生活方式的观察"。②

这意味着政治是保护和维持生活方式的多样性,而不是按照一个单一目标的计划去建构和制造。传统决不提供明确答案,它过于复杂,又无远弗届,只给予人们一些提示(intimations);而政治无非就是追求这种提示。具体而言,就是通过与传统对话的方式,学习前人言行中表现出的智慧,从而对自己特定的处境有恰当的理解和举措。传统不能归结为一些大而化之的所谓"主要特征",那样是把传统变成了一种意识形态。"既然一个行为传统不容许区分本质和偶然,它的知识不可避免是它细节的知识:只知要点就是什么也不知。要学的不是抽象的观念,或一套技艺,甚至也不是一种礼制,而是一种在生活的全部错综复杂中具体而一以贯之地生活的样式。"③ 这是保守主义或传统主义政治的认识论出发点。

---

① Michael Oakeshott, *Rationalism in Politics and Other Essays*, p. 187.
② Michael Oakeshott, *Rationalism in Politics and Other Essays*, pp. 423 – 424.
③ Michael Oakeshott, *Rationalism in Politics and Other Essays*, pp. 61 – 62.

理性主义完全看不到传统的多样性和复杂性,它是一种对经验的化约论态度,总是希望把"纷繁多样的经验"化约为"一套原理",①"对一切局部和暂时的东西激动紧张"。②表现在政治上,就是理性主义希望用由一套抽象原理组成的意识形态来解释世界的一切,指导社会的一切行为。同时,要根据原理来构建现实政治。西方现代政治就充分体现了这种理性主义政治的特征。

在具体分析现代西方(欧洲)政治时,欧克肖特没有犯同样的简单化的错误。虽然他揭示现代政治中的理性主义,但他严守哲学的分寸,牢记政治哲学的揭示总是一种抽象,一种对现实政治的缩略的概念描述,而不是对现实政治完整的经验描述,那是史学家的事。即便是他对近代欧洲政治和政治思想史的论述,也是哲学的论述而不是史学的论述。例如,当他将个体主义和集体主义作为现代欧洲政治的两种基本道德设定提出时,他非常明确,它们只是假设的抽象。但哲学的反思不能满足于这种假设的抽象,而要超越它,去反思政治的本质,即被称为"治理"(governing)的那种活动究竟是什么。③《信仰的政治和怀疑论政治》就充分体现了他的这种立场。

在那本著作中,欧克肖特指出,现代西方实际存在着两种式样的政治,即信仰的政治和怀疑论政治。欧克肖特称信仰的政治是一种贝拉基主义(Pelagianism)。④信仰的政治相信人"能在历史中得救",人通过自己的努力可以达到完善,不完善是暂时的。它相信人的力

---

① Michael Oakeshott, *Rationalism in Politics and Other Essays*, p. 6.
② Michael Oakeshott, *Rationalism in Politics and Other Essays*, p. 7.
③ Michael Oakeshott, *Morality and Politics in Modern Europe. The Harvard Lectures*, p. 85.
④ 贝拉基主义是古代神学家贝拉基(Pelagius)创立的一种神学理论,它否认原罪和洗礼的需要,认为不需要上帝的恩典就可以得救。自由意志和法律足以使人们清白地生活。

量而不信任神圣的天意。只要人努力,进步会无限的。政府的职能就是为人类的完善服务,指导国民的行为,追求进步,在地上建立天堂。为此,它必须对人类活动进行组织和控制。显然,这种想法与基督教的千年至福(millennium)的思想有密切关系。由于事关进步和完美,因此,政府不仅仅是安排事务、作出决策的手段,而是达致真理、排除谬误、使真理成功的手段。治理是一种无限制的活动,政府是全能的,但不一定是专制的。信仰的政治认为治理活动是一种无止境扩张的活动,它把人民的所有活动都整合起来。权力对它而言多多益善,它掌控一切活动,协调一切事务,对每一桩工作都及时做出肯定或否定的评价。这种风格的政治把一切力量和资源都集中在规划完美上。因为它认为自己所作所为都是人间正道,它不仅要求国民的顺从和服从,而且还要求他们的赞同,甚至要求他们的爱。不同意和不服从就是"错误"和"罪过"。很显然,信仰的政治就是理性主义政治。一般而言,信仰与理性是相反对的东西,可是,在现代欧洲政治中,信仰的政治就是理性主义政治,它建立在对理性而不是上帝的信仰基础上,这种政治骨子里恰恰是反理性主义的。

与信仰的政治对立的是怀疑论政治。怀疑论政治是在任何方面都与信仰的政治相反的一种政治风格。怀疑论政治认为,统治与追求完美无关。在怀疑论政治看来,人的完美只是一种幻想,把人类的精力集中到一个单一的方向是不明智的,追求完美只会招致失望。怀疑主义者不认为人只有一种需要,只应有一种追求。致力于不同活动而又彼此密切生活在一起的人们容易发生冲突。这种冲突如达到一定程度,就不仅使得生活变得野蛮和难以忍受,甚至还可以使生活突然被毁掉。为此,需要统治。统治之所以存在不是因为它很好,而是因为它必要。统治活动的主要职责在于,通过减少人类冲突发生的机会来降低这种冲突的严重程度。也就是说,怀疑论眼里的统治活动是比较消极的,不是引导社会,而是维持秩序。但这并不等于怀疑论者主张弱政府。恰恰相反。怀疑论主张强政府;但强政府与严密控制的政府不是一回事。怀疑论同样需要一个有效率的强有力的政府,只是这个政府的权力范围是有限的。怀疑主义看到,统治者与被统治者同样都是人,一旦成为统治者,很容易超越职权范围,强加给社会一种特别有利于他们自己利益的"秩序",或强加给社会远远超越秩序的东西。因此,怀疑主义主张对政府权力要总量节制。怀疑主义政治认为,统治活动就是司法活动,政府给老百姓提供一个法律框架,让老百姓在这个法律框架内各行其是。

怀疑主义者认为政府不应该对其国民行为强加单一的道德,不应规定什么方向、基调和行为方式。社会自会对当前的行为表示道德的认可与否,但这不在政府的职责范围内。政府唯一应予关注的是行为对公共秩序的影响。统治不是去确立一个命题的真理,或把命题变成行为。统治者不能声称具有上帝般的万能。

欧克肖特一再声明,信仰的政治和怀疑论政治都只是一种理论的抽象,在欧洲现实政治中,没有纯粹的信仰的政治,更没有纯粹的怀疑论政治。它们有点像韦伯所说的"理性类型",但却不是凭空虚构,而是对现实历史的抽象。由于同出一源,即近代欧洲各国政府控制和整合人民活动权力的高度集中,这两种政治样式在现实政治中往往是你中有我,我中有你,不是截然分开的。但总的来说,还是信仰的政治即理性主义政治占了上风,它不但在欧洲大行其道,而且还传播到了全世界。通过信仰的政治与怀疑论政治这两种理论抽象,欧克肖特不是要描述欧洲现代政治的事实,而是在反思它的本质。他并不满足用这两种理论抽象来理解现代欧洲政治的历史条件,而且还要超越政治传统的复杂性,达到对政治本质更融贯的理解。

《论人类行为》更宏阔地体现了他的这种追求。在这部著作中,欧克肖特继续贯彻了他的这种研究方法和立场。在那里,"行为"不是指经验意义上的现实行为,而是一种理想特征和理论探究的工具,确切说,是用来理解人类偶然的实际言行的工具。① 人类行为关乎信仰、理解和意义,而不是生理冲动、器官紧张或遗传要求。② 这样将人类行为理论化的目的不是为了"分析判断一种处境",而是为了用其他的手段来理解已经理解的东西;不是为了更多认识正在发生之事,而是要根据它的必要条件理解它。③ 这些必要条件,以前欧克肖特把它们叫"传统",现在叫"实践"。④ 在文明中,有种种不同的实践,它们的不同在于它们的维度、复杂度和密度。

《论人类行为》的目的是反思现代欧洲政治的必要条件。政治是人际互动行为,它建立在人际互动关系上。在现代欧洲,可以用范畴将这种关系分为两类,即 societas 和 universitas。前者又叫 civitas,是一种形式的道德关系;而后者是为了一个共同实利目的的合作关系(当然也是一种理想关系的模式)。相对于前者的国家形式叫"公民联合";相对于后者的国家形式是"企业联合"。无论是公民联合还是企业联合,都是对现代欧洲国家必要条件的范畴化或模式化,并不是说现代欧洲国家可以对号入座。它们都是欧克肖特的理论工具,为的是要激活一种不是理性主义的理解政治的方式。欧克肖特认为,societas 和 universitas 是现代欧洲政治意识的根本前提:"现代欧洲政治意识是一个两极化的意识,这二者(指 societas 和 universitas)就是它的极,所有其他的紧张(像'右'或'左'这样

---

① Michael Oakeshott, *On Human Conduct*, p. 31.
② Michael Oakeshott, *On Human Conduct*, p. 32, 36-37, 89.
③ Cf. Michael Oakeshott, *On Human Conduct*, pp. 32-35.
④ 这种意义的"实践"不能与欧克肖特以前的著作,如《经验及其模式》中的实践概念相混淆。

的词说指的那些紧张或在政党联合中的紧张)与之相比都是不重要的。"① 虽然欧克肖特无疑倾心于公民联合,但他决不是将它作为一个欧洲现代政治的实践理想加以提出,那样的话他自己就是一个政治理性主义者了。他只是要将它与企业联合一起,作为探究工具,更深刻地反省现代欧洲政治的前提与实质。

欧克肖特政治哲学的这种方法论,内在有其历史哲学的支持。虽然欧克肖特的历史哲学与他的政治哲学相比,还未得到足够的研究,②但却已经得到了众多学者的积极评价。③与20世纪许多西方的历史哲学相比,欧克肖特的历史思想相当独特。不理解他的基本哲学观点,就不能正确理解他的历史哲学。

"历史"是一个语义暧昧的词,它既指过去,又指对过去的探究。这后一种意义的"历史",也就是史学。对过去的研究,那是史学家的事。在欧克肖特看来,这是两种不同范畴的历史。哲学家的研究主题是后一种意义的历史。那种意义的历史首先不是一门学科,而是一种特殊的理解模式。历史哲学是要从外部反思历史的逻辑和本质,即从哲学家而不是史学家的观点反思历史的逻辑和本质,反思它的种种预设与前提,确定它的知识论地位,将它与其他理解模式相区分,而不是反思前一种意义的历史。

正因为如此,历史哲学又不能不思考时间、过去、变化、历史事实等等这些历史的基本预设。历史总是与时间有关,时间是历史的基本前提。一般认为,时间是自然的东西,即一个同质匀速先后相继的

---

① Michael Oakeshott, *On Human Conduct*, p. 320.
② 到目前为止,除了若干论文外,专门研究欧克肖特的历史思想的专著只有 Luke O'Sullivan 的《欧克肖特论历史》这一部。
③ Cf. Roy Tseng, *The Sceptical Idealist. Michael Oakeshott as a Critic of Enlightenment*, p. 214.

自然流逝过程,似乎可以称为"自然的时间"。其实刚好相反,因为"自然是一个无时间的世界;它既不改变也不发展;它是静态的和自我包容的,过去与未来的概念对它是不适用的"。①那个同质匀速先后相继流逝的自然时间或实证主义者眼中的科学时间,实际是我们的创造。

前面已经说过,欧克肖特拒绝实在论的世界观,对他来说,世界是观念世界或意义世界,我们的时间概念总是与我们的时间关怀、审美想象、记忆和历史思维有关。因此,时间其实不是"先后相继的时间轴"、"时间性连续"或"时间过程",而是与我们的不同经验模式相关,相对于它们的不同而不同的时间。因此,作为时间之一个维度的过去,也不是只有一个意义,而是可以有不同的意义。根据欧克肖特的思想,历史的过去与实践的过去或科学的过去是很不同的。

实证主义者会坚决反对欧克肖特的这个观点,因为他们认为只有一种时间,即科学的时间,因而也不可能有不同意义的过去。他们要将历史建立在这个时间概念上。他们认为世界是独立于人而客观存在的,历史是一个由有待发现、有待发掘、有待重新获得的过去事件组成的客观世界,这些事件实际发生过,所以世界不是一个观念世界,而是一个事件世界。史学家的事情"是去回忆,而不是思维;他是一个接收者,而不是一个建构者;他是一种回忆,而不是一个大脑"。②

与实证主义的信仰联系在一起的还有幼稚的经验主义历史理论,它认为史学家写史是从收集材料和积累孤立的事实开始,然后寻找原因。这种理论认为:"在历史中,材料是固定的;它们让人们去整合,而不是去改变。"③

---

① Michael Oakeshott, *Experience and its Modes*, p. 200.
② Michael Oakeshott, *Experience and its Modes*, p. 92.
③ Michael Oakeshott, *Experience and its Modes*, p. 96.

在欧克肖特看来,实证主义和经验主义的理论根本站不住脚,因为它们把历史研究看作是与作为过去的历史一样的东西。历史是一种特殊的经验模式或理解模式,它是从特定的角度去理解世界,因此,历史事实总是史学家根据历史范畴理解的东西,而不是独立于我们的观念"客观存在"的赤裸裸的事实。历史事实只有在作为整体的历史的观念世界中才有意义,这是一个"同质的观念或预设系统,(史学家)靠它意识到无论什么出现在他面前的东西"。①对于欧克肖特这样的释义学哲学家来说,绝没有孤立的、原子式的、固定的、完成了的、只是给定的事实。事实的意义始终是由它在作为整体的单一观念世界中的位置决定的。"因此,历史事实必定是一个结论、一个推理和一个判断。它属于并且从历史的观念世界中获得其意义。"②过去、事实、变化这些历史的基本概念只有在历史这个预设系统中才有意义,纯粹"时间本身"意义上的过去没有任何意义。

在欧克肖特看来,将"纯粹过去"作为历史研究的对象,本身就是一个形而上学的矛盾,因为如果它是对象的话,它就是现在的东西,而不是完全过去的东西;完全过去了的东西不可能成为历史研究的对象。它也不可能独立于我们的经验而存在,与我们的经验丝毫无涉者只有无。作为历史对象的过去,是从历史的观念世界理解的过去,是作为一种特殊观念的过去,是只有在历史的观念世界中才有意义的过去。

历史始终是作为一个从历史过去的模式产生的单一而融贯的观念世界存在的。但与实践的过去和科学的过去相比,历史的过去更"过去"。实践的过去总是与我们自己和我们当下的活动有关。人们

---

① Michael Oakeshott, *Experience and its Modes*, p. 97.
② Roy Tseng, *The Sceptical Idealist. Michael Oakeshott as a Critic of Enlightenment*, p. 236.

谈论过去是为了说明和证明自己现在的情况。如人们用一个过去的例子来证明自己现在的选择是合理的。而在科学世界,人们只是用过去的事件来证明一般规律。可是,史学家却是为了过去而过去,他感兴趣的是死的过去;一个不像现在的过去。①欧克肖特指出:历史,既然是经验,就意味着一种组织整个经验世界,并且使之融贯一致和保持融贯一致的尝试。与其他组织经验世界的方式不同的是,历史组织的是整个过去形式的经验世界,是为过去而过去的整个经验世界。这并不是说历史的过去是与现在的经验世界相对立的。相反,它是对那个世界的一种特殊组织。史学家探究历史不是因为它对现在有用或有当下的意义,也不是因为它能证明什么普遍原理,而就是为了它是已死的过去。如若不然,那就是犯了范畴混淆的错误,即把历史当作了实践或科学。

一定会有人觉得这种历史观太消极了,消极得几乎没有任何意义了。但这是对欧克肖特历史思想的误解。我们不能忘记,对他来说,历史是一种理解模式,是史学家对现在世界的经验,但这个现在世界在史学家那里被设想为是已经过去了的世界,是作为"过去"的现在世界。过去当然不是现在的东西,但它只能以现在的观念形式存在。"历史事实和历史真理……必然是现在的,但同时人们以过去的形式设想它们。"②之所以这么说,原因在于,历史探究的原材料不是不再存在的过去,而是我们有理由把它们当作一个消失了的过去证据的现在事物。历史的知识的确只是关于过去的知识,但这个过去本身是通过一个适当的程序从现在的证据(保存下来的历史记录、发掘出的文物、历史遗址等等)推论出来的,在此意义上,历史知识是

---

① Michael Oakeshott, *Experience and its Modes*, p. 106.
② Michael Oakeshott, *Experience and its Modes*, p. 118.

现在的知识,而不是过去的知识。史学家对过去事件的认识决不会同于事件亲历者的认识。因此,史学家虽然只对死去的过去感兴趣,但他们对这过去的理解却不是死去的过去,而是构成了当前的世界,按照欧克肖特的观念论哲学,历史实在是我们当下世界的一部分。

在欧克肖特那里,历史实在就是历史个体:个人、制度、形势、事件,等等。但这些历史实在不是给定并且理解了的东西,而正是史学家要去理解的东西。因为它们不是单义的自在物,而是多义的构成物,对它们的区分不是绝对的。例如,法国大革命可以被定义为一个事件或一系列事件,或一种创制或一套创制,也可以定义为观念的演变或别的什么。总之,在不同语境中,"法国大革命"可以有不同的意思。什么是历史个体,那是由史学家带给研究的观念"指定的",而不是在独立于这些观念的过去中"发现的"。"历史本身不也不能提供我们历史个体,因为无论历史存在何处,都已经被人根据一个设定的个体性概念建构了。"①

历史实在的语境性决定了它不仅是多义的,而且也是变化和流动的。历史世界是由变化、继续和中断观念支配的历史个体的世界。历史探究不是为了要说明一个给定的、单义的、已经理解了的历史个体,而是要解释历史的变化,通过解释历史变化来理解构成历史变化的种种不同。但历史解释首先必须是历史的解释,而不是实践的或科学的对历史变化的解释。在西方历史哲学中,曾经流行不是用普遍规律或因果条件来解释历史变化,就是用一个总的目的和方向来解释历史。但这类解释实际上都是犯了 *ignoratio elenchi* 的错误,牛头不对马嘴地用科学或实践的概念和关怀来解释历史。从现存的有关历史实在的证据中得不出这些规律或目的。在历史模式中,没

---

① Michael Oakeshott, *Experience and its Modes*, p. 120.

什么是自然和不可避免的:在历史中,没有情节或计划,没有机械原理,没有天意,没有辩证法,没有结局,没有"元叙事"。一个历史事件不是一个不可避免的结果,先行条件必然的后果或一系列事件的"顶点",因为在历史理解中事件没有必然原因、内在可能性或内在意义。历史事件的唯一结果就是其他事件,这些事件本身是我们不认识和不可预见的。①

因此,历史解释不是要找出历史事件的因果规律,那样的话它就不是历史解释而是科学解释了。它不关心个别事件之间的关系,而只关心它们在由人类思想和行为组成的过去中的个别特征。也就是说,它只关心这些事件由周围环境决定的特征与意义。史学家的任务是根据现有的证据确立一个由事件组成的过去,这些事件在与先前事件的关系中得到理解,有待解释的事件就这样变得可知。在历史解释中,被当作相关前件的东西不仅说明事件的发生,而且阐明它的意义。历史解释通过表明历史事件如何配合在一起形成其他事件的特征,使构成历史变化的种种不同变得可知。②也就是说,历史解释不是提供关于历史的一般东西,而是要把握过去的种种特殊性和个别性。通过这样的解释,它不断丰富我们对过去的理解,丰富我们的历史世界。

欧克肖特对艺术的思考,也与他的模式思想有关。在《经验及其模式》中,欧克肖特认为艺术从属于实践,他说:"在(艺术、音乐和诗)中,归根结底,我们完全被实践生活占有了。"③当然,即便这样,也不是说欧克肖特是说艺术应该多少是实践的,或是传递道德训诫,或是激起政治行动,等等。他在同页的脚注中引里尔克的那段话,就是为

---

① Cf. Terry Nardin, *The Philosophy of Michael Oakeshott*, p. 161.
② Cf. Terry Nardin, *The Philosophy of Michael Oakeshott*, p. 166.
③ Michael Oakeshott, *Experience and its Modes*, p. 297.

了表明这一点。①他倒是要让诗（艺术）超越实践生活功利的计算,将实践生活提升到功利领域之上。

但是,在《政治中的理性主义》序言中,他却要收回"这句愚蠢的话"。那表明,此时他已经完全将艺术视为一个独立的模式。这就要求明确区分艺术与实践和科学。诗（艺术）与实践和科学不同的地方在于:它是"沉思冥想"或"愉悦"的活动。"沉思冥想"表示艺术没有实践的目的,它的快乐纯粹是非功利的,甚至也没有道德的目的。在艺术世界中,我们不会对安娜·卡列尼娜这样的人物做道德评判。另一方面,艺术也与真理无关。艺术家描绘的不是现实的东西,我们不能把真理概念用于一首诗。

欧克肖特似乎是在主张一种并不新鲜的为艺术而艺术的主张,在这之前,他还不是如此。在1939年写的《政治的主张》中,他明确表示,诗人与艺术家的天分就是创造和再创造他们社会的价值,社会可以通过它们意识和批判自己的缺陷。诗人和艺术家保护社会免于"意识的腐败"。②但20年后,欧克肖特却似乎完全拒绝了艺术的社会功能:"听诗的声音就是去享受,不是享受一个胜利,而是享受一次片刻的放松,一个短暂的陶醉。"③从他的模式思想来看,欧克肖特的这种思想至少是符合逻辑的:艺术必须与实践（政治、社会）和科学划清界限,它们是范畴上不同的模式或声音。

---

① 那段话是这样的:"艺术是童年。艺术意味着不知道世界已经存在,意味着创造一个世界:不是破坏被发现已经存在的东西,而只是发现手头没有任何东西。除了可能性与希望,一无所有。然后,突然,实现,夏天,太阳。不经意,对此不发一言。决没有完成,决没有安息日。决不把一切视为尽善尽美。不满足本身是青年……一首歌,你珍藏的一幅画,你喜爱的一首诗,所有这些都有其价值和意义。我意思是指对第一次创造了它的人和对第二次创造了它的人,对艺术家和真正欣赏它的人。"
② Michael Oakeshott, *Religion, Politics and the Moral Life*, p. 95.
③ Michael Oakeshott, *Rationalism in Politics and Other Essays*, p. 540.

要求或主张艺术的社会功能,就是犯了混淆范畴的错误,艺术世界不是实践世界,也不是科学世界。作为我们一种独特的理解或经验方式,我们有什么理由非要艺术承担社会功能?那样反而会使我们失去一种独特的经验限定和理解世界的方式。让各种模式各司其职,各守本分岂不更好?然而,与史学家和科学家一样,艺术家毕竟生活在作为整体的经验世界中,艺术的声音与其他声音不同不等于它对其他声音不能有任何提示。欧克肖特其实并不否认这种提示。①但提示只是提示,与提出政治纲领行动或道德训诫风马牛不相及。

欧克肖特是一个非常特殊的哲学家,也是一个很难把握的思想家。他的个体主义、保守主义和怀疑论,都是独特的,不能用一般人熟悉的这些"主义"的标签去理解;只有通过充分理解他颇为独特的哲学,尤其是他的释义学形而上学和多元认识论立场,我们才能真正理解他思想的方方面面,尤其是他的个体主义、保守主义和怀疑论。近年来,个体主义、保守主义和怀疑论,在我国思想界已不是绝对的贬义词了。可要真正理解它们,还有很长的路要走。这不是一个时间长短的问题,而是一个心智是否成熟的问题。欧克肖特的思想,几乎在所有方面都对我们的思维方式和思维习惯提出了挑战。这挑战不在它艰深难懂,而在于人们无法习惯它,觉得有点别扭。但这正是他思想最大的价值之所在。能将我们带进新的思维领域,思考以前从未想过的问题,转换一下我们的思路,难道不比告诉我们一些现成的真理更有价值吗?在欧克肖特的哲学中,intimation(提示、暗示)是个重要概念。它表示,每个人都在

---

① Michael Oakeshott, *Rationalism in Politics and Other Essays*, p. 540.

独特的环境中生活,面临特有的问题,实践问题没有现实的答案和现成的真理,我们能有的只是不同来源的种种提示。欧克肖特一定不会不赞成,我们把他的著作也看作提示,某种难得、却十分必要的提示。

现代政治的独特观察者

近年来,政治哲学在国内学术界颇热,有关政治哲学的会议此伏彼起,政治哲学的书籍层出不穷。从柏拉图到施特劳斯,从亚里士多德到阿伦特,当然还少不了自由主义的各位宗师,人们几乎对西方政治哲学的所有重要的思想家都表现出浓厚的兴趣,唯独欧克肖特有点背时,没有引起太多的注意。这个在上个世纪90年代初就被人称为"也许是在世的盎格鲁-撒克逊传统最伟大的政治哲学家",死后更被认为是"从密尔——或甚至伯克以来——盎格鲁-撒克逊传统最伟大的政治哲学家",却不入那些言必称"英美传统"的人的法眼。道理也很简单,现代政治哲学的研究很难避免意识形态的篡夺,它经常更多的是表明一种立场,而不是求得真理。

欧克肖特之所以在中国受冷落,与人们无法给他贴上什么"主义"的标签有关。人们固然可以给他贴上"自由主义"、"保守主义"、"怀疑主义"、"社群主义"等等标签,可马上会发现,所有现成用来给思想流派画线站队的标签用在他身上都不太合适。他就像阿伦特一样,似乎什么都是,又什么都不是。正因为难以将他归入某个派别,即使在西方学术界,他也曾长期不为人喜。人们对他的评价五花八门,互相矛盾。有人认为他是"傲慢的传统观念的攻击者";也有人认为他会使我们没有标准说英国的议会政府比德国的军国主义传统要好。有人甚至说他是"怀疑的、好争论的、自相矛盾的、放荡的和刻薄的人",是"孤独的虚无主义者"。一直到上个世纪90年代,他才在自己的国家时来运转,被人认为是"表达了撒切尔夫人政策真正的哲学基础",虽然他本人是决不会承认他是保守党的宣传员。他的确写过题为《论保守》的论文,但那也只是描述保守的气质,而决不表示赞同一个保守的政党。他的《论人类行为》被赞扬为具有霍布斯的《利维坦》或黑格尔的《法哲学》同样的理论广度。但欧克肖特本人公开否认所有那些把他说成是一代宗师的说法,骂杀和捧杀对这个骨子里的怀疑主义者来说都太无聊。

其实,欧克肖特真正值得人们认真研究。这首先因为他是典型的英国政治哲学家,对欧洲的真正传统,特别是英国的政治传统,有极为精深和广博的研究。并且,与一般政治哲学家不同,他的政治哲学研究有史学的支撑,不是纯粹的概念演绎和论证,而是既研究以往政治哲学的经典文本,也研究历史与现实的政策宣示和宣言,以及政治行动和事件,这使得他的政治哲学不是纯粹的观念构造和演绎,而是对历史与现实政治经验的深刻洞察和智慧揭示。

非常奇怪的是,从张君劢说"政治是英国的好"开始,英国政治成了不少人心仪的对象,可是在这一波政治哲学热中,恰恰是英国政治哲学家受到了冷落。无论是霍布斯、伯克还是洛克或密尔,都未得到像样的研究,欧克肖特就更不用说了。人们可能以为,翻译就是研究。但翻译的热情决不等于扎实的研究。翻译与研究完全不是一回事。翻译者众,研究者少是很不正常的现象。

欧克肖特之所以少人问津,还在于他思想的复杂性。政治哲学研究往往会带有意识形态的企图。现代意识形态的特征就是非黑即白,非此即彼的截然二分,我正确就说明你错误,真理与谬误、正义与邪恶、专制与民主、自由与奴役、黑暗与光明、进步与反动,冰炭不同器,含糊不得,这关系到人类的根本幸福。至于哲学史上的两军对战,两条路线斗争,德法与英美之争等等,则是本土人士在此种思路下的发明创造。

根据这种意识形态的思路,现代欧洲政治,特别是近现代英国政治,被视为是自由民主政治的典范。它横空出世,与传统政治实行最彻底的决裂,产生于与封建专制势力的斗争中,顺应并促进了市场经济和个人权力的历史要求,体现了自由、民主等普世价值。英国政治的实际运作,也给世人提供了一个足可效法的榜样:小政府、大社会,议会民主、程序至上、公平竞争,等等,总而言之一句话,近现代英国政治是最纯粹的民主政治,没有任何不民主的杂质。

但身为英国人的欧克肖特却不这么看。欧克肖特一生研究兴趣广泛,虽然他以政治哲学名世,但他在历史哲学、宗教哲学、教育哲学,乃至纯哲学本身,都有相当深湛的研究。欧克肖特深受黑格尔的影响,具有很强的历史感,他始终将对政治的观察置于真实的历史背景下来考察,而决不像有些人(如罗尔斯),以一个先验的理论构造或理论预设为出发点来推演出一个理论体系。欧克肖特最重要的成就,也是他贯穿始终的理论追求,就是对现代欧洲政治的基本特征的观察和抉发。他在这方面最有启发性的贡献就是揭示现代欧洲政治(当然是指西欧,尤其是英国)决不是同质性的铁板一块,而是包含了两种对立的因素。

欧克肖特最早在他编的《当代欧洲社会和政治学说》一书的一个注中提出这个思想。他说,近代欧洲的政治观念与实践可分为两大类。有人喜欢让国家全面计划社会,这样个人就被吸收进集体中;还有些人则宁可国家只提供一个法律框架,个人和各种群体可以在这个框架内各干各的。社会究竟应该计划还是不应该计划,在现代政治中必然表现为治理理念或统治风格。在上世纪50年代后期他把它们分别称为"个人主义"和"集体主义",到了60年代他用从希腊文中派生出来的两个术语 *telocracy*(目的统治)和 *nomocracy*(法律统治）来指这两种统治风格；在他的代表作《论人类行为》中他又用 societas 和 univeisitas 这两个拉丁词来代表这两种统治风格；而在他死后才发表的著作《信仰的政治和怀疑论政治》中，他又把这两种统治风格分别称为"信仰的政治"和"怀疑的政治"。

不明就里的人可能会认为，欧克肖特也是在用非此即彼的二分法来提出问题。如果这样的话，欧克肖特就毫无价值，就与任何一个怀抱意识形态理想的政治哲学家没什么两样。欧克肖特的特殊之处恰恰在于：他认为，在理论上，作为韦伯所谓的"理想类型"，可以明确区分这两种统治风格；但在现实政治中，找不到纯粹的这两种统治风格中的任何一种，它们实际上是你中有我，我中有你。问题只在于何种风格起主导作用。在他看来，法西斯主义、民族社会主义，共产主义、近代的许多自由主义和代议制民主都是为了要计划一个理想的社会，它们只是继续了一个可以上溯至文艺复兴的倾向。

《信仰的政治和怀疑论政治》这本书的目的就是要让人们看到欧洲现代政治内在的复杂性，它实际上包含了两种彼此冲突的对政府角色的不同理解，这两种不同的理解在欧洲的政治理论和实践中都有表现。而不是两个不同的政治理念和政治实践的选项。现代政治的困境，就是由于欧洲政治的这种暧昧性引起的。这种暧昧性使得"自由主义、资本主义、社会主义、浪漫主义、古典主义，所有这些事件、过程和运动……本身都是矛盾的……复杂的和自我分裂的。"（欧克肖特：《信仰的政治和怀疑论政治》，英文第一版，1996年，第15页）这种暧昧和矛盾，恰好证明现实政治决不是一些人按照某个人的思想设计或计划出来的结果。

所谓"信仰的政治"，它的名称就表明它受到了宗教思想的启发。欧克肖特称信仰的政治是一种贝拉基主义（Pelagianism）。贝拉基主义是古代神学家贝拉基（Pelagius）创立的一种神学理论，它否认原罪和洗礼的需要,认为不需要上帝的恩典就可以得救。自由意志和法律足以使人们清白地生活。信仰的政治相信人"能在历史中得救",人通过自己的努力可以达到完美,不完美是暂时的。它相信人的力量而不信任神圣的天意。只要人努力,进步会无限的。政府的职能就是为人类的完美服务,指导国民的行为,追求进步,在地上建立天堂。为此,它必须对人类活动进行组织和控制。显然,这种想法与基督教的千年至福(millennium)的思想有密切关系。由于事关进步和完美,因此,政府不仅仅是安排事务、作出决策的手段,而是达致真理、排除谬误、使真理成功的手段。治理是一种无限制的活动,政府是全能的,但不一定是专制的。信仰的政治认为治理活动是一种无止境扩张的活动,它把人民的所有活动都整合起来。权力对它而言多多益善,它掌控一切活动,协调一切事务,对每一桩工作都及时做出肯定或否定的评价。这种风格的政治把一切力量和资源都集中在规划完美上。因为它认为自己所作所为都是人间正道,它不仅要求国民的顺从和服从,而且还要求他们的赞同,甚至要求他们的爱。不同意和不服从就是"错误"和"罪过"。

　　看到这里,读者自然会想到上个世纪在欧洲和其他地方出现的某些政治,以为欧克肖特是在影射它们。如果这样的话,欧克肖特就不是欧克肖特了。在欧克肖特看来,这种风格的政治至少可以上溯到16世纪,那是西方历史非常重要的一个转折点。在15世纪下半叶至16世纪,全欧洲的政府在不同程度上都获得了控制它们国民的活动和命运的权力,这个时代见证了中世纪所不曾见过的人类权力的急剧增加,人们开始追求实现自己的完美计划,最初是把政府视为实现基督教救赎的工具,但很快政府权力就具有经济的性质。并非信仰的政治造成政府权力的急剧增加,而是相反,信仰的政治是权力适时扩张的结果。

所有权力潜在地都归政府控制，几乎允许政府权力无限加强，"标志着近代社会与事物中世纪社会区别的这些事件，推动政府的实践向更加严密地控制国民行为的方向发展，并从中产生属于信仰的政治的种种信念"。"在近代社会中，信仰的政治是当时环境下权力不断积聚的产物之一。"(《信仰的政治和怀疑论政治》，第46页)拥有充分权力和资源的政府的产生，是现代欧洲社会脱离中世纪而诞生最重要的标志。欧克肖特告诉我们，广泛而分散的政府权力向一个中心集中，很久以来就被认为是改变中世纪生活和思想的最重要原因之一，正是这种生活和思想上的变化造成了近代欧洲作别中世纪。这个过程以不同程度和不同速度在全欧洲发生着，英国也不例外，而且没有任何一个地方比英国发生得更快或更具决定意义。[1] 在英国清教政治中就可以找到信仰政治的典型例子。

　　权力不是抽象的东西，它是迅速行动的能力，从经济学上讲就是效率和确定性。之所以要集中权力，是为了控制世界的事物。当时欧洲产生的种种技术手段，如银行、簿记、记录、登记簿、文件、护照、档案和索引，也适时为信仰的政治提供了技术支撑。而那个声称"知识就是权力"的培根，也就被欧克肖特称为"信仰的政治的总建筑师"。培根在《新大西岛》中提出要"恢复人类在堕落中失去的东西"，那就是天堂。培根把无止境追求自己的幸福看成是对自己堕落历史的救赎。他试图表明，当人类所有力量被组织地整合起来救赎这种堕落时，人类的不完美状态在很大程度上会消除。政府的职能就是要成为人类达致完美的保护人，要成为世俗救赎

---

[1] 就在草拟这篇文章时，看到英国《每日电讯报》援引英国官方报告说，英国有关机关每天窃听或截取大约1 000人的电话、电子邮件和邮寄信件。一些人担心，英国真在变成一个监视国家。公开数据显示，有6 000万左右人口的英国目前拥有约450万个监控摄像头，人均拥有量是世界上最多的。

事业的原动力。因此,必须授予政府更大的权力。他为他所观察到的政府权力而鼓舞。欧克肖特指出,培根的著作证明,即使在16世纪末以前,(英国)政府也已获得了追求信仰的政治的必要权力。

在现代社会,信仰的政治有两种主要版本:宗教版本和经济版本。在宗教版本中,政府权力被用来向国民强加一种活动模式,这种模式不给任何游离于它的行为留下空间。而在信仰的政治的经济版本中,政府的权力用来指导和整合国民所有活动,使国民在追求"幸福"和"繁荣"的活动中同心协力,重商主义可以被看作是经济版本的一个例子。在信仰政治的经济版本中,政府强加的活动可以称为"生产主义的"(productive),政府是"生产主义"社会中的组织和指导者。它让国民的生活只有一个目标,就是赚钱发财。欧克肖特看到,虽然时间过去了4个世纪,人类享乐的欲望和自欺的天性使得生产主义者的事业获得了道德合理性,人们把开发利用世界资源当成了人类唯一正确的活动。"这里重要的不是能享受到的利益,而是这样一种信心:所有的人类活动都应该被整合起来从事对世界资源进行最大限度地开发利用这个事业。因此,由一个唯一的、拥有必要的全面权力的权威来激励和控制活动是正当的。"(《信仰的政治和怀疑论政治》,第63—64页)

欧克肖特完全不顾意识形态的偏见,使他不但指出了信仰的政治产生的历史原因,更揭示了它得以产生的内在动力。它实际上是欧洲人从文艺复兴以来生活与思想观念发生根本变化的产物,它不但有宗教方面的远因,也有经济上的近因。把这个存在了5个世纪之久的政治风格和对政府的理解"当作是一种怪人的愚蠢或预言家的智慧,或者当作是法国人或'工业革命'的产物,或者当作是某个叫做'民主'的东西的忠实伴侣,都将完全误解它。"(《信仰的政治和怀

疑论政治》,第 66 页)

信仰的政治不是谁的专利品,而是现代欧洲政治的基本特征:"信仰的政治不等于近现代社会中任何具体的政治运动、政党或事业。在每一个营垒、每一个政党、每一场运动和每一个事业的倡导者中都有这种政治风格的代表。……实际上,近现代社会中没有任何具有重大意义的具体政治运动不与信仰的政治有某种牵连。信仰的政治不是,也从来都没有成为任何欧洲国家或任何政党的独家财产。"(《信仰的政治和怀疑论政治》,第 67 页)

与信仰的政治对立的是怀疑论政治。怀疑论政治是在任何方面都与信仰的政治相反的一种政治风格。怀疑论政治认为,统治与追求完美无关。在怀疑论政治看来,人的完美只是一种幻想,把人类的精力集中到一个单一的方向是不明智的,追求完美只会招致失望。怀疑主义者不认为人只有一种需要,只应有一种追求。致力于不同活动而又彼此密切生活在一起的人们容易发生冲突。这种冲突如达到一定程度,就不仅使得生活变得野蛮和难以忍受,甚至还可以使生活突然被毁掉。为此,需要统治。统治之所以存在不是因为它很好,而是因为它必要。统治活动的主要职责在于,通过减少人类冲突发生的机会来降低这种冲突的严重程度。也就是说,怀疑论眼里的统治活动是比较消极的,不是引导社会,而是维持秩序。但这并不等于怀疑论者主张弱政府。恰恰相反。怀疑论主张强政府;但强政府与严密控制的政府不是一回事。怀疑论同样需要一个有效率的强有力的政府,只是这个政府的权力范围是有限的。怀疑论看到,统治者与被统治者同样都是人,一旦成为统治者,很容易超越职权范围,强加给社会一种特别有利于他们自己利益的"秩序",或强加给社会远远超越秩序的东西。因此,怀疑论主张对政府权力要总量节制。怀疑论政治认为,统治活动就是司法活动,政府给老百姓提供一个法律框架,让老百姓在这个法律框架内各行其是。

怀疑主义者认为政府不应该对其国民行为强加单一的道德,不应规定什么方向、基调和行为方式。社会自会对当前的行为表示道德的认可与否,但这不在政府的职责范围内。政府唯一应予关注的是行为对公共秩序的影响。统治不是去确立一个命题的真理,或把命题变成行为。统治者不能声称具有上帝般的万能。

欧克肖特一再声明,信仰的政治和怀疑论政治都只是一种理论的抽象,在欧洲现实政治中,没有纯粹的信仰的政治,更没有纯粹的怀疑论政治。这两种政治风格在现实政治中往往是你中有我,我中有你,不是截然分开的。例如,克伦威尔、艾略顿(Ireton)和提出"人民宪章"的平等派本身是怀疑论者,但信仰的政治的大门最初正是在他们的帮助下才得以开启的。

但总的来说,还是信仰的政治占了上风,它不但在欧洲大行其道,而且还传播到了全世界。它是"欧洲给世界最值得注意的礼物"。它构成了现代之为现代的标志。欧克肖特本人当然比较倾向怀疑论政治而对信仰的政治持批判态度,但他还是以一个中立的观察者或研究者的身份来考察这两种政治风格的命运。

在他看来,这两种政治风格都是欧洲历史的产物,而不是人们的主观选择,所以谈不上人们要不要的问题。二者是标志着近代开始的社会权力扩张的"螟蛉子"。事实上,500年来,各国政府的权力一直在加强,政府对国民的监视和控制随着相应技术的产生也到了无微不至、无远弗届的地步。欧克肖特1947年就与哈耶克一样,担心权力大量集中在政府手里产生了"正在到来的暴政"和"专制主义";而后者也在上世纪40年代后期已经看到了"我们中间的极权主义者。"

那么,为什么在同样的历史背景下,还会产生与信仰的政治截然不同的怀疑论的政治呢？原因在于现代政治并不是突然无中生有地出现的，而是从历史中自然生长发展出来的。现代的政治制度并非按照什么人事先的设计产生的。例如，在欧克肖特看来，英国的民主制就是"一种首先在中世纪开始出现的生活方式和政治行为方式"；而"议会政府和理性主义政治不属于同一个传统"。与现代政治相反，中世纪政治的特点恰恰是无权的政治（politics of powerless），"无权的政治"不是说这种政治没有任何权力，而是说这种政治对老百姓的活动采取无为而治的方式。另一方面，老百姓也要求政治权力的操作是有限的，以对抗暴政。与现代政府拥有的权力相比，中世纪统治者权力施行的范围非常有限。怀疑论政治继承了中世纪对政府职能和政府运作的理解。

但怀疑论政治决不是中世纪政治的余孽，而恰恰是产生信仰的政治的同一个历史潮流的产物。与进化论者不同，在欧克肖特看来，同样的历史背景会产生不同方向的东西。伴随着政府权力的扩大，政府职能有了更进一步的界定和规范。这就产生了一种观点：统治不是对国民活动无限制的监护，而只是履行一定的公共职责。总之，在权力的扩张导向信仰的政治方向时，与权力扩张相伴随的政府规范的细密化则导向怀疑论的政治风格和怀疑论的政治理解方向。（《信仰的政治和怀疑论政治》，第75页）怀疑论政治在英国则还有它传统的资源，这就是直接以风俗习惯来表明对政府的怀疑主义的理解，而无需缜密的论证。欧克肖特指出，中世纪政府的特征不只是其权力相对较小，而且还包括一种温和统治的观点。它遗赠给现代世界的伟大制度之一是各种各样的法院，中世纪人对政府的理解就是对司法活动的理解。而在对法院的职责和权力的任何解读中，法院都是不适合去引领和组织人类走向完美的事业的制度。这就导致怀疑论政治将统治活动理解为司法活动。

怀疑论政治的另一个根源是对人自身能力天然的不自信。这种不自信转换到对统治活动的沉思时，就构成了怀疑论政治的源泉。"对于一个怀疑主义者来说，地球不是有待开发利用的世界，而是'演员们的舞台'；而且他对人类工程持有怀疑，尤其是当这种工程被设计得很宏大时。这种怀疑劝诫人类在致力于单一的行进路线之前至少应该先暂停下来反思一下。"（《信仰的政治和怀疑论政治》，第76页）培根的同时代人蒙田就是这种怀疑论的代表。欧克肖特列出的怀疑论政治的代表思想家还有斯宾诺莎、帕斯卡、霍布斯、休谟、孟德斯鸠、伯克、潘恩、边沁、黑格尔、柯勒律治等人。而信仰的政治的代表思想家除了卢梭和马克思外，还有培根、笛卡尔和洛克。这个名单分野与人们在意识形态教导下熟悉的分野出入不少，因此，一般英语的"欧克肖特工业"从业员在谈到这张名单时都悄悄把斯宾诺莎和黑格尔从怀疑论政治的思想家中抹去，隐匿不提。人们总是想把欧克肖特归在按意识形态划定的某一边，而欧克肖特的复杂和价值，正在于他超越了意识形态的规范和局限。他的思想也不是习惯了此善彼恶、非黑即白的简单头脑所能理解的。

即使对于他肯定较多的怀疑论政治，他同样毫无顾忌地指出它的根本缺陷。怀疑论政治的一个缺点是对任何社会变动都持冷漠的态度。当出现了为保持相关秩序需要对权利和义务体系进行调整时，它仍然无动于衷。怀疑论政治坚持要照章办事，但往往拒绝修改形式和规则，结果秩序很快会变得与现实脱节，因而造成自我毁灭。由于没有宏大的事业要追求，这种风格的政治在维持权利与义务的体系时可能会显得行动迟缓，甚至陷于政治上的不作为。怀疑论政治比较低调，但也容易造成权威的流失。它坚持专业性，但狭隘、刻板、不热情；它没有勇气、没有信念。它承认活动方向的多样性，但却不显示自己赞成哪一种方向。这就会把政治降格为一种游戏。可游戏需要认真,一旦游戏者变得淡漠,没有了对于必须取胜的想象,游戏也就进行不下去了。怀疑论政治有这种自我毁灭的可能性。

但怀疑论政治与信仰的政治都不是现实存在的政治,甚至也不是两种可供选择的统治样式,而只是现代政治内在运动的两个极点。现代欧洲政治是这两种政治妥协的结果。所以它们不仅是对手,也是伙伴。这两种政治都有自我毁灭的因素,它们中的每一方都能把对方从这种自我毁灭性中解放出来。这样一种听上去似乎是不可思议的结论恰恰说明了现代政治的复杂和暧昧。这种复杂性是天生的(历史产生的)、无可逃避。因此,尽管欧克肖特对信仰的政治批判大于肯定,他不赞成在两种政治风格中选择任何一种,任何一种选择都不可能满足我们的要求。"我们的任务是,要去发现某种能够使我们去熟悉我们继承的、现在无可回避的复杂性的方法,而不要沉湎于这样一种幻想中:希冀能找到一个可以将复杂性交换为简单性的市场。"(《信仰的政治和怀疑论政治》,第120页)欧克肖特《信仰的政治和怀疑论政治》的最后结论来自朱熹《四书集注》告诉他的中庸原则:不偏不倚。探索游走于两个极端之间的中间区域,就可以使我们摆脱极端的毁灭。事实上现代欧洲政治就在他讲的那两个极端之间摇摆。

欧克肖特的复杂性使得他在可见的将来不太会受人欢迎。近代以来,人们已经养成了一套化复杂为简单的方法和习惯。人们都相信自己看到了人类与历史的终极真理,对历史和人类的未来早已有了一套固定的看法:历史是按一个方向发展前进的,某种制度和文化代表了这种方向,它终将取得最后的胜利,它将必然带来自由、幸福和繁荣。所要做的只是朝着那个历史前进的单一方向,按照这个信仰来思维和行动,按照这个信仰进行某种制度安排,这样,人类的理想定当实现。欧克肖特说,近代欧洲带给世界最值得注意的礼物不是代议制政府或任何形式的政府,而是以信仰的方式支配与被支配的抱负与灵感,信哉斯言。

人们好谈英国经验主义。可稍有哲学史常识的人都知道,经验主义最基本的一条原则,就是从自己的经验出发。也因为这一点,经验主义必然导致怀疑主义。不是怀疑论者的"经验主义者"其实就是欧克肖特讲的"理性主义者"。对于理性主义者来说,一切都是确定无疑的,包括真理、历史和人类的命运。因此,人类的可能性是有限的,活动的方向是一定的。谁要是有怀疑,就是逆潮流而动、就是拒绝普世价值、就是专制和愚昧,等等。在这种理性主义的思想氛围中,难以产生接受欧克肖特乃至霍布斯、伯克、休谟等人的怀疑论思想,也是正宗英国政治哲学智慧的土壤,却会出现叶公好龙的现象。

叶公态度其实是一种放弃自由思考的教条态度。热衷信仰的政治的人从来没有去深入研究,他们的理想政治是如何产生的?它的内在动力是什么?如果说它是人类追求自由愿望的产物,为什么经过500年的发展,连伯林都不能不承认,今天人们享有的自由远少于17世纪?自由到哪里去了?权力的日益集中伴随着人生目标和人类活动与行为模式的日益单一,究竟说明了什么?权力日益集中是偶然的吗?它的内在机制是什么?现行的政治制度为什么不能控制它,反而在助长它?

平心而论,与海德格尔、阿伦特、施密特、施特劳斯等人相比,欧克肖特对现代政治本质的剖析,并不算是最深刻,但他对现代政治复杂性的描述和揭示,却是独一无二的。他打破意识形态的教条,对现代政治进行另类思考的勇气和做法,更是思想自由的一个榜样。他不顾所谓的政治正确性,超越了意识形态的"主义"之争,把问题引向现代政治本身,对于当代政治哲学是一个宝贵的贡献。对于正在思索现代政治乃至政治本身的本质的人来说,欧克肖特是一个不容忽视的人物。欧克肖特不是汉学家,可他对中国古代思想经典异常熟悉,经常在他的著作中用来阐明自己的观点。我想,他有理由期待在孔孟老庄的后人中找到真正的知音。

黑格尔与启蒙

——纪念《精神现象学》发表二百周年

启蒙运动构成了黑格尔思想发生和形成的一个主要思想背景和语境。按照黑格尔的第一个传记作者罗森克朗茨的说法,黑格尔的教育是结合了启蒙的原则和古典研究。①黑格尔著作的编纂者霍夫麦斯特也指出,启蒙运动的整个传统构成了黑格尔教育的背景。启蒙不但构成了黑格尔所受的教育,而且也对他成熟的思想有更微妙的影响:"十八世纪思想不仅是他体系的原材料、主题——它是他继承的思想财产。"②这些说法当然不是空穴来风的想当然,而是有着坚强的历史证据。

虽然启蒙运动还应区分法国、英国和德国的启蒙运动,它们彼此之间有着重要的区别,但黑格尔却是对这三个启蒙运动都不陌生,都有深入的研究和接受。③启蒙思想构成了他思想中的一条潜流。④这在他后来有关启蒙的论述中得到充分的证明。然而,黑格尔自己从

---

① Karl Rosenkranz, *Georg Wilhelm Friedrich Hegels Leben* (Darmstadt, 1963), SS. 19 – 21.

② Johannes Hoffmeister, *Dokumente zu Hegels Entwicklung* (Stuttgart, 1936), S. viii.

③ Cf. Shlomo Avineri, *Hegel's Theory of the modern State* (Cambridge: Cambridge University Press, 1972), pp. 2 – 12.

④ Cf. Norbert Waszek, *The Scottish Enlightenment and Hegel's Account of 'Civil Society'* (Dordrecht/Boston/London: Kluwer Academic Publishers, 1988), p. 17.

来没有承认启蒙对他的影响。相反,在他成熟的著作中,找不到康德对启蒙的那种肯定和热情,而是提出了深刻的批判。这使得黑格尔研究中关于他与启蒙的关系形成了两种对立的意见。一种着重启蒙思想对黑格尔的影响和黑格尔对启蒙思想的接受;另一种观点则是强调黑格尔对启蒙的批判。①

其实,启蒙思想对黑格尔的影响是毋庸置疑的;黑格尔对启蒙的批判态度也是毋庸置疑的。Waszek 说人们只是强调了黑格尔对启蒙"扬弃"(Aufhebung)的不同方面,②似乎无可挑剔。但从哲学上看,接受或受到影响与批判地回应不能视为同一层面上的两个不同方面,而是两个不同范畴的问题。康德受到经验论的影响,并且这种影响可以在他的著作中看出来,不等于康德就是经验论者,更不能否定康德是经验论的坚定批判者。经验论的影响恰恰构成了康德批判哲学的起点。同样,启蒙思想对黑格尔的影响乃至他对启蒙思想的一定接受,并不能使我们像对康德那样,把黑格尔看作是一个启蒙人物。③

黑格尔对启蒙的批判态度从一开始就是明显的。在他早期关于人民宗教和基督教的手稿中,他已经把启蒙定性为通过知性追求实效的意愿(Wirkenwollen),④以不屑的口吻谈到"启蒙的空谈家"。⑤在 Waszek 认为是以启蒙精神写的,并且体现了启蒙价值的《耶稣传》中,黑格尔让他笔下的耶稣得出这样的结论:生活在愉快地享受

---

① 有关这个问题可看 Norbert Waszek 在 *The Scottish Enlightenment and Hegel's Account of 'Civil Society'* 一书中对此问题的综述,pp. 15 - 31。
② Norbert Waszek, *The Scottish Enlightenment and Hegel's Account of 'Civil Society'*, p.19.
③ Cf. Willi Oelmüller, *Die unbefriedigte Aufklärung* (Frankfurt am Main, 1979).
④ Hegel, *Frühe Schriften*, Werke 1 (Frankfurt am Main: Suhrkamp, 1969), S. 21.
⑤ Hegel, *Frühe Schriften*, Werke 1, S. 27.

自己各种愿望的满足中,即使人们占有这些东西其用意只在于用来达到人类的福利,其后果也不外降低自己的品格使屈从于自己的和异己的情欲,忘记了自己较高的尊严、弃绝了自我的尊重。①而这恰恰是黑格尔后来对启蒙教化的世界的一个主要批判:只追求欲望的满足,而放弃了永恒的伦理法则。

黑格尔的确从启蒙思想中吸取了很多东西,就像他从西方思想传统中吸取了许多东西一样,但这不等于可以否定他对启蒙基本的批判态度,虽然在黑格尔这样的辩证法大师那里从来就不是简单的否定,而是扬弃;黑格尔的历史思想也不允许他完全否定启蒙,而是把它作为历史(自我意识)发展的一个并不完善的阶段。批判意味着扬弃和克服。本文的目的主要不是探索启蒙对黑格尔的影响,而是要论述黑格尔对启蒙的批判。之所以如此,是因为黑格尔把哲学理解为在思想中把握的它的时代。黑格尔的时代实际上还是启蒙的时代,有人认为,黑格尔哲学最好被理解为对启蒙的一个回应,②是很有道理的。其次,在某种意义上,整个现代都可以视为"启蒙的时代",即启蒙思想占支配地位的时代,当哈贝马斯说启蒙是一个"尚未完成的计划"时,他实际上就是把我们的时代仍然理解为上述意义上的"启蒙的时代"。因此,黑格尔对启蒙的批判就对今天的人们具有宝贵的现实相关性。

启蒙有认识-理论和道德-政治两个维度,黑格尔对启蒙的批判也可相应分为两个部分,即对作为一种精神现象的启蒙或启蒙理论方面的批判,和对启蒙的实践哲学方面的批判。前者主要表现在《精神现象学》和《哲学全书》中;而后者则集中表现在《法哲学》中。本文

---

① 黑格尔:《耶稣传》,《黑格尔早期著作集》,上卷,商务印书馆,1997年,第151页。
② Steven B. Smith, *Hegel's Critique of Liberalism* (Chicago & London: The University of Chicago Press, 1989), p. 57.

主要考察黑格尔在《精神现象学》中对启蒙的前一个方面的批判,而将他对启蒙实践哲学方面的批判的考察留待将来。

一

与卢梭一样,黑格尔是他那个时代对现代性问题最敏感的人。他几乎一走上哲学道路就发现,现代的特征是分裂(Entzweiung),表现为精神与物质、灵魂与肉体、信仰与理智、自由与必然、理性与感性、才智与自然、存在与非存在、概念与存在、有限与无限的对立。① 而所有这些分裂,其根源恰恰在于启蒙。启蒙本身就是精神自我分裂或者说自我异化的产物。启蒙的特征就是"自我"作为一个否定的活动从物我混一中分化出来,从我自身中排除一切非我的东西而成为为我自己(自为)。这种精神的自我分裂在智者和苏格拉底那里已初露端倪,所以黑格尔把近代的原则(现代性)一直追溯到伯罗奔尼撒战争,② 而将智者对教养的传播就视同启蒙。③

但是,主体性原则的真正确立还是在近代,从笛卡尔将世界区分为思维的实体和广延的实体时开始。笛卡尔"我思故我在"的彻底怀疑使得思维可以抽去一切内容达到一个纯粹自我。正是"自我"从世界的抽离造成了精神是自我异化或分裂,这个自我异化的精神的世界分裂为两个世界,"第一个是现实的世界和精神自己异化而成的世

---

① Cf. Hegel, *Differenz des Fichteschen und Schellingschen Systems der Philosophie*, Werke 2 (Frankfurt am Main: Suhrkamp, 1970), SS. 21, 24.
② 见黑格尔:《哲学史讲演录》,第二卷,贺麟、王太庆译,商务印书馆,1997年,第3页。
③ 见黑格尔:《哲学史讲演录》,第二卷,第9页。这也说明黑格尔实际上把启蒙基本等同于近代的原则和现代性。

界,而另一个则是精神于超越了第一个世界后在纯粹意识的以太中建立起来的世界"。①也就是人们平时所讲的物质世界和精神世界,客体和主体。

与此同时,思维成了一个对立于现实世界,与之根本有别的精神活动,实际上成了知性。当康德第一次将知性使用的有效性限于知觉经验时,他的知性概念实际上体现了那个作为否定活动的"自我"的特征,而他的现象与本体的二元论实际意味的也正是黑格尔所谓精神自我异化的两个世界。康德把知性规定为能用于经验对象的规则和范畴的能力,而把与知性有别的理性的目标定在"无条件的综合"上,表明康德并不满足于两个世界的分裂,而试图最终复归统一。

黑格尔抓住了康德知性和理性的区分,但把"理性"保留给思辨的同一。他认为知性是一种只关有限规定的能力:"有限是……知性最顽强的范畴。"②"这种将具体分离为抽象和掌握区分深度的能力必须被重视为知性的无限力量。"③"分解活动就是**知性**的力量和工作。"④黑格尔也说过:"知性的原则是同一性,即简单的自相联系。"⑤但这意思是说,知性的作用是将它的对象的某个方面或性质固定为自我同一的,从而与它的其他方面相区别。把知性规定为一种区分的能力并不是抹杀知性在思想中的合理性。相反,黑格尔认为,没有知性抽象和力量和在感官知觉的流动现实中设定人为的分

---

① 黑格尔:《精神现象学》,下卷,贺麟、王玖兴译,商务印书馆,1983年,第41页。
② Hegel, *Wissenschaft der Logik* I, Werke 5 (Frankfurt am Main, 1986), S. 140.
③ Hegel, *Wissenschaft der Logik* II, Werke 6, S. 286.
④ 黑格尔:《精神现象学》,上卷,第20—21页。
⑤ 黑格尔:《逻辑学·哲学全书第一部分》,梁志学译,人民出版社,2002年,第153页。

殊界线的话,就根本不可能有任何明确的思想。所以他把知性称为"最惊人的和最伟大的,甚至是绝对的力量。"①知性不是与理性对立的东西,而是理性的条件或本质要素。②

但倘若知性不能超越被它区分的因素而把握世界的统一的话,知性就分裂了世界。近代世界的分裂就是知性将它的种种分殊、分析和分隔绝对化的结果,黑格尔将这种独断的或绝对的知性叫作反映知性,"反映是绝对的分离"。③黑格尔在《小逻辑》中对Reflextion(反映)有如下说明:"反映这个词原创是用来讲光的,因为光以其直线进展的方式射到镜面上,又从镜面反射回来。"④这样,同一个对象就一分为二,一是作为当下直接的东西,一是作为间接反映(思)的东西。在我们思维中,反映的观点导致人们把存在分为本质和现象。"本质的观点全然是反映的观点。"⑤反映的观点一般也要与原因和结果、力与其种种表现、整体和部分这些相对的观点一起起作用,它们迫使我们以直接-间接的双重方式来看存在。康德的二元论就是这种双重看存在的方式的或许不自觉的表现。

正是这种精神的自我分裂及其造成的存在的分裂和世界的分裂产生了哲学的需要:"当统一的力量从人们的生活中消失,种种对立失去了它们活生生的相互关系和彼此影响时,哲学的需要就出现了。"⑥

---

① 黑格尔:《精神现象学》,上卷,第21页,译文有改动。
② Cf. Hegel, *Wissenschaft der Logik II*, Werke 6, S. 288.
③ Hegel, *Differenz des Fichteschen und Schellingschen Systems der Philosophie*, Werke 2 (Frankfurt am Main: Suhrkamp, 1970), S. 98.
④⑤ 黑格尔:《逻辑学·哲学全书第一部分》,梁志学译,人民出版社,2002年,第216页,译文有改动。
⑥ Hegel, *Differenz des Fichteschen und Schellingschen Systems der Philosophie*, S. 22.

哲学的任务是要重建分裂的世界的整体性。①哲学必须恢复人类生活的整体感,虽然只是在思想的平面上。

但启蒙的哲学由于是知性和反映的观点,本身不可能完成这个任务。启蒙的哲学虽然从认识论上可以分为经验论和唯理论,在存在论上可分为唯物论和唯心论,但它们本身都是精神自身分裂的产物。经验论认为一切知识来源于经验。唯理论认为我们的经验不可避免会揭示理性原则在认识中起作用,至少经验要符合理性原则。但启蒙哲学家的经验概念和理性概念都是不充分的。经验论最终证明的不是经验是知识的起源,而是经验服从理性解释。即使是声称从纯经验开始的经验科学,"这些经验科学想要达到和创造出来的主要东西,却是**一些规律**、**普遍原理**或**一种理论**,换句话说,是一些关于现存事物的**思想**"。②而启蒙哲学家的理性,其实只是知性,或者说工具理性。而唯物论和唯心论只是把精神的分裂各执一端,而没有看到,"**存在**和**思维**两者**自在地**是同一个东西"。③ 自然与精神和上帝,"完全是同一个概念"。④由于他们片面地把自然和精神或上帝截然分开,"那么自然,作为在自己本身中进行无意识的编织,就会缺少发挥展开的丰富生活,而精神或上帝,就会缺少对其自身进行区别的意识"。⑤对启蒙的批判必然同时也是对启蒙哲学的批判和克服。

二

哲学家把经验和理性、物质和精神截然对立和分隔,不但反映人

---

① Hegel, *Differenz des Fichteschen und Schellingschen Systems der Philosophie*, S. 24.
② 黑格尔:《逻辑学·哲学全书第一部分》,第 39 页。
③ 黑格尔:《精神现象学》,下卷,第 110 页。
④⑤ 黑格尔:《精神现象学》,下卷,第 109 页。

类世界和人类生活的分裂,而且也反映了人自身的分裂。如上所述,近代的基本原则是"自我"从特殊具体的环境中"脱颖而出",成为凌驾于一切之上的绝对"主体"。但这个自我作为否定的活动,本身却是自我异化的。

黑格尔在《精神现象学》中把现代世界称为"教化"(Bildung)。Bildung一词在德语中一般是"教育"、"教养"、"文化"等意思,因此,有人认为黑格尔在这里用这个词与古希腊的 paideia 观念有关,是像柏拉图在《理想国》等著作中强调的那样,指开发既有的天分,将形式赋予不完全的事物。当然还有黑格尔自己的意思,就是指通过教化使人脱离本能的当下性而成熟到接受伦理规则。① 这种解释显然是成问题的,它忽略了黑格尔是在"异化的精神"这个标题下论述"教化"的。在《精神现象学》中,黑格尔是把"教化"作为现代自我异化的精神的一种特殊表现来讨论的,因而它基本上是一个贬义的概念。教化"就是现实和思想两者的绝对而又普遍的颠倒和异化……人们在这种纯粹教化世界里所体验到的是,无论权力和财富的**现实**本质,或者它们的规定**概念**善与恶,或者,善的意识和恶的意识、高贵意识与卑贱意识,统统没有真理性"。②

"教化"有明显"人为"的意思,它首先指人通过教化脱离了自己的自然状态和天性,形成了一个与原初实在相对立的教化世界,也就是卢梭所谓的"文明世界"。黑格尔的教化概念与其说是受到柏拉图的影响,不如说受卢梭的影响更为恰当。卢梭是一个有深刻历史感的哲学家。与启蒙哲学家那种天真的进步主义的历史哲学不同,他从《论科学和艺术》到《爱弥尔》的一个经典主题就是知

---

① Cf. Steven B. Smith, *Hegel's Critique of Liberalism*, pp. 175 - 176.
② 黑格尔:《精神现象学》,下卷,第 65 页。

识与美德的不一致是一个惊人的历史事实。柏拉图在批判智者时也提出过反思究竟属于人的本性,还是与之相抵触的问题。在卢梭看来,不管文明给人类带来多少好处,它总是有损人类的善良天性。文明实际上是一个去天性的过程,虽然这是一个无法避免的过程。

黑格尔把卢梭的异化和去天性化的思想作为整个现代的标志。但他和卢梭一样,都不是怀旧的、个人主义的浪漫主义者。他们都看到人的异化和去天性化是一个长期发展的既成事实。对黑格尔来说,人不是被迫异化和去天性化的,就像在卢梭那里人将自己的自然权力让渡是为了融入作为一个道德整体的公民社会或社会共同体一样,教化是有意识的自我异化的形式,它是有意识地放弃自己的特殊性(自然存在和倾向)以获得一个"第二天性":"虽然自我作为**特定的**个体在这里也知道它自己是现实的,但它的现实性毕竟完全在于扬弃它的自然的自我;经过扬弃,原始的**特定**自然就降低为量的大小,降低为意志力的强弱这样一些**非本质的**差别。但是自我的目的和内容则完全属于普遍的实体本身,只能是一种普遍的东西。"①这里的"普遍",意味着是"社会的"。

自我意识只有通过自身的异化,才能成为普遍性的东西,具体而言,"这个自我意识把它自己的人格外化出来,从而把它的世界创造出来,并且把它存在的世界当作一个异己的世界看待,因而,它现在必须去加以占有"。②这是说,近代人创造了一整套的社会政治经济制度,Bildung 这个词本身也有"构成"和"形成"的意思。与霍布斯和洛克等人不同,黑格尔并不认为现代人声称的种种权利是天赋的,

---

① 黑格尔:《**精神现象学**》,下卷,第 42—43 页。
② 黑格尔:《**精神现象学**》,下卷,第 42 页。

是人的概念本身迫使我们承认这些权利,①我们创造种种社会制度则保障这些权利。而个人只有通过自身异化由自然人变成社会人,放弃种种自然倾向,克制种种天然本能,无一例外受自己创造的种种制度约束,也就是所谓"成为普遍性的东西",②才有其社会存在。换言之,现代人作为人和公民的身份是社会赋予的,在此意义上,它完全是一个"人为的"身份。

也就是说,这种"普遍性的东西"(公民身份、人格、社会义务,等等)只是外在嫁接到特殊性上去的,第一本性并未被第二本性消灭,而是以异化的第二本性的合法身份扭曲地实现。结果变成"普遍的东西"的个人正是自身异化的个人:"**法权**的人格的独立性毋宁也还是同样的普遍混乱和相互消除。因为,被承认为绝对本质的东西就是作为个人的纯粹而**空虚的一**的那个自我意识。与这个空虚的普遍性相反,实体的形式里面是具有充实的**内容**的,而且现在这充实的内容完全是自由散漫、杂乱无章;因为当初管制它并约束它在自己的统一性里的那个精神已经瓦解,已不复存在了。——因此人格的这种空虚的一,就其**实在性**而言,乃是一种偶然的特定存在,一种无本质的运动或行动,它不会有持续存在。"③

与个人异化同时,善恶的观念也异化为权力和财富。"权力和财富是自我的两个最高努力目的。"④占有异己的世界,就意味着占有权力和财富。作为经济活动者,现代人是资产者(bourgeois);作为政治人,他又是公民(citoyen)。这两种身份在他那里经常互换,但

---

① Cf. Lewis P. Hinchman, *Hegel's Critique of the Enlightenment* (Tampa: University of South Florida Press, 1984), p.105.
② 黑格尔:《精神现象学》,下卷,第42页。
③ 黑格尔:《精神现象学》,下卷,第35页,译文有改动。
④ 黑格尔:《精神现象学》,下卷,第70页。

不可能统一。对待权力和财富有两种态度,一种是贵族的态度,认为权力与财富是与自己同一的,黑格尔把这种态度称为"高贵意识"。与之相反的是认为权力与财富和自己不同一的意识,黑格尔把它称为"卑贱意识"。"卑贱意识"是资产者的意识,它"视国家的统治力量为压迫和束缚**自为存在**的一条锁链,因而仇视统治者,平日只是阳奉阴违,随时准备爆发叛乱。——卑贱意识借助于财富而得以享受其自己的自为存在,但它同样把财富视为与它自己不同一的东西,即是说,因为它从自己的持存的本质出发来考察,发现财富与自己不同一"。①"财富于是使享受它的主顾也从它这里得到被抛弃之感。"②财富占有给人的感觉不是充实,而是空虚:"财富所直接面临的是这样一种最内心的空虚,它感觉在这个无底深渊中一切依据一切实体都消逝得荡然无存,它看到在这个无底深渊中所唯一仅有的只是一种卑鄙下流的事物,一种嬉笑怒骂的游戏,一种随心所欲的发作。它的精神只落得是完全无本质的意见,是精神丧失后遗留下来的躯壳。"③占有的结果不是充实,而是虚无。先于尼采喊出"上帝死了"的黑格尔,分明看到虚无主义是现代的必然现象,启蒙孕育了虚无主义恰恰是启蒙的辩证法之一。

现代人的人格分裂和世界分裂特别表现在语言中。与哈贝马斯等交往理论的鼓吹者相反,黑格尔并不认为语言体现了健全的理性。在颠倒、异化的教化世界,语言最准确地表达了这个世界的分裂性。"表示分裂性的语言乃是表示这整个教化世界最完全的语言,乃是这整个教化世界的真的现实存在着的精神。"④这种语言毫无真诚可言,只是指鹿为马,颠倒黑白。"被规定为好的成了坏的,被规定为坏

---

① 黑格尔:《精神现象学》,下卷,第51页。
②③ 黑格尔:《精神现象学》,下卷,第63页。
④ 黑格尔:《精神现象学》,下卷,第64页。

的成了好的。"①"精神所述说的有关它自己本身的那种话语,其内容,是一切概念和一切实在的颠倒,是对它自己和对于别人的普遍欺骗,而正因为内容是普遍的欺骗,所以述说这种自欺欺人的谎言骗语时的那种恬不知耻,乃是最大的真理。"②

黑格尔把狄德罗笔下的拉摩的侄儿当作这种分裂话语的典型。这种话语不失精神和机智,但却是"明智和愚蠢的一种狂诞的混杂,是既高雅又庸俗、既有正确思想又有错误观点、既是完全情感错乱和丑恶猥亵,而又是极其光明磊落和真诚坦率的一种混合物"。③这种分裂的语言既不是没一点正经,但也决不是一本正经。它在肯定的同时也在否定,而在否定的同时又肯定了被它否定的东西。实际上它是在瓦解:"在这种述说和论断面前,一切算得上是真实本质和可以当成整体的现实成分的那些环节,都陷于瓦解,而且,它们甚至跟自己也玩弄同样的手法,从而使它们本身也陷于瓦解。"④黑格尔在这里说的不仅是近代教化世界的分裂语言,而且也惊人准确地预见了后现代的语言。如果是这样的话,那至少表明两点:一、后现代是对现代的颠倒,但不是颠覆;后现代只是颠倒了的现代。二、后现代的拉摩侄儿式话语恰好证明人类仍然处于启蒙肇始的分裂世界之中,人类的生活及人类自身仍然处于分裂的状态。

三

启蒙是以破除迷信,解放思想的姿态出现在人类历史舞台上的。其实,在近代西方哲学确立了理性和主体性原则之后,在中世纪高踞

---

① 黑格尔:《精神现象学》,下卷,第65页。
②④ 黑格尔:《精神现象学》,下卷,第66页。
③ 黑格尔:《精神现象学》,下卷,第67页。

于理性和知识之上的宗教信仰就不可避免成为该原则的颠覆对象。然而,被它颠覆的宗教信仰只是在表面上是它的对立者,实际上却是它的"颠倒"的镜像。因为作为异化精神的一个表现,信仰也已近代化了,在黑格尔眼里与启蒙相对的信仰是宗教改革后的信仰。自我意识在现实的世界中发现的只是自己的对立面,只好去"彼岸"寻找自我同一。不是世界一部分的上帝于是被视为意识同一和世界统一的最终保证。启蒙所要颠覆的宗教信仰,其实只是自我意识在分裂的世界中寻求自我同一的另一种努力。它同样属于知性的思维框架。它和它的对立面只是自我异化的精神分裂的两个环节。

启蒙思想家总是将理性与(宗教)迷信相对立,可在黑格尔看来,他们所谓的"理性"实际上是知性,是一种不完全的思想。黑格尔把它叫"纯粹识见"。纯粹识见"是集中于**自我**意识中的这样一个精神**过程**,这种过程以肯定性事物的意识,以对象性和表象的形式为自己的对方,并且将自己跟这种对方对立起来"。[①]可见"纯粹识见"就是先验的主观意识和反思的主观意识,之所以称为"纯粹"是因为它的对象不是现实的财富和权力,而是纯粹自我。纯粹识见是纯粹意识从分裂的教化世界中返回寻求自身的同一。而信仰也是精神从教化世界那里返回。它们是异化的精神寻求自我同一的不同道路。因此,它们共有异化精神的基本特征。

当然,纯粹识见与信仰还是有明确的区别,前者是概念,后者是思想。纯粹识见本身并没有内容,而信仰则有内容而无识见。信仰实际上是对**本质**的一种纯粹意识。[②]黑格尔坚持认为,上帝实际上是一个思想,但这个信仰的主要环节常常被人忽视。人们总以为宗教是以表象的方式来对待信仰的对象,实际上那是神话而不是宗教。

[①②] 黑格尔:《精神现象学》,下卷,第74页。

在他晚年的哲学史课上,黑格尔曾说:"认为是教士为了他们自己的自私目的发明了宗教以欺骗人民是荒谬的。将宗教看作是一个怪想或欺骗的事情既肤浅又违背常情。……(在绝对存在的观念中)不仅有理性本身,而且有普遍无限的理性。"①黑格尔之所以要坚持信仰的对象是思想而不是内心的表象,是因为唯有如此,精神才可能恢复它的原始统一,现代人才可能最终生活在一个心与脑统一的世界里。

如果启蒙和信仰是内在地同一的或同出一源,那么启蒙对信仰的任何指责和批判都将可以反过来用在它自己头上。启蒙认为宗教信仰是迷信的一个理由就是上帝是人心的创造。像霍尔巴赫这样的唯物论启蒙哲学家,就倾向于把上帝看作是纯粹的虚构的存在。②黑格尔虽然不同意这样极端的观点,但他可以在一种不同的意义上同意上帝是意识的产物,因为在他看来,信仰的对象是"信仰自己意识的纯粹本质"。③在此意义上,可以说上帝是人的意识的创造,但不是偶然的经验的人,而是纯粹自我。因此,也不能像唯物论启蒙哲学家那样以经验的方式理解上帝,而应以思辨的方式理解上帝。可是纯粹识见却不及见此,没有看到它自以为是与它对立的信仰,早已被它"传染"了,并且,"传染并不是作为一种与它要去感染的那种无差别的元素相反对的东西预先就能被注意到的,所以它是不能防范的"。④因此,启蒙不知道它反对的乃是与它"在本质上即是同一个东西"。⑤"纯粹识见所说的他物或对方,它所说的谬误或谎言,不是什

---

① Hegel, *Einleitung in die Geschichte der Philosophie* (Berlin: Akademie-Verlag, 1966), S. 43.
② 参看霍尔巴赫:《袖珍神学》,商务印书馆,1973年。
③ 黑格尔:《精神现象学》,下卷,第87页。
④ 黑格尔:《精神现象学》,下卷,第83—84页。
⑤ 黑格尔:《精神现象学》,下卷,第83页。

么别的正是它自己;它只能惩处即是它自己的那种东西。"①这也是启蒙的辩证法。

纯粹识见看不清它反对的对象就是它自己,而把它宣布为谬误,实际是看不清自己。它并不清楚自己的对象就是它自己,而认为是与它自己截然相反的东西。既然是它自己的纯粹识见,它就试图以经验的、偶然的东西来动摇它的对方。启蒙对宗教信仰批判的成功很大程度上是靠它的经验主义方法。它诉诸偶然的历史事实来颠覆宗教信仰。此时,经验材料的绝对性已经得到了广泛的接受,以至于信仰也被迫采用知性经验主义的标准来为自己辩护。结果,它的辩护甚至在信徒看来也是混乱和矛盾的。在黑格尔看来,宗教信仰的确定性不能寄托在历史见证和偶然条件上,它只能是精神从个别意识的内心深处自己见证自己。"如果信仰想当然地以历史事实为根据给自己的内容提供像启蒙所说的那种论据,或者退一步说通过证明,仿佛关键确实就在这里,那么,它就是已经上了启蒙的当;而且它以这种办法来论证自己或巩固自己的种种努力,只不过是一些见证,证明它已经受了启蒙的传染。"②

启蒙对宗教信仰批判之所以成功的另一个主要原因是它诉诸近代流行的欲望原则,指责信仰扼杀人的自然欲望。即使是"怀有信仰的个体之因它**真实地**舍弃自然享乐从而取得了解脱自然享乐的桎梏的较为高尚的意识,以及它之**通过实际行动**来证明它对自然享乐的蔑视并不是一句**谎言**而确是**真心实意**……启蒙都认为是愚蠢不智的"。③虽然启蒙(纯粹识见)也主张超脱自然物和超脱那追求这种自然物的贪欲,但它却把将此付诸实施的行动看作是"多余的,愚蠢的,

---

① 黑格尔:《精神现象学》,下卷,第 86 页。
②③ 黑格尔:《精神现象学》,下卷,第 93 页。

甚至不正当的",①"因为它已把享乐和占有视为完全本质性的东西。"②换言之,贪欲不是一种生理本能,而是"有**内在的**根源,是一种**普遍**的东西";因此,"贪欲的乐趣既不会随同寻乐工具的消逝而消逝,也不会因戒绝了个别欲求而消逝"。③这是一个非常深刻的思想,它表明纯粹识见并不那么"纯粹",作为一种自在否定物,它实际上"是一个非常不纯粹的意图",④它蕴含着贪欲。这里,黑格尔用非常思辨的语言揭示了近代哲学中"自我"自身的矛盾和异质性。作为一个普遍原则,它必须是一个消除一切经验因素和区别的"纯粹识见",是一个空洞的概念。但作为一个现世的原则,它必须相似和占有它的对象才能证明它是现实的原则,而不是它要反对的"彼岸"的原则。启蒙对信仰的批判不可避免有自利的因素。有用成了启蒙的基本概念。

一般而言,启蒙并不想彻底铲除上帝。伏尔泰甚至说,即使没有上帝也要造一个出来。启蒙对待上帝的态度是抽空它的一切内容或宾词,让它成为一个"真空"或纯粹抽象同一。另一方面,它严格遵照知性的原则,回到所谓"肯定性实在","把绝对精神的**一切确定性**亦即一切内容一般地都理解为**一种有限性**,理解为**人的本质**和人的**表象**"。⑤但现在意识研究不是一种直接的自然的意识,而是一种特殊反思意识。近代的经验论不是标志着前哲学意识特征的那种对于感性世界的素朴信任。它是一种人为的感性确定性,旨在将一切彼岸的东西归结为虚无,而确定识见(主观性)为绝对真理。

但纯粹识见并不清楚自己的纯粹性,相反,它觉得只有与感性事物发生关系它才能不是空虚的。近代人不仅意识到了这种关系,而

---

①②④ 黑格尔:《精神现象学》,下卷,第94页。
③ 黑格尔:《精神现象学》,下卷,第104页。
⑤ 黑格尔:《精神现象学》,下卷,第95页。

且由此产生了人的本质和人的地位的思想。在纯粹识见看来,"人,就其直接性而言,作为一种自然的**意识**,他是**自在的**……作为一种个别的意识,他是**绝对的**,而别的一切都是**为他的**……**一切**都是为了他的愉快和欢乐而存在的,而他,就像刚从上帝手中制造出来的天之骄子,逍遥于世界之上如同游逛于一座专门为他而培植的花园里一样"。① 人类中心论在启蒙思想中达到了极致。事物的意义和价值只在于对人有用,甚至宗教也纳入了有用性的范畴:"宗教乃是一切有用之中最有用的东西。"② 法国唯物主义哲学家和后来的革命者都坦率承认,对于保持他们希望建立的私有财产和交换体系,宗教是有用的。有用当然并不仅仅是物质意义上的,但主要与物质的占有和享受有关。只要不有损自己的本性,享乐其实是无度的。"尺度的规定就在于防止享乐在繁复性和持续性上受到阻挠或限制,这就是说,尺度的规定是无尺度。"③

值得注意的是,黑格尔实际揭示了启蒙思想中含有某种社会主义的指向。"一个人自己享受时,他也在促使一切人都得到享受,一个人劳动时,他既是为自己劳动也是为一切人劳动,而且一切人也都为他而劳动。因此,一个人的**自为的存在**本来即是**普遍的**,自私自利只不过是一种想象的东西;这种想象并不能把自己所设想的东西真正实现出来,即是说,并不能真实地做出某种只于自己有利而不促进一切人的福利。"④ 粗心的人可能从这段话中听出来斯密"看不见的手"的意思。但斯密"看不见的手"的一般理解是指市场的自我调节的力量;⑤

---

① 黑格尔:《精神现象学》,下卷,第 97 页。
②③ 黑格尔:《精神现象学》,下卷,第 98 页。
④ 黑格尔:《精神现象学》,下卷,第 47 页。
⑤ 这种一般理解未必正确,参看许宝强:《自由竞争的意义》,《读书》,2007 年第 4 期,第 5—6 页。

但黑格尔这段话的意思显然是指现代人的消费和生产都是社会性和相互需要、相互依赖的。正因为如此,"正如对于人一切都是有用的,同样,对于一切人也是有用的,而人的规定、人的使命也就在于使自己成为人群中对公共福利有用的和可用的一员。他照料自己多少,他必须也照料别人多少,而且他多么照顾别人,他也就在多么照顾自己;一只手在洗涤另一只手。……他利用别人,也为别人所利用"。①按照这个描述,社会主义同样也是纯粹识见,即现代性思想的产物。

在黑格尔看来,启蒙把信仰的一切环节都歪曲了,把它们歪曲成一些与它们在信仰中的真实情况大不相同的东西,但启蒙所进行的颠倒和歪曲,有其正当性,是出于"人世的权利"和"自我意识的权利"。由于信仰本身也是意识,"信仰就不能拒绝承认启蒙有它的权利"。②所以在启蒙和信仰的斗争中启蒙总是占上风,也因为这样,启蒙同样具有某种专制性,它"主张它的绝对权利"。③它只是"把信仰意识**自己的一些**不自知地分散孤立着的**思想**联系到一起呈现给信仰意识而已";④"但对它自己本身却也还同样是没有启开蒙昧"。⑤它没有看到它不是用它自身特有的原则,而是用信仰意识本身中原有的原则对信仰施暴。也因为这样,信仰才承认它的绝对权利。也就是说,由于信仰也已经"现代化"了,与纯粹识见有相同的原则,所以会承认识见的绝对权利。

启蒙虽然取得了胜利,但它自己却分裂成了两派,即自然神论和唯物主义。自然神论把上帝规定为最高的存在,除了它存在之外我们对它就一无所知了。唯物主义则干脆不要上帝,将物质作为它的绝对原则。黑格尔并不认为自然神论与唯物主义有多大的不同,它

---

① 黑格尔:《精神现象学》,下卷,第98页。
②③④ 黑格尔:《精神现象学》,下卷,第99页。
⑤ 黑格尔:《精神现象学》,下卷,第100页。

们的争论都是空谈,因为这两种关于绝对本质的原则都只是"纯粹思维本身"。①自然神论不用说,在它那里上帝是一个主观的设定。而"物质"在黑格尔看来也只是一个主观的抽象,它并不指任何具体的经验规定,而设定了一种事物超感性的内在性质,这种内在性质是完全抽象和空洞的。这个超感性的内在性质是思维的创造而不是世界的直接经验。"这样一来,这种存在就变成了无宾词的简单东西、**纯粹意识**的本质;它是**自在地**存在着的纯粹概念,或**在自己本身之中的纯粹思维**。"②所以黑格尔说这两派启蒙都还没有达到笛卡尔那种形而上学概念,没有理解思有同一。③笛卡尔至少还把上帝作为存在和思维之外的第三种实体提出,它保证思维与自然秩序的一致。

无论是自然神论还是唯物主义都是经验世界后面的一种抽象,启蒙不是靠作为第三种实体的上帝,而是靠有用性概念把思维与存在,主体与客体联系在一起。世界不再是自在的,而是为我的,它的价值是由它对我们的用处决定的。有用性是启蒙的真理。但是,这种有用性的形而上学把人变成了一种"自我意识的动物","精神动物王国"(das geistge Tierreich)的主导逻辑是存活机制。人(原子式个人)及其物质目的是宇宙的中心,而他人和大自然都只是满足那些目的的手段。

作为启蒙的教化一方面把人变成赤裸裸的"自然人",变成只会算计对自己的物质目的是否有用的"经济人"。另一方面,启蒙的教化又通过把人变成自利的"原子人",通过切断给历史提供意义和连续性的宗教和哲学的联结使人失去其自然本性,即使其异化。这是

---

① 黑格尔:《精神现象学》,下卷,第108页。
② 黑格尔:《精神现象学》,下卷,第109页。
③ 黑格尔:《精神现象学》,下卷,第110页。

又一种启蒙的辩证法。就像经验论把感性的具体撕裂成简单抽象的规定而不试图在思想中重建整体一样,启蒙的教化剥夺了人传统的根基而把他变成了一个抽象的无形无根之人。如果我们把构成我们具体存在之经纬的种种社会、宗教、家庭联系视为人之自然的话,那么启蒙的教化的确是一种去自然化,它使人"人为"成为经济人或公民。①

然而,"有用性"对于黑格尔来说并不是一个纯然负面的概念,它是纯粹识见的实现,自有其合理性。合理的有用性是作为平等的人的共同体而存在的概念。在这里,黑格尔仍然秉承了卢梭的思路。在卢梭那里,每个人让渡他的全部自然存在以换取公民地位的回报。在黑格尔所谓的教化世界中,人们为了普遍目的压抑自己既有的纯粹自然的存在。这些目的具有为他人的意义,因为它们只有在它们得到普遍承认的语境中才是现实的。个人作为公民的地位表达了他接受的一个角色,这个角色需要所有其他人的承认,同时他也承认他们接受的角色。公民身份这种存在模式的原则就是有用性的原则——为他,它只有为他人才是现实的。所以,有用性的概念表明,社会和政治的种种创制本身无所谓合法不合法,它们是工具性的,即为他的,即为启蒙提倡的那种作为抽象、理性的存在者的人的。

启蒙的胜利意味着信仰和理性一起在有用性中得到实现。启蒙以感性世界的表象使信仰相信我们可以在地上创造天堂。理性(其实是知性)的普遍自我取代或否定了信仰的纯粹思维,信仰必然要归于消失。同时,纯粹识见变成了工具理性(知性)的识见,它把教化的世界和信仰的世界变成了一个功利的世界。"有用的东西,就是对

---

① Cf. Lewis P. Hinchman, *Hegel's Critique of the Enlightenment*, p.140.

象,这是因为,自我意识透视对象,并且从对象那里得到它自身的**个别确定性**,得到它的享受。"① 自我意识丧失在有用性中,变成了朴素的自然主义和享乐主义。另一方面,"有用的东西直接即是意识的自我,并且因此已为意识所占有"。② 个人存在的偶然方面和他的传统的"神圣纽带"都消失在一个"既是它自己的自我又是对象的自我"的普遍自我中。这个普遍自我就是普遍意志。在它那里,没有道德,只有计算理性的合理性。一个典型的例子就是法国大革命时刺杀马拉的 Charlotte Corday。她读过许多卢梭的著作,是一个自觉的美德和正义的殉道者。她这样来证明她刺杀马拉的合理性:"我杀一人救千万人;杀一个恶棍救无辜者;杀一头野兽使我的国家安宁。"至于她的牺牲者和她自己的个人自由应该得到无限尊重的对待则不在她的考虑之内。"自由"对她来说就意味着只要理性计算下来表明杀人对一个共同体来说是有用的,就要去杀。③ 这样一种建立在计算理性(知性)基础上的普遍自由,"既不能产生任何肯定性事业,也不能作出任何肯定性行动;它所能做的只是**否定性行动**;它只是制造毁灭的**狂暴**"。④ 众所周知,这是指法国大革命的恐怖。

虽然黑格尔是乐观的,尽管对大革命和恐怖有种种批判,他仍然相信大革命为人类生活的重新统一铺平了道路。但是,对于生活在《精神现象学》二百年后今天的人们来说,恐怕很难有他那种乐观。过去的那个世纪种种远过于法国大革命的"毁灭的狂暴"和"恐怖",以及今天人类面临的种种"恐怖",与启蒙究竟有无关系?有什么关

---

① 黑格尔:《精神现象学》,下卷,第113页。
② 黑格尔:《精神现象学》,下卷,第114页。
③ 该例子来自 H. S. Harris, *Hegel's Ladder*, II: *The Odyssey of Spirit* (Indianapolis/Cambridge: Hackett Publishing Company, Inc., 1997), p. 382。
④ 黑格尔:《精神现象学》,下卷,第118—119页。

系？恰恰是那些认为启蒙尚未完成的人，常常断然否认现代恐怖与暴行和启蒙的关系。如果启蒙是现代普遍的精神特征的话，这种否认不是太勉强和一厢情愿了吗？

更为深刻的问题是，启蒙在分裂人类生活的同时，也产生了新的生活形式的问题。启蒙在战胜传统和信仰的同时，也切断了人类习惯生活方式的连续性。在传统统一的生活方式瓦解后，人类的生活陷于分裂。但启蒙并没有提供一种新的生活形式，而是任凭生活陷于分裂，从而失去意义。我们只看到以理性化的外表出现的有用性原则在支配人类生活，而所谓理性化是一个本身没有目的的手段-目的的无限延续。这种理性化的真正危险不仅在于它本身的无目的，更在于它自身逻辑的独断和专制。有用性成了人类一切原则的原则，或元原则。与此原则相悖，就等于荒谬。启蒙的真理和原则，的确没有被克服和超越，即使有黑格尔的批判。它仍然是今天的现实。

但正是这个事实，表明黑格尔的批判在今天仍然是相关的、现实的。尽管他的批判远没有解决问题，而只是提出了问题，但却是今天人类必须继续回答的伟大问题。

黑格尔和现代国家

名满天下，谤亦随之，是黑格尔与尼采和海德格尔共有的命运。他几乎一死就成了批判对象，哲学上政治上对他的口诛笔伐从那时延续至今。早在1857年，他的同胞海姆（Rudolf Haym）就在他写的《黑格尔及其时代》中说，黑格尔的国家学说只不过是对卡尔斯巴德警察国家及其政治迫害的学术辩护而已。紧接着米歇莱特说黑格尔与复辟年代反动政府的政策相得益彰。从那以后，黑格尔在他不少同行的笔下变得越来越反动，以至于成了被骂没商量的角色。霍布豪斯说黑格尔的国家学说是个错误，因为它要证明否定个人是正确的。罗素则在《西方哲学史》中写道：如果承认黑格尔的国家学说，那么凡是可能想象得到的一切国内暴政和一切对外侵略都有了借口。他并且还发现俾斯麦的伦理观和黑格尔的学说有直接的联系。卡西勒则在《国家的神话》中说："没有别的哲学体系像黑格尔的国家学说……那样，为法西斯主义和帝国主义做了那么多的准备。"在波普的笔下，黑格尔成了"开放社会的敌人"，极权主义的思想先驱。三人成虎，何况指控黑格尔的知名人物远不止三人之数。人们自然不会怀疑这些指控的真实性，因为指控者都是学者名流。更何况要从黑格尔等身著作中找出"确凿无疑"的证据真是太容易了。因此，包括马尔库塞在内的许多哲学家为黑格尔所作的有力辩护，并未能完全改变人们对他的偏见。

有趣的是，在自由主义思想家看来是法西斯思想先驱的黑格尔，却并没被纳粹思想家当做自己人。黑格尔主张作为理性整体的法治国家,要求不加区分地保护每个人的利益,这种政治理想与纳粹国家的现实相去何止万里。纳粹以党治国,而黑格尔认为国家高于一切个人和集团的利益之上。这样,黑格尔自然成了纳粹的异端。他们以为可以像消灭一个人的肉体那样消灭黑格尔的思想。就在希特勒上台的那一天,卡尔·施密特踌躇满志地说:"可以这么说,黑格尔死了。"但历史却证明黑格尔并不那么容易死去。

黑格尔在中国的命运也经历了大起大落。曾经有一度他是唯一可以正面研究的西方哲学家,他的话具有仅次于马列经典作家的权威,不仅为哲学界,而且也为其他人文学科的研究者奉若神明。黑格尔研究(主要研究他的辩证法)是哲学研究中的一门显学。然而,曾几何时。黑格尔风光不再。上世纪80年代后西方思潮大量涌入,黑格尔很快就从神明变成"死狗"。人们要么接受英语哲学界的陈旧看法,认为他是一个完全过时的形而上学者;要么为更新潮的东西所吸引,掉头他顾。连研究多年的学者也纷纷改弦更张,转向海德格尔或更时髦的东西。近20年研究黑格尔的著作实在不多,研究他政治、社会和历史思想的著作就更少,除了薛华先生的几部著作外,几乎付之阙如。黑格尔研究的这种现象也部分解释了为什么我们大规模引介西学几近一个半世纪,西学的重要典籍不少都有汉译,却几乎没有一个西方思想家得到真正透彻的研究。

郁建兴的新作《自由主义批判与自由理论的重建》是近年出现的一部篇幅较大,正面研究黑格尔政治哲学的著作。该书比较仔细地论述了黑格尔对自由主义基本理论的批判,和黑格尔自己的自由概念,使人们对长期被歪曲的黑格尔的政治哲学有比较客观的了解,仅此一点,即值得称道。但郁建兴著作的价值更在于让我们看到了黑格尔思想的现代相关性,对于一切反思现代性的人来说,黑格尔哲学是一个不容忽视的重要思想资源。

黑格尔是第一个从世界历史的高度对现代性进行全面反思与批判的思想家,在此意义上,马克思、韦伯,乃至尼采和海德格尔,都是他的后来者。他既是现代的产儿,又是它的逆子;既是现代的辩护士,又是它的批判者。他的思想充分体现了现代本身的异质性和暧昧。现代的矛盾也体现为这位辩证法大师思想的矛盾。这就是为什么就像现代在不同的人眼里可以完全不同一样,黑格尔在不同的人那里,也会呈现不同的面貌。黑格尔思想的复杂是因为现代本身的复杂,这种复杂既表现在哈姆雷特、浮士德这样的虚构人物身上,也落实在黑格尔和尼采这样真实的存在者身上。

德国哲学家 Ritter 在其名著《黑格尔和法国大革命》中指出,黑格尔洞察到,法国的革命和整个时代的历史本质,就是现代劳动的工业市民社会的出现。市民社会是现代性一切问题与矛盾之所在。而黑格尔对现代性的反思与批判,包括对自由主义的批判,都是从他对市民社会的分析和批判发展而来的。在黑格尔看来,现代的根本特征是个人从种种束缚下解放出来,市民社会就是这种个个人自由或自由个人在制度和政治上的体现。黑格尔的市民社会概念 bürgerliche Gesellschaft 与洛克等英国思想家的市民社会概念 civil society 有所不同。前者指的是字面意义上的市民(住在城市,尤其是自治城市里)社会,与市场有关的人的社会。后者来自拉丁文 societas civilis。在罗马法中,这个词指与家庭相对的公域。(参看 David Kolb, *The Critique of Pure Modernity*, Chicago, 1986, p. 22)英国古典思想家是在这个意义上使用这个术语的。黑格尔虽然也接受了他们的许多观点,但他的市民社会的概念与他们的不一样。黑格尔主要是将市民社会视为一个与家庭和国家两面相对的私人经济活动领域,他把它叫做"需要的体系",即个人满足自己物质利益和需要的场所,它虽有司法制度和警察,但基本上不是一个政治的领域。黑格尔对市民社会的定义是:"这是各个成员作为独立的单个人的联合,因而也就是在形式普遍性中的联合,这种联合是通过成员的需要,通过保障人身和财产的法律制度,通过维护他们特殊利益和公共利益的外部秩序而建立起来的。"(《法哲学》第157节)黑格尔讲的市民社会,其实就是现代资产阶级国家。

与同时代的浪漫主义者与保守主义者不同,也与当代的现代性批判者不同,黑格尔首先是现代社会正当性的有力辩护者。虽然市民社会是一个唯利是图的社会,但它却是一个从未有过的自由社会。它坚持个人不可让渡的平等权利,增加了人的需要和满足它们的手段,组织了劳动分工,推动了法治。黑格尔与自由主义者一样,认为私有财产是自由的首要体现,取消私有财产等于取消自由个人。国家必须保护和满足个人利益,决不能建立在取消个人权利的原则基础上。自由作为他哲学的最高原则,不仅具有政治和道德的意义,更有形而上的意义。凡此种种,都使得近些年来不少人把他说成是"自由主义者"。但这种说法与将他打成"极权主义的思想先驱"一样,只是"同一曲调不同的演奏方式而已。"(哈贝马斯语)

尽管人们常常用简单的态度来对待黑格尔(就像他们用同样简单的态度对待尼采和海德格尔一样),但黑格尔的思想却是复杂的,尤其是他对现代性的思考,与现代性一样复杂。黑格尔也许是第一个看出现代性其实是一个异质性的文明形态的人。市民社会本身就体现了这种异质性。它固然将人从需要中解放出来,但同时又使他更受欲望的偶然性支配。它将人们在利益的基础上整合在一起,却不能获得真正的统一和自由。因此,黑格尔在肯定市民社会世界历史意义的同时,又对它持批判态度。他批评市民社会不是因为它产生了贫穷、大规模失业、文盲、不公平的财富分配,经济帝国主义、寻求海外市场、殖民主义等等,而是公共的善或全体的利益在它那里没有地位。

马克思在批判黑格尔的《法哲学》时曾说过,理论要有说服力的话,就要彻底。"所谓彻底,就是抓住事物的根本。但人的根本就是人本身。"要了解人类中心论的现代社会,必须从它对人的理解着手。原子式孤立的个人既是现代性对人的基本描述,也是它自我理解和构建的主要意识形态假设,是一切现代价值系统的基石。自由归根结底是追求自己利益的自由,而权力则最终是占有和维护自我利益的权利。个人(自我)是社会的基本出发点和前提,而非相反。正如黑格尔所指出的:"在市民社会中,每个人都以自身为目的,其他一切在他看来都是虚无。"(《法哲学》第182节)因此,虚无主义是现代的宿命。

虽然黑格尔承认市民社会是"独立的单个人的联合",但这决不意味他承认或接受近代原子式孤立个人的概念。相反,他认为那种个人概念是一个虚构的神话,是一个社会创造的概念,是近代社会和社会秩序使人们认为自己首先是个人,而不是一个共同体,如家庭、社会等的成员。它使人们完全忘了这一点。因此,以这种个人概念为基础的自由和权利是缺乏规定的,是抽象的自由和权利。黑格尔讲的"抽象",不只是缺乏规定,更是指产生于个人意志和欲望的偶然和任意。法国大革命的恐怖正是这种抽象自由和权利泛滥的结果。

在黑格尔看来,法国大革命的问题不是像今天的有些人理解的那样,是因为进行了革命,而不是改良;而是"在一个现实的大国中,随着一切存在着的现成的东西被推翻之后,人们根据抽象的思想,从头开始建立国家制度,并希求仅仅给它以想象的理性东西为基础。"(《法哲学》第258节)中国现代的历史又何尝不是这样。人们觉得一些抽象的原则甚至口号就有起死回生的魔力,而进化论赋予这些原则与口号的历史合法性则使它们的鼓吹者有了替天行道般的勇气和自信,一切牺牲和代价与这些抽象原则许诺的美妙前景相比都不值一提。建立现代政治制度决不能是历史的延续,而只能是在一张白纸上画最新最美的图画。走别人的路似乎天经地义,不同的只是走什么人的路。传统和历史理性的基础被完全忽略。这样产生的制度本身就不再有任何约束。问题不在于是否使用暴力-权力,而在于暴力-权力是否还有理性的约束。当抽象原则成为超历史地不可置疑时,它们就成为制度性暴政的主要起源。

抽象权利和抽象自由始终是现代社会政治意识形态的基点。表面的具体(诉诸当下欲望与意志)恰好反衬出本质的抽象。现代政治与法律形式的普遍性正是这种本质的抽象的体现。这种形式的普遍性和抽象的自由与权利给了充斥现代社会的事实的不平等与压迫以合法性,使得任何对这种事实的不平等和压迫的质疑和抗议都成为政治上的反动。按照黑格尔的思路,问题当然不是要否定抽象的自由和权利,而是要将其扬弃,上升到具体的自由与权利,即符合普遍理性的要求,在普遍理性的结构,即国家中加以实现的自由和权利。

然而,在自由主义者眼里,黑格尔的这种想法纯粹是一个形而上学的玄思。在他们看来,国家只是仲裁个人之间利益冲突的工具。维护现有的财产制度和市场制度是唯一的公共福祉。"法律的创制和实施,政策和制度的产生,只有在其全部维护功利原则时,才是合法的。"(赫尔德:《民主的模式》,中央编译出版社,1996年,第121页)但是,"最大多数人的最大幸福"在个人利益至上的社会注定是一句无法兑现的空话,实际情况是财富越来越集中在越来越少的人手里。即使在中国,最新的估计也是10%的人占有66%的存款,这还不算股票、房地产和外逃的2 000亿美元(《中国新闻周刊》,第31期)。

在功利主义者看来,人们出于自身利益的考虑,自会服从国家,却无法解释为什么监狱成了现代的创造性标志,而暴力成了现代国家的基本特征,"极权主义是现代国家由来有因的一个特性"。(吉登斯:《民族-国家与暴力》,三联书店,1998年,第346页)。事实上自由主义及其道德哲学功利主义只能在意识形态上为现代社会辩护,却无法直面它的问题。去年在西雅图的抗议和今年在达沃斯的示威,都告诉人们,这个世界上少数人正在损害多数人的利益。人们津津乐道《财富》杂志前几十位的富翁,却对在贫困和死亡线上挣扎的人不屑一顾。相反,对社会正义诉求往往会被扣上"民粹主义"的帽子。黑格尔,以及在他之前的伯克,都曾设想过社会与国家的二元构架。前者是世俗利益的领域,而后者是道德和正义的领域。后者高于前者,也就是良知和正义永远在个别利益的追逐之上。

黑格尔并不否认作为现代意识形态支柱的抽象自由和抽象权利的正面作用,但它们归根结底属于私人权利和私人福利,不能成为共同生活的原则,也不能成为国家的基础。它们本质的任意性使它们具有潜在的破坏性。市民社会只是将它们外在地纳入一种相互承认和依靠的秩序,却无法使它们具有理性的普遍性。

但是,按照古典自由主义的看法,原子式个人的自由竞争以追求个人利益的最大满足不会导致社会的混乱和瓦解,不会影响社会秩序的稳定,因为那只"看不见的手"自会将一切安排得井井有条,合情合理。国家不再是什么神圣的东西,而只是保护个人追求自我利益及其结果的工具。在自由主义的修辞学中,个人=经济人;自由=财产;理性=工具理性。那个韦伯指为现代社会或现代性的标志特征的理性化(合理化),其实质恰恰是非理性。换言之,现代社会极度的理性化,不可避免要产生非理性。因为理性化只及手段,不及目的。例如,赚钱以确保生活水平是合理的和可理解的。但为赚钱而赚钱事实上成了现代社会(市民社会)的目的,这就特别不理性。现代社会手段的理性化恰恰造成了目的和生活方式的非理性。而竞争的个人间的利益冲突,更使市民社会成为残酷竞争的战场。霍布斯讲的"一切人反对一切人的战争"不是人类原始的自然状态,倒是自由竞争的现代社会的现实。

当然,市民社会自有将各个追求自我利益的个人整合在一起,通过其抽象普遍化的制度,形成一个秩序的机制。但这种整合只是外在的整合,它并不具有理性的普遍性。它不能真正消除市民社会内在的矛盾和冲突,更不能保障和维护社会全体的利益。黑格尔认为只有国家才能做到这一点,只有国家才能建立理性的自由。但黑格尔所讲的"国家"不是作为一种暴力机构和行政管理机构的现代国家政权或国家机器,而是指作为人们共同生活基础的伦理与文化共同体,当然,它也是一个主权政治实体。国家的本质不在其外在的权力-暴力特征,而在其内在的理性性质。国家是保证个人与社会充分发展的结构,黑格尔将它称之为"国家的合乎理性的建筑结构"。国家体现了理性的秩序与自由。它不是要取代市民生活,而是要保护它的利益。它是个别与普遍的完美统一。如果说,在市民社会中人们是基于各自利益才联合在一起,那么在国家人们是基于理性自由地决定联合在一起。在国家,"个人的单一性及其及其特殊利益不仅获得它们的完全发展,它们的权利得到明白承认"。(《法哲学》第260节)

但另一方面,个人必须服从国家,因为国家代表全体利益。人服从国家并不是取消个人自由,而只是限制他的抽象自由,却意味着他获得实质的自由和解放。他不再受制于任意偶然的意志和欲望,而能为公共的善即全体利益做出理性的决定,这才是他真正的自由。总之,国家是全体利益的代表和保障。在市民社会中,人人追求自我利益最大化,无人去管全体利益。而一旦从市民社会进到国家(这并不意味着取消市民社会,而是市民社会与其更大的社会语境的统一),市民社会即现代社会的问题就解决了,人类也就达到一个理性的完美境地。

目的论世界观使得黑格尔的这个信念实在是过于大胆与乐观了。他的"国家"只能存在于他的哲学中。现代国家更近于霍布斯的利维坦,而不是他所谓的"具体自由的现实"。黑格尔的国家理念注定像柏拉图的理想国一样,只能是一种理想,而无法解决现实社会的冲突。现代市民社会的冲突表现为三种基本现象:(1)普遍的(单一市民社会与全球范围内)财富和资源分配不公;(2)私人利益凌驾于公善之上;(3)目的的非理性和意义匮乏。黑格尔早就看出,市民社会是个人私利的战场,是一切人反对一切人的战场,市民社会也是私人利益与公共特殊事务冲突的舞台,并且是它们二者共同跟国家的最高观点和制度冲突的舞台。现代社会实际上缺乏内在的共同生活基础,它的文化分裂和瓦解是不可避免的。古典自由主义曾将社会共同生活的基础建立在契约论的神话上,但黑格尔认为,契约不管怎样,只是个人间的约定,本质上是任意的,而社会共同生活的基础必须是普遍必然的。自由主义眼里的国家,根本不是他心目中的国家。

但不管怎么说,古典自由主义还承认国家作为一个凌驾于个人之上,裁判个人间利益冲突,和维护社会共同利益的仲裁机构的必要。而新自由主义却将市民社会的逻辑发展到极致,公然对国家,以及其他人类共同生活的结构形式的必要性提出质疑。在新自由主义看来,市场机制和经济关系是维系人类共同生活的唯一纽带,个体对利益最大化的追求不应有任何障碍和限制。经济价值成了唯一的普遍性价值,而以普遍价值面貌出现的抽象的自由与权利只是这个价值的意识形态注脚。人们可以出卖月球上的土地,却无法制止对地球的掠夺性开发;人们有生产和销售军火的权利,却无法禁止谋财害命的军火贸易。抽象的权利和自由的确有巨大的解放作用,但它们同时也有瓦解人们共同生活和破坏人类共同利益的可能。为此,黑格尔寄希望于国家这个伦理生活的共同体,以为它能让自由和权利在一个普遍理性的框架中得到实现。事实证明这和柏拉图的理想国一样,只能是又一个乌托邦。

汉娜·阿伦特曾极为深刻地指出,现代的政治特征就是私人利益变成公共事务,在这种情况下,一方面是共同意志之体现的公共领域日益萎缩;另一方面是国家(政府)"沦为一种更加有限、更加非个人化的行政区域"。"政府的职能是向私有者提供保护,使他们不致在为取得更多财富而展开的竞争中互相侵害。……人们所共有的唯一的东西是他们的私人利益。"(阿伦特:"公共领域和私人领域",《文化与公共性》,三联书店,1998年,第97页)在私人利益高于一切,并成为社会基本原则的现代,国家不可能是一个纯粹的"公器",或共同利益的代表与维护者,它不可避免程度不同地为强势集团所支配。即使当国家以人民和全体利益的名义剥夺个人自由与权利时,仍然是如此。黑格尔心目中的国家,根本不可能存在。

但是,黑格尔对市民社会的分析却明白无误地告诉我们,必须有一种体现人类共同利益的理性力量来制约市民社会;否则,人类的前途并不美妙。这意味着,需要有一个在市民社会和国家之外,不同于以私人利益为取向的公共领域,它存在的目的,就是让人们有一个自由讨论和决定公共利益的地方,有一个维护公共利益的场所。没有这样一个场所,人类生活就缺乏将人们团结维系在一起的内在条件,人类的命运将操纵在少数人,甚至"无人"——市民社会自身的无情机制手里。随着经济全球化过程的加快,这个"无人"的权力也在加速扩张,就像不久前的金融风暴所告诉我们的,它已经是一个无法约束的可怕势力了。然而,一个关心人类共同利益和幸福生活的公共领域在今天的世界可能吗?它难道不是又一个乌托邦吗?至少绿色运动和其他一些民间的政治形式,如与世界经济论坛针锋相对的世界社会论坛,还能使我们抱有一丝希望。

市民社会的神话

虽然市民社会被人认为是一个"反响很多内容很少"①的概念，近年来却又一次引起了人们广泛的兴趣。我们被告知，市民社会是市场经济和民主政治的基本条件。它指的是与国家有别和分离的社会经济的安排、制度和机构。与政治的制度机构不同，市民社会的制度机构是自由平等个人基于契约的自愿联合；你可以随意加入和离开。市民社会不仅是一个非强迫性的政治秩序，不仅包括了不受国家干预的负面自由，而且还包括积极参与国家政治事务，制衡和限制国家权力的正面功能。通过人与人之间自愿的契约联合，市民社会提供了适于市场经济的社会结构；通过积极参与政治与制衡国家权力，市民社会保证了民主的实现。这样，市民社会和市场经济与科学技术一样，成了现代的福音。

也正因为如此，有必要将这个被赋予了如此重要意义的概念放在现代性的语境下，对其内在的学理基础作一番批判的梳理和考察，看看它究竟能否帮助人走出现代的困境；还是它不过是现代性的又一个神话。

尽管市民社会的理论有种种不同的表述和发展，但一般都认为它是自由平等个人的自愿的联合。并且，市民社会的理论家心目中的个人大都是原子式的，脱离家庭、种族、历史、传统背景的独立和孤

---

① Bendix, Reinhard, "State, Legitimation and 'civil society'", Telos 86 (Winter 1990-1991), pp. 143-52.

立的个人。除了自由平等,可以拥有个人财产外,再没有任何特殊的规定性。那么,是什么使这些个人自愿走到一起,结成市民社会这样的共同体?换言之,形成市民社会的内在动力和公共基础是什么?在有些人看来,市民社会的公共基础是像自由和正义这样的理想原则。例如,亚当·斯密就认为,区别市民社会与国家的是前者以自由和正义的概念为基础,而后者则出于财富、福利和安全等功利的考虑。

但多数市民社会的理论实际上是以社会契约论为基本预设。事实上,社会契约论的功能就是要给市民社会一个说法。① 古典市民社会的鼓吹者既然把原子式的个人看成市民社会的基本构成因素,一般也都受到自然状态理论的影响。但是,作为古典社会契约论的基本预设的自然状态本身是相当成问题的,因为自然状态只是一种纯粹的虚构或假设模型,用来表明在没有政治权威的情况下人类的状况是怎样的。然而,这个虚构的前提恰恰蕴涵着古典社会契约论的功利主义倾向。对于霍布斯来说,单个个人达成契约是为了得到君主的保护与和平。洛克认为市民社会的成员放弃他们在自然状态下的某些自由是为了社会提供的安全的利益。

比起他们,卢梭的社会契约论更为理想化。在他看来,社会契约实际上是用"自然自由"交换"社会自由";社会自由从根本上说意味着由一个主权体统治,每个公民对这个主权体拥有同样的一份,因此它实际上表达了"公意"。② 卢梭认为,如果立法的主权体由所有公民平等组成,那么它就会尊重和促进他们的共同利益,即他们平等地共享的利益,在此意义上体现每个公民作为公民的意志(虽然他的意志

---

① Michael Lessnoff, *Social Contract* (London: Macmillan, 1986). p. 2.
② J-J Rousseau, *The Social Contract and Discourses* (London: Dent, 1973), p. 178.

只要不是一般意志,并不必然代表所有公民共有的意志)。这就是说,所有个人的私人意志必须认同于一般意志(公意),它不是单纯的多数的意志,而被认为是超越任何特殊意志的行为的"真正力量"。市民社会只是一群人之间的协议,同意每个人都是公意的一分子,并且服从它。这样,每个人仍像他以前一样自由,因为他服从的只是他变了形的意志。市民社会约定的自由满足了人自由的首要的自然权利。只要社会是这样组织的,法律得以非个人地制定,没有人能有权在自然权利的基础上反对它。自然状态中的人有权对所有人为所欲为,他人没有意志也没有理由可以合法地对他发号施令。没有永恒的理由可以和应该控制我们的行为。每个人都有他基于他个人经验,受他特殊意志影响的判断。这也反映在公意的观念中。人是一个有意志的存在者,他有能力做他要做的事是自由的根本。意志本身独立于想要的东西。自然律,或任何向共同的善的理发命令,都是起源可疑的对自由的限制。因此,公意不包含任何具体的指令,它是纯粹意志。公意是形式的,唯一区别它和特殊意志的是只有它才能意志所有人能设想去意志的东西。因此,公意必须被等同为"天良",即人的宗教良心;否则它将只是一个空洞的抽象。

  根据卢梭的看法,市民社会要求献身公共的善,要求个人服从全体,但人本性上就是一个自私、独立的动物。无论何时,只要他感到社会与他之间有冲突,他自然而然受他的自利驱动。如果这样的话,公意能给市民社会提供一个得以形成的基础吗?从表面上看,似乎可以。因为公意不但体现了一般的私意,而且还诉诸人的道德良心。可是我们知道,在卢梭看来,文明的进程也是一个人类道德腐败的过程,在这过程中人们彼此为敌,狂妄自大,野心勃勃,富人对穷人"专横残忍",穷人对富人"灵活狡诈"。"富人的豪夺、穷人的抢劫以及一切人毫无节制的情欲……使人变得悭吝、贪婪和邪恶。在最强者的权利和先占者的权利之间发生了无穷尽的冲突,这种冲突只能以战斗和残杀而终结。新产生的社会让位于最可怕的战争状态。"①这正是霍布斯误以为是自然状态的那种状态。正是从这种状态中产生了最初的契约,目的是为了保护人的生命、自由和财产。由此可见,功利的考虑始终是市民社会的真正动力。也正因为如此,卢梭只能将他心目中的社会契约实际上作为一种理想提出。

黑格尔在《法哲学原理》的第194节中对市民社会产生的特征作了异常深刻的论述:

> "社会需要是直接的需要同观念的精神需要之间的联系,由于后一种需要作为普遍物在社会需要中占着优势,所以这一社会环节就含有解放的一面,这就是说,需要的严格的自然必然性被隐蔽了,而人就跟他自己的、同时也是普遍的意见,以及他独自造成的必然性发生关系,而不是跟仅仅外在的必然性、内在的偶然性以及任性发生关系。"②

黑格尔基本接受了他之前近代西方思想家关于市民社会的所有主要观点,但更明确地指出了它的实质,是"各个成员作为独立的单个人在一种普遍性的联合。这种普遍性也由于他们的独立性而只能是形式的。这种联合是通过成员的需要,通过保障人身和财产的法律制度,和通过维护他们特殊利益和公共利益的外部秩序而建立起来的"。③个人的需要和利益是市民社会产生的真正动力。所以不同于家庭和国家,市民社会基本是经济和经济关系的领域,是"需要的系

---

① 卢梭:《论人类不平等的起源和基础》,李常山译,商务印书馆,1979年,第126页。
② 黑格尔:《法哲学原理》,范扬、张企泰译,商务印书馆,1982年,第208页。
③ 黑格尔:《法哲学原理》,第157页。

统",因此它不是由契约形成的,而是契约的领域,即自由个人的联合。

市民社会把人规定为自由的,可以拥有财产的个人,这就蕴含了一整套交往的构架和各种制度角色,但这些角色在性质上是完全形式的。可以拥有财产不是个人可以有的一种性质。市民社会中的个人必须相互承认为自我;这种相互承认的结构则通过一整套契约和交换的系统来执行。这种相互承认的结构的纯粹性和形式性决定了一个纯粹的、形式的个别性,它与人的一切社会角色无关。像自然秉赋、天才、劳动力这样生命的实质内容,甚至价值和思维与生活方式,都成了现在纯化了的个别的主体个别选择的对象。市民社会的种种制度假定个人有确定的目标和内容来交往,但相互承认的结构并不依靠具体的某个特写的内容。所以市民社会有两个基本分离:一是形式过程与特殊内容的分离;二是个人认同与特殊内容的分离。我的自我认同是首要的,选择什么是次要的,甚至我的需要和欲望也不是我完全认同的内容。因为我必须在它们中间进行选择,用尺度和理性来使它们井然有序。在这么做时,我感到我不能等同于我的需要。这样,我的同一性就只能是一个形式与空洞的选择者。所有人都自由地构建目标和追随选定的需要与欲望。他们不必关心全体。市民社会是自我中心动机的产物,而不是政治智慧与德性的产物。

在早期社会中,人作为一个人的认同与他确定的社会角色并无分离。当然,个人可以在他自己的思想中作出这种区别,但并无一种可以在这种分离基础上生活的制度。总是要参照某个部落,某个民族,某个角色,某些信仰,某些方式来规定一个人本身是什么。如果某人试图脱离一切社会既定的内容来经验他人性的定义,结果只是一种思想中无力的内在生活或离群索居。因此,在黑格尔看来,市民社会完全是新的东西，它创造的个别性以前从未存在过。市民社会的制度体现了自决，但它们并未完全这么做。将形式过程和内容分开似乎可以有充分完全的自由，实际上却导致了一连串的问题。我的自由并未与任何特殊的内容相联系。这不是说我没有内容。我被广泛提供了自然与社会鼓励的欲望、需要、冲动和理想。但太多了；我必须在它们中进行选择。我必须要么接受最强的冲动，要么找到某个选择标准。市民社会只告诉我去尊重它，做事要有效率，选择适应需要和商品一般流通的目标。它告诉我许多关于手段的事，却没有就目标说一星半点。由于其空洞形式的特性，在市民社会中没有什么实质的价值或传统可以限制它的需要与商品流通可采取的质与量。因此，市民社会的一切方面都可以从内部无限扩展。资本积累和市场发展得到了需要扩展的刺激，因为在市民社会中无法说某些需要是不自然的，应该避免。人类生活越来越多的方面可以被当作商品来交换，再没有什么神圣的东西。要求免于一切特殊内容的自由（即只要形式），结果却使自己更彻底地被偶然与任意的内容支配。在人们把突发的奇想和任意冲动错当自由时，自由却在消失。现代社会的基本状况，证明了黑格尔对市民社会分析的基本正确性。

在黑格尔看来，市民社会只能是一个"物质主义"和各种社会力量冲突的领域，它必然要被代表精神和普遍性的国家所超越。马克思虽然根本不同意黑格尔对国家的描述，但却接受了他对市民社会和国家的区分，并从中看出了私人领域和公共领域的分化。马克思历史地考察了市民社会的兴起，指出市民社会是从政治限制中完全解放出来；私人生活，包括经济活动，完全独立于任何与国家相关的考虑；一切对财产和经济活动的限制都取消了。经济个人主义和自由放任主义（laisser faire）恰恰表达了市民社会与国家分道扬镳。人类社会现在完全意识到它的异化，人类生活分为私人和公共两个领域。经济活动变成自身即是目的,这既证明了,又是这种人异化于他存在的普遍内容的条件。

在《政治经济学批判纲要》中,马克思历史地把市民社会看作是由于资产阶级的竞争和自我主义导致的社会的"自然联系"的败坏,"只是在18世纪,在'市民社会',各种形式的社会联系对于个人才是达到他私人目的的纯粹手段"。① 虽然市民社会标志着新的社会组织模式的出现,导致权力的平衡有利于市民,使得人们得以从封建统治下解放出来,享有了新的自由,但它毕竟是自利和经济追求的结果。吊诡的是,自利才是市民社会的公意。而且,毫无疑问,作为私人领域,市民社会是建立在私有财产基础上的。私有财产几乎不可分解地与市民社会联系在一起,并使人们附属于它。这就是为什么大多数鼓吹市民社会的古典思想家都要强调私有财产的重要性和不可侵犯性。但私有财产并不是自然的,它始终是不平等的一个根源。私有财产是市民社会中权力的根源,它必然要影响到法律的制定。即使在一个没有贫富两极的社会,只要有贫富差别存在,这些差别总是容易恶化。人生来是富还是穷,他的一生会很不同,钱对于他消除他自由的外部障碍的能力有很大关系。而由于金钱对权力几乎不可避免的影响,社会总是更保护富人而不是穷人。如果人的平等是政治权力的基础,那么构成市民社会的物质基础的私有财产是卢梭所谓"合法市民社会"后面一个永久的问号。

从一开始,市民社会就面临正义的问题。为了证明私有财产不平等的合法性,必须把市民社会说成是自由平等的个人间一致所产生契约,或公意的结果。但市民社会的特征之一就是不同个人间利

---

① Karl Marx, *Grundriße*: *Introduction to the Critique of Political Economy*, tran. Martin Nicolaus (Harmondsworth: Penguin Books, 1973), pp. 83 - 84.

益、价值和目标的多元性,这样的话,全然的自利能否产生一致?在市民社会的理论家看来,能。他们的假定是,只要定契约者追求自利时是讲理的(rational)就行。似乎是如此。但"讲理的"不同于"理性的"(reasonable),两者间有细微而重要的区别。[1]区别讲理与理性的,恰恰是利益。理性更多地是与真理而不是与利益有关。在此意义上它是非功利的。而"讲理"则不然。罗尔斯在《政治自由主义》一书中对此有精辟的论述。根据罗尔斯的看法,讲理是一个

> "不同于理性的概念,应用于在谋求目的和利益,特别是他自己的目的和利益时有判断力和深思熟虑的单个统一的行动者(无论是个人还是法人)。讲理用于如何选定和肯定这些目的和利益,以及如何给它们优先性。它也用于选择手段,在这种情况下它受像采取达到目的最有效的手段,或在其他条件相同的情况下,选择更有可能的办法这样的人所共知原则指导。
> 但讲理的行动者并不限于目的——手段的推究,他们也会根据最终目的对他们整体的人生计划的意义和这些目的彼此如何一致和互补来权衡最终目的。讲理的行动者本身也不是纯粹自利的:即他们的利益并不总是对他们自己有利。每一利益都是一个自我(行动者)的利益,但不是每一利益都对有此利益的那个自我有利。"[2]

与讲理相反,理性始终应是非功利的,因为理性总是与主体间的,或公共的是非真假有关。由此,它的应用范围也首先是公共的。

---

[1] 关于这个问题西方学者有过不少论述。参看 John Rawls, *Political Liberalism*, (New York: Columbia University Press, 1993), pp. 48 – 54.

[2] John Rawls, *Political Liberalism*, pp. 50 – 51.

它应该成为公共领域或公共世界的准则。但是,如果如同黑格尔所洞察的,在市民社会中,"需要的严格的自然必然性被隐蔽了,而人就跟他自己的、同时也是普遍的意见,以及他独自造成的必然性发生关系",①那么一切意见就它们表达了人的欲望和意志的"内在真理"而言,就都是"真的"。这样的话,理性应用的范围就有限了。既然所谓公意又是形式和空洞的,真正使市民社会可能的内在动力和基础也只能是讲理,即以利益为依归、以算计为特征的工具理性。它所形成的,只能是一个韦伯式的理性化的世界,而不是一个公共的政治世界,因为后者的指导原则只能是正义,而不是自利。所以罗尔斯必须在理论上设定一个"无知之幕"(the vail of ignorance)的概念,他的正义理论才能得以展开。

　　事实上,以(现代)市民社会的出现为标志的私人领域和公共领域的分化和分离,正是现代性的特征之一。然而,西方市民社会理论一般都认为,市民社会要的正面功能就是限制和制衡国家权力,保证民主政治得以实施。可是,正是从现代市民社会开始出现的近代开始,国家权力在世界范围内不断膨胀。市民社会无法阻止国家通过命令、协调和监视等手段渗透到现有各个层次的社会团体和活动中,它前所未有地控制着工作条件、交通运输、教育、城市形式和许多别的东西。国家的控制甚至包括通过国家指导的学校、博物馆、各种节日和出版物来重新塑造文化和民族历史叙述。随着国家权力的无限扩大和权力与金钱的相互渗透,公共领域逐渐湮没不彰。

　　正是从现代开始,人不再被看作是"政治动物",而成了"经济动物"。公共事务的参与,公共责任,善言善行,个性的彰显,公共的情操,这些在古代被视为最高价值的东西——被颠覆。人性被化约为

---

① 黑格尔:《法哲学原理》,第208页。

生产劳动能力,生活的最高价值不是表现在公共或政治生活,以及履行公共责任,而是在经济市场上追逐个人利益,追求无限制的经济增长,以及牺牲公共领域以换取私人领域的扩张,成为集体生活的最高目标。国家接管了物质生产和再生产的功能,其存在的目的,按照西方主流自由主义的看法,在于保障每一个个人发掘和追求其私人利益。在此情况下,国家和政府因应公民无尽的实质需求(通常是经济利益的需求),而不知节制地干预市民社会的种种活动,导致政府行政权力的无限膨胀,也把有节制的法治国家的性格变为以行政管理为宗旨的企业组织。不仅如此,竞争激烈的资本主义经济体系迫使每一个个人和团体相互串联,以掌握或瓜分那已日益干涉市民生活的国家权力。结果,一切活动都耗费在争夺对政府各机构的影响力。这种"整体对整体的战争",不是弱肉强食的斗争,而是竞相瓜分政治权力的斗争,①而民主常常成为这种斗争的一种程序手段。正因为如此,民主才被有些人视为启蒙的又一个神话。

市民社会不能保障民主政治的实施,固然在于它根本就属于私人领域的范畴,以自利追求为根本目的;也在于它只以工具理性为依归。从近代一开始,民主就被看作是新的自主与理性原则的政治形式。人们对民主诉诸理性的普遍规则和反思方法。但随着近代世界的理性化过程,工具理性几乎成了唯一的理性,而公共理性,或亚里士多德意义上的实践理性,日趋衰微。然而,一旦用于公共领域,工具理性往往证明其实是非理性的。例如,在现代,民主往往只是合计个人所好的一种形式,或一种纯粹的法律程序,可以归结为清点选票的多少。我们可以看到,无论哪种情况,民主都成了一种非理性的事

---

① 英国政治哲学家欧克肖特(1901—1990)对此有精辟的分析。见蔡英文:《麦可·欧克秀的市民社会理论:公民结社与政治社群》,载《政治社群》,中央研究院中山人文社会科学研究所,1995年,第177—212页。

业:它不是陷于多数的暴政,就是陷于模棱两可的自决的自由。加之权力和金钱在现代世界的联手,公民民主参与的余地极其有限。

此外,由于市民社会自身的性质,它不但不能保障真正民主的实施,而且实际上还消解了公民民主参与的动力与能力。市民社会的特点之一是它原则的形式化。它告诉我们要尊重别人,要有效率,要选择适应需求和商品一般流通的目标。它告诉我们很多关于手段的事,但对于目的却什么也没说。由于它将选择的行动与一切特殊内容相分离,市民社会把人连根拔起,剥夺了传统角色和价值给予他们人生的分量。人际关系成了一个契约的问题,再也没有什么本身就得尊重的。因此,也因为个人不再以任何实质内容规定自己,任意、偶然和个性决定了生活的方向。由于游戏人生和没有方向,个人自由使人生平庸化。虽然实际上市民社会的成员不会将自己等同于他的任何需要和冲动,但他的生活是由它们支配的。除这些东西之外他没什么可给他的生活以内容的。西方现代性最后把人界定为由自然力量过程支配的存在物(马克思说过,"思想过程本身也是自然的过程"),这种过程的终点就是现代工艺科技世界,在其中,一切事物均转变为生物的生命体消费的物质,生产与消费的无限扩展的循环成为这个现代工艺科技世界的特征。为这样的生产和消费的有机循环所支配,人变成求温饱、求满足生物本能冲动的大众。消费社会——在某种程度上是近代市民社会的特征——是由这样的大众所塑造和组成。这种大众所能参与的政治只能是极权政治,而不是民主政治。这已为本世纪人类的经验所证明。

总之,无论从学理的层面看还是从经验的层面看,市民社会都不可能具有人们赋予它的过多的积极的功能,尽管人们对它寄予了那么高的期望,尽管在经济-私人领域它的确有着正面积极的功能。当然,完全可以脱离历史经验,将市民社会作为一个纯粹理想的概念提出,但这样做也只有在去除这个概念的神话后才有意义。对于相信有一个完美的世界的人来说,这种神话的破灭也许是痛苦的,因为它会使人一时失去方向;但它也会使人恢复健全的思想,不再把任何意识形态的允诺当做思考的指南。只有这样,我们才会对今天人类的困境,有更为深刻的理解和洞察。

卡尔·施密特

一

卡尔·施密特(Carl Schmitt，1888—1985)是现代德国最重要和最有影响，也是最有争议的政治哲学家、法学家之一。尽管人们对他的褒贬往往截然不同，但他是一个思想深刻、影响深远的思想家却是一个不争的事实，人们对他的兴趣逐年增加部分证明了这一点。他的等身著作对于后人将永远是一个诱惑和挑战。

施密特 1888 年 7 月 11 日出生在德国西部一个叫普莱腾贝格的小城的一个信奉天主教的小资产阶级家庭，天主教思想对他的一生产生了极大的影响；而文科中学的人文教育则对他的天主教思想影响起到了一定的平衡作用。①中学毕业后他先后在柏林、慕尼黑和斯

---

① 按照施密特自己的说法，他不但是法学家，同时也是"政治神学家"。德国学者亨利希·迈耶解释说，这意思是指"一种政治理论，政治学说或政治立场的规定，根据这个政治神学的自我理解，对于这种政治理论、政治学说或政治立场的规定来说，上帝的启示是最高的权威和最终的根据"(见 Reinhard Mehring, "Carl Schmitt", in *Metzler Philosophen Lexion*, Stuttgart & Weimar, 1995, S. 799.)。迈耶也因此将施密特的学说定位为政治神学。这种定位的确可以在施密特的文本中找到足够的支持，但也不是毫无问题。因为虽然天主教思想对施密特有很大的影响，但他的思想显然还有许多别的渊源。过分强调他的政治神学会忽略他的主要著作大多是非宗教的这个事实。例如，德国学者斯塔夫就指出，施密特的理论在一些关键的关节点上与基督教信仰相冲突，如基督教主张人人平等，而施密特却是个精英主义者；基督教对政治领域使用暴力有保留，而施密特则不然(见 Ilse Staff, "Zum Begriff der Politischen Theologie bei Carl Schmitt", in *Christentum und Modern Recht*, Frankfurt a. m.：Suhrkamp, 1984, SS. 200 - 201, 204 - 205)。(转下页)

特拉斯堡学习法学。1910年,施密特以"论罪责和罪责种类"获法学博士学位。

施密特是一个多产的学者,几乎从大学一毕业他就不断有著作发表。1912年他出版了《法律和判断》一书,紧接着1914年他又发表了《国家的价值与个人的意义》,两年后是一本关于诗人特奥多·多伯勒的长篇叙事诗《北极光》的著作《特奥多·多伯勒的〈北极光〉》,但它不是纯粹的文学评论著作,在这部著作中,施密特第一次依仗天主教的思想资源对现代性,尤其是现代道德与政治的种种状况进行了批判。多伯勒(Theodor Däubler,1876—1934)是一位至今仍名不见经传的诗人。施密特之所以对他大加赞美,既与他的艺术观有关,也与他对时代问题的判断有关。和许多德国思想家一样,施密特认为,真正的诗诗意地保存了理念和历史神圣的意义。多伯勒的《北极光》在他看来正是这样的一部诗歌作品,它既有宗教的意义,又有时代批判的意义,它是对西方命运诗的启示和感知,它的现实性恰恰在于它"抵消了这个无精神的时代"。① 这个时代之所以是"无精神的"(geistlos),是因为它贬低了观念的能力和将理性阐释为知性。所谓将理性阐释为知性,也就是说将理性变为计算理性。施密特认为现代这个无精神时代其实是一个经济当家的时代,它的经

(接上页)对于迈耶的定位,美国学者肖曼在其著作《卡尔·施密特:法的终结》一书中提出了详尽的商榷意见(见 William E. Scheuerman, *Karl Schmitt: The End of Law*, Lanham · Boulder · New York · Oxford: Rowman & Littlefield Publishers, Inc., 1999, pp. 226-249)。肖曼认为,当前在德国流行的将施密特解读为一个私下的天主教神学家会模糊他的思想对于当代政治和法学理论的真实意义(见 William E. Scheuerman, *Carl Schmitt: The End of Law*, p. 3.)。实际上施密特对基督教资源的态度和韦伯对基督教的态度一样,只是为我所用,而不是亦步亦趋。他早年甘冒开除教籍的风险也要与编造了贵族身世的第一任妻子离婚从一个侧面证明了这一点。

① Carl Schmitt, *Theodor Däublers >Nordlicht<. Drei Studien über die Elemente, den Geist und die Aktualität des Werkes*, Berlin, 1991, S. 69.

济思想颠倒了理性和知性的关系,将西方精神贬低为"资本主义的算计",这种纯粹知性算计的经济思想使精神反常。多伯勒的《北极光》之所以是"永恒之书"(das Buch des Aeons)并能平衡这个机械的时代,是由于多伯勒将语言改造为一种纯粹的艺术媒介,"拒绝了日常知性媒介的自然主义"。①施密特一生都坚持了他在这部早期著作中对现代性的诊断。他的政治哲学实际上是对他所诊断出的现代性问题的批判和回应。

第一次世界大战期间,施密特由于在训练中背部受伤,只能作为志愿者于1915年—1919年在慕尼黑的军管部门服务。1916年他凭《国家的价值与个人的意义》一书在母校斯特拉斯堡大学获大学授课资格。1919年在慕尼黑商业高等学校任讲师,参加过韦伯主持的讲师讨论班(Dozentenseminar)。同年出版了《政治浪漫主义》一书。这部著作在施密特的著作思想发展史上有着重要的意义。

从表面上看,《政治浪漫主义》有点像是一部思想史的作品,施密特在这里一反许多流行的对浪漫主义的看法,提出了自己对浪漫主义的独特理解,实际我们却可从中看出施密特对现代政治的一些根本不满之所在,这些不满构成了他一生批判现代政治的基本出发点和动力。②这部著作也可是说是施密特上个世纪20年代发表的几部主要著作,尤其是《论专政》、《政治神学》、《当今议会制的思想史状况》和《政治的概念》的思想史序言,是他在这几部著作中提出的政治决断论思想的张本。

---

① Carl Schmitt, *Theodor Däublers ＞Nordlicht＜. Drei Studien über die Elemente, den Geist und die Aktualität des Werkes*, S. 47.

② 洛维特在《政治决断论(C. 施密特)》中说,施密特自己对于政治的特殊本质的概念是由这个事实来标示的:它首先是一个驳斥浪漫主义政治概念的反概念,其次是与神学的政治概念并行的一个世俗化的概念。(见 Karl Löwith, *Der Mensch inmitten der Geschichte*, Suttgart: J. B. Metzlersche Verlagsbuchhandlung, 1990, S. 19.)。

提起浪漫主义,特别是政治浪漫主义,一般人总是以为它是对现代性的反动,它在思想上是理性主义的反题,在政治上是保守主义和反革命,在文化上则是中世纪基督教文化的余绪。而《政治浪漫主义》却正是要翻这个案,施密特要表明,浪漫主义是典型的现代性产物,现代政治的一些致命特点恰恰与为资产阶级接受和培养的浪漫主义的态度有关。

在施密特看来,要正确把握浪漫主义的基本特性,不能简单地只着眼它的一些现象,而要追溯它的形而上学背景与原则,只有掌握了它的形而上学原则,才能给它正确定位。施密特认为,浪漫主义与理性主义一样,同样产生于近代形而上学原则的转换,就是超越的上帝不再是基本的形而上学原理,而为两个新的实在——人和历史所代替。笛卡尔我思故我在的论证从表面上看是从思想推理出存在,实际上却使存在与思想天人永隔。哲学成为人类中心论和自然中心论的,思维与存在、概念与实在、心灵与自然、主体与客体之间横亘着一条无法逾越的鸿沟。

浪漫主义可以被看作是对18世纪理性主义的反动,但它只是当时四种反动的模式之一;另外三种对18世纪抽象理性主义的反动分别是后康德德国观念论反动,宗教神秘主义的反动以及维柯历史和传统主义的反动。浪漫主义的反动可以称为情感和审美的反动,它起源于英国哲学家夏夫兹博里(Anthony Ashley Cooper, Third Earl of Shaftesbury, 1671—1713)。这四种反动都致力于克服上述思维与存在等等的对立,但各自的取径不同。浪漫主义是要用一种审美平衡的和谐来克服这些对立。换言之,它是要通过将这些对立化约为审美的或情感的差别来融合它们。然而,浪漫主义在这方面并没有成功。原因在于它一方面仍然立足自我和主体;另一方面对现实采取反讽的态度。

浪漫主义的形而上学原则就是现代性的形而上学原则,即人和历史,只不过它将它们浪漫化了,浪漫的自我成了最终的形而上学原则。但这个浪漫的自我不过是资产阶级社会秩序中解放了的、私下的个人。但他却是资产阶级社会的中心:"在自由资产阶级世界,分离的、孤立的和解放了的个人成了中心点,最高上诉法庭,绝对者。自然,是上帝的幻想只能保持在泛神论或万有神在论的感情中。……主体始终声称他的经验是唯一有意思的东西。这种要求只能在建立在规则基础上的资产阶级秩序中实现。"①施密特非常清楚,浪漫主义不过是近代世俗化过程和私人化构成的反映,"从心理学和历史上来讲,浪漫主义是资产阶级安全感的产物"。②将事物浪漫化不过是要通过想象和幻想的方式证明自己的中心和对事物的任意支配。因此,没有本身浪漫的对象,无论它是骑士还是仙女,只有被浪漫化的对象:"一个强盗骑士是一个浪漫的形象,但他不是浪漫的。中世纪是一个被有力地浪漫化了的复杂物,但它不是浪漫的。对于定义这个概念(指浪漫主义——笔者注)只有浪漫化的主体及其活动才是重要的。"③

既然自己是世界的中心,除了自己之外不再有别的形而上学原则,那么浪漫主义就必然表现为一种主观化的机缘论(occasionalism)。机缘论最初是由考德莫(Géraude de Cordemoy,1620—1694)、高林克斯(Arnold Geulincx,1624—1669)和马勒布朗士(Nicolaus Malebranche,1638—1715)等人为克服笛卡尔哲学思维与存在、内在与外在、灵魂与身体、思维与广延等的对立而提出的。他们认为上述对立的两造乃至所有事物本身不能发生因果关系和相互作用,上帝才

---

①②③ Carl Schmitt, *Political Romanticism*, tran. by Guy Oakes (Cambridge, Mass.: The MIT Press, 1986), p. 99.

是一切精神和物理事件的真正原因。上帝引起精神和物质现象对应。意识过程、意志冲动和肌肉运动都是上帝活动的机缘,上帝意志的威力和效能通过它们来实现。到了浪漫主义那里,自我代替上帝成了"更高的第三者"。但是,由于浪漫主义者对待实在的反讽态度,他们同样无法克服近代形而上学造成的二元分裂。

所谓对实在的反讽态度就是解构实在的现实性而在种种可能性中游走。浪漫主义者之所以喜欢遥远的、异国他乡的、神秘的、变幻无常的、幻想的东西,不是因为它们本身有什么重要,而在于"它们的浪漫功能是否定这里和现在"。①浪漫主义者这么做并不是要否认日常存在和日常生活的实在性,而是不想被这里和现在的种种限制所束缚。因此,他们不断地从一个实在流向另一个实在,从自我到人民,到国家,到理念,到历史,到教会,将每个实在都玩一把就走,没有任何担待和承诺。施密特分析道:"他反讽地躲避客观性的种种约束,不让自己对任何东西作出承诺。保留一切无限的可能性就在于反讽。这样,他保留了他自己内在的、宜人的自由,这种自由在于不放弃任何可能性"。②"靠着反讽的帮助,他可以使他自己反对任何单独的实在。"③浪漫派也会主张某个更高的和真正的实在,但不会持久。归根结底只有他和他的审美(感性)意识不能动,其他都是权宜之计。

浪漫主义者不想具体实现什么,他沉溺于自己的幻想中,通过想象来把玩世界。为此,他必须要将世界诗化。所谓诗化世界就是将一切文化领域变为美学,将一切人类行为化约为情感。这样一来,孤立的个人就成了一切行为的中心,它是它自己的参照点,自己的教

---

① Carl Schmitt, *Political Romanticism*, p. 70.
② Carl Schmitt, *Political Romanticism*, p. 72.
③ Carl Schmitt, *Political Romanticism*, p. 73.

士。诗化世界的结果是绝对的主观化,一切实在的东西只是自我的机缘。对象存在,但没有实体、本质和功能。它只是浪漫的幻想游戏运动的一个具体的点。人们已经无法区分对象和浪漫的对象,因为不再有任何对象,只有机缘。①现实世界的实质冲突在一个更高的情感的和谐中得到审美的化解。②

政治浪漫主义作为浪漫态度在政治上的体现当然具有一切浪漫主义的主要特征,首先就是它的机缘论。机缘论意味着政治浪漫主义没有任何实质性的政治立场,因此,它可以适应最不同的政治环境,为不同政治立场的人采用。政治浪漫主义不是保守主义或反革命政治立场的代名词,在一定条件下,它完全可以为狂热地鼓吹和拥护革命的人所有。同样由于政治浪漫主义的机缘论,浪漫主义者往往没有清楚的立场和明确的政治信仰,对政治问题的实质不感兴趣。例如弗里德利希·施莱格尔和亚当·缪勒就是如此。按照施密特的看法,这也是浪漫主义诗化政治,将政治化约为美学所致,政治问题对他们来说只是审美的机缘而已。

在施密特看来,政治浪漫主义是反政治的,因为它的机缘论使得它不可能在事关对与错、正义与非正义的冲突中作出决断,而这正是政治的基本职责。诗化政治掏空了在这二者间作选择的条件,③一切都变成了只是个人情感的事,再也没有客观的原则,因为现在审美(感觉)主体成了最终的形而上学原则。将孤立的、解放了的个人提升到最终的形而上学原则的地位只有在资产阶级当家作主的时代才有可能。资产阶级在将世界主观化和世俗化的同时也将形而上学主观化和世俗化。资产阶级的社会秩序保证了公共领域和私人领域的

---

① Carl Schmitt, *Political Romanticism*, p. 85.
②③ Guy Oakes, "Tanslator's introduction", *Political Romanticism*, p. xxiv.

两分,而自由主义则坚持法律保障私人活动不受干涉。这一切都是浪漫主义得以产生的外在条件。所以有人说,根据施密特的论证,浪漫主义有赖自由主义,政治浪漫主义是自由主义的完成,施密特对政治浪漫主义的批判是对近代浪漫化了的资产阶级秩序的攻击,《政治浪漫主义》是对近代自由主义的形而上学和元政治基础的批判。不无道理。①

《政治浪漫主义》也是施密特对现代资产阶级政治的诊断:这种政治是一个反政治或非政治的政治,它的特点就是缺乏决断和机缘论;而真正的政治恰好与此相反,它是主权的决断。发表于 1922 年的《政治神学》,毫不含糊地表明了这一点。

《政治神学》是个容易产生误导的书名,施密特的这部主要著作并不讨论政治神学,而是要围绕着政治的主要问题——主权问题,从法学和政治学两个方面展开讨论。该书共分 4 章,第一章讨论主权的定义,第二章从法的形式和决断论两方面来谈论主权问题,第四章讨论德·梅斯特里、波纳尔德和多诺索·科特的国家哲学;第三章才涉及政治神学,但在这里"政治神学"只是提供一个深入思考现代条件下主权问题的方法论框架,或如德国学者梅林所言:施密特在这里是将某种确定的概念建构方法称为政治神学。②

施密特的主权理论并不复杂:主权③就是在紧急状态下作决断

---

① Guy Oakes, "Translator Introduction", pp. xxxii, xxxv.
② Reinhard Mehring, *Carl Schmitt zur Einführung* (Hamburg: Junius, 1992), S. 57.
③ "主权"(sovereignty, Souveränität)其实是一个模糊的,在政治科学和政治哲学中引起许多争论的概念,Roger Scruton 编的《政治思想词典》甚至说它是什么意思不清楚(见 *A Dictionary of Political Thought*, London: Macmillan Press, 1982, p. 441),但有一点是可以肯定的,它的基本意思应该是指"独立的最高统治权"。对外它指一个国家对一定的人民和领土的管辖权,对内指一个政府对社会的治理。所以 Souveränität 应该译为"统治权"更合适,这一点结合施密特的有关文本尤其明显。本文采用"主权"的译法只是因为它已约定俗成,并不表示作者认为这是一个非常合适的翻译。

的权利,统治者(Souverän,也可译为"主权者")就是在紧急状态下作决断的人。①这个在今天某些人看来非常骇怪之论,不过基本重复了西方古典政治学家和法学家通行的关于"主权"的说法。从博丹到霍布斯,从卢梭到黑格尔,西方古典政治思想家大都认为主权意味着高于法律且不必服从法律的权威或权力。例如,英国著名法学家布莱克斯通(William Blackstone,1723—1780)在其代表作《英格兰法律释义》中说:"在每个国家有和必须有一个最高的、不可抗拒的、绝对的和不受控制的权威,主权的权利就在于……此。"②上个世纪80年代出版的《布莱克维尔政治学百科全书》说:"主权的特征在于它是最高的、最终的和最普遍的权力或权威","上述意义上的主权者是国家中拥有和行使最高权力的机关,它可以是一个个人,也可以是一个集体。……这种主权者有时被认为有必要高于法律,而决不从属于任何对它的限定或限制。……这种观点的古老根源在于'法律不约束君主'的概念,而其现代根源在于杰里米·边沁和约翰·奥斯汀的著述;在他们的著述中,法律被界说为主权者的命令,而主权者被界说为大众惯常服从的而它惯常不服从任何其他个人的个人和集团"。③

如果说施密特关于"主权"的说法中也有些新东西的话,那就是强调"决断"及其外在条件"紧急状态"。人们一般认为,施密特的这个思想与他所经历的第一次世界大战和战争结束旧帝国的崩溃,巴伐利亚州的内战状态和魏玛共和国初建时的混乱状态有关。早在战争服役期间,他就在思考专政(Diktatur,一译"独裁")问题,紧急状态和内战的经验促使他对这个现象进行法律史的研究。1921年他

---

① Carl Schmitt, *Politische Theologie* (Berlin: Duncker & Humblot, 1996), S. 13.
② 转引自 *A Dictionary of Political Thought*, p. 440.
③ 戴维·米勒和韦农·波格丹诺编:《布莱克维尔政治学百科全书》,中国政法大学出版社,1992年,第726、727页。

出版了《专政,从主权思想的肇始到无产者的阶级斗争》一书,这部著作追溯了主权思想的历史演变,在此基础上提出了一个批判的专政概念,并以此区分两种专政,一种是古老的、起源于罗马时代的临时专政(die kommissarische Diktatur)制度,它是为了恢复被破坏的秩序和宪法的临时目的而建立的某种特殊措施和紧急权力;另一种是自法国大革命后转向的人民主权,施密特把它叫做是"主权专政",它是宪法赋予的人民的权力。这两种专政的基本区别正在于前者产生于紧急状态与决断,而后者则不然。施密特显然是从前者中找到了他的决断论主权学说的历史根据。

但是,促使施密特提出他的决断论主权学说的,显然是现实的考虑。但仅仅以为由于一次大战及战后的经验使得施密特不相信自由主义的民主政治,而希望有超越法律之上的独裁统治者乾纲独断,恢复秩序,重整河山,那还是比较皮相的看法。施密特有深得多的考虑,他的主权学说不仅仅是一种实用主义的权宜之计,而是代表了他对现代性政治的根本反思。《政治浪漫主义》已经表明,在施密特看来,自由主义资产阶级优柔寡断,哪怕火烧眉毛了还要研究研究再说,但政治,更确切说,主权,就是作决断。这种超越法律作决断的根据,就是紧急状态。

但施密特说的紧急状态和决断都有独特的规定,不了解这独特的规定,就无法正确把握他的思想。首先,施密特讲的紧急状态不是指一般的治安或自然灾害方面原因而采取的紧急措施或紧急命令,而是指事关国家生死存亡的极端紧急情况。在这种情况下,需要一种无限的权力把全部现存的秩序悬置起来。紧急状态不等于无政府状态或混乱,因为国家还在,只是法律要往后靠。紧急状态从法律意义上讲仍是一种秩序,只不过不是法律秩序而已。与此特定的紧急状态相应,施密特讲的决断也不是一般就某个具体问题作决断,如是否实行宵禁或军管,而是就国家的大经大法作出决断,所以它必须不受一切法律规范的束缚,真正是绝对的。

从常理说,紧急状态总是例外的、临时的,因此,产生于紧急状态的种种决断和举措也只有例外的、临时的有效性和意义,一俟恢复常态,便随之消失。如古罗马的辛辛纳特斯战时应召为独裁者,放下犁头前往拯救国家,一俟战争结束,即解甲归田,重操旧业。所以比起法律及其规范,紧急状态及其决断总是权宜之计,是为了恢复常态而不得已采取的手段。但施密特不这么看。

首先,紧急状态(Ausnamefall)是一种特殊情况或例外(Ausname),而例外是无法将其归入某一规范之下的,也不能对它有一般的理解。每一个一般规范都要求常规的生活状况或常态,只有在常态下它才有效。没有一个规范在混乱的情况下还可以应用。首先必须产生秩序,这样法律秩序才有意义。规范状态是创造出来的,而主权者就是明确决定正常情况或常态是否真正存在的人,他垄断着这最终的决定权。国家主权的本质就在于它不是对强制或政权的垄断,而是对这种决断的垄断。紧急状态最清楚地暴露了国家主权的这种本质。①这就是说,所谓的常态是人为制造的,只有制造出常态,同样是人为制造的法律规范才得以应用。但我们没有制造法律的法律,没有产生规范的规范,法律必须经过叫做主权的权威的决断,"这个权威证明,为了产生法律,它不需要有法律"。②

如果这样的话,常态显然不是我们生命(生活)的原始状态,"具体生命的哲学不应该在非常情况和极端状态前退缩,而必须最高程度地对它感兴趣。对于它来说例外比规则更重要……非常情况比正常情况更有意思。正常证明不了什么,非常证明一切;规则不仅证明

---

①② Cf. Carl Schmitt, *Politische Theologie*, S. 19.

它,规则根本只是靠非常情况而活。在非常情况下现实生活的力量冲破在重复中僵化的机械构造的外壳"。①可见,施密特强调紧急状态和决断,并非仅仅是为了解决当下的政治问题,而是也有生存哲学的根据。人类具体的生命关系决定了"国家的生存在此无疑具有对法律形式之有效性的优先性"。②

这种对于紧急状态的重要意义的强烈意识在17世纪的自然法思想里还有,但到了18世纪的理性主义和自由主义思想家那里,就荡然无存了。在自然科学强调常态,强调一般,强调平均数,强调规律的思想影响下,紧急状态和决断论被完全忽略了。施密特认为,新康德主义者凯尔森的形式主义法学就是近代理性主义法学在现代的表现。这种法学理性主义竭力要将紧急状态纳入一般法律规范的有效性之下,使它中规中矩。但施密特要问:法律哪来这力量? 一个规范对它事实上根本无法把握的特殊或非常的具体情况也有效,这在理解上怎么可能?③形式主义的法学思想被自然科学的思想所控制,拼命追求科学性,却完全忽略了法律生活特殊的现实性,没有看到它追求的形式在于某个确定的有关当局作出的具体决断。法律形式没有先验形式那种先天的空洞性;因为它来自法律具体的东西。它不是具有技术精确性的形式;因为它有一种本质上从实践出发的、非个人的目的旨趣。④这就是说,法律形式在施密特看来应该是一种实践形式而不是理论形式。

然而,自由主义的形式主义法学思想在现代却成了西方法学思想的主流,间接地也在成为世界其他地方法学思想的主流。

---

① Cf. Carl Schmitt, *Politische Theologie*, S. 21.
② Cf. Carl Schmitt, *Politische Theologie*, S. 18.
③ Cf. Carl Schmitt, *Politische Theologie*, S. 20.
④ Cf. Carl Schmitt, *Politische Theologie*, S. 40.

它之所以能在两个世纪的时间里风靡世界,不仅仅是由于西方的政治经济优势,更是因为启蒙运动理性主义的现代叙事给了它一种近乎神圣的正当性。但在施密特看来,"近代国家学说的一切精辟概念都是世俗化了的神学概念"。①例如,无限权力的立法者的概念就是从全能的上帝概念而来。而紧急状态之于法学就像奇迹之于神学。神学和法学之间有着一种平行的类似。近代法治国家的观念并不像启蒙理性主义讲的那么理性,那么与神学毫不相关。

但是,理性主义思想家却不见此,他们看不到自己思想的形而上学基础,却以为自然规律和规范规律是一回事,因而拼命要去除"任意性",达到"客观性",这就使他们必然要将特殊和例外从人类精神领域中排除。凯尔森将国家等同于法律形式便是一个典型的例子,虽然他承认"法律科学所针对的现实并不是构成自然科学对象的自然现实。如果将法律科学和政治分开是必要的话,那么,将它与自然科学分开也同样是必要的"。②但他却把法学视为"一种特定的社会技术",是"从对实际法律思想的逻辑分析所确立的基本规范中去寻求法律的基础,即它的有效力的理由"。③这样,他实际上把法律建立在一个空洞的基础上。这就是说,形式主义法学要求规范一切社会生活和政治的法律概念其实是没有实在的基础或根据的。它也无法消除紧急状态或特殊情况。它要求人类依法办事,表面上看十分合理,非常公正,但因为它排除一切特殊情况,也就是真实的生活实践,因此,它在实施时就不能不问题重重,根本无法兑现它的

---

① Cf. Carl Schmitt, *Politische Theologie*, S. 43.
② 凯尔森:《法与国家的一般理论》,沈宗灵译,中国大百科全书出版社,1996年,第Ⅱ页。
③ 凯尔森:《法与国家的一般理论》,第Ⅲ页。

承诺。①但这种与科层制结合在一起的照章办事却根本取消了政治的本质——主权决断。这也是施密特反对自由主义政治的根本原因。

二

1922年施密特接替著名法学家鲁道夫·斯迈兹受聘为波恩大学法学教授。部分是因为对魏玛民主制度的不满,部分是出于他对现代政治的一贯批判反思,他在20年代写的另几部著作《当今议会制的思想史状况》(1923年)、《罗马天主教与政治形式》(1923年)和《宪法学说》(1928年)中进一步分析和批判了现代西方政治的标志性制度——议会制和民主制。

但是,正如施密特的批评者托马在给《当今议会制的思想史状况》写的书评中所说的,施密特这本书不是要重复人们早已耳熟能详的近代议会实践的失败,而是要探索这种制度的最终核心。②和许多德国现代思想家一样,施密特有着很强的历史意识。在他看来,近代西方政治经历了一个从王朝正当性到民主正当性的发展过程。君主制的形式原则是代表制,这是一个来自基督教的概念;而民主制的形式原则则是同一性。议会制是从君主制到民主制之间的一个过渡阶段,它一方面依据民主的理念;另一方面又利用代表制的形式原则。

---

① 例如,按照西方现代正统的法学理论,法治是民主和人权的保障。但当人们将事关社会全体或多数人权利的事交给法院去裁决时,实际是将决定权交到了少数人手里。法院的决断很难说是非个人的。

② Richard Thoma, "On the Ideology of Parliamentarism", in Carl Schmitt, *The Crisis of Parliamentary Democracy*(这是《当今议会制的思想史状况》的英译本,无论是从这本书的基本思想还是从托马对它主要目的的揭示来看,英译本的题目显然不太合适), trans. by Ellen Kennedy, Cambridge, Mass. : The MIT Press, p. 78.

所以它有贵族制的因素。①

在这部著作中,施密特提出了著名的、也是非常有争议的议会制和民主制的区分。一般人们总是将议会制认作是民主的标志,而施密特认为恰恰相反,它们不但不是一回事,而且有着根本区别。施密特在这里讲的议会制是特指19世纪古典议会制,它的根本原则是讨论和公开。"讨论意味着交换看法,通过论证某事的真理或正义说服对手,或让别人说服自己某事是真的和正义的。"②这就是说,议会制是一个理性主义的制度,议员们通过公开的、理性的辩论和争论,取得共识。他们只服从更好的论证,而不是建立在权力和利益基础上的种种欲望和要求。讨论不是谈判,更不是讨价还价。议员不是哪个党派的代表,而是全体人民的代表。但议会的理性主义是相对的理性主义而不是绝对理性主义。所谓相对的理性主义,意思是议员们并不掌握绝对真理,而是通过不受限制的观点的自由竞争来产生和谐,就像从经济的自由竞争产生最终的和谐一样。

在19世纪,议会制与民主是携手通行的。但是,好景不长,到了现代,议会制已名存实亡了。它不再是一种建立在理性和公开讨论基础上的决定社会生活的制度,而成了一种只是选举领导人的手段,③"一种必需的社会和政治技术的工具。"④唯理是从的公开讨论的原则失去了,现在有的只是幕后的利益交易和讨价还价。在这种情况下,

---

① Cf. Carl Schmitt, *Die Verfassungslehre* (Berlin: Duncker & Humblot, 1983), §23.

② Carl Schmitt, *The Crisis of Parliamentary Democracy*, p. 5.

③ 连韦伯这样的自由主义者都这么认为。韦伯在和鲁登道夫谈话时说:"在民主制度下,人们会选举他们信任的领袖。然后被选出来的人说,'现在闭上你们的嘴,一切听我指挥,人民和政党都不准自由地干预领袖的事。'"(见玛丽安妮·韦伯:《马克斯·韦伯传》,阎克文、王利平、姚中秋译,江苏人民出版社,2002年,第748页。)

④ Carl Schmitt, *The Crisis of Parliamentary Democracy*, p. 8.

公开性自然也就不可能了。施密特认为,造成古典议会制这种根本危机的,是由于人民意志与人民代表之间的紧张,议会里的自由辩论不足以形成近代大众民主所需要的万众一心的政治意志。当政治走向街头时,论证性的公共讨论就成了空洞的形式。民主制下的政党并不面对面讨论彼此的观点,而是作为一个个社会和经济的权力集团算计着它们彼此的利益和权力机会,它们的妥协与合作是建立在这个基础上的。古典议会制需要议员们受过良好的教育,有深思熟虑的理智能力。大众民主不需要这些,开动宣传机器,操纵舆论就可以赢得大众,宣传机器的最大功效在于诉诸当下的利益和热情。而大众的功能只是说"是"或"不"。人民是根据同情和厌恶,友与敌来作决定的。这样,现代政治就从议会制的相对理性走向了非理性,理智退出舞台,暴力就登场了。施密特敏锐地看到,如果事情到了这一步,那么不一定通过公开的、自我宣布的独裁,而只要通过某种经验,事情就可能不同,议会就会完蛋。①

在施密特那里,不但议会制与民主制有不同,而且民主与自由主义也不是一回事,因为相信议会制,相信通过讨论来治理,是自由主义的思想,而不属于民主。民主的原则是平等,它首先要求均一性,其次要求消除异质性。民主就是要在统治者和被统治者、国家与人民之间建立同一性。但是,这种同一性可以用许多手段来建立,这就意味着民主制在深层目的上与专制制度一致的可能性。在施密特看来,就像不平等属于平等一样,不给一部分人平等的权力也可以叫民主,西方各国的民主基本上都是这样的民主,在它们那里,外国人就像在雅典的外国人一样,是没有平等的权力的。但这并非不正常,而是正常的,因为政治总是为实质的不平等所支配。②民主制追求实质

---

① Carl Schmitt, *The Crisis of Parliamentary Democracy*, p. 8.
② Cf. Carl Schmitt, *The Crisis of Parliamentary Democracy*, p. 13.

平等或均一性却造成了自身的危机,因为在政治中只有具体的平等,没有抽象的平等,而民主从抽象平等原则出发,只能通过一般的人类平等来解决实质平等和均一性的问题,是不可能成功的。大众民主的危机又进一步导致了议会制的危机。

近代大众民主要实现统治者和被统治者的同一性,它就会把议会制看作是不可思议和过时的制度,一旦出现紧急情况,人民意志会成为不可抗拒的唯一标准。所以,自由主义与民主实际是不相容的,即使它们一时联盟,终究要分手。当代议会制的危机正证明了这一点。议会制和民主制的矛盾实际是两种世界观——自由个人主义和民主均一性的矛盾。

施密特用一个理想化的古典议会制描述来与现代大众民主相对照容易使人产生一种错觉,以为他是以这个理想来批评现代的大众民主,实际上正好相反,他是以大众民主的现实来进一步证明议会制的必然没落,尽管他对议会制并非完全没有同情。①但议会制的必然没落不仅仅是现实政治发展的结果,也是它的理论缺陷必然导致的结果。不过,施密特对议会制必然没落的诊断却未必完全是从理论分析而来,可能在很大程度上也由于他对魏玛民主制的观察。他在1932年发表的《合法性和正当性》一书可以证明这点。

《合法性和正当性》可以与《当今议会制的思想史状况》配成一对来看,后者写的是古典议会制原则的瓦解;而前者则分析死去的议会制对于魏玛立法国家状况②的实践结果。③在施密特看来,魏玛议会

---

① 在《当今议会制的思想史状况》中他说:"今天对公开性和讨论的信仰显得过时也是我的担心。"(见 *The Crisis of Parliamentary Democracy*, p. 2.)
② "立法国家"(Gesetzgebungsstaat)是施密特发明的一个概念,他这样定义这个概念:"其特性在于它将规范化视为共同意志的最高和决定性的表达。"(Carl Schmitt, *Legalität und Legitimität*, Berlin: Duncker & Humblot, 1998, S. 7)
③ Cf. Reinhard Mehring, *Carl Schmitt zur Einführung*, S. 93.

制根本不是他理想的那种19世纪的古典议会制,它没有后者所具有的相对理性主义的信仰基础和原则,自相矛盾。施密特把魏玛共和国叫"立法国家",是因为他认为它的宪法原则完全是规范主义(Normativismus)的,它只强调规范的形式的合法性而完全不问其实质内容。这又使它对法律完全持功能主义的态度。它的民主伦理就是多数原则,即随时准备为了让政治对手有同样的机会赢得权力而放弃掌权的"政治奖励"。施密特认为这是非常危险的,它使得可能会有这种"合法的革命",敌视宪法的政党以合法的手段上台后将政治对手排除在外,然后"合法性之门"关上。更危险的是,由于议会制立法国家空洞的形式主义和功能主义,即只问合不合法,不问是非正义,因而必然会否定反抗权,即国家权力的滥用和不公正。

这种危险的结果之所以可能,是由于立法国家的规范化倾向,规范化的形式主义要求对一切实质正义保持中立,实际上是对正义和非正义保持中立,而以纯粹算术的多数统计作为合法性的唯一根据。这种合法性诉求使得一切对非正义和违法的反抗都成为"非法"。如果多数可以任意决定合法与非法,那么它就可以轻易将它的国内政治对手宣布为非法,将他们从人们中排除出去。

为了揭示这种"合法性"(Legalität)的问题,施密特特意将"正当性"(Legitimität)作为它的对立概念加以提出。如果说"合法性"是指是否符合法律规范和程序,那么"正当性"则是体现了一个先于规范化法律存在的、现实的、符合正义的意志。它应该是所谓"合法性"的存在论前提。但在现代,合法性成了与正当性对立的东西,它们的对立是比支配与合作、权威与自由、法治国家与专制更重大的对立。但是,由于自由主义及依据它的议会制没有特殊的激情,没有"价值有效性诉求",因而也没有"它自己特有的正当性力量";它也完全不需要去费神进行相应的正当化。合法性成了公共事务的唯一准则,而正当性和权威完全成了多余的东西,最多成为合法性的表达或从合法性派生而来。这种情况韦伯也看得很清楚,在《经济与社会》中他指出:"合法性可以被认为就是正当性","今天最常见的正当性形式就是合法性信仰"。①这就是说,在现代,合法性已经完全取代了正当性并且成了正当性。但这种以合法为正当必然导致立法国家自身的瓦解。

从理论上说,以合法为正当是规范主义法学思想的必然结果。施密特在其代表作《宪法学说》中对规范主义作了进一步的分析与批判。

《宪法学说》共分四个部分:(1)宪法的概念;(2)现代宪法的法治国家要素;(3)现代宪法的政治要素;(4)(国际)联盟的宪法学说。前三个部分都与议会制及其内在的理论(自由主义宪政理论)缺陷这个基本问题有关,而这个问题的核心则是对政治的理解问题,或者说直接指向政治的概念问题。因为宪法归根结底是关于政治统一的样式和形式的积极的、民族的整体决定。②所以有人说施密特的"宪法概念"与他的《政治的概念》有着系统的整体关系是十分正确的。③

在施密特看来,自由主义的宪政理论的最大问题就是所谓的"规范主义",即让政治权力从属于一个规范的系统,从属于一种建立在规则基础上的法律控制,宪法是规范的规范,是基本法律的规范。"法治"与"人治"的区别就在于前者的权威和权力只来自规定的、书面写下的宪法。可是,自由主义者却没有看到,在作出关于宪法的决断之前,先已有了"绝对的"政治存在的"形式之形式",或者说原始的存在论意义上的政治经验。他们认为应该是宪法先于国家,而不是

---

① 见 Carl Schmitt, *Legalität und Legitimität*, S. 13.
② Carl Schmitt, *Die Verfassungslehre*, §3.
③ Reinhard Mehring, *Carl Schmitt zur Einfürung*, S. 81.

相反。成文法本身的正当性则来自所谓的自然权力,所以早期的规范主义有明显的道德色彩。自由主义者毫不怀疑他们的法律和宪法理想的正确性和合理性,所以他们基本上都是普遍主义者,他们相信他们建立的法律体现了神圣的自然法则,因而具有自然法则同样的普遍性。但在施密特看来,规范主义其实是一个乌托邦世界观,它与我们原始的政治经验格格不入,因此是无法坚持的,现代自由主义者最终不得不放弃死板的规范主义而迁就与传统自由主义者如洛克、孟德斯鸠等人设想的法律理想不尽相容的法律形式。在施密特看来,自由主义的规范主义缺乏政治有效性,传统自由主义法律的没落是注定的和不可逆转的。①

施密特将新康德主义法学家凯尔森作为他的主要批判目标。凯尔森的形式主义法学把规范主义的弊病表现得淋漓尽致。他认为法律系统是由一整套规范组成的,这套规范本身则是从一个基本规范派生出来的。与传统自由主义不同的是,凯尔森将法律与道德完全分开,这样,就如施密特所讽刺的,如果一个法律规范有效和因为它有效它就有效,而不是因为它涉及一个更基本的道德理想才有效。②这种规范主义必然是一种相对主义。凯尔森明确认为,我们的时代是一个相对主义的时代,对绝对真理的信仰必然消退了。民主是对于现代来说最好的政治形式,因为它直接表达了近代道德相对主义的命令。自由民主的基本机制和程序如言论自由、保护少数等只有在政治共同体的成员接受如下可能性:他们的道德和政治观可能证明是不对的时才有意义。如果人们相信他们自己观点的绝对正确,就没有理由再去接受自由民主的程序;就一定会要求垄断政治权力。③

---

① Cf. William E. Scheuerman, *Carl Schmitt: The End of Law*, p. 64.
② Cf. Carl Schmitt, *Die Verfassungslehre*, S. 9.
③ Cf. William E. Scheuerman, *Carl Schmitt: The End of Law*, p. 277.

但是,这种相对主义是自败的和不自洽的,因为它不能再有令人信服的理由去确定基本规范和派生的规范。宪法也因此失去了其核心的价值。这样,宪法实际上可以随便修改,只要取得议会的多数,改变自由民主的核心程序就像改良大学的神学系一样正当合法。这正是施密特在魏玛宪法中看到的危险。相对主义必然和虚无主义联系在一起,从凯尔森的形式主义法学可以看到,形式主义的自由主义保护不了自己。归根结底,相对主义形式和规范主义武装了自己的敌人。①

从理论上讲,规范主义的错误不是认识论的错误,而是存在论的错误,它没有看到政治经验的生存论因素,政治经验归根结底是敌我之间的冲突,这种冲突不是预先确定的一般规范或无利害关系、因而是中立的第三者的评判所能决定的。②这就是说,这种生存的冲突不是自由主义的法律方法可以解决的。由于法律的生存论前提,法律不可能是真正中立的,到了危急关头,法律方法必然要政治化,成为政治斗争的武器。所以,自由主义的宪政恰恰在一个共同体的政治整合成问题时变得没有价值。③当然,自由主义的政治在实践中更经常的是从权,而不是宋襄公式地践行它们的理论,所以并不像施密特说的那么危在旦夕;但理论与实践之间的这种落差恰好说明了自由主义理论根本的问题。

施密特对现代西方政治的最大不满是它多谋寡断。在他看来,一个宪政体制要有效,必须建立在权威决断的基础上,宪法权力的合法性不是靠伦理学或法律规范的证明,而是靠被承认。政治经验的

---

① Cf. William E. Scheuerman, *Carl Schmitt: The End of Law*, p. 65.
② Carl Schmitt, *Der Begriff des Politischen* (Berlin: Duncker & Humblot, 1963), S. 27.
③ Cf. William E. Scheuerman, *Carl Schmitt: The End of Law*, p. 67.

核心因素本质上是超规范的,合法性最终只在于政治权力的有效性。因此,合法性问题本质上是个权力问题。①合法性是靠权力创造的,而不是相反。德里达在一篇谈美国《独立宣言》的文章中就指出:"武力政变产生权利,建立权利或法律,给予权利,**使法律显露出来,诞生法律并使之胜利**。"②这同样是说法律起源的非规范性和任意性。

1928年,施密特去柏林高等商业学校接替魏玛宪法之父胡果·普劳斯(Hugo Preuß)任法学教授。1929年开始的经济危机及其引起的政治危机使施密特进一步确信魏玛宪政岌岌可危。在他看来,魏玛国家和宪法在构造上都有多元性的问题,使得国家无法真正统一,宪法自身埋下了毁灭的种子。③党派政治的多元性、经济多元制和联邦国家的联邦制使得国家意志很难形成,尤其是自由主义的国家不干预经济的原则使得国家无法对多元的经济状况进行必要的计划,魏玛在政治上和经济上都陷入混乱。在这种情况下,施密特写了《宪法的守护者》一书,鼓吹加强总统的权力来拯救宪法。不了解德国政治哲学传统,尤其是黑格尔政治哲学传统的人会认为施密特实际是反对民主,主张独裁,为日后希特勒上台铺平道路。其实问题没那么简单。施密特的这个设想,既与当年魏玛特殊的政治经济有关,也与他对现代国家的历史演变的观察和思考有关。

在著名的《法哲学》中,黑格尔特意区分了(市民)社会与国家,前者是追求私人利益的领域,而后者才是真正的公共领域,即政治领域。施密特非常欣赏黑格尔的这个区分,因为这个区分公私分明。

---

① Cf. William E. Scheuerman, *Carl Schmitt: The End of Law*, p. 68.
② Jacques Derrida, "Delarations of Independence", trans. Tom Keenan and Tom Pepper, *New Political Science* 15 (1986): 10.
③ 施密特有关魏玛宪法自身原则的不一致,可看《合法性和正当性》的第2章"魏玛宪法的三个特殊立法者"。

一方面，任何个人或私人利益集团不能用国家的权力与公器来为自己谋私利；另一方面，国家也不干涉属于个人的事情，如经济活动或宗教信仰。19世纪欧洲国家基本上都是建立在这个国家与社会的清楚区分上的。然而，施密特与欧克肖特和阿伦特一样，①认为现代政治或现代国家归根结底是"反政治"的，经济最终不但成了私人的目的，也成了国家的目的。自由主义的近代国家虽然有人开始就主张国家中立和不干预，但由于近代国家仍然保留了君主专制正义的一些残余，它逐渐演变为所谓"行政国家"（Regierungsstaat）和"管理国家"（Verwaltungsstaat），国家的重心在行政，在使用国家权力达到功利的目的，在有用性。这实际上是与中立和不干预原则矛盾的，这也解释了为什么没有一个现代国家是彻底实行了这两条自由主义的原则。

但是，一旦以现实利益为底色的合目的性（Zweckmäβigkeit）成为国家的现实存在原则（Daseinsprinzip），黑格尔意义上的国家与社会的区分也就不存在了，因为"如果社会将自己组织为国家，如果国家和社会基本上是同一的，那么所有社会和经济问题就成了国家的直接目的"。②这意味着国家的社会化和国家的经济化，"国家作为社会的派生物客观上不再能与社会相区分，它占有了一切社会的东西，即任何有关人类集体存在的东西。不再有任何社会领域国家必须在不干预的意义上对其遵守绝对中立的原则"。③国家成了干预主义的国家，但这并不证明政治战胜了经济；恰好相反，它正证明现代国家的非政治性。

---

① 有关欧克肖特这方面的观点，可看其所著《论人类行为》和《政治中的理性主义》；阿伦特这方面的观点可看其代表作《人类的条件》。
② Carl Schmitt, *Der Hüter der Verfassung* (Tübingen: Mohr, 1931), S. 78-79.
③ Carl Schmitt, *Der Hüter der Verfassung*, S. 79.

现代国家的政治非政治性使得韦伯和欧克肖特都曾把现代国家称为"企业",它在结构上与资本主义社会是一致的。而施密特则看到政党也已演变为"社会或经济的权力集团"。在多元的政党国家中它们是有着世界观诉求的竞争企业,它们在经济上压榨国家,在意识形态上分裂民族,在这种情况下,施密特提出让国家总统作国家统一和宪法的守护者。鉴于当时魏玛议会的无能和亟需形成国家意志来共度时艰,施密特只能求助作为宪法守护者的共和国总统。这种想法不是偶然的。在第二帝国时代,德皇作为国家和民族的象征高居于议会之上,他超越一切利益集团,是一切利益集团传统的最后仲裁者,也是宪法的维护者。①魏玛宪法之父胡果·普劳斯和韦伯当初在考虑魏玛宪法的时候就曾担心议会专制主义,因而设想以与以前立宪君主德皇的功能有某些相似之处的总统制来平衡议会的问题。他们以及施密特都认为,因为魏玛的总统是直选的,所以他可以代表人民的意志,他代表人民行使权力。

鼓吹将最高权力集中到总统手里,除了当时魏玛民主的现实危机外,施密特还有深一层的考虑,这就是自由主义已经过时了,现代性的经济政治逻辑使得现代国家变成了所谓"全权国家"(totalen Staat),这种全权国家以经济利益为最高目的,它在本身非政治化的同时介入社会生活的方方面面,自由主义的法治和相对形式主义的决策模式与这种干预一切的全权国家的要求是不相容的。全权国家要求抛弃自由民主的核心制度,建立一个有着例外权力的、以行政为中心的政权。虽然施密特对全权国家并不持全然肯定的态度,但他不能不觉得在现代的经济政治条件下它乃势所必然。无论如何,比

---

① 参看科佩尔·S·平森:《德国近现代史》,上册,范德一译,商务印书馆,1987年,第222—223页。

起无所作为的自由主义国家来说,它不是一无可取。它固然也导致国家与社会合一,但"实际上正是全权国家必然要抛弃19世纪的非政治化倾向,它不再知道任何绝对非政治的东西"。①所以施密特把国家的多元社会化和社会的民主化叫做跨越国家任务的否定意义上的"转向全权国家",而认为总统制是社会总体整合向着一个"积极的"和"质的"全权国家退化的开始。作为"宪法的守护者",总统制不但守护宪法,更守护政治。他象征国家作为一种稳定和独特的力量高居于社会之上。

"政治"是施密特始终强调的东西,但也是他最容易引起别人误解的东西,尤其是他把政治定义为区分敌友,更让不少人觉得他不过是一个前法西斯主义和法西斯主义的思想家。②但正确理解一个思想家要比给他戴一顶意识形态的帽子难得多。施密特的政治概念显然与他的国家概念有关,他影响最大也争议最大的著作《政治的概念》第一句话就是"国家的概念以政治的概念为前提"。③但政治与国家不能混为一谈,国家可以非政治化,而政治就是政治。恰恰是这个绝对的政治概念可以使我们一方面看到国将不国;另一方面看到国家的真正使命和目的是什么。

施密特把政治定义为区分敌友,这种区分不是建立在道德、审美、经济或其他的什么基础上,而是建立在人类学的生存条件基础上,是人类学的生存条件决定了人类群体根本的敌对性,一切政治现象和政治事件只有在懂得这种敌对性后才能得到真正的理解。构成

---

① Carl Schmitt, *Der Begriff des Politischen* (Duncker & Humblot: Berlin, 1963), S. 26.
② 参看卢卡奇:《理性的毁灭》,王玖兴等译,山东人民出版社,1997年,第589—600页。
③ Carl Schmitt, *Der Begriff des Politischen*, S. 20.

施密特政治概念人类学基础的,实际就是霍布斯讲的自然状态。只不过在霍布斯那里自然状态是个人之间的战争状态,而在施密特那里是群体之间的战争状态。并且,霍布斯是要最终克服这种状态,而施密特则要肯定这种状态,①这种状态决定了敌我区分生存论的基本性。如果一个群体在生存上受到威胁,就像一个个人生存受到威胁时一样,它用战争来消灭威胁它生存的敌人是完全正当的,虽然只是政治意义上的正当,而非道德意义上的正当。战争没有什么道德规范上的意义,只有生存的意义。正义不属于战争概念,②自古无义战。自由主义的虚伪就在于,总是以一些高尚的名义,如"永远消除战争"之类,来发动战争,要人们慷慨赴死,实际上却是为了现实的经济利益。很多人把《政治的概念》解读为施密特狂热鼓吹战争和杀戮的文本,但施密特在其中明明白白地说:"没有任何纲领、理想、规范和目的性能给予人们支配别人肉体生命的权力。"③至于为了群体生存的生死斗争,那另当别论。因为那涉及我们的人类学生存条件,没有别的办法。施密特之所以对战争说了很多,是因为作为最极端的政治手段,战争揭示了那种支撑着所有政治观念的敌友区分的可能性。④因此,战争对于认识政治至关重要。主权决断首先就是决定战争和敌友。

如果区分敌友的可能性根植于人类基本的生存条件,那么政治就是人类无法避免的东西。现代性条件所产生的非政治化并没有真正消除政治,而只是一种歪曲了的政治。自由主义的中立化和非政

---

① 参看列奥·施特劳斯:《施米特〈政治的概念〉评注》,刘宗坤译,《施米特:政治的剩余价值》,上海人民出版社,2002 年,第 218—220 页。
② Carl Schmitt, *Der Begriff des Politischen*, S. 50.
③ Carl Schmitt, *Der Begriff des Politischen*, S. 49.
④ Carl Schmitt, *Der Begriff des Politischen*, S. 36.

治化都有政治的意义,这是因为,"在政治存在的具体现实中,不是抽象的'秩序'和一组规范,而是具体的人或人的联合在统治着别的具体的人和人的联合"。①经济最终会变成政治,因为经济财产达到一定程度就会变成社会权力,而由此激发的阶级对立就会演变为阶级斗争。自由主义不但不能消除政治,反而会导向新的敌友组合。②施密特的这个观察即使今天来看仍然基本有效。

三

1933年,纳粹上台,施密特见风使舵,马上一改对纳粹的否定态度,向纳粹靠拢。他不但加入了纳粹党,而且积极从理论上为纳粹辩护,提供纳粹执政的合法性依据。纳粹在刚上台时也需要像施密特这样的著名学者来为自己服务,因此双方一拍即合。施密特既然愿意助纳粹一臂之力,纳粹当然也投桃报李,给了施密特不少名分和职位。他担任了著名的《德国法学报》的发行人,"元首代表高校委员会"的成员,德国法学科学院成员,德国纳粹党人法学家联盟高校教师帝国专业组组长,还是普鲁士州议会的议员。但到了1936年,纳粹内部不喜欢施密特的人抓住他以前的言论对他发起攻击,施密特逐渐在政治上失势,开始与纳粹政权保持一定的距离,但仍为纳粹的战争行为辩护。施密特在纳粹统治时期的言行使他战后遭到盟军的拘押,虽然纽伦堡国际法院最终将他无罪开释,但他的这段经历却无法让人释怀。

但施密特对此却有他自己的解释,说他这是"原始德国的发明:

---

① Carl Schmitt, *Der Begriff des Politischen*, S. 72.
② Carl Schmitt, *Der Begriff des Politischen*, S. 78.

通过合作来抵抗。"①这样的解释当然不能被一般人接受。因为如果他真要"通过合作来抵抗"的话,有些完全不符合他这样身份的人的肉麻的话和杀气腾腾的话没有必要一而再,再而三地从他嘴里说出。1933年10月3日,在民族社会主义法学家联盟第四次全国大会上他说:"德国人们的领袖阿道夫·希特勒,他的意志就是德国人民的nomos(法)。"②他不但鼓吹要和犹太精神作斗争,而且竟然说纽伦堡种族法是"自由的宪法"。③他不但帮助纳粹完成法律一体化,还自称"在贯彻民族社会主义思想财富的伟大的世界观斗争中我们没有落后"。④凡此种种,都让人觉得施密特的自我辩护十分勉强。

　　许多人会觉得施密特在纳粹统治期间的表现是一种机会主义,是在进行政治投机。但这种看法太肤浅也太简单。施密特是一个有自己思想的思想家,他在纳粹时期的言行有机会主义的成分,但也的确和他的思想有密切的关系。施密特一贯反对自由主义的形式主义和规范主义的法学,因为法律总是要在具体的语境中实施,自由主义要求的法律规范不符合日常司法经验的真实生活的要求。它所追求的普遍主义法律过于空泛,不可避免使法律秩序陷入一种"混乱"和"无政府"状态,不能给法律决策者提供任何帮助。

　　韦伯相信,在一个祛了魅的文化多元时代,仍有可能有最低限度的"理性的合法性"。但在施密特看来,这种普遍有效的"理性的合法性"只能是个赝品。孟德斯鸠曾经把法官描述为"说出法律的话的嘴",但施密特发现了"不同嘴的不同,它们不同地说似乎是相似的词

---

① Carl Schmitt, *Glossarium. Aufzeichnungen der Jahre 1947-1951*, hesg. E. V. Medem, Berlin: Dunker & Humblot, 1991, S. 222.

② 转引自 Reinhard Mehring, *Carl Schmitt zur Einführung*, S. 107. Nomos 在希腊文中是"法律"的意思。但施密特将其内涵扩大为指法的整体,不但包括规范,还包括决断和秩序。Nomos 这个概念成了施密特后期著作的基本概念。

③④ Cf. Reinhard Mehring, *Carl Schmitt zur Einführung*, S. 105.

句。我们注意到它们任何那么不同地'说'同样的话"。①之所以如此,是因为不同种族和文化的法学家为了追求对立的道德和政治目的而解释和应用法律。因此,法律决定不再有共同的伦理和知识基础。这在他之前思想中已有表述。在《政治神学》中,施密特已经公然说决断不是以理性和讨论为基础,绝对的决断是从无中创造出来的。但现在他的立场已经不那么虚无主义了,决断不是无基础,而是有基础的,这个基础就是种族的立场。日耳曼人要有日耳曼人的法律,种族和人种上的异己分子都不能解释日耳曼的法律。

但是,这不能理解为施密特鼓吹的"德国的法学思想"是一种种族主义的思想,它仍然与他此前的基本思想是一脉相承,虽然也有重要的变化。此时施密特提出一个重要的概念叫"具体秩序"(die konkrete Ordnung)。每一有效的规范都以现存的秩序为前提,只有在现存的"法的秩序"中规范才是有效和有意义的。社会是有系列多样的社群或"秩序",它们有非常特殊的需要,这些需要无法通过一般规范或概念加以法律化。这些具体秩序的核心经验只有通过信仰、纪律和荣誉来捕捉,不能从属任何一套一般规范。②施密特在《论法学思想的三种类型》中说中世纪亚里士多德-托马斯主义的自然法是他具体秩序思想的先驱,③而将纳粹对自由主义法律规则的破坏视为具体秩序思想的完美体现。因此,具体秩序思想要求民族社会主义运动高于传统国家机器和德国人民之上。具体秩序的思想也使反犹主义顺理成章,因为施密特认为普遍主义的自由主义的规范主义

---

① Carl Schmitt, *Staat, Bewegung, Volk: Die Dreiliederung der politischen Einheit* (HamburgHanseatische Verlagsanstalt, 1933), S. 45.
② Carl Schmitt, *Über die drei Arten des rechtswissenschaftlichen Denkens* (Hamburg: Hanseatische Verlagsanstalt, 1934), S. 52.
③ Carl Schmitt, *Über die drei Arten des rechtswissenschaftlichen Denkens*, S. 7.

是典型的犹太法律分析模式。既然具体秩序的思想的基本真理是每一个种族群体都有其特殊品质特有的法律体系,那么具体秩序思想就要求日耳曼人摆脱异己的法律和思想影响,摆脱犹太人强调形式保护和程序的重要性的法治概念。①为此他支持纳粹的种族政策。

施密特在《政治神学》中将决断论和规范论作为两种对立的方法论,但这时他扬弃了这种对立。他认为现代国家不能不讲究效率,这就不能不解决立法和行政的二分问题,领袖拥有最终的立法和行政权的"领袖国家"(Führerstaat)是一个合乎逻辑的解决办法。在施密特的心目中,纳粹政权就是一个这样的"领袖国家"。在《论三种法学思想》的最后施密特说:"国家作为政治统一体中一套特殊的秩序不再是政治的专利,而只是运动领袖的一个工具。"②既然如此,那么"元首的计划和意志就是法律"。③这种法学思想,纳粹当然是十分欢迎的。

如果说《论三种法学思想》是为了论证新的适合德国人的法学思想的必然性和必要性的话,那么《国家、运动、人民:政治统一体的三分》则是公然为纳粹政权提供合法性论证,当然也与施密特的一贯的国家思想有关。施密特认为魏玛宪政到了1933年已经呈现出革命的特征了,它已不再有效了。而新的纳粹政权则以国家、运动、人民三分克服了魏玛国家原来的自由民主制和德国官吏国家的二分国家结构。这套国家、运动、人民的秩序通过作为民族社会主义法律的基本概念的元首制和同种性与政治统一体相和谐。纳粹政权是一个建立在同种性基础上的元首国家。在这个国家、运动、人民的三位一体中,"狭义的国家是政治-静态的部分,运动是政治-动力因素,人民是

---

① Cf. William E. Scheuerman, *Carl Schmitt: The End of Law*, pp. 122 - 123.
② Carl Schmitt, *Über die drei Arten des rechtswissenschaftlichen Denken*, S. 66.
③ 转引自 Reinhard Mehring, *Carl Schmitt zur Einführung*, S. 110.

在政治决断保护和荫庇下非政治的方面"。①在这三个成分中,运动是最重要的,它是动力因素,人民既然是被保护者,那就不用说了;国家也只有从属的地位,因为"今天政治不再从国家中生成,而是国家必须从政治中生成"。②这意味着全面的一党统治,而领袖制则是这种统治的人格特征。这里讲的领袖制绝不是施密特以前主张的政治中立的总统制,因为这时施密特已经觉得总统制也有问题,它不过是"政治领导的代用品"。③施密特的国家结构三分法实际上是在为纳粹的极权统治作辩护。

随着政治上的失势,施密特1936年以后把关注点转到了战争和国际法问题上。他在这方面的论述同样有明显为纳粹的对外政策和战争政策辩护的色彩,但也同样是他战前的一些基本思想的发展。施密特对现行国际法的思考始于20年代,协约国和国联对德国的种种措施和态度使他看出自由主义的国际法产生了一种比以前任何一种殖民统治都更具压迫性的支配体系。自由主义所有国家普遍平等的理想只是掩盖真实的政治经济剥削和压迫的虚伪面具,实际上它使大多数国家从属于一个紧密的强国群体。自由主义将个人间的"自然状态"用来描述国家间的关系,认为就像可通过应用普遍的规范和法律解决个人间的冲突那样,我们也可以用普遍的规范和法律来解决国际间的问题。但国际法比各国的国内法更加空疏和不确定,除了给列强提供了一种可资利用的新武器外,不可能成为"政治正义"的途径。

自由主义在国际法上的普遍主义的基础是"普遍人性",这样,以国际法名义采取的行动都是"人道的"行动,而反对这类行动就是反

---

① Carl Schmitt, *Staat*, *Bewegung*, *Volk*, S. 12.
② Carl Schmitt, *Staat*, *Bewegung*, *Volk*, S. 15.
③ Carl Schmitt, *Staat*, *Bewegung*, *Volk*, S. 31.

人道。挑战这类行动的非正义的人马上就是反人道的罪犯。哪怕以国际法名义的暴力行动也是对人道-伦理追求普遍和平的贡献;而反国际法的战争就是无法无天的反人道的犯罪行为。所以,施密特反对区分战争的性质,战争就是战争,没什么道德的性质。国际间的冲突是不同质的政治实体之间的生死斗争,是不能用形式化的法律来解决的。缺乏规定性的形式的国际法在当今的世界只能是强者谋取自己利益的武器。一个典型的例子就是美国人发明的不干涉原则。

施密特特别分析了门罗主义,指出它是美帝国主义众多武器中的一件,美国用它来确保自己的美洲的霸权,防止欧洲列强对美洲的干涉。但是,施密特对门罗主义的评价并不完全是负面的。相反,施密特还对门罗主义表示了相当的欣赏。他认为门罗主义有"世界历史意义",是一个现实的伟大的帝国主义的完美表现。美国人教导世界其他地方的人,现代帝国主义的本质就是操纵灵活的法律概念来吞噬中小国家,它们的主权在我们这个经济技术迅速发展的时代不可能幸存。美国人用门罗主义揭示了国际关系未来的面貌:世界注定要被划分为一小群以整个大陆或更多地区为单位的"巨大复合体",其中有一个政治实体对其邻居事实上行使主权。[1]德国的任务就是跻身这列强集团。

纳粹上台使施密特看到了德国也成为霸权的希望。如果说美国的霸权是由于全世界无批判地接受了它那一套其实是帝国主义的自由主义范畴,那么纳粹的国际法理论就必须反其道而行之,与之针锋相对,首先就是反对流行国际法的普遍主义诉求。在施密特看来,自由主义形式主义的国际法只能导致混乱,新的国际法应该以相同人

---

[1] Carl Schmitt, *Die Kernfrage des Völkerbundes* (Berlin: Duemmlers Verlag, 1926), S. 11.

种的共同体为本位,法学家有这个共同体的特殊本能,受过它的特殊思维模式的训练,一句话,有效的法律体系应以共同的人种和种族的"具体秩序"为基础。既然国际法的普遍主义必然导致帝国主义,那么德国法律的反犹和种族主义特征决定了它是反普遍主义的,所以它也是"非帝国主义和非侵略性的"。

随着纳粹军队进军的鼓点,施密特的国际法理论也开始改变腔调。施密特认为,德国要跻身支配世界的列强行列,就要向美国学习。美帝国主义在建立霸权方面是相当成功的,虽然它也要为当代自由主义国际法的许多虚伪负责。德国要有自己的门罗主义,这就是说,施密特要援引美国在美洲霸权的例子来为德国在中东欧的霸权辩护。这当然不意味着照搬美国人的那一套,施密特心目中的德国的门罗主义,仍然是以他的"具体秩序"概念为理论基础。这里讲的具体秩序,是相邻相近,互相尊重地定居在一起的各民族的具体秩序。在此基础上,施密特提出他的"大区域"(Grossraum)的概念。大区域包括许多国家,但有一个支配性的统摄一切的强权,施密特称它为 Reich(帝国)。自由主义法学要构造一个对一切地方一切时代普遍有效的国际法体系;而纳粹的国际法本着门罗主义的精神,着重法律的地理和疆域的处境。Grossraum 这个概念指的就是法律经验的区域或地理方面,而不是指所谓的扩大生存空间。①

施密特认为,自由主义意义上的国际法是根本不可能的,最多只能有连结相邻相近的种族群体法律形式。这意味着大区域外的人对任何大区域的合法干涉都是不正当的。这个德国的门罗主义的意义还不仅于此。它还意味着如果美国可以用门罗主义不许欧洲列强干涉美洲的事务,那么德国人也可以要求美国人尊重他们的外交政策

---

① 这就是我为什么把 Grossraum 译为"大区域"。

传统,不要染指欧洲事务。这当然也是一种霸权思维的理论,虽然还只是区域霸权,但理论在霸权面前归根结底是很苍白的,因为霸权只承认权力和实力。施密特的大区域理论可以为德国在欧洲的霸权辩护,但却不能使它被人们承认。

二次大战后,虽然纽伦堡法庭将施密特无罪开释,但他失去了柏林的法学教授的教职,回到家乡普莱腾贝格,深居简出,但却并非不问世事,继续不断通过写作和作报告来表达他对世界的关心和看法,年龄似乎毫不影响他精神的活跃。同时,也不断地有学生、追随者和仰慕者去拜访他,媒体的从业人员也没有忘记光顾他,他通过这些人对战后德国思想界继续施加其影响。①

战后施密特发表的著作,一方面是从深层次总结战争的经验,另一方面是从总体上对当今世界和时代进行反思。但总的来说,他的思想毫无实质的改变,他继续他一贯的思路,当然有所发展。他对战后的世界,无论德国还是世界,都没有积极的评价。施密特一定觉得战后的世界不是否定而恰恰是证实了他对现代世界的一贯诊断。二次大战时施密特提出"大区域"的概念固然有为纳粹在中东欧的霸权辩护的企图,但也的确是表达了他对多元世界的希望。现在,随着"西半球"的胜利,施密特觉得一切其他的政治可能性都不可能了,他一直担心的"世界统一"已经实现了。他认为冷战本质上不是两个不同的政治制度之间的对抗,而是两个原则上不可分的强求瓜分地球资源的斗争。意识形态的差异最终是为了自欺,实际上东西方都上了同样的技术神话的当。

施密特从人类学和历史哲学的角度来思考对地球资源的占有、

---

① Cf. Jürgen Habermas, "The Horrors of Autonomy: Carl Schmitt in English", *The New Conservatism* (Cambridge, Mass.: The MIT Press, 1990), pp. 132 – 135.

瓜分和榨取。他认为人类生来就有一种帝国主义的占有欲望,他把它看成人类的原始现象。如果是占有世界,那么世界政治基本上就只是瓜分:"因为今天东西方人们称为世界历史的东西,就是在占有对象、手段和形式上面发展的历史,人们解释这历史为进步。这个发展从游牧民族和农业-封建时代的占有土地和 16—19 世纪的占有海洋,经过工业-技术时代的占有工业和它区分发达与不发达地区,到当代的占有大气层和空间。"①原始的帝国主义欲望就保留在为瓜分榨取地球权而进行的斗争中,同时进入大气空间和宇宙空间。

由于施密特将东西方的斗争看作是瓜分地球资源的斗争,而不是不同政治理念或原则的斗争,所以他将这个斗争视为"世界内战"。虽然他反对马克思主义,但并不因此就站在"西半球"这一边。在他看来,这两者在原则上是一样的,是一枚硬币的两面,都是"经济思想"的信徒。他将马克思主义者视为资产阶级敌对的兄弟,马克思主义和自由主义是一对孪生兄弟,虽然它们都把对方视为绝对的敌人。

"绝对敌人"的概念意味着政治多元的不可能,意味着必须通过生死斗争达到"世界统一"。而这恰恰是施密特所反对的。他在《政治的概念》中就坚决否认有绝对的敌人,敌人总是相对一定的生存条件和处境而言的。面对冷战的正邪善恶截然两分的意识形态模式,施密特在 1963 年出版的《游击队理论》中进一步论述了他反对"绝对敌人"的思想。他在这部著作中追溯了从"传统的"和"实际的"敌人到"绝对敌人"这种歧视性的转变,将"游击队"作为不同于现代性这种绝对的敌我区分的政治概念加以提出。施密特认为,游击队员是为了保卫自己的家园,出于民族主义的立场,而不是别的什么道德立场或意识形态立场去战斗,他们只有当下实际的敌人,没有绝对的敌

---

① 转引自 Reinhard Mehring, *Carl Schmitt zur Einführung*, SS. 132-133.

人。施密特强调游击队员的乡土情怀和家园感,依然是以人的原始生存性来反对现代性政治的意识形态绝对性和单一性,伸张政治多元性。在这个"世界统一"的时代,对经济-技术文明的政治反抗的使命转移到现代性的个别游击队身上,既然德国也已被纳入世界的统一中。游击队不是什么政治形式,它的反抗也毫无章法和规则可言,它是非正规的。但它与大地的血肉联系使它对被管理的世界的反抗具有更高的正当性,[1]既然地球已不再有法。

人们很容易对施密特提出种种批判,但他提出的种种问题却并不容易回答。施密特去世快 20 年了,他对当代世界的种种诊断和警告并没有失效。认真思考他提出的问题,比以某种意识形态立场去批评他的人格困难得多,但这却是今天最应该做的。

---

[1] Cf. Carl Schmitt, *Die Theorie des Partisanen. Zwischenbemerkung zum Begriff des Politischen* (Berlin: Duncker & Humblot, 1963), S. 77, 86.

列奥·施特劳斯

一

列奥·施特劳斯(Leo Strauss,1899—1973)是当代最有影响的西方政治哲学家之一,一生出版了15本书和大量论文;与施密特的命运大相径庭,施特劳斯由于他的一些学生最近进入美国政治的最高决策层,在某些人看来他的思想几乎成了美国的官方哲学。其实施特劳斯的思想哪有那么简单,但唯其不简单,就逃不脱多种解释的命运,尤其当人们将他显白与隐微的区分用在他自己身上时。

施特劳斯1899年9月20日出生在德国黑森州一个叫基希海因的小镇的一个正统犹太人家庭。在上中学时,受到了德国人文主义传统的影响,读了叔本华和尼采的著作。16岁时读了柏拉图的对话《拉斯凯篇》,遂决定要毕生研究柏拉图,但不是作为哲学教授。他的理想是一边养养兔子,一边当个乡村邮政局长维持生计。中学毕业后辗转于马堡、法兰克福、柏林、汉堡等大学学习哲学、数学和自然科学。1921年底施特劳斯在卡西尔的指导下以"雅可比哲学学说中的认识论问题"一文获汉堡大学哲学博士学位,施特劳斯对这篇博士论文很不满意,一直羞于提起。在这之后,他去弗赖堡大学听了胡塞尔的课,觉得收获不是很大。海德格尔那时还是名不见经传的青年教师,施特劳斯有时也去听他的课,虽然一个字也不懂,"却意识到他所处理的问题,对于人作为人来说至关重要"。①虽然海德格尔后来成了他的一个批判对象,但海德格尔对他思想的影响却是巨大的。

海德格尔1925年去马堡大学教书,施特劳斯也在这年结束了自己的学习时代,进柏林犹太学院编纂和评注犹太哲学家门德尔森(Moses Mendelssohn, 1729—1786)著作百年纪念版。1932年犹太学院停止活动,施特劳斯先去了巴黎,后又去了英国研究霍布斯。1938年施特劳斯移居美国,在新社会研究学校教了10年书之后,于1949年应聘去芝加哥大学,1959年被聘为"哈金斯杰出讲座教授"。施特劳斯1932年离开德国后仅在1954年回德国几天去给他父亲扫墓。1965年他的母校汉堡大学授予他政治学荣誉博士。1968年施特劳斯从芝加哥大学退休后,先后在加州的克莱蒙特学院和马里兰州的圣约翰学院任教。1973年10月18日施特劳斯在美国马里兰州的安那波利斯去世。

和施密特一样,施特劳斯的思想明显是对西方现代性危机的一种回应,"在对此危机的应对中,他开始了其哲学事业"。②离开了他思想的这个主要动机,就无法把握他的"微言大义",如果真有的话。

在施特劳斯看来,"我们时代的危机核心在于人们对我们可以称之为'现代事业'的那一切的怀疑"。③这就是说,现代西方的危机就是现代性的危机。这种危机首先是精神的危机,人们不再相信有关对与错,正义和美好的根本问题,而只相信自我的利益,只信赖自己的意志,意志高于理性,怀疑有不变的人性,人成了自己意义和价值

---

① 列奥·施特劳斯:《剖白》,《施特劳斯与古典政治哲学》,上海三联书店,2002年,第727页。

② 格布哈德:《施特劳斯:困惑时代中追寻真理》,《施特劳斯与古典政治哲学》,第270页。

③ Leo Strauss, "Political Philosophy and the Crisis of Our Time", *The Post-behavioral Era*, ed. by G. J. Graham and W. Carey, New York, 1972, p. 217.

的创造者,永恒真理成了一场骗局。用施特劳斯的话说:"现代性的危机表现或者说存在于这样一宗事实中:现代西方人再也不知道他想要什么——他再也不相信自己能够知道什么是好的,什么是坏的;什么是对的,什么是错的。"①一般人们用相对主义或虚无主义来描述这种现象,但施特劳斯也讲"相对主义"和"虚无主义",但他认为它们归根结底都是某种历史主义。因为历史主义的主要想法就是"所有人类的思想都是历史性的,因而对于把握任何永恒的东西来说都是无能为力的"。②在施特劳斯看来,"恰恰是在这个所谓的现代思想的历史化中现代性的问题最明显……"③

当然,相对主义和虚无主义是有区别的。相对主义还承认有真理存在,但真理不是绝对的,而是相对于某种立场和价值体系而言。相对主义认为,我们每个人都生活在一定的文化环境和思想传统中,我们相信我们的文化环境和思想传统的基本原则和立场是天经地义的。这就是我们对它的承诺。我们的任何观点和看法都是以它为基础,从它出发的。这就意味着任何观点和立场都是不能批评的。每个人总是认为自己的立场是真的,而(与自己不同的)别人的立场是错的,彼此彼此。我可以站在我的立场上批评别人的立场,别人也可以站在他的立场上批评我的立场。但这不是虚无主义,因为至少我们还相信我们的价值。只要有足够理性的话,这种相对主义也不会导致价值大战或"文明的冲突",因为大家认识到彼此彼此以后,可以和平共处。一个相对主义者可以承认文明并不高于吃人习俗,因为

---

① 列奥·施特劳斯:《现代性的三次浪潮》,《学术思想评论》第六辑,吉林人民出版社,2002年,第86页。
② 列奥·施特劳斯:《自然权利与历史》,彭刚译,三联书店,2003年,第13页。
③ Leo Strauss, *The Rebirth of Classical Political Rationalism* (Chicago & London: The University of Chicago Press, 1989), p. 245.

我们反对吃人习俗只是因为我们恰巧处于文明的历史处境。但历史处境是必然要变的,产生信仰文明的历史处境也可能让路给产生信仰吃人习俗的历史处境。当然,也有的相对主义并不认为我们的价值完全是由我们的历史处境决定的:我们可以超越我们的历史处境而进入完全不同的看法。但施特劳斯认为这根本做不到。只要我们承诺了文明的价值,我们的承诺就会使我们强烈反对吃人习俗,不让我们的社会向那个方向转变,甚至连同情的理解都不可能。①

问题不在于反对别人的价值,而在于反对必须有一客观的真理的基础。相对主义的根本问题就是否认有这样的基础,致使现代西方陷入深重的精神危机,西方的几大主要意识形态,都不脱相对主义的窠臼。首先是自由主义。在施特劳斯看来,自由主义在最基本的问题上陷入了相对主义,造成了当代自由主义的根本危机。施特劳斯以伯林的著名论文"两种自由概念"为例来证明他的观察。

在"两种自由概念"中,伯林区分了两种自由概念,即消极自由和积极自由。前者是免于什么的自由,后者是去干什么的自由。伯林比较珍视的是消极自由,他把它看作是本身就是目的或终结价值。消极自由不是哪儿都能找到的,它是一种特殊的近代西方的理想,即使在近代西方世界,也只是某些个人,而不是大众珍爱它。虽然消极自由自身就是目的,但它不是唯一的目的,也不是最高的目的,伯林拒绝给人类的目的分等级。他相信,人类的目的不止一种,而这些目的并不都是彼此可相容的。因此,在绝对的要求之间作选择的必要是人类境遇不可避免的一个特征。自由因它而有价值。②伯林认为,自由主义的传统从密尔开始就坚持人类的目的都同样本身就是终极

---

① Cf. Leo Strauss, *The Rebirth of Classic Political Rationalism*, pp. 8-12.
② Cf. Isaiah Berlin, *Two Concepts of Liberty* (Oxford: Oxford University Press, 1958), p. 54.

性的、不可批评的。"自由具有某种疆界,任何人都不能逾越这个疆界来侵犯我的自由。我们可以用各种不同的名称或性质来称呼决定这种疆界的规则,我们可以称这些规则为自然权利、上帝之言、自然法则、功利的要求或'人类最深刻利益'的要求;我可以相信它们是先天有效的,或宣称它们是我自己的主观目的,或我的社会或文化的目的。这些规则和要求的共同之处是它们被广泛接受,它们深深地以现实的人性为基础,在历史中发展,以至于到现在成了我们称之为正常人的本质部分。真正相信个人自由有最低限度的不可侵犯性必需某种这样绝对的立场。"①

也许在伯林看来,他已经给了维护私人领域一个绝对的基础;但在施特劳斯看来根本就没有基础,因为任何"这样绝对的立场"都只是出于我主观的意志或我社会的意志。伯林实际上是自相矛盾的,因为"免于什么的自由"和"去干什么的自由""对于生活的目的来讲是两种深刻地不同和不可调和的态度。……它们每一个都有绝对的诉求。这些诉求不能两个都被完全满足。但……它们每一个寻求的满足都是一个终结价值,它……有同样的权利被归为人类最深层的利益之列"。②这样,最低限度私人领域的绝对诉求就不能完全满足,因为对立的诉求有同样的权利。施特劳斯因此尖刻地说:"伯林理解的自由主义没有绝对基础不能活,有绝对基础也不能活。"③伯林对自由主义的表述表明自由主义已经放弃了它绝对的基础,正试图成为完全相对主义的。这是造成自由主义危机的根本原因。

自由主义的对手马克思主义也陷入了同样的相对主义。施特劳

---

① Cf. Isaiah Berlin, *Two Concepts of Liberty* (Oxford: Oxford University Press, 1958), p. 50.
② Isaiah Berlin, *Two Concepts of Liberty*, pp. 51–52.
③ Leo Strauss, *The Rebirth of Classical Political Rationalism*, p. 16.

斯用来证明他的这个观点的文本是卢卡奇的《历史与阶级意识》。卢卡奇在《理性的毁灭》中曾经批评了韦伯的社会科学的概念。为了保证社会科学研究的客观性,韦伯在新康德主义事实与价值二分的基础上提出了"价值中立"的主张。在韦伯看来,任何评价都是超理性或非理性的,社会科学的研究应该像自然科学的研究一样,只顾事实,不牵涉价值。但这实际上是做不到的。要不带价值(价值中立)去研究事实及其原因,必须先要选择相关的事实;这种选择必然会受价值参照系的引导;而选事实时所参照的价值本身也必须被选择;这种选择归根结底决定了社会科学家的概念架构,但它是任意的;因此,社会科学基本上是非理性或主观的。①

卢卡奇认为社会科学可以既是客观的又是评价性的,只要它不局限于研究任意选择的事实或部分,而是根据历史进程来理解特殊的社会现象。这当然只有辩证唯物主义和历史唯物主义方能做到,它是一种总体性的视野,历史的进步性和可被理性认识的规律性在它那里得到了最高形式的表达。从表面上看,这种立场不但不是相对主义,而且也是主张有客观的真理。但施特劳斯不这么看。

施特劳斯指出,这种相信历史进步和理性的思想来自黑格尔,这个思想的前提是历史进程原则上完成了;因为如果它没完成,人们就无法知道历史发展未来的各个阶段会不会导致理性的自我毁灭。但是,根据马克思的想法,历史进程没有完成。此外,马克思不承认超历史或自然的目的,根据这些目的我们可以辨别究竟是进步还是倒退。那么,是否马克思主义就避免了相对主义呢?施特劳斯认为答案是否定的。

卢卡奇在他的代表作《历史与阶级意识》中针对资产阶级科学提

---

① Leo Strauss, *The Rebirth of Classical Political Rationalism*, p. 19.

出的历史唯物主义必须运用于自身的要求,公开承认历史唯物主义"能够而且必须运用于自身,但这种运用于自身却没有导致一种十足的相对主义,绝没有导致历史唯物主义不是正确的历史方法这一结论。根据马克思的考察,历史唯物主义的实质性真理和古典国民经济学的真理属于同一类型:它们在一定的社会制度和生产制度之内是真理。作为这样一种真理,而且只有作为这样一种真理,它们才是无条件起作用的。但这一点并不排除出现这样一些社会,在这些社会中,由于其社会结构的本质,其他一些范畴,其他一些真理体系也将起作用"。①

施特劳斯分析认为,卢卡奇的上述表述至少表明马克思主义的真理原则上将被不同的真理所取代,马克思主义揭示自己是片面的,是半真理。即使马克思主义是关于资本主义社会腐朽性和关于这个社会可以并将被摧毁的定论,它不可能是关于无产阶级的革命行动产生的那个新社会的定论:这个新社会可能和旧社会一样充满矛盾和压迫,当然是新的矛盾和压迫。马克思主义是我们时代和我们社会的真理不等于它将是别的时代和社会的真理,因为马克思主义并不否认不断会有重要的真理被人类发现。②因此,在施特劳斯看来,马克思主义同样没有避免相对主义,而它的相对主义同样是出于历史主义。

被许多人视为科学的意识形态的实证主义实际也是一种相对主义。施特劳斯讲的实证主义是逻辑实证主义,它严格区分逻辑的问题和心理学的问题。它关注科学和知识的逻辑结构,不关心它们的心理发生。它认为这样它就可以避免"历史的发现"所造成的问题,

---

① 卢卡奇:《历史与阶级意识》,杜章智、任立、燕宏远译,商务印书馆,1995年,第311—312页。
② Cf. Leo Strauss, *The Rebirth of Classical Political Rationalism*, pp. 20-21.

即人性是变化的。在逻辑实证主义之前,康德已经区分了有效性与发生的问题。但康德之所以能超越心理学是因为他承认先天的东西,先天的东西没有发生的问题,至少没有经验发生的问题。但逻辑实证主义拒绝先天的东西,这样它就不能避免在科学从先于科学的东西中经验发生的问题上卷进心理学。因为实证主义否认有"纯粹理性"或"纯粹精神",它只能用"人类有机体"来回答"为什么要科学"的问题。它必定把科学理解为某种有机体的活动,一种在那种有机体的生命中完成一种重要功能的活动。人是一种有机体,这种有机体不能预言就不能生活得很好,而科学就是最有效的预言形式。①

但这种看法在今天显然是成问题的。在热核武器的时代,科学与人类生存的关系并不都是正面的。此外,社会的高等发展需要高等发达的工业社会;这种社会使得"不发达社会"更难生存。为了发展,许多不发达社会破坏了它们传统的生活方式,但谁敢说这种激进的转型和破坏是那些人民生活和生活得更好的必要条件?那些人民一点都不知道科学的可能性也生存了下来,有时还活得挺幸福。虽然有必要将科学追溯到某种有机体的需要,实际不可能这么做。因为并不能证明科学对于人类生活或生活得好是必要的,要做这样的证明的话,事实上就是在作一个关于科学的理性的价值判断;而根据实证主义,理性的价值判断是不可能的,例如,理性不能证明无私的满足比自私的满足要好。②

实证主义试图通过区分有效性和发生问题来将科学视为自主的东西,但它做不到。因为科学预设了科学外的种种条件。科学影响了人类生活的方方面面,但科学也不能不受非科学因素的影响。人

---

① Cf. Leo Strauss, *The Rebirth of Classical Political Rationalism*, p. 22.
② Cf. Leo Strauss, *The Rebirth of Classical Political Rationalism*, p. 23.

类精神在不同的时代可能是不同的,因此,科学本身(包括它的有效性)取决于它兴趣的方向或形成它假设的想象,取决于时代的精神,就像托马斯·库恩和其他一些科学哲学家向我们论证的那样。实证主义如果无法最终证明科学的自主性,那么相对主义是它必然的归宿。

如果连实证主义都免不了相对主义,那么以祁克果、尼采和海德格尔为代表的存在主义就更不用说。也许是为了表示他们这些人是极端的相对主义或虚无主义,施特劳斯称他们为激进历史主义。尼采是激进历史主义的鼻祖。尼采的相对主义来自衰弱的黑格尔主义。黑格尔认为历史是一个理性的过程,这个过程到他的时代已经达到了终点,一切理论和实践问题原则上已经解决。但对于尼采来说,历史不可能结束,因此,我们自己的原则,包括对进步的信仰,和以前的所有原则一样,都是相对的,因为过去的思想和我们自己的思想都取决于对我们而言是无法回避的前提,但我们知道它们是要消亡的。只有当我们完全毫不怀疑思想和行动的原则时,文化才是可能的,它限制了我们的视域,同时给了我们特性和风格。但它同时也向我们表明任何原则都是可质疑,甚至是可拒绝的。在不同时代受尊重的不同价值没有客观的支持,它们都是人的创造;它们都是由于人类的自由规划,这种规划形成文化得以可能的境域。这样,重估一切价值就是现在的人们应该做的事;而在一切人类的创造和规划后面,则是普遍的权力意志。施特劳斯认为尼采自己也拿不准权力意志究竟是他自己的主观设想,因而会被未来这样的设想所替代,还是最终真理。所以他不可能克服相对主义。[①]

[①] Cf. Leo Strauss, *The Rebirth of Classical Political Rationalism*, pp. 25-26.

如此看来,对于施特劳斯来说,现代性危机可以归结为相对主义或历史主义的危机。实际却不然。他多次重申,现代性的危机从根本上说是现代政治哲学的危机。①这就等于把相对主义或历史主义进一步归结为政治哲学的危机。这听上去有点匪夷所思。在一般人看来,相对主义也好,虚无主义或历史主义也好,充其量是个认识论或方法论意义上的理论问题,与政治没有直接的关系;政治哲学的危机如果有的话,也应该是它们的结果,而不是原因。然而,这恰恰体现了施特劳斯思想的深刻。他恰恰首先是从政治上来理解相对主义或者说历史主义问题的。而他的这个独特思路也给我们正确把握他的思想提供了一条宝贵的线索。

二

施特劳斯1932年给施密特的《政治的概念》写的评注给我们了解施特劳斯思想的出发点提供了一个可靠的文本。从这个文本中可以看到,施特劳斯是同情和支持施密特对自由主义的批判的。但是,他同时对施密特的批判又是不满的。他认为施密特对自由主义的批判发生在自由主义的视界之内;他的非自由主义倾向依然受制于无法克服的"自由主义思想体系"。只有成功突破自由主义的视界,才能完成施密特提出的对自由主义的批判。②从表面上看,这似乎是指施密特的批判同样是以霍布斯的"自然状态"学说为理论前提,不同的只是霍布斯的"自然状态"是指个人间的战争

---

① 列奥·施特劳斯:《现代性的三次浪潮》,第87页。列奥·施特劳斯和约瑟夫·克罗波西主编:《政治哲学史》,下册,李天然等译,河北人民出版社,1993年,第1073页。
② 列奥·施特劳斯:《施米特〈政治的概念〉评注》,《施米特:政治的剩余价值》,上海人民出版社,2002年,第233页。

状态,而施密特将它用来描写政治群体之间的战争状态。霍布斯要人们摆脱自然状态,而施密特拒绝否定自然状态。但问题远没有那么简单。在施特劳斯看来,霍布斯是在自由主义的视界里完成了自由主义的奠基,因此,只有在充分理解霍布斯的基础上,才有可能彻底批判自由主义。①言下之意是施密特没有充分理解霍布斯。

那么究竟施密特在什么地方没有"充分理解"霍布斯呢？当然不是在"自然状态"上,而是在霍布斯是在什么意义上是自由主义的奠基人。霍布斯主张个人权利要求先于国家并决定国家的目的和权限,他所奠定的单纯保全生命的自然权利要求为自由主义的整个人权体系开辟了道路。②霍布斯和17世纪的其他政治哲学家一样,认为自然状态中的人是恶的；但由于他否认原罪,他不得不把恶看成是"无辜的"；又因为他不承认人具有任何固有的先于作为正当要求之一切要求的义务,他否认"罪"。而在施特劳斯看来,"一旦把恶理解为无辜的'恶'并由此把善理解为恶本身的一个方面,那么善与恶的对立便丧失了严格界线,从而也失去了意义"。③而施密特要完成对自由主义的彻底批判,就应该消除把人性之恶看成是动物性的无辜之恶的观点,回到把恶作为道德之卑劣的观点。可是施密特所做的却正好与此相反。④

这也是施特劳斯和施密特的分歧所在。虽然他们在现代西方政治危机和现代性危机的许多问题上有相近或一致的看法,但在价值问题上是截然有别。施密特有明显的非理性主义和虚无主义的色

---

① 列奥·施特劳斯:《施米特〈政治的概念〉评注》,第233页。
② 列奥·施特劳斯:《施米特〈政治的概念〉评注》,第220页。
③ 列奥·施特劳斯:《施米特〈政治的概念〉评注》,第226—227页。
④ 列奥·施特劳斯:《施米特〈政治的概念〉评注》,第227页。

彩,他在《政治神学》中就公开主张决断并不以理性和讨论为基础,它也不能证明自己,决断是从无中产生的,也就是没有根据的。①而施特劳斯刚好相反,他毕生致力于反对这种虚无主义。因为正是这种虚无主义,导致了对现代世界对政治的否定,导致一个施密特所讲的"中立化和非政治时代"。②

施特劳斯和许多现代西方政治哲学家,如施密特、阿伦特和欧克肖特一样,认为现代实际上是一个没有政治的时代,"现代精神在自由主义运动中大获全胜,而自由主义的特征恰恰在于对政治的否定"。③而自由主义对政治的否定恰恰是通过对道德的否定完成的。一方面,文明的理想就是脱离自然状态,就是在安全的情况下过舒适安逸的生活,人类的社会关系只是一个"消费与生产的整体"。另一方面,人们不愿再为了信仰之类的事情争吵;而宁肯通过不争论(不再提出何为正义的问题)达成一致。而"政治性作为人类的命运取决于对人来讲什么是最重要的东西",④可现在恰恰是现代之前人们认为最重要的东西变得无关紧要了。人们"在对享有和平以及获取的果实的完美保障中获得满足。对这个世界的憎恶与恶心,在这样的世界中'严格的道德判断'没有立锥之地"。⑤这就是施特劳斯理解的非政治化。既然非政治化就是非道德化或去价值判断,那么,"对政治的肯定最终无非是对道德的肯定"。⑥这正是政治哲学的本分。

---

① Cf. Carl Schmitt, *Politische Theologie*, SS. 37 – 38.
② Cf. Carl Schmitt, "Das Zeitalter der Neutralisierungen und Entpolitisierungen", *Der Begriff des Politischen*, SS. 79 – 95.
③ 列奥·施特劳斯:《施米特〈政治的概念〉评注》,第213页。
④ 列奥·施特劳斯:《施米特〈政治的概念〉评注》,第229页。
⑤ 迈尔:《隐匿的对话——施米特与施特劳斯》,朱雁冰、汪庆华等译,华夏出版社,2002年,第41—42页。
⑥ 列奥·施特劳斯:《施米特〈政治的概念〉评注》,第228页。

在亚里士多德那里,政治学是伦理学的继续和补充,它同样讨论德性和正义的问题,讨论人们应当如何生活的问题。古典政治哲学追求的不是对"是"的分析和论证,而是对"应该"的规定和描述。它关心的是最好的政治秩序,最好的政制;而这种政制将能最好地促进德性的实践(好生活)。对于古典政治哲学家来说,正义、善和德性都是客观永恒的原则,不为尧存,不为桀亡。社会与人都有完善状态,这种完善状态就是生活的终极目的,也是政治的终极目的,它是由人的自然本性所规定的。善的生活就是按照人的自然本性去生活。

但到了近代,政治哲学发生了根本的变化。施特劳斯将这个变化分为三个阶段。第一个阶段是由马基雅弗里完成的。马基雅弗里不承认超越的神圣的东西,不承认完善的人生这样永恒的目的,自然也就不承认德性的目的地位。德性充其量只是政治生活的手段,政治生活合宜与否不受制于道德。政治社会是道德的前提,而不是相反。政治问题的解决操之在人,通过制度设计加以一定的控制就可以解决一切政治问题。政治不再是一门艺术,更不是人基本的生活方式,而是一种技术。因此,道德不道德是无所谓的。他公然说:"甚至对于一个魔鬼之族来说,建立国家(也就是正义的国家)的问题也是可以得到解决的,只要魔鬼有感觉。"

马基雅弗里在政治领域中造成的变化与另外两个发生在他身后的巨大变化有内在的契合。一个是近代自然科学革命,更确切说,是人的知识观念的巨大变化。在古代,知识是对人或宇宙秩序的客观认识,是接受性的。而现在知识是建构性的,人们把自然传唤到自己理性法庭前,"拷问自然",或为自然立法。这样,人不仅能够改造主观世界,也能改造客观世界。在用制度去控制政治社会的同时,人也对自然条件进行最大限度的控制。自然和人一样成了原材料,可以任意榨取、利用和改造。第二个大转变则是政治哲学和道德哲学的大转变。这个大转变一言以蔽之,就是"道德问题和政治问题还原为技术问题",也就是道德与政治以人的自身保存为目的。①

政治哲学根本变化的第二个阶段是由卢梭完成的。卢梭把霍布斯的自然状态的概念彻底化为历史的概念,将人性归因于历史过程,以普遍意志来代替超越的自然法。这就意味着普遍意志兼具存在和应该两种品格,存在与应该的鸿沟可以在历史过程中得到克服。这种合理性在历史中得到实现的思路开了黑格尔历史哲学的先河。既然合理性在历史中得到保证和实现,那么普遍意志的合理性显然与人的自然本性无关,人彻底摆脱了自然的监护,理性取代了自然。②

所谓现代性的三次浪潮的最后一次,也就是政治哲学根本变化的最后一个阶段与尼采有关。尼采沿着黑格尔的历史性思想继续往前走,得出一切理想都来源于人的创造或筹划,以权利意志为根基的价值重估表明人最终把命运操在自己的手里。但当尼采把一切归结为普遍的权力意志时,人类的命运和行动都变得前所未有的不确定。③

与古典政治哲学相比,现代政治哲学不仅必然导致相对主义和历史主义,而且在功能上都发生了根本的变化。"政治哲学不复具有它在古典时期曾经具有的功能,即提醒儆戒政治生活:完美的国家,存在着永恒不变的典型范例;政治哲学现在只负有近代所特有的任务,即为本质上是未来的完美国家,首次勾勒描绘纲要规划。"④在古典时期,政治哲学是直接与政治生活有关,它的主导性主题就是在前

---

① 参看列奥·施特劳斯:《现代性的三次浪潮》,第91—93页。
② 参看列奥·施特劳斯:《现代性的三次浪潮》,第93—96页。
③ 参看列奥·施特劳斯:《现代性的三次浪潮》,第97—100页。
④ 列奥·施特劳斯:《霍布斯的政治哲学》,申彤译,译林出版社,2001年,第126页。

哲学的政治生活中实际发生的政治争论,它的目的是要解决这些争论,所以古典政治哲学本质上是"实践的"。而现代政治哲学常常把自己叫做政治"理论"甚至"政治科学",这不是偶然的。现代政治哲学往往以自然科学的方法为楷模,套用自然科学的"分解综合"的方法,使它与政治生活的关系不再那么直接。更致命的是它不再能触及政治最根本的问题。①这就是为什么施特劳斯要说现代性的危机是政治哲学的危机。

三

在给埃宾豪斯的著作《论形而上学的进步》写的书评中,施特劳斯第一次提出了"两层洞穴"说来描述现代的思想困境和他对走出这困境的基本设想。"洞穴"隐喻来自柏拉图。柏拉图在《国家篇》(又译《理想国》)的第 7 卷用"洞穴"这个隐喻来指意见世界和政治社会。囚禁在洞穴里的人看不到真理的阳光,只能见到洞壁上的阴影。施特劳斯也认为哲学的真理与政治社会中的种种观点是有距离的。但现代性的思想(现代自然科学和受现代自然科学影响的哲学)使得人

---

① 施特劳斯在分析霍布斯引用伽利略的方法时说:"政治哲学将现存国家分析分解成为它的要素,只是为了通过进而对这些要素施行一个更好的综合处理,正确的国家形式会由此而产生。所以,政治哲学的程序,与其说像物理学的程序,不如说像一个技工的程序,技工把一部损坏了的机器拆卸成部件,除去阻碍机器运转的病灶,再把机器重新组装起来;他这样做,完全是为了机器能够正常运作。这样看来,政治哲学就成为规范国家机器的一门技艺。它的任务,在于将现存国家的不稳定和失衡,变革成为正确国家的稳定和平衡。政治哲学只有成为这样一门技艺,才可能使用'分解综合'的方法。这意味着,将这个方法引入政治哲学,要求事先缩小政治问题的范围,即取消涉及国家的目的的那个根本问题。……将伽利略的方法引入政治科学,其代价是从一开始,这门新的政治科学就放弃了对于最带根本性、最紧迫的问题的全部探讨。"(列奥·施特劳斯:《霍布斯的政治哲学》,第 183 页)

们不但进一步远离了哲学的真理,而且也远离了真正的(不是现代自然科学意义上的)自然世界和政治世界,构成了所谓的"第二洞穴"。现在,政治哲学的任务就是要使人们先从第二个洞穴上升到第一个洞穴,最终使少数人,走出洞穴。因为归根结底,"政治哲学这个术语中的形容词'政治'不是指一个主题,也不是指一种处理方式……'政治哲学'的意思主要不是指对政治的哲学处理,而是对哲学的政治或通俗的处理,或哲学的政治引导——试图将有资格的公民,或他们有资格的儿孙从政治生活引向哲学生活"。①

要完成这样的任务,除了"历史的反思"或者说向古典思想学习外,没有别的办法。施特劳斯在一封致洛维特的信中说,"我们不能用现代的手段来克服现代性",而只能用"自然理解的思想方式"。既然自然理性的工具早已被我们忘却,我们只能向古人重新学习这些东西。②而且,"我们时代的危机提供了意外的便利,使我们能够用一种非传统的方式来理解迄今为止仅仅用传统的或者是派生的方式来理解的东西"。③这就是为什么施特劳斯主要用对古典文本解读的方式来进行他的哲学工作。

当然,这也说明施特劳斯并不是要回到过去,他也知道古典的原则对于现代社会没有直接的效用,因为现代社会是古人根本无法想象的。他只是要借用古典的资源来克服现代性的危机,尽管他所借用的古典资源也是经过了他的阐释。其实施特劳斯与对他有很大影响的尼采和海德格尔一样,言必称希腊不是要以今之古人自居,而像尼采所说的:"他们本质上不是要'回去',而是要离开。再有一点力

---

① Leo Strauss, *The Rebirth of Classical Political Rationalism*, p. 62.
② 见格布哈德:《施特劳斯:困惑时代中追寻真理》,第 294 页。
③ Leo Strauss, *What is Political Philosophy* (Chicago: University of Chicago Press, 1986), p. 27.

量,思想再奔放一点,再多点勇气和艺术家气质他们就要离开,——而不是回去!"①通过古典的资源离开现代性从而克服现代性,这是施特劳斯思想的根本路径。

如上所述,在施特劳斯看来,现代世界最大的问题就是不承认,从而也不再有永恒的普遍原则,历史主义也好,非政治也好,结果都是由于不承认有永恒的普遍原则,导致无对错,无是非,无可无不可,对于古代人至关重要的问题:什么是正义,什么是正当的生活,什么是不可或缺的东西,现代人再也不会提出来。施特劳斯和施密特一样对当时流行的所谓"文化哲学"深恶痛绝,也是因为它把一切归结为传统或文化,使得上述人类的基本问题相对化。

因此,要解决现代性危机,首先得确立一个不可动摇的、永恒的普遍原则,有了这个原则,人类的生存就有了基础,有了根。这个任务非哲学莫属。因为按照西方的传统,"哲学是对万物'原则'之追寻,而这首先指的是对万物'起始'或'最初事物'的追寻。"②只有"起始的东西"和"最初事物"才有资格是基础的基础,绝对原则。这个"起始的东西"和"最初事物"就是自然,当然不是现代自然科学意义上的自然,而是古希腊 physis(意为"生长"、"使生长"、"使出现")意义上的自然。这个自然虽说是最初事物,却是后来才发现的。"发现自然乃是哲学的工作。"③

最初,在前哲学世界,人们并不知道什么是自然。人们完全按照自己习惯的方式和传统来行事,不同的部落有不同的习惯和行事方式,不同的传统,但人们并不以为怪。只是凡是"自己的"、"祖传的"

---

① Nietzsche, *Jenseits von Gut und Böse. Kritische Studienausgabe* 5 (München: dtv/ de Gruyter, 1988), S. 24.
② 列奥·施特劳斯:《自然权利与历史》,第83页。
③ 列奥·施特劳斯:《自然权利与历史》,第82页。

就是好,古老与传统就是正确性的保障,各部落所信仰的神祇所规定的律法就是正当的。人们对于习俗、传统和神祇的权威从无质疑。但绝对的普遍原则恰恰是在质疑中产生的。

哲学虽然是追寻普遍原则,但它却是通过质疑来这么做的。不同部落之间不同的行为方式、不同的传统、不同的信仰彼此冲突,就产生了何为正确的质疑。比方说,认为诸神是由大地所生的观点就与认为它们创造了大地的观点不可调和,那么究竟何者为真?这就需要有一个普遍的真或正确的标准。人们发现,习俗、传统、神明都是人为的东西,既然它们因人(们)而异。有人为的事物就一定有自然,并且,自然是人为事物的前提,因为它对任何时候的任何人都是一样的,为任何时候的任何人所共有。自然就是这样被最初的哲学家发现了。施特劳斯说,自然的发现表明人类有超历史、超社会、超道德和超宗教的可能性。①这就对从维科到狄尔泰,从黑格尔到海德格尔的近代历史性思想作了断然的拒绝和否定。

近代历史主义导致了相对主义和反本质主义,而施特劳斯通过他的"自然"概念恰恰是要重申有不变的存在在,自然就是这不变的存在。他说:"哲学对初始事物的寻求不仅假定了初始事物的存在,而且还假定了初始事物是始终如一的,而始终如一、不会损毁的事物比之并非始终如一的事物,是更加真实的存在。"②施特劳斯并由此引申出"一切的自由和不确定性都是以某种更为根本的必然性为前提"③的

---

① 列奥·施特劳斯:《自然权利与历史》,第90页。
② 施特劳斯的论证是这样的:"倘若不是存在着某种持久而永恒的事物,显明可见的变化就不可能发生;或者说,显明可见的偶然的存在物就要求有某种必然的从而是永恒的事物的存在。始终如一的存在物比之并非始终如一的存在物更加高贵,因为只有前者才是后者以及后者的存在的终极因;或者说,因为并非始终如一的事物要在由始终如一的事物所构成的秩序中才能找到其位份。"(列奥·施特劳斯:《自然权利与历史》,第90页)
③ 列奥·施特劳斯:《自然权利与历史》,第91页。

结论。施特劳斯对于自然概念的论述，除了自然是后来发现的外，基本上是重复他之前许多旧形而上学家的说法。但对于有些旧形而上学家来说，问题就此结束了；而对于施特劳斯来说，问题还有待展开。

问题在于，发现自然不等于能确定自然。自然之为自然，就在于它处在前科学和前哲学的世界。哲学依靠的是理性，即使理性能够证明自然的存在，①它更没法证明我们为什么要相信理性的证明。相反，如施特劳斯的学生雅法所说："哲学或理性的权威乃是来自于感知到理性是人身上最好的或者最神圣的东西，以及来自于感知到那种献身于理性教化的生活才是人最幸福的生活，比如说亚里士多德《尼各马科伦理学》的第一章及第十章即肯定了这一点。"②理性在现代的自我解构恰恰是因为它要证明它是根据和它是有根据的，结果却导致彻底的虚无主义和反理性主义。培根和笛卡尔等人的怀疑主义是要通过怀疑达到绝对的确定，结果正相反。苏格拉底的"我知我之不知"的怀疑主义与近代怀疑主义之根本的不同，就在于他看到了知（理性）本身的局限，因而将研究的目光从自然转到了人间的事物。施特劳斯通过他对古典文本的解读对此作了独特的阐释。③哲学既然无法靠理性来给出事情（包括它自己）的合理性根据，那么要单凭哲学（理性）本身的力量来克服虚无主义显然是难以办到的。

问题不仅仅是哲学无法为自己提供根据，更在于它必须在自然

---

① 施特劳斯用理性证明自然的存在，但别人也同样可以用理性来得出相反的结论。例如，施特劳斯说，如果一个人走南闯北，见的世面多了，发现各地方的人都有自己的习俗和做法，就会产生究竟什么才是正确，也就是普遍的正确的原则问题。但韦伯可以根据同样的事实来证明没什么普遍的合理。

② 雅法：《施特劳斯、圣经与政治哲学》，《施特劳斯与古典政治哲学》，第 187—188 页。

③ Cf. Leo Strauss, "The Problems of Socrates: Five Lectures", *The Rebirth of Classical Political Rationalism*, pp. 103-183.《自然权利与历史》，第 121—127 页。

的、前科学的认识中为自己找根据。这其实涉及了哲学自身的存在论根据问题。虽然哲学研究的是不变的原则和永恒的事物,但它恰恰是在变易的前哲学世界,即政治社会中认出不变的存在的。和他以前的许多形而上学家一样,施特劳斯从来没有因为强调永恒不变者而否认政治社会的重要性,他甚至要求在哲学认识之前首先得按照政治社会理解它自己的方式去理解它:"哲学乃是一种从那'首先为我们而存在的东西'通向'那由其本性(nature)而存在的东西'的上溯。此种上溯要求尽可能充分地按照那种它先于该上溯的方法来理解'首先为我们而存在的东西'。"①主张先想办法从由现代科学和现代哲学造成的第二洞穴上升到作为政治社会的第一洞穴,也是要人们先回到前科学的日常世界或胡塞尔所谓的"生活世界"。

政治社会这个"第一洞穴"在施特劳斯那里并没有像"洞穴"在柏拉图那里有那么强的负面意义。因为政治社会是人类存在的基本状态和条件。可是,任何政治社会都是特殊的,都是"封闭的社会",即柏拉图意义上的自然洞穴。任何曾经存在过的政治社会或任何将来会出现的"政治社会"都必然立足于该社会一套特殊而根本的"意见",这种"意见"不能被"知识"所取代。②这就是说,政治社会这个洞穴是人类无法离开的。

当然,也有少数人可以暂时跑到洞外,这就是哲学家。哲学家可以超越洞穴思考普遍的真理,而不是特殊的意见,他们不仅可以超越政治意见,而且也可以超越政治生活本身的维度;③但他们终究还是生活在政治社会这个洞穴中,他们无法一去不回,杳

---

① Leo Strauss, *The City and Man* (Chicago: Rand Mcnally, 1964), p. 240.
② Cf. Leo Strauss, *Liberalism Ancient and Modern* (New York: Basic Book, 1968), p. X.
③ Cf. Leo Strauss, *What is Political Philosophy*, pp. 90 – 91.

如黄鹤。①施特劳斯明确指出:

> "哲学作为一种从意见上升到科学的努力,必然与意见的领域相关,以意见为其不可少的出发点,因此它也与政治领域必然相关。所以,当哲学开始反思其自身的所为时,政治的领域就必然成为哲学思考的焦点。哲学要充分理解自己的目的与本性,就必须理解自己必不可少的出发点,因而就必须理解政治事物的本性。"②

哲学家既生活在政治社会中又超越政治社会,这就必然与政治处于一种紧张的关系。哲学家对待政治可以有两种对立的态度,施特劳斯在《苏格拉底和阿里斯托芬》一书中用他精心塑造的少年苏格拉底和成年苏格拉底的形象来分别象征这两种对立的态度。少年苏格拉底以哲学和绝对真理的代言人自居,猛烈攻击批评城邦政治和城邦所尊崇的一切。施特劳斯认为这是近代启蒙哲学传统的滥觞,哲学与政治生活或政治存在脱节,无视意见和生活世界,试图以哲学的理念来改造世界,这样地上的天国就将实现。现代哲学的困境和危机已经证明这是一条死路。成年苏格拉底则是将哲学从天上召唤下来,只关心人间的事务,关心政治和道德事务的哲学家。他清明而不狂热,温良而不极端,大度而不褊狭,能通过教育立法者在根本上影响政治,但决不会导致"哲学的政治化"。他从现实的政治本身出

---

① 柏拉图在《国家篇》中讲哲学家一旦走出洞穴就再也不愿回去,但柏拉图特意说"他们的心灵永远渴望逗留在高处"(柏拉图:《理想国》,郭斌和、张竹明译,商务印书馆,1986年,第276页)。这就是说哲学家只能灵魂超越政治生活,他们毕竟还得在政治社会中生活。施特劳斯讲哲学家的超越时也是这个意思。
② Leo Strauss, *What is Political Philosophy*, p.92.

发,而不是从科学的概念出发去理解政治,同时他仍然保持着哲学的独立性和超越性。

在施特劳斯的心目中,成年苏格拉底的形象也就是古典政治哲学家的形象。他们和政治生活有直接的关系,他们关心政治是因为他们首先是好公民,他们在政治社会中特殊的作用就是平息政治争论,通过说服在公民中达成一致。实际政治涉及很多技巧,其中,立法是最基本的政治技巧。每个立法者在关心自己的政治共同体的同时,也得提出一些关于一切立法的普遍问题。这些普遍的政治问题就是要由政治哲学家来回答了。能教导立法者,政治哲学家就算达到了自己的目标。为了达到自己的目标,政治哲学家必须提出一些在政治竞技场上从来没有提出过的一般问题:如什么是德性?什么是有了它就有了统治的最高权力的德性?等等。为了回答这些问题,政治哲学家不得不超越普通的观点,政治的观点,最终是政治生活本身。他理解到政治生活不能达到它的最终目的,只有献身沉思,献身哲学的生活才能达到政治的最终目的,所以政治哲学的最高主题是哲学生活;但哲学家不能不以政治事物为其根本出发点。①

尽管如此,哲学家与政治总是处在不可调和的矛盾中,苏格拉底本人就是这种矛盾的牺牲品,尽管他可以说是古典政治哲学家的典范。哲学家与政治的矛盾根本在于,哲学家可以承认观点,就像他必须承认政治生活一样,但他必须超越观点,超越政治生活。他的思考经常会与观点,以及观点下面的传统、习俗和制度格格不入,甚至正相反。"哲学旨在以知识取代意见,但意见却是政治社会或城邦的要素,因此哲学具有颠覆性……哲学本身是超政治、超宗教、超道德的,

---

① Cf. Leo Strauss, *The Rebirth of Classical Political Rationalim*, pp. 51-61.

但政治社会却永远是而且应该是道德的、宗教的。"①不仅如此,任何政治制度都是不完美的;而哲学追求的却永远是完美。这就注定了哲学家与现实政治处在内在的冲突中。

另一方面,一般人也会问,为什么人类生活需要知识?为什么以整体自然的真正知识取代关于全体自然的观点是好的,是正确的?这些问题也把哲学传唤到政治共同体的法庭前,让哲学在政治上负责。②这也使得哲学家处于危险的境地。

为了避免这种危险,施特劳斯提出哲学家应该有公开的和秘密的两种表达方式。据说这也是从古典哲学家那里来的。柏拉图看到他的老师苏格拉底被政治共同体处死后就学乖了:不去和流行的意见硬顶,而是采取迂回曲折的方法。公开表述的话尽可能照顾到流行的意见,甚至表面上暂时接受它们,以让真理慢慢取代它们。哲学家公开的教诲也就是柏拉图说的"高贵的谎言",它们并不是完全的真理,但也并非与真理根本无关。没有哲学根器的芸芸众生只配接受哲学家公开的教诲。公开的教诲既不违背真理,又不会招致政治共同体的迫害,是哲学家保护自己和保护哲学的盔甲。但哲学家公开的教诲也不完全是消极的伪装,它是真真假假,假中有真,有哲学根器者一旦领悟其中的奥秘,将会被一步步引向纯粹的真理。

柏拉图和亚里士多德都认为理论的生活高于政治和实践的生活,只有它才是哲学家的追求目标。施特劳斯完全继承了这个传统。虽然他赞成关心政治生活的成年苏格拉底而反对以哲学的名义与政治处于极端对立的少年苏格拉底,但他始终认为哲学家的最终目标

---

① Leo Strauss, *Jewish Philosophy and the Crisis of Modernity: Essays and Lectures in Modern Jewish Thought* (New York: State University of New York, 1997), p. 463.

② Cf. Leo Strauss, *The Rebirth of Classical Political Philosophy*, p. 61.

是沉思的理论生活,他所肯定的绝对真理在理论生活中才能获得。但是,由于哲学家生活在一个与他内在冲突的政治社会中,他的真正思想不能公开直白地表达,而只能隐晦地加以表达。哲学家秘密的教诲只在少数得道之士中秘传,芸芸众生是不得与闻的。

施特劳斯公开和秘密的表达的学说表明,在他看来,哲学由于其本身的性质,将永远处于与政治的冲突中,哲学家公开的教诲只是一种策略和权宜之计,而不是完全放弃自己。关心政治生活决不是为了操纵政治生活,和政治生活发生直接关系也不是去从政,或给权势人物出谋划策;而是要以入世精神做出世事业,最终是要走向哲学,达到真理的世界。哲学的本质的独立性不允许它成为政治的工具和附庸。施特劳斯曾明确指出:"哲学,尤其是政治哲学一旦屈从于权威,就失去了它的本色;它就会蜕变为意识形态,亦即为某一特定的或将要出现的社会秩序所作的辩护词;或者,它就会变成神学或法学。"[1]如此看来,根据他的某些学生在美国政府决策层中任要职,甚至根据美国的外交政策去理解施特劳斯的思想,恰与施特劳斯的思想背道而驰。

四

哲学与政治处于永久的内在冲突,哲学不能政治化同时政治也不能哲学化,说明政治和哲学一样有其不能化约的独立性。施特劳斯完全同意施密特提出的政治不是一个与其他领域并存的相对独立的领域的看法,他认为施密特对政治的这种结构性定位说明政治是基础性的。[2]既然是基础性的,那它的根据就在其自身,而不在它之

---

[1] 列奥·施特劳斯:《自然权利与历史》,第93页。
[2] 参看列奥·施特劳斯:《施米特〈政治的概念〉评注》,《施米特:政治的剩余价值》,第217页。

外的哲学。换言之,哲学不可能给政治生活提供根据。相反,它自身必须以之为基础。

施特劳斯在讲哲学是对万物原则、万物的起始和意义的追寻时,不忘提醒人们神话也是这样。[①]这就是在暗示,无论是从文明史还是思想史,甚至发生学的意义上说,哲学都不具有源始性的地位,即它是万物原则、意义和起源的唯一渊薮。相反,在哲学之前,已经有个前哲学的世界。自然的确是本源性的,但它的前哲学的相等物"习俗"或"方式"(指人的基本的存在方式)至少与它同样本源,虽然它们是人为的。虽然方式有许许多多,但我们总认为其中有一种是特别重要的,这就是我们所属的那个群体的方式——我们的方式。我们的方式当然就是正确的方式。为什么?因为它是古老的,因为它是我们自己的,或者用伯克的话说,因为它是"家里产生的,是传统"。也就是说,因为它是"祖传的"。因此,最原始的观念就是祖传的就是好的,好东西必然是祖传的,祖先总是高明的。要保证祖先总是高明的,就要把祖先理解为神或神的子孙,或神的学生。如果是这样的话,那么结论必然是有必要认为正确的方式就是神的律法(theos nomos)。[②]如此看来,神圣的律法至少和自然一样原始。但是,就违背神圣律法的东西决不能是自然的而言,神圣的律法与自然有某种相通性。

将习俗或方式上溯到神圣的律法,这神圣的律法不但不是哲学的发现,如自然那样,反而是哲学的源头,[③]说明光凭哲学无法担当给政治社会奠定基础(确定普遍永恒原则)的任务。前哲学的社会显

[①] 参看列奥·施特劳斯:《自然权利与历史》,第 83 页;*The Rebirth of Classical Political Philosophy*, p. 253.

[②] Cf. Leo Strauss, *The Rebirth of Classical Political Philosophy*, p. 254.

[③] Cf. Leo Strauss, *The Rebirth of Classical Political Philosophy*, p. 255.

然并不像现代社会那样处于价值无政府状态,相反,它有对它而言是普遍和永恒的规范,这样它才能存在下去。这些规范的根据,当然不在理性,而在天启。神的全能保证了规范的正确和正当。"为了能让社会至少在少量的自由中像样地生存下去,对规范的神圣化便不可或缺。为了能向诸个人提供足够的力量以使他们能够作出为克服极端的自私、挫败外部敌人而需要的牺牲,上述神圣化是必要的。这种神圣化——它们支持着维持社会的像样自由所需要的个人承诺——具有的是意见的地位。"①虽然是意见,但对于产生它的政治社会来说,它却是普遍有效的。

尽管任何政治社会都是特殊的,但从政治社会中产生的哲学却要超越特殊的政治社会而追求普遍的原则,它要质疑所有的意见,即使是最好的意见,在它看来也是不充分的知识,它要求一切知识都要得到理性的证明。而天启之为天启,就在于它是不能用人的理性证明,也无须这样证明的。这样,哲学和宗教,理性和天启,或雅典和耶路撒冷就必然处于冲突之中;尽管它们也是西方文明的两大根源。

施特劳斯认为,既然西方文明是由这两个彼此冲突的因素构成的,那么对现代性危机的反思就使我们回到西方文明前现代的整合中,回到这两个因素形成的巨大张力中,从中寻找现代危机的出路。

施特劳斯非常清楚,雅典和耶路撒冷的冲突是根本性的,不可调和的,因为二者认为必需的东西非常不一样。希腊哲学认为自主的知性的生活是必需的;而《圣经》认为顺从的爱的生活是必需的。虽然也可以将二者综合在一起,如希腊哲学可以在辅助性功能上来使用顺从的爱;而《圣经》可以将哲学作为婢女来使用;但在每种情况下

---

① 本斯:《前科学世界与历史主义——关于施特劳斯、海德格尔与胡塞尔的一些反思》,《施特劳斯与古典政治哲学》,第384页。

被使用的东西都反抗这样的使用,所以冲突是非常激烈的。但是,不一致总是以一致为前提,因为人们必须在某些事上不一致,但在那些事情的重要性上会一致。

施特劳斯认为,希腊哲学和《圣经》在反对他所描述的现代性的那些因素上是完全一致的,当然,这种一致只是含蓄的。《圣经》和希腊哲学都同意道德的重要性,在道德的内容,道德最终的不足上也一致。它们在由什么来补充或完成道德上,或换言之,在道德的基础问题上不一致。《圣经》和希腊哲学共同的基础是神圣的律法问题,但它们以截然相反的方式来解决这个问题。①

在施特劳斯看来,宗教的根源是恐惧加怜悯与罪的现象结合在一起。上帝是王,是审判者,也是恐惧的对象;上帝是众人之父,使一切人成兄弟,因此也使怜悯神圣化。而希腊哲学正相反,亚里士多德认为没有这些情感的人才是更好的人,因为他们从一切病态中解放了出来,可以全身心从事高尚的行为。"认识你自己"对希腊人来说意思就是知道当一个人意味着什么,知道人在宇宙中的位置,检验自己的意见和偏见,而不是检查自己的内心深处。在希腊哲学家看来,是知性或沉思完成道德。但这必然要削弱道德要求的威严。而根据《圣经》,是谦卑、罪感、忏悔和信仰神圣的怜悯完成道德,它们必然加强道德要求的威严。沉思本质上是超社会或反社会的,而服从和信仰则本质上与信仰者共同体相关。但沉思这种反社会的完美是以政治共同体——城邦为前提的。②

施特劳斯还认为,道德要求的力量在希腊哲学中被削弱,是因为在希腊哲学中这个要求没有得到神圣允诺的支持。哲学家生活在恐

---

① Cf. Leo Strauss, *The Rebirth of Classical Political Philosophy*, pp. 247-248.
② Cf. Leo Strauss, *The Rebirth of Classical Political Rationalism*, pp. 250-251.

惧和颤栗之上,也生活在希望之上。他的智慧不是像在《圣经》里那样,始于对上帝的恐惧,而是始于惊异;《圣经》中的人生活在恐惧和颤栗中,也生活在希望中。这就使得哲学家有一种特别的平静。施特劳斯用一个例子来说明这一点。先知纳堂严厉而无情地指责大卫王,因为他犯下了一桩谋杀和一桩通奸行为。但是一个希腊诗人哲学家却以开玩笑的方式优雅地让一个犯了无数谋杀和其他罪行的希腊僭主相信如果他更有理性的话,他就会有更大的快乐。①

《圣经》讲上帝的全能,而这与希腊哲学格格不入。在希腊思想中,神是万能的,但神万能是因为它们知道事物的本性,所以它们才万能,也因此它们不是万能的。希腊哲学只相信理性的力量,理性不能证明的东西,哲学家就掉头不顾。哲学家拒绝同意天启是因为它不能明证。哲学是一种生活方式,但它在其原始的和完全的意义上与《圣经》的生活方式是不相容的。哲学和《圣经》是人类灵魂戏剧的两个对手。每一个都声称知道或掌握了真理,决定性的真理,关于正确的生活方式的真理。但真理只能有一个,因此它们就冲突不断。②

施特劳斯详细考察了传统支持天启的论证和哲学反对天启的论证,以及近代历史批判反对天启的论证,③最后发现"所有声称对天启的驳斥都以不信天启为前提,所有声称对哲学的驳斥都以信仰天启为前提"。实际上"从未有哲学家驳斥掉天启,从未有神学家驳斥掉哲学"。④天启和理性之间没有共同的基础,因此,它们的矛盾是不可调和的。"没有人可以既是哲学家又是神学家,就此而言,也没有

---

① Cf. Leo Strauss, *The Rebirth of Classical Political Rationalism*, p. 251.
② Cf. Leo Strauss, *The Rebirth of Classical Political Rationalism*, p. 260.
③ Cf. Leo Strauss, *The Rebirth of Classical Political Rationalism*, pp. 260-269.
④ Cf. Leo Strauss, *The Rebirth of Classical Political Rationalism*, p. 269.

某种超越哲学和神学的可能性,或假装是两者的综合。"①但这没什么关系,因为"西方的传统不允许有对根本矛盾的最终解决,不允许有一个没有矛盾的社会。只要仍有西方世界,就将有不相信哲学家的神学家和被神学家惹恼的哲学家"。②况且,这种不可解的冲突也不是什么坏事;相反,"这种不可解的冲突是西方文明生命力之秘密"。③

也许正因为如此,施特劳斯要我们不是当面对神学挑战的哲学家,就当面对哲学挑战的神学家,④二者必居其一。那么他自己最终究竟是哲学家还是神学家? 也许在许多人看来,这个问题几乎不成立。施特劳斯当然是哲学家。学术界一直把他看作是 20 世纪最重要的政治哲学家。格林告诉我们,施特劳斯"重新寻求一种建立在理性基础之上的哲学——以理性探求和理性原则为基础的哲学"。⑤而他的学生罗森则说施特劳斯是"被迫转向前哲学的境况来捍卫哲学"。⑥如此看来,施特劳斯是哲学家应该是铁定无疑。

但是,从施特劳斯对天启与哲学的冲突的态度来看,特别是从他的思想动机来看,问题似乎并不那么简单。据施特劳斯多年的朋友克莱恩说,施特劳斯主要对两个问题感兴趣:一个是上帝问题,另一个是政治问题。⑦这与施特劳斯自己对他的思考主题的定位是一致的。他在晚年回忆自己的思想道路时承认,从 1920 年代起"神学-政治问题始终是我的研究所围绕的主题"。他并且认为这一定位有助于将自己的研究论题统一起来。⑧施特劳斯虽然认为哲学与宗教的冲

---

① ③ ④ Cf. Leo Strauss, *The Rebirth of Classical Political Rationalism*, p. 270.
② Cf. Leo Strauss, *The Rebirth of Classical Political Rationalism*, p. 73.
⑤ 格林:《现代犹太思想流变中的施特劳斯》,《施特劳斯与古典政治哲学》,第 60 页。
⑥ 罗森:《施特劳斯与古今之争》,《施特劳斯与古典政治哲学》,第 372 页。
⑦ 参看《施特劳斯与古典政治哲学》,第 723 页。
⑧ 见迈尔:《隐匿的对话——施米特与施特劳斯》,第 163,165 页。

突是西方文明的生命力所在,西方文明有赖这两者的不断对话。但他本人并不是毫无偏向和中立的。这一点从他在"进步与退回"中对《圣经》和希腊哲学的叙述中就很容易看出。现代性危机在他看来也是神学-政治困境。这个危机的核心是人类失去了安身立命的根本。哲学不能提供这样一个根本。因为哲学"作为对显然和必然的知识的追求,它本身建立在一个非必然的决断之上,建立在一个意志的行动上,有如信仰"。①这就是说,实际上哲学自身的基础也非理性,而是非理性的类似信仰的东西。因此,近代哲学对宗教的批判非但没有压倒宗教,相反,"随着理性主义的最后崩溃,理性与启示、信与不信之间的永恒战斗在原则上,甚至还可以说在人类思想的层面上已经判定启示是赢家"。②他甚至把政治哲学称为"神学不可或缺的婢女"。③从施特劳斯的这些思想看,如果神学家和哲学家像他自己讲的那样不能一身兼二任,而只能居其一的话,他自己究竟站在哪一边是十分清楚的。

当然,施特劳斯决不是一般意义上的神学家,他的神学姿态无非是要表明永恒的普遍原则只能通过天启得到保证与确定。哲学并非不需要,也并非不重要,毕竟普遍原则还要靠它来发现,它的超越性是原则普遍性的保证。但哲学本身的基础还别的非哲学的东西来给它奠定。"为了复兴哲学的生活方式,施特劳斯不得不抛弃现代哲学失败了的确定性及其体系,而要为哲学确立最简单、最明白、最坚固的基础。"④神学-政治问题则是施特劳斯通向这个目标的唯一路

---

① 列奥·施特劳斯:《〈斯宾诺莎宗教批判〉英译本导言》,《学术思想评论》,第6辑,第269页。

② 列奥·施特劳斯:《〈斯宾诺莎宗教批判〉英译本导言》,《学术思想评论》,第6辑,第238页。

③ Leo Strauss, *The City and Man*, p. 1.

④ 洛文萨尔:《施特劳斯的〈柏拉图式的政治哲学研究〉》,《施特劳斯与古典政治哲学》,第662页。

径。在他的晚期著作中,神学家明显占了哲学家的上风,也证明了这一点。①

但不管施特劳斯的天启和神学是一神论的还是泛神论的,他都无法解决天启和神学本身的特殊性问题。除了传统的诉诸信仰的办法,他不可能有其他的办法。但这样他就无法解决他要解决的现代性问题,因为他并不比以前的神学家高明多少,煞费苦心的解读无非是为了证明信仰和天启是真正的出路。当然,施特劳斯很可能也看到了这一点,所以不管他本人倾向如何,他还是勉强将哲学视为与天启平等的对手,以留出二元解释的空间。但是,施特劳斯将现代性危机上溯到作为西方文明两大根源的理性与天启的冲突,又说这冲突永远无法解决,是否是下意识地承认现代性的危机在西方文明的架构内其实是无法解决的?

---

① Cf. Alfons Söllner, "Leo Strauss", *Philosophische Philosophie des 20. Jahrhunderts* (München: R. Oldenbourg Verlag, 1990), hrsg. von Karl Graf Ballestrem und Henning Ottmann, SS. 118 - 119.

海德格尔:在哲学和政治之间

海德格尔和纳粹的关系问题,亦即海德格尔公案,一直是海德格尔研究的一个热门话题。早在20世纪60年代,德国学者Paul Huehnerfeld 和 Guido Schneeberger 就已经出版著作揭露了海德格尔与纳粹的关系。①最近十几年,尤其是1987年智利人法里亚斯发表了《海德格尔和纳粹》一书后,这个问题更是成了海德格尔研究的一个主要课题。1989年德国洪堡基金会在波恩举办的纪念海德格尔诞生100周年国际学术研讨会就专门分出一个部分讨论海德格尔与政治的问题。随着时间的推移,人们对这个问题的兴趣越来越浓厚,而非越来越冷淡,说明这不是一个可以轻易得到答案的问题。这个问题之所以不简单,是因为它不只是如何评价一个大哲学家的政治行为的问题,而是也暴露了更为复杂,且一直未得到足够重视的哲学和政治的关系问题。

一

在一个资讯开放的社会,要弄清海德格尔和纳粹关系的事实并非难事,何况此事就发生在当代。困难在于人们对这些事实如何判断和下结论。单就那些现在已经坐实了的事实看,海德格尔充其量

---

① 见 Paul Huehnerfeld: *In Sachen Heidegger*, Hamburg: Hoffman & Campe, 1961; Guido Schneeberger: *Nachlese zu Heidegger*, Bern: Suhr, 1962。

也就是盟军当局1949年取消对他的管制时所下的结论:"随大流者"(Mitlaeufer)。像入纳粹党,并交党费直到1945年,在校长任上和当局妥协与合作,说些支持纳粹的话之类,都只能算是随大流,任何有在集权制度下生活经验的人都会明白这一点。而诸如对胡塞尔的态度,和一度因雅斯贝斯的妻子是犹太人而冷淡他,这些主要是社会大环境使然。想想"文革"中有多少人和自己的亲人划清界限,就不难理解。当然也有海德格尔个人品格的问题,但专制社会使人道德堕落早已为20世纪的人类经验所证明。海德格尔在纳粹统治期间对待犹太人的某些态度充其量也只能说是不正常的社会政治环境使他失去了道德良知。说海德格尔是个反犹主义者,无论如何是证据不足的。但不管怎样,海德格尔一度与纳粹合作是个事实,他自己也在1950年给雅斯贝斯的信中承认这是"不可原谅的"。

但问题远未到此结束。海德格尔战后一直对奥斯威辛和大屠杀保持沉默,让许多人觉得"是可忍,孰不可忍"。这再清楚不过地表明了海德格尔"死不改悔"的纳粹态度。更有不少人从《存在与时间》、《校长就职演说》和《形而上学导论》中发现,海德格尔不仅在行动上,而且在思想上就一直是纳粹。甚至得出海德格尔的哲学就是纳粹哲学的结论。然而,海德格尔作为20世纪最伟大的哲学家之一的地位是举世公认的。因此,上述极端的结论并不为多数人所接受。

但是,却有不少人认为,海德格尔的哲学虽不能称为纳粹哲学,但基本倾向中却有不少东西是与纳粹思想合拍的。也就是说,海德格尔哲学的基本倾向中含有浓厚的纳粹思想因素。但这又如何解释他的思想对20世纪人类思想产生和正在产生越来越大的影响这一基本事实?哪怕是最激烈反对海德格尔的人,也无法否认这一事实。例如,哈贝马斯就认为施奈德巴赫在《德国哲学,1831—1933》中所说"当代哲学……决定性地由路德维希·维特根斯坦的《逻辑哲学论》

(1921),乔治·卢卡奇的《历史与阶级意识》(1923)以及马丁·海德格尔的《存在与时间》(1926)所形成"是"正确的"。①

正因为海德格尔思想对于西方文明尤其是对于当代西方文明的危机和当代人类生存经验具有无与伦比的洞察力和批判力,许多喜欢海德格尔哲学的人不免爱屋及乌,不仅对海德格尔哲学某些方面与纳粹意识形态有相似或相近之处的说法嗤之以鼻,不仅要为海德格尔与纳粹有关的行为开脱,甚至还要给海德格尔戴上一顶"抵抗者"的桂冠。这与将海德格尔打成"法西斯"一样有点离谱。尽管可以肯定地说,虽然海德格尔一度对纳粹有过不切实际的幻想,但他很快认清了纳粹的本质,并开始对纳粹意识形态进行哲学的批判,这是有案可稽的。但他与纳粹一度合作,以及他对纳粹运动有过的热情,即使是短暂的,也是同样有案可稽的。说海德格尔是个"抵抗者",不免其词过甚。

综上所述,海德格尔公案并非像看上去那么简单。它不仅牵涉到对海德格尔人品和行为的评价,也牵涉到对他哲学思想的评价,以及这两者之间的关系。对于海德格尔公案,人们基本有三种态度。第一种是全盘否定的态度。持这种态度的人认为海德格尔从思想到行为,彻头彻尾就是一个纳粹分子。可是,持这种态度的人基本上拿不出足够准确无误的证据来支持他们的观点。相反,却往往牵强附会,望文生义,或道听途说,胡乱推理,很难经得起事实与逻辑的推敲。持这种观点的人大都对海德格尔的哲学不甚了解,经常断章取义地下结论。像法里亚斯,德里达说他"对海德格尔文本的阅读,如果真有的话,那是十分不足或很成问题的,在不少时候其理解力差到

---

① J. Habermas: *Work and Weltanschauung: The Heidegger Controversy from a German Perspective*, in *New Conservatism*, ed. & trans. by Shierry Weber Nicholsen, Cambridge, Mass.: The MIT Press, 1990, p. 142.

令人怀疑这个调查者是否一个多小时前才开始阅读海德格尔的作品"。①持这种观点的人往往以一个起诉人的姿态在作有罪推定,似乎一切罪名早已成立,只要宣判便可。更让人无法接受的是对海德格尔哲学一笔抹杀,全盘否定,似乎只要海德格尔是纳粹,他的哲学便是充满纳粹气味的垃圾。

第二种态度是全盘肯定的态度,不仅对海德格尔的哲学全盘肯定,而且对海德格尔的人和行为也全盘肯定。但是,这种不顾事实或者歪曲事实的全盘肯定,并不能给海德格尔研究带来任何有益的东西,却会影响人们对海德格尔思想的深入了解和把握。知人论世,海德格尔和任何其他人一样,属于他的时代。对海德格尔其人及其思想实事求是的研究,会使我们对海德格尔有更深刻的理解和领悟。相反,刻意掩盖或歪曲海德格尔思想和行为的任何方面,同样有损海德格尔研究。哲学的生命在于自我批判,海德格尔及其哲学同样没有免于批判的特权。思想的巨大价值并不表明行为必然正确。行为与思想之间并不存在机械的因果联系。

因此,第三种态度,即将海德格尔的思想和行为区别对待的态度,是为更多人接受的一种态度。一般人们会认为,不能以人废言,人与思想是可以、也应该分开的。正如利奥塔所言:"我们必须同时坚持这两种断言——即其思想的伟大性和其'政治'的可反对性——而不必根据这种推断,即如果海德格尔是一个伟大的思想家的话,那么他就不可能是个纳粹,或者如果他是个纳粹的话,他就不可能是一个伟大的思想家,来认定如果其中一个是正确的,另一个就是错误的。"②对

---

① 德里达:《海德格尔,哲学家的地狱》,《一种疯狂守护着思想》,何佩群译,上海人民出版社,1997,第 197 页。

② Jean-Francois Lyotard: *Heidegger and "the jews"*: *A Conference in Vienna and Freiburg*, in *Political Writings*, trans, By Bill Readings with Kevin Paul Geiman, London: UCL Press, 1993, p.138.

于持这种观点的人来说,搞清并批判海德格尔的政治行为是一回事,正确客观地评价他的哲学是另一回事。"搞清海德格尔的政治行为不能、也不应为全面蔑视他思想的目的服务。"①这种观点听上去似乎很有道理,但进一步思考的话就不见得了。

哲学家的思想真的和他的人格毫无关系吗?思想当然有其独立性,但我们很难说思想家的人品对思想的产生没有任何影响,思想不带有它作者任何主观的烙印。否则思想不成了可以批量生产的东西了吗?其次,海德格尔公案之所以引起人们持久的兴趣,正因为他是一个极富原创性,有巨大影响的哲学家。正如海德格尔自己令人信服地说的那样,艺术家先于,或离开他的作品就不是艺术家,相反,是艺术作品使它的创造者成为艺术家。这同样也适用于哲学家。离开他的哲学,或在他的哲学之外来看,海德格尔只是千百万盲目追随纳粹政权,试图与纳粹政权相安无事的德国小资产阶级之一,他做过的事根本不会引起人们的兴趣。法国哲学家拉库-拉巴尔特一针见血地指出:"海德格尔的'哲学',或者说他的思在何处,如果不在他的文本中?这里的问题是:海德格尔的思,还是别的什么?如果有一个'海德格尔'公案(cas Heidegger)的话——(据我所知)它不能归为任何'反人类罪',即使他沉默的牵连是可怕的——是因为有'海德格尔之思'。"②

这就是说,在追究海德格尔这样的大哲学家的政治行为时,我们无法,也不能将他的思想与他的行为完全分开。而且,也的确有足够的证据表明,海德格尔的思想与他的行为之间有着种种复杂的关系,

---

① Habermas: *Work and Weltschauung: The Heidegger Controversy from a German Perspective* in *New conservatism*, p. 141.

② 转引自 Fred Dallmayr: *The Other Heidegger*, Ithaca and London: Cornell University, 1993, p. 17。

虽然不是思想指导行为这样简单的因果关系。以研究"海德格尔的思想道路"而出名的德国哲学家潘格勒在仔细研究了海德格尔的心路历程后不禁问道:"难道不是由于他思的某种倾向,海德格尔——不只是偶然地——陷入与纳粹接近,并从未真正走出这种接近?"①实际上,在讨论和研究"海德格尔公案"时,我们不可能完全脱离他的思想,即使是极力主张在讨论此公案时将人与思想分开的哈贝马斯,自己在实践中也恰恰采取了相反的态度。②

所有这些表明,对待海德格尔公案的第三种态度也并不像看上去那么有理。它在实践中的困难似乎使人们在讨论海德格尔公案时陷入了一个无法摆脱的两难:坚持将海德格尔思想与人统一起来考虑,似乎必然导致不是全面否定,就是全盘肯定,并必然要抹杀或歪曲一部分事实。而要将海德格尔的思想和行为完全分开,不是无法令人信服地说明他的行为,就是无法完全将这一做法贯彻到底。当然,似乎还可以有折中的做法,就是像潘格勒和哈贝马斯那样,既肯定海德格尔思想的划时代性,又指出他思想中某些因素与他政治行为的内在联系。这种做法虽有相当的合理性,但在逻辑上有些冒险。如果海德格尔的政治行为可以用他的哲学观点和思想来解释,那么无疑,要否定他的政治行为必先否定他的哲学。这也正是持第一种观点的人所持的逻辑。当然,潘格勒和哈贝马斯辈完全可以说,没有必要在倒洗澡水时把孩子一起倒掉。我们完全可以区分海德格尔思想中积极正面的因素和消极负面的因素,正是后者要对海德格尔的政治态度和政治行为负责。

---

① Otto Pöggele: *Der Denkweg Martin Heidggers*, Pfullingen: Neske, 1983, S. 335.

② 参看 Habermas: *Work and Wletschauung: The heidegger Controversy from a German Perspective*, in *New Conservatism*, pp. 140-172。

但问题没有这么简单。事实上,海德格尔一生的政治态度就像他一生的哲学追求一样,基本未变。他宁愿承受巨大的政治压力和道德压力而对纳粹暴行三缄其口就是一个明证。同时,他对纳粹本质的批判并未从战后才开始。纳粹对他始终存有戒心也并未看错人。这两个基本事实决不能用诸如"海德格尔的哲学本身就是复杂的"之类的话对付过去。种种研究表明,现代西方文明的危机对于海德格尔思想的形成起了巨大的作用。根据潘格勒的研究,海德格尔个人在1917年陷入的宗教危机和1929年的政治危机是海德格尔思想道路上的两个关节点。尤其是1929年世界经济危机和魏玛共和国的没落所产生的政治危机,对他的哲学思想产生了重要的影响。如果是这样的话,哲学思想和政治态度之间就决不只是单向的机械因果关系。海德格尔的政治行为无法完全用他的哲学思想来说明,反之亦然。

我们在面对海德格尔公案时所遇到的这些难题表明,海德格尔与纳粹的关系既不是单纯的政治问题,也不是单纯的哲学问题,因此,它既不能用简单的道德审判了事,也不能以纯粹的思想分析来了结,更不能意气用事,从理论党派的立场或意识形态立场全盘维护或否定海德格尔。海德格尔公案所蕴含的问题,远比知人论世,思想与行动的关系,意识形态或道德宣判等老生常谈要复杂得多。我们在处理海德格尔公案时面对的两难,实际上是哲学与政治的巨大张力所致。这个问题在西方哲学中始终未得到足够的重视。海德格尔公案给我们提供了一个审视这个问题的机会。同时,从这个视角出发,我们对此公案会有更深一层的认识。

二

20世纪残酷的历史,使西方传统中哲学和政治脱节的问题以前所未有的程度暴露了出来,1933年,正当汉娜·阿伦特及其犹太同胞流亡国外或处于危险中时,她的老师兼情人海德格尔却与纳粹当局合作。但是,从西方历史上看,海德格尔不是唯一一个容忍暴政的大哲学家。柏拉图对民主的敌意众所周知。这使得阿伦特不能不反思哲学与政治,更宽泛地说,思想与行动的关系。她认为,西方政治哲学从柏拉图起就给人一种系统的关于政治的本质与可能性的误导印象。哲学起于对世界现象的"惊异",而政治哲学则始终是哲学的"非亲生子",从未得到过哲学的青睐。从雅典人审判苏格拉底时起,政治哲学就不是建立在真正的政治经验基础上,而是建立在哲学的思考上。哲学家孤独地思考,当他从反思中走出来时,却不得不和他并不了解的世界打交道。也就是说,政治哲学是从哲学家的观点,而不是从政治行动者的观点来看政治的。

在阿伦特看来,这产生了很多不幸的后果。首先,政治的地位被降低,失去了它的尊严。在哲学家看来,政治无论如何只能是达到一个目的的手段,而不是本身就是善的东西。另一方面,从柏拉图开始,哲学家就致力于寻找一个单一的、永恒的真理。这样,一个统治者,而不是众多政治行动者的观念,自然更合哲学家的口味。从政治上说,这种观点的一个大缺点是它隐含了可能失去对人类多样性的理解,看不到这样的事实:"许多人,而不是人类(Man)在地球上生活,在世界上居住。"①而且哲学家们不太关心行动自由。他们自以为掌握真理,不是寻求去说服大众,而是用种种方法来迫使他们就范。同时,他们把关键的自由概念解释成一种私人或内在状况,而不是在公共世界中的行动自由,这就使得真正理解政治根本不可能。

---

① Hannah Arendt: *Human Condition*, Chicago: University of Chicago Press, 1958, p.7.

尽管阿伦特对西方传统、对哲学和政治的理解的阐释，人们可能有争议，但肯定不无道理。马克思在著名的《关于费尔巴哈的提纲》中也曾说过："哲学家们只是用不同的方式解释世界，而问题在于改变世界。"①显然，马克思也同样看到了西方传统中哲学与政治的脱节。这种脱节显然是西方形而上学传统的典型症状。

虽然海德格尔是这一传统最深刻、最彻底和最有力的批判者，但在哲学与政治的关系问题上他仍未摆脱这一传统。阿伦特 1946 年在美国《党派评论》杂志上发表了一篇题为"什么是生存哲学"的文章。②在这篇文章中她把海德格尔的哲学同她另一位老师雅斯贝斯的哲学作了比较。她说海德格尔的哲学是"自我主义"（egoism），而雅斯贝斯的哲学则强调交往和对他人开放。她并且表示，雅斯贝斯的哲学不仅更有人情味，在哲学上也比海德格尔哲学更先进。至于在政治上就更不用说，雅斯贝斯始终是纳粹的反对者。

这个对比意味着在阿伦特看来，哲学和政治、思想和政治、思想和行动应该是和谐的。而且也曾经有过和谐。这就是在苏格拉底死前的雅典。阿伦特指出，古希腊政治是通过逻各斯来的。逻各斯的意思是言谈和思想。通过逻各斯来的政治，就是在公民无尽的交谈中，行动揭示思想，而思想本身又使相互说服的公民的行动充满活力。③在这种建立在言谈和思想与行动统一基础上的政治中，人的多样性和自由得到了充分发挥。相反，一旦行动和思想相互分手，每一个都容易退化为否定多样性和自由的强迫。行动会退化为无言的暴

---

① 马克思：《关于费尔巴哈的提纲》，《马克思恩格斯选集》第 1 卷，人民出版社，1972 年，第 19 页。
② Hannah Arendt: *What is Existenz Philosophy? Partisan Review* (8), Winter 1946, p. 13.
③ Hannah Arendt: *Human Condition*, p. 27.

力,思想则退化为一种单行道的逻辑推理,它同样对人类多样性和自发性抱有敌意。

阿伦特认为,苏格拉底的哲学之思就是从雅典的公共言论政治中产生的,这是一种不脱离和反对政治的思,本身就是在公共世界的他人中运作的事物。每个人都有他的观点,有多少不同的人从不同角度看世界,就会有多少不同的观点。但柏拉图后来却要用单一的真理来代替多样的观点。苏格拉底没有这种想法。他所要做的只是鼓励每个人说出自己的观点。苏格拉底不是要发现一个权威的道理,来使讨论得出结论,而是把朋友间关于他们共同世界的交谈看作本身就是有价值的活动:"苏格拉底似乎相信,哲学家的政治作用就是帮助建立这种共同世界,建立在友谊的理解上,友谊是不需要统治的。"①

苏格拉底之死不仅使柏拉图对政治心怀敌意,而且也使他怀疑他老师整个的哲学进路。从苏格拉底的审判来看,和大众谈话是徒劳的。因此,柏拉图现在不是要说服他们,而是要以一个绝对真理来反对他们的观点,这个绝对真理只出现在哲学家孤独的思想中。这个绝对真理必须强加于他们,不管是用逻辑的力量来强迫他们,还是用在未来生活中天意的惩罚来威胁他们。②

虽然海德格尔是柏拉图及由其开始的形而上学传统的激烈批判者,但他那哲学家对待政治居高临下的轻蔑态度,却使人们不由得想起柏拉图。海德格尔在很多意义上都可说是一个纯粹的哲学家,或者说是哲学家的哲学家。众所周知,存在问题是西方哲学,或西方形而上学最基本、最主要的问题。海德格尔从一开始就赋予存在问题

---

① Hannah Arendt: *Philosophy and Politics*, *Social Research*, Vol. 57, No. 1, Spring 1990, p. 84.

② Hannah Arendt: *Between Past and Future*, Penguin Books, 1968, pp. 107 – 116.

以绝对的优先性,他一生关注的问题都可以归结为存在的问题。他晚年一再重申他对存在问题的探究始终未变。因此,与几乎所有其他西方大哲学家不同,严格讲起来,海德格尔的哲学只有存在论,他虽然写了《艺术作品的本源》这样的著作,却并不是要阐述他的艺术哲学或美学思想。同样,在讨论语言问题时,也不认为这是语言哲学。至于被问到何时写一部伦理学著作,他十几年以后的回答是:"我们还远未足够明确地思考行为的本质。"[1]而行为的本质在他看来根本上是存在之思。[2]

这当然不是说海德格尔丝毫没有现实关怀,丝毫不关心别的问题,而只是说他始终是从一个哲学家的眼光,始终是从他的哲学观点来看待一切重要问题的。但是,他的哲学虽然在对西方形而上学传统的批判上,在对现代西方文明危机的诊断上,具有无与伦比的洞察力和穿透力,但始终是在存在论的层面上,而不是在实在论(ontic)的意义上谈问题。这不可避免地给他的哲学和他对事物的观察带来一定的限制。

例如,他在其成名作《存在与时间》中第一次将时间引入存在论,从时间经验,首先是具体个别人生存的历史经验的境域来解释存在的形而上学问题,这样,一方面将胡塞尔的现象学方法改造成他自己的释义学方法,另一方面又破天荒地把近代以来德国唯心主义的先验自我改造成历史地在世的此在的生命筹划。这就为克服西方传统的意识哲学迈出了根本的一步。但是,海德格尔的此在分析始终集中在此在不变的结构上,而对于同在(Mitsein)却只给了一个派生的地位。哈贝马斯因此说,"海德格尔从一开始就切断了从历史性到真

---

[1] Martin Heidegger: *Brief über den Humanismus*, Wegmarken, Frankfurt am Main: Vittorio Klostermann, 1978, S. 311.
[2] 参看张汝伦:《历史与实践》,上海人民出版社,1996年,第171—181页。

实历史的道路"。①

这不是由于海德格尔当时还未完全摆脱先验哲学的残余所致,而是由于海德格尔根本的哲学倾向。他虽然不像柏拉图那样,要求由哲学家来统治世界,相反,甚至在晚年他也大谈"哲学的终结",但哲学家在他心目中始终有一个特殊的地位。既然存在论问题具有对其他一切问题的优先性,那么以存在论问题为己任的哲学家当然也就有某种精神的特权和优越性。哲学家及其同类人——诗人在他的思想发展中地位越来越突出,就证明了这一点。哲学家也许不一定是"王",但却可以"领导领袖",可以在国家社会主义的发展中引起一种"精神的变化"。②雅斯贝斯说这是海德格尔政治上的极度天真和他过于自负。③实际上是他作为哲学家过于自信。潘格勒认为海德格尔1933年在政治上失足就是由于他轻视政治领域的独特性所致。④

尽管如此,海德格尔毕竟无法脱离现实、脱离政治。相反,他对现实的危机,包括政治危机是很敏感的。正是这份对现实危机的关怀,使他一度接近纳粹,对纳粹抱有希望,并与纳粹合作。但这并不意味着他直接从事政治活动,或放弃哲学,进入政治领域。即使在那时,他也是站在哲学的立场上看待现实问题。如潘格勒所指出的:海德格尔始终"企图哲学地回答第一次世界大战揭示的欧洲危机。在海德格尔看来,战争意味着无意义的欧洲自我摧毁,由这个事实引

---

① Habermas: *Work and Weltschauung*: *The Heidegger Controversy from a German Perspective*, in *New conservatism*, p. 147.

② Frank H. W. Edler: *Philosophy, Language and Politics*: *Heidegger's Attempt to Seal the Language of the Revolution in 1933–1934*, *Social Research*, Vol. 57, No. 1, Spring 1990, p. 148.

③ Fred Dallmayr: *The Other Heidegger*, p. 25.

④ Otto Pöggeler: *Heidegger und die politische Philosophie*, *Zur philosophischen Aktualität Heidegger*, Bd. 1 *Philosophie und Politik*, Frankfurt am Main: Vittorio Klostermann, 1991, hrsg. von Dietrich Papenfuss und Otto Pöggeler, S. 329.

起,即不是试图创造性地解决它们的问题,而是欧洲民族国家将它们自己投入到外在的为世界统治而斗争中去"。①

在海德格尔看来,欧洲危机的根源在于它在精神上陷入了它自己所产生和传播的虚无主义。问题是欧洲能否找到内在的解毒剂来对抗可见的衰败。在追求这个目标时,他赋予"德国人"或"德国人民"(这里不应在种族意义上来理解这两个词)一个关键的作用。理由如下:德国在欧洲中心的位置;它自己促成了近代虚无主义和发展了"权力意志";德国文化与希腊文化间有一种亲和性。②德国人,或者说日耳曼民族对于欧洲乃至西方文化的这种使命感,从荷尔德林就开始了。③只是随着第一次世界大战的爆发在德国知识分子中更流行了。海德格尔在这个问题上并非首倡者。他的特殊之处在于将这种对危机的回答与解决完全归结为哲学的、精神的问题。

1927 年底,海德格尔和谢勒有过一次聚会。他们都看到,从第一次世界大战以来,德国在经历一个革命的过程。他们都希望德国精神的再生,都认为学院哲学的情况是没有希望了,认为"冒险再次进入真正的形而上学,即从基础出发发展形而上学"④的时机已经成熟。但海德格尔认为谢勒太乐观,以为自己已经找到了解决办法。而他认为"我们甚至还没有彻底地提出和发展问题。我的根本意图

---

① 转引自 Fred Dallmayr: *The Other Heidegger*, p. 25。

② Otto Pöggeler: *Heidegger's politisches Selbstverständnis*, *Heidegger und die praktische Philosophie*, hrsg. von Annemarie Gethmann-Siefert und Otto Pöggeler, Frankfurt-Main Suhrkamp, SS. 20 - 33.

③ Frank H. W. Edler: *Philosophy, Language and Politics: Heidegger's Attempt to Seal the Language of the Revolution in 1933 -1934*, *social Research*, Vol. 57, No. 1, pp. 207 - 220.

④ Martin Heidegger: *Metaphisische Anfangsgrund der Logik im Ausgang von Leibniz*, Gesamtausgabe Bd. 26, Frankfurt am Main: Vittorio Klostermann, 1978, S. 165.

是提出和阐发问题,这样,整个西方传统在其根本上就将集中在一个基本问题的简单性上",①这个问题毫无疑问就是存在论问题,一个最哲学的问题。

即使是在他与政治靠得最近的时候,即 1930—1933 年,海德格尔事实上也没有离开这条思路。他的关注点仍然是在精神层面,而不是在现实的政治问题。在他看来,法西斯主义和共产主义及民主制一样,都是权力意志的体现。②只不过他认为可以通过它引起一种"精神的变化",而将它变为欧洲文化复兴的工具。被人诟病最多的《校长就职演说》那独特的思路和言辞,恰好证明了海德格尔对待现实政治的特殊态度。从表面上看,海德格尔也挪用了一些纳粹意识形态的流行术语,但实际上根本是在说他自己的思想,而非鼓吹纳粹意识形态。不少西方学者都已指出这点。例如,G·尼科尔生在其研究海德格尔《校长就职演说》的文章中就指出,海德格尔挪用像 Kampf(斗争)、Arbeit(工作)、Gemeinshaft(共同体)、Volk(人民)、Entscheidung(决定)、Aufbruch(觉醒)、Führer-schaft(领导)这些流行的纳粹意识形态术语讲他的哲学,是为了重新下定义和改变它们的意义。③例如,Volk 这个词的生物学意义就由此从属于它的历史意义了。④难怪在海德格尔演讲完之后,出席其就职仪式的纳粹教育部长马上责骂他是在讲他"自家的国家社会主义"。

其实,海德格尔也不是在讲他"自家的国家社会主义",而是在讲他自己的哲学。因为它从未把自己看作是政治家,而是始终以哲学

---

① Martin Heidegger: *Metaphisische Anfangsgrund der Logik im Ausgang von Leibniz*, S. 165.
② Otto Pöggeler: *Heidegger's Politisches Selbstverständnis*.
③④ Graeme Nicolson: *The Politics of Heidegger's Rectorial Address*, *Man and Word* 20, 1987, p. 174, 185.

家自居。在"校长就职演说"开始不久,海德格尔就讲到"再次把我们自己置于我们精神——历史此在开端的力量之下:这个开端就是古希腊哲学的觉醒"。①也就是说,海德格尔此时关心的并不是纳粹那套陈词滥调,而是要回到西方传统或西方哲学的源头——古希腊哲学。他认为"这个开端仍然存在。它并不在我们后面作为很久以前的东西,而是在我们前面。作为最伟大的东西,这开端已经提前超出一切将来的东西,因此也超出我们。这开端已侵入我们的将来。它在那里等我们,是一个遥远的命令,吩咐我们超上它的伟大"。②

这里,海德格尔的思路与他老师胡塞尔的思路有相近之处。胡塞尔认为欧洲科学的危机的内在原因是背离了古希腊科学和理性的观念,而且目的论的历史观使他必然将历史看作是这一理念的实现,或向这一理念回归。海德格尔虽无目的论的倾向,却也认为古希腊哲学的发端作为一个突破性事件形成了一切西方形而上学的基础,悬在前面作为一个真实的可能性等着实现。而德国人的任务,尤其是大学里的德国人的任务,恰恰就是对这个产生古希腊哲学的原初时间作出回应。"……只有我们决心服从这个遥远命令,科学才会成为我们此在的内在必然性。"③对于喧嚣不已的纳粹意识形态,海德格尔仍然坚持自己的思路。雅斯贝斯因此称赞它是"到目前为止当代学术权力意志的唯一文件"。④而利奥塔甚至认为它是"独立地颠覆性的"。⑤

在他加入纳粹党前不到一个月,海德格尔在一封给雅斯贝斯的

---

① Martin Heidegger: *The Self-Assertion of the German University*, *Review of Metaphysics* 38, March 1985, p. 471.

②③ Martin Heidegger: *The Self-Assertion of the German University*, *Review of Metaphysics* 38, March 1985, p. 473.

④ 转引自 Fred Mallmayr: *The Other Heidegger*, p. 25。

⑤ Jean-Francois Lyotard: *Political Writings*, p. 145.

信中说,虽然许多事情还不清楚,很可疑,他却越来越感到它们正在成为"一个新的现实,而一个时代已变得衰老了"。"一切都在于我们能否为哲学及其开始准备一个正确的入口处。"①面对时代的风暴,海德格尔是那样一厢情愿和一意孤行。在他看来,真正的革命得发生在哲学中,即此在不仅是古希腊哲学的,而且是作为全体的西方传统的起源之间的思-问斗争。

然而,这种哲学之思又是为时代问题所激起,并且也是针对时代危机的。这就使得不管使用何种策略和方法,不管他对政治是何等轻蔑和无知,海德格尔无法摆脱政治。他最终还是入党了。他合作了,他对希特勒抱有幻想,他说了不少言不由衷的话。这些行动固然暴露了海德格尔人格和个性的许多缺陷:妄自尊大,偶尔的报复心,缺乏公民勇气(Zivilcourage)(当然,在一个专制制度下,这些缺陷经常会急剧恶化)等,但却不能完全用人格与个性来解释,甚至也不能用政治上的幼稚或政治上的反动来解释。因为在海德格尔与纳粹的关系中,很多事情很难给它贴上什么政治标签。雅斯贝斯在他的《哲学自传》扩大版中就承认,海德格尔不适合任何一种纳粹类型。②

这种困难又一次证明了海德格尔公案的复杂性。如果海德格尔是个货真价实的纳粹分子,那就不会这么复杂。如果海德格尔是个地道的纳粹思想家,情况也不会这么复杂。问题如果仅限于哲学,或仅限于政治,都不会这么复杂。问题的复杂来自哲学与政治之间的巨大张力,来自海德格尔以一种非政治的方式——哲学的方式卷入政治和对政治作出反应。单从哲学的角度或单从政治的角度去看这

---

① Hugo Ott: *Heidegger: Unterweg zu seiner Biographie*, Frankfurt am Main: Capmus verlag, 1988, S. 31.
② Karl Jaspers: *On Heidegger*, *Graduate Faculty Philosophy* Journal 7, Spring 1978, p. 122.

桩公案,都无法把握问题的复杂性。

三

但不管问题有多复杂,有一点是可以肯定的,就是虽然海德格尔对时代危机的某些关切和想法使他容易接近纳粹的立场,他的有些思想也容易被头脑简单的人,或心怀偏见的人解释为纳粹思想(康德、黑格尔和尼采都有这样的命运),但他的哲学不仅不是纳粹哲学,而且是和纳粹主义格格不入的。因此,海德格尔对纳粹的幻想消除之后,很快就对纳粹意识形态持批评态度。但是,他的批判也不是一个政治行为,而是一个哲学行为,是他哲学思想的自然发展,而不是脱离哲学的政治批判。德里达在《关于精神》①一书中对海德格尔对"精神"一词在不同时期使用的研究即向我们表明了这一点。

海德格尔在写《存在与时间》时,强调要像对待"主体性"和"(先验)意识"那样避免使用"精神"一词,或给它加上引号来使用。这显然是要和西方形而上学传统划清界限。大约25年后,在诠释提拉克的诗时,海德格尔又重提这个回避策略,说诗人总是避开"精神"和"精神的"(geistig),而用"精神性的"(geistlich)一词。②但在这25年间,海德格尔不仅不回避,而且还乞灵于"精神"及与其相关的词汇。这究竟是怎么回事?

在德里达看来,用和不用,或试图避免"精神",是海德格尔哲学发展的征兆,它们在一个关节点区分了复杂地纠结在一起的他的思想的不同线索。德里达主要提到了以下四条线索:关于存在的发问

---

① J. Derrid: *Of Spirit*, trans. by Geoffrey Bennington and Rachel Bowlby, Chicago and London: The University of Chicago Press, 1989.
② J. Derrida: *Of Spirit*, pp. 9 – 12.

问题;与思相对照技术的地位问题;与此在相比"动物性"的问题;形而上学史的时代特征。

在《存在与时间》中,海德格尔试图使自己摆脱传统形而上学,特别是主-客或身-心二元论,它也表现为精神和物质的对立。海德格尔的"生存论分析"试图将此在不仅从不同类型的客观化中救出,而且也从精神的主观规定中救出。在传统形而上学中,"精神"是一连串与物质实在相对的概念的"非客体"的一部分,这些非客体包括意识、精神(或心智)、主体性、人格和理性。要非形而上学地阐明此在,就要避免和给整个这一串非客体加引号,特别是精神的概念。根据海德格尔,此在的规定特征不是意识或精神,而是它对存在或存在问题开放;它自己的存在也是可问的,或可被提到一个问题的地位。

从这个观点看,此在不是一个客观上给予和可确定的事物(Vorhandenheit);它也不只是一个非事物。像意识和精神这样的范畴都无助于理解,反而是理解作为存在发问之所在的此在的一个障碍。"生存"和"在世"这样的术语都是用来避免误解。正如《存在与时间》中说的,说此在是一个追问,意思是人实质不在灵肉综合的精神,而在他的生存。所以海德格尔将他的工作与一切依据这个笛卡尔形而上学基础的学科和研究分开,包括人文科学(Geisteswissenschaften)和哲学人类学。

但在1933年的《校长就职演说》中,"精神"又威风八面地回来了,并且没有带引号。精神现在作为"德国大学的自我主张"的一个主要部分,来坚持自己的权力了。是什么引起了这种变化?在海德格尔的演讲中,"自我主张"包括一个由领导(Führung)支持的精神秩序,而这种领导本身又受一个精神使命的指导。如同海德格尔在演讲开头所说的,假如校长的职务是承担这个高等学府的精神领导的任务,则这领导只有当领导人让自己被"将德国人民的命运塑成它历史的独特形态的精神使命的不可避免性所引导",才有可能。海德格尔在这篇演讲中给"精神"下了一个定义,他思想的几个有关方面都结合在这个定义中。

与只是聪明、机智或分析的理智相反,精神是在追求存在的本质中原初地调整和认知的决断。因此,一个民族的"精神"或"精神世界"不是一种文化上层建筑,或有用价值的仓库,而是一种从神秘力量和对其历史此在最深的检验中产生的生存力量。现在,精神被当做一种具体的历史力量,不再适合支配现代性的那种形而上学模式;反而倒是与《存在与时间》相一致,精神不等于主体性,至少不等于它的心灵的、自我论的解释。①但同时,演讲强烈的唯意志论是否仍属于主体性时代,不无可议之处。

德里达看到,与这种哲学上的左右为难相联系,隐藏在它后面的,是重要的政治上的矛盾态度。人们可以说,通过呼唤精神和精神使命,海德格尔将国家社会主义精神化了,因而使其政策(甚至最坏的政策)合法化。但在肩负这种精神化风险时,海德格尔也可以追求净化和因而(从其最坏的倾向中)拯救国家社会主义的目标。在那种情况下,海德格尔的就职演说至少将精神和生物学的种族主义和自然主义区分开来;至少使《校长就职演说》不再属于纳粹的意识形态话语。但是,海德格尔的这种精神化也是要付出代价的:至少部分退回到植根于精神和主体性的传统形而上学去。

在德里达看来,这个代价是不可避免的,因为"只有将精神作为对立的一极,或又将它等同于主体性(即使是一种唯意志论的主体性),才能使自己在其发生形式上就与生物学主义、自然主义或种族

---

① J. Derrida: *Of Spirit*, pp. 31 – 37; Heidegger: *The Self-Assertion of the German University*, pp. 470, 474 – 475.

主义区分开,并反对它。这种程序的强制力很强大,支配着大多数今天和未来很长时间里想要反对种族主义、极权主义、纳粹主义、法西斯主义等的话语,它们以精神的名义,以精神自由的名义,或以直接或间接可回溯到主体性形而上学的公理的含义(如民主或'人权'的公理)这么做"。① 在德里达看来,似乎只有两种选择:赞成精神和反对精神。但无论哪种选择,都是"可怕地不干净"。② 前者会回到旧形而上学,而后者会在政治上走错路。换言之,前者是哲学上不干净,后者是政治上不干净。德里达的这个结论显然也暗示了哲学和政治之间的巨大紧张。

德里达认为在《校长就职演说》中,海德格尔用许多方法混合了这两种选择,因而也混合了它们的恶果:他用一个"仍然是形而上学的姿态"为国家社会主义"担保",他认为同样的暧昧不清也出现在《形而上学导论》中。海德格尔自己在那里也提到"精神的每一本质形态都具有模糊性"。③

这部著作是要给人们提供一个引导,使之进入作为一种提问模式,更确切地说,作为"基本问题之问"的哲学。这个引导并不是引导进一步实质性领域或产生各类信息,而只是引起惊异和提问;此外,这个引导性的导论不能依靠任何别的外在引导,而只能把自己完全交给提问。这个提问性引导不受指导和控制,形成了进入哲学提问的入口。

在使用"引导"(Führung)这个词时,海德格尔似乎是同意了占统治地位的法西斯的套语。然而,德里达却写道:"我们应非常诚实

---

① J. Derrida: *Of Spirit*, pp. 39 – 40.
② J. Derrida: *Of Spirit*, p. 40.
③ Martin Heidegger: *Einführung in die Metaphysik*, Gesamtausgabe Bd. 40, Frankfurt am Main: Vittirio Klostermann, 1985, S. 11.

地承认:在海德格尔冒险将引导的主体为政治服务时,他却表明他事先就不为这种政治服务。"①当然,这种远离政治并不完全或明确,因为提问在这里仍同认知意志连在一起,因而同肯定的决断连在一起。另一方面,也是更重要的,《形而上学导论》将自己置于一个新的政治或地缘政治的语境中:地球上为世界统治而进行斗争的语境中。在海德格尔看来,欧洲,特别是德国,处在一个巨大的钳子中,受到俄国和美国两边的威胁(这两者都被视为想要统治地球的技术大国)。问题是欧洲是否能恢复其本源的力量,这要求"从中心发展出一种历史的力量"。②德里达说,地缘政治在这里采取了一个"精神的世界政治"的形式,这种政治要对抗世界的没落:诸神的逃遁、地球的毁灭、人类大众化和平庸之辈占上风。③

在《形而上学导论》中,世界的没落是与精神的日益被剥夺权力(Entmachtung)联系在一起或等同的。这个过程并非一个外在的偶然事件,而是精神本身特有的特征。在海德格尔看来,精神力的剥夺有几种形式,包括将它误解为机智或理智,把它还原为一种上层建筑(马克思主义),或一种种族群众组织的套话(法西斯主义)。与这种衰落过程相抗,海德格尔将精神表述为力量或力,作为一个原初统一和强制的权力。在这一语境下,《形而上学导论》重提在《校长就职演说》中给予精神的定义:"精神授予存在者全体种种权力,精神统治的地方,存在者本身因而更本质。"④正如德里达所注意到的,海德格尔这时的说法仍强烈地(虽是模糊地)受到传统形而上学,以及它认为精神是自我把握和自我同一(逻各斯)的影响。然而,在他以后的著

---

① J. Derrida: *Of Spirit*, pp. 43 – 44.
② J. Derrida: *Of Spirit*, p. 45.
③ J. Derrida: *Of Spirit*, p. 46.
④ Martin Heidegger: *Einführung in die Metaphysik*, S. 53.

作和讲课中,这些立场慢慢松动或被取代,逐渐为新的观点创造了空间。

在他1936年关于谢林的讲课中,海德格尔仍然强调精神的统一和聚集性质,称精神是"原初统一的统一性"。但他又说,作为这个统一性,"精神是 Pneuma"(希腊语"空气"或"呼吸"之意),即一阵微风,呼吸。此风从何处起? 海德格尔遵循谢林的说法,指向爱的能力,说:"甚至精神也不是最高的;它只是精神,或爱的呼吸。但爱是最高的。"①谢林课程也首次提出了恶的主题,把恶看作是背离爱的精神和在反叛爱的统一精神时生存的自我封闭。德里达也提出海德格尔关于荷尔德林的一些课程,尤其是1942年关于荷尔德林的诗《多瑙河》的课程。在那里,海德格尔把诗人的灵魂表述为精神的容器或沃土。精神现在被看作火焰,这与荷尔德林那首赞美诗的开头是一致的:"现在来吧,火!"作为火,精神不再指自我把握或自我同一,而是指一个连续的运动或渴望,一种剥夺和再挪用的永恒过程。②

1953年,海德格尔在阐释提拉克的诗时再次提出了"什么是精神"的问题,但他现在的回答是:"精神就是火焰。"它既是火焰的燃烧,又是在火焰中升腾的东西。在德里达看来,这不只是在阐释提拉克,而是反映或抓住了海德格尔自己的思想。现在,精神已不再属于传统形而上学了。这在他诠释提拉克的诗句"灵魂是大地上的陌生人"时更明显。海德格尔坚持认为,"陌生人"这个词在这里不是指灵魂被放逐到一个它并不属于的、肉体的、现世的监狱中,如老式柏拉图主义所认为的那样。"陌生人"在这里指一种云游寄旅的性质,指灵魂仍寻找它还未居住的大地。灵魂的渴望指向未来,但不是普通

---

① Martin Heidegger: *Schelling: Vom Wesen der Menschlichen Freiheit*, Gesamtausgabe Bd. 42, Frankfurt am Main: Vittorio Klostermann. 1988, S. 154.

② J. Derrida: *Of Spirit*, pp. 80-82.

时钟意义上,而是时间性意义上的未来。在时间性中,"后来"预期着"早先",黄昏先于黎明,死亡先于生命。提拉克用"精神性的"(geistlich)这个词指这种时间性和它的现世世界。这种前指的精神时间性有一种希望的性质。因此,海德格尔认为,提拉克诗中的"西方"(Abendland)必须仔细地与西方文明,或在柏拉图意义(基本上被基督教吸取)上的欧洲区分开。提拉克的这个西方更古老,即比柏拉图-基督教,尤其是欧洲所理解的西方更早,也更有希望。①海德格尔这时不仅超越了传统形而上学,也超越了西方文化中心论。一度坚信的德国人的精神使命,实际上也消解于无形了。

"精神"在海德格尔思想发展中的曲折旅程显然不是学术政治,而是在政治语境中的学术。但它的种种使用,在任何一个时期都不能说是与海德格尔要克服传统形而上学的初衷相悖离的。德里达所谓形而上学和反形而上学话语都不可能是清白的观点,的确深刻地揭示了传统形而上学与近代政治意识形态的密切关系,但以海德格尔在20世纪三四十年代对"精神"一词的用法为例,则还嫌证据不足。

海德格尔当时之所以要打出"精神"的旗号,显然是要借用传统精神概念与物质、自然、肉体等相对立的意义,来和纳粹的生物学主义和种族主义意识形态相抗,说明他此时已有意与纳粹意识形态针锋相对。但他这么做时并未退回传统形而上学去。在1936年的谢林课程中,精神也一直受到赞美,把它作为生物学主义和军国主义的解毒剂。但海德格尔是在"微风",而不是在"逻各斯"或"理智"的意义上来解释这个术语。而后来在荷尔德林课程中,"精神"被解释为"火焰"和"火焰的升腾";这就为提拉克诗中诠释"精神性"

---

① Martin Heidegger: *Unterwegs zur Sprache*, pfulligen: Neske, 1959, S. 77.

(Geistlichkeit)这个概念扫清了道路。在那里,精神性是一种充满火的精神的时间模式。因此,在他对荷尔德林的《多瑙河》这首诗的阐释中(1942年),海德格尔常常用加了引号的精神这个概念来指近代技术的"精神"和德国唯心主义的主导范畴。而在这时,海德格尔也并未再靠向或要拯救希特勒主义。

海德格尔思想的内在动力从《存在与时间》开始,就是要克服西方传统形而上学,所谓的现代性在他看来不过是这个传统的必然结果和终结,因而各种现代政治意识形态也不过是这个传统的表现。海德格尔的后形而上学思想使他不可能赞美生物学主义或自然主义,因为它们都是建立在与理智相对的基础上。海德格尔对从传统形而上学中派生出来的现代意识形态的批判,也不可能意味着支持纳粹主义或任何一种自然主义政治(即把自己或人性看作是既定的东西)。可是,确如哈贝马斯所指出:"海德格尔始终留在普遍中,他关心的是要表明'人与存在为邻',而不是与人为邻。"①在他看来,既然历史就是存在史,那么唯一真正的批判只是哲学批判。所以他的批判始终停留在存在论的层面上,因而始终是非政治的。

因此,对他一直对纳粹的罪行保持沉默,对自己的政治失足毫无悔意,就不能肤浅地仅从个人品质,或政治上顽固不化来理解。既然一切最终都归结为存在的展现发生(Ereignis),那么思想家当然是没有个人责任的。是错误客观地落在他身上,而非他犯错误。所以海德格尔战后会说,他1933至1934年间担任弗赖堡大学校长一事是"不重要的",它只是"科学本质的形而上学状态的一个表征"。②

---

① Habermas: *Work and Weltschauung*: *The Heidegger Controversy from a German Perspective*, in *New Conservatism*, p.160.

② Martin Heidegger: *The Restorate 1933-1934: Facts and Thoughts*, *Review of Metaphysics* 38, March 1985, p.497.

《校长就职演说》"已经是一个对抗",而他加入纳粹党纯粹是个"形式问题"。①应该承认,除去他个人品质和惊人的缺乏道德感外,他的哲学完全可以得出以上结论。对于一个哲学家或思想家来说,还有什么比存在之思更重要呢?与存在之思相比,上述这些问题当然是"不重要的"。

对于海德格尔来说,不仅他个人的行为是不重要的,甚至有计划的种族灭绝和大屠杀也算不了什么。既然法西斯主义、共产主义和民主制是一丘之貉,那么纳粹做的一切并未有特殊意义。在给他以前的学生马尔库塞的一封信里,海德格尔说,马尔库塞说的关于灭绝犹太人的一切同样也适用于盟国,只要将"犹太人"换成"东部德国人"。马尔库塞在回信中不禁要问:"说这句话时,你不是将你自己置于一个人与人之间可以对话的领域之外——逻各斯之外了吗?只有完全在这'逻辑的'维度之外,才可能用说别人也干了同样的事来解释、面对、'理解'一个罪行。"②马尔库塞在这封信里绝望地对他老师说:"我们许多人都等着你说句话,一个你可以清楚明确地使你自己摆脱这种认同的声明,一个表达你对所发生的事现在的真实态度的声明。但你没有作这样的声明……"③

海德格尔这种可怕的沉默,不是出于他的人格,也不是出于他的政治立场,而更多的是出于他的哲学立场。严格说来,他只有哲学立场,而无政治立场。因为哲学家是超越政治的。在这一点上,海德格尔完全属于柏拉图开创的传统。在柏拉图看来,哲学家就是能跑到

---

① Martin Heidegger: *The Restorate 1933-1934*: *Facts and Thoughts*, *Review of Metaphysics* 38, March 1985, p. 490、493.

② 转引自 Habermas: *Work and Weltschauung*: *The Heidegger Controversy from a German Perspective*, in *New conservatism*, p. 163。

③ 转引自 Habermas: *Work and Weltschauung*: *The Heidegger Controversy from a German Perspective*, in *New conservatism*, p. 164.

洞外看到真实世界的人，因而是唯一能认识真理的人。而普通人就像被缚在山洞里的人那样，与事物真相无缘，与真理无缘。真理不可能出现在现实世界和日常生活中，而只能出现在哲学家孤独的思索中。因此，哲学家完全没有必要了解政治，他的使命是将自己通过独自思索得到的真理，强加于芸芸众生作为现实生活和政治的标准与尺度就行了。这就是"哲学王"的真实含义。①对于海德格尔来说，哲学家的任务和特权是倾听存在的呼唤，领悟人（此在）与存在的本真关系。因此，他对日常生活和现实世界并无多少兴趣，对政治他知之甚少，②却试图使其按自己的思路运行。他完全无视政治的独立性，企图把政治问题最终都还原为哲学问题。这样，时代的危机最终被归结为存在的天命，而哲学家也只有存在之思，而无政治和道德立场。他只要对存在作出回应，却无须对人世的苦难和不义作出回应。因为他是"哲学家"。

柏拉图开始的哲学取代政治的形而上学传统的后果，在海德格尔公案中得到淋漓尽致的显露。一个基本的反讽是，哲学家不可能完全脱离政治；相反，政治却不可避免地要进入哲学家的生活。需要明确的是，"政治"其实有两层基本含义。法文中有 la politique 和 le politique，德语中也可以用 die Politik 和 das Politisch 来区分这两层意思。前者指作出具体决定和政策选择；后者指政治领域和我们可以谈起的现象——事件、人物、行为、制度等的政治性质的特别样式。本文主要在后一种意义上谈哲学与政治的关系。永远处于哲学和政治的巨大张力中，是哲学家特有的命运。真正的哲学和真正的哲学家，必然是有现实关怀的。但像柏拉图和海德格尔这样，试图以哲学

---

① 参看 Hannah Arendt：*Philosophy and Politics*，pp. 94 – 96.
② Otto Pöggeler：*Heidegger und politische Philosophie*，S. 341.

来指导政治,从而取消政治,却是注定做不到的。亚里士多德可以将哲学作为人最高的实践活动,但却不能把它作为人最基本的实践活动。因为人的生存活动不可能还原为哲学。试图以哲学主导政治,其结果一定是无视政治的独立意义,造成哲学和政治的脱节。柏拉图和海德格尔的政治遭遇,充分说明了这一点。

很显然,政治作为人类存在的基本样态,是不应该,也不可能被哲学所取代的。对它的轻视也是毫无道理的。然而,从柏拉图开始的西方形而上学传统,一贯重观念,重本体,重彼岸,重超越,重心灵,重绝对,重一元,这就注定要对生活世界——政治世界采取一种排斥和轻视的态度。令人吃惊的是,一心要克服传统形而上学,并且为此作出了划时代的、无可比拟贡献的海德格尔,在对待政治的问题上却与柏拉图如出一辙。这就是"把欧洲思想的空间限制在形而上学的封闭范围里:从此以后问题不过是思考(个人)存在。对(一般)存在的遗忘成了西方哲学的本质"。[①]但正如利奥塔极为尖锐而深刻地指出的:被西方形而上学所遗忘的不仅仅是存在的区别,而且还有善与恶、正义与侵权的区别。被遗忘的东西从根本上来说不是一般存在,而是对正义的义务。[②]在这个意义上,我们完全可以说,海德格尔没有超越西方传统形而上学。

如果海德格尔哲学态度的形而上学性本质地解释了海德格尔对待政治的态度,以及他在政治上失足的原因,那么海德格尔公案就向我们表明,传统形态的哲学,是不可能根本克服西方形而上学传统的。对西方形而上学传统的克服,必须通过哲学的自我改造,通过哲学实践领域延伸,通过实践哲学成为真正的第一哲学来完成。今天,

---

① Jean-Francois Lyotard: *Political Writings*, p. 146.
② Jean-Francois Lyotard: *Political Writings*, p. 147.

任何学院哲学都已完全失去其生命力充分表明,哲学已无法再像过去那样形而上学地画地为牢了。它必须从人类的生存实践中,特别是政治实践中,获得它自我更新的力量。这恰恰是因为政治今天比任何时候都更萎缩,而人类的命运在很大程度上取决于他们有什么样的政治。

这当然决不是说哲学要成为政治,而是说哲学要像苏格拉底进入雅典的公共场所那样进入政治,促进生活世界中的自由交谈,沟通不同的话语与文化,就人类的前途和命运进行讨论和对话,对任何罪恶与不义作出道德-政治评判。这样,哲学不仅是理论,而且也是亚里士多德所谓最高的实践。既然我们已被抛入世界,与他人共在也是哲学家的命运,哲学家又怎么能回避和拒绝政治?在哲学和政治的张力中,哲学家无法超脱和中立,他必然要有自己的政治立场,必须面对人类良知的评判。人类良知既不来自形而上学,也不来自意识形态,而是来自人类的历史经验,来自人类的政治生活。良知的声音,才是存在的声音。而我们只有在与他人的对话中,在倾听他人中,才能听到这种声音。

海德格尔:德国和欧洲及其超越

一

在英美学术界,德国哲学家往往被认为对他们国家的悲剧负有一定的责任,因为据说他们大都是文化民族主义者,有些甚至是狂热的日耳曼沙文主义者。他们不但对他们统治者的倒行逆施没有任何抵制,反而还推波助澜,摇旗呐喊。他们的思想则往往成了诸如纳粹主义、种族主义和反犹主义的理论来源。不但像《第三帝国的兴亡》这样记者写的历史书这么说,而且严肃的学术著作往往也这么说。① 由于英美学者往往把自己国家视为西方民主的正宗,而曾与它们为敌打过两次世界大战的德国自然是邪恶的专制恶魔的化身。因此,主张德国的民族文化和民族性就是主张专制,反对民主。这种本身不一定正确的"政治正确"的逻辑至今还有相当的影响,以至即使在德国本土,今天谈论德国的民族特性或文化特性还是一件有风险的事。一不小心就会被戴上"纳粹"之类的可怕帽子。

至于早已被很多人视为"纳粹分子"的海德格尔,按照那种"政治正确"的逻辑当然也一定是狂热的德意志中心论者和民族主义者。

---

① 最有影响的一个例子也许是 Fritz Ringer 的 *The Decline of the German Mandarins* (Cambridge: Harvard University Press, 1969);最近的一个例子则可看 Hans Sluga 的 *Philosophy and Politics in Nazi Germany* (Cambridge: Harvard University Press, 1993)。

各类研究海德格尔的传记和专著往往都对他有这样的指控。①当然，"证据"可以说"比比皆是"。从海德格尔发表的第一篇关于桑塔克·克拉拉的亚伯拉罕的文章，到他关于施拉格特的演讲，充满"祖国"、"德国"、"人民"、"家乡"的字眼，而这些在他的指控者眼里，已足以坐实他"德意志民族主义者"的罪名，更不用说他臭名昭著的校长就职演讲和1935年的《形而上学导论》了。读过这些文字的人，即使不带任何偏见，也会认为，即使不能说海德格尔是种族主义者或反犹主义者，说他是德意志民族主义者应该是没什么问题的。

然而，海德格尔是一个纯粹的哲学家，又是一个思想极为深刻复杂的哲学家。说他是纯粹的哲学家，就是他对任何重大问题的思考都是从哲学本身出发的；也因为如此，他的政治立场的确不能与他的哲学分开，而应认为是属于一体的。说他的思想极为深刻复杂，是说我们不能简单地用断章取义的办法，从他著作中孤立地抽出一些话从字面上来理解。这种做法即使对于一个普通人也欠妥，遑论对海德格尔这样的大哲学家。对于海德格尔来说，哲学不是通常意义上的"理论活动"，②而是我们的存在方式，在此意义上哲学与历史并不是毫不相干的东西，而是相互关联甚至互属的东西。因此，我们对海德格尔的哲学言论，不但要放到他整个哲学的语境中去理解，也必须放入时代的语境中去理解，这样才能得出正确的结论。

其实，海德格尔并不是像有些人以为的那样，从一开始就是一个

---

① 传记最有名的自然是 Hugo Ott 的 *Martin Heidegger. Unterwegs zu seiner Biographie* (Frankfurt am Main: Campus, 1988)，以及 Rüdiger Safranski 的 *Ein Meisteraus Deutschland. Heidegger und seiner Zeit* (München: Carl Hanser Verlag, 1994)。著作可看智利人维克托·法里亚斯：《海德格尔与纳粹主义》，郑永慧等译，时事出版社，2000年；和美国人理查德·沃林：《存在的政治》，周宪、王志宏译，商务印书馆，2000年。
② 参看张汝伦：《论海德格尔哲学的起点》，《复旦学报》，2005年第2期。

狂热的民族主义者。在第一次世界大战期间,的确有不少哲学家发表过狂热的民族主义和沙文主义的支持战争的言论,如海德格尔的老师,新康德主义者李凯尔特和他的同辈人马克斯·谢勒。但是,我们却不能在这一时期的海德格尔那里找到相似的言论。相反,我们在他1919年夏季学期的讲稿中发现,通过对狄尔泰关于启蒙时代普遍历史思想的研究,他看到启蒙时代第一次使西方人能够超出民族来看问题,将"人类团结"理解为"它此在的意义"。①并且,他在那时已经对启蒙划分"文化民族"(Kulturnationen)和"自然人群"(Naturvölkern)提出了批评。

在海德格尔看来,第一次世界大战是欧洲无意义的自我毁灭,原因是欧洲各民族国家不能创造性地解决它们的问题,而是投入到外在的统治世界的斗争中去。②欧洲危机的根源在于在精神上为虚无主义所支配,而在政治上则陷入不断的军事冲突。问题在于播下了虚无主义的种子并使它得以生长的欧洲能否在自己内部找到解毒药来对付可以预见的崩溃。

但是,在第一次世界大战结束后的10年里,除了《存在与时间》粗略地将个人的命运与一个民族的命运联系在一起外,海德格尔似乎没有更多地涉及"德国"或"欧洲"的问题。③1929年席卷西方世界

---

① Heidegger, *Zur Bestimmung der Philosophie*, Gesamtausgabe Bd. 56/57 (Frankfurt am Mian: Vittorio Klostermann, 1987), S. 132.
② Cf. Otto Pöggeler, "Heideggers politisches Selbstverständnis", in *Heidegger und die praktische Philosophie*, hg. von Annemarie Gethmann-Siefert und Otto Pöggeler, (Frankfurt am Main: Suhrkamp, 1988), S. 20.
③ 按照德国海德格尔研究专家 Otto Pöggeler 的说法,我们可以把海德格尔对此在的生存要素(Existenzial)的分析看作是一个对此在反时间结构的说明(Cf. Otto Pöggeler, "Heideggers politisches Selbstverständnis", in *Heidegger und die praktische Philosophie*, S. 44),在此情况下,对于存在论来说,似乎只要谈论抽象的个体此在就足矣,没有必要对此在本身作进一步界定,也不可能涉及此在的历史经验。

的经济危机以及它在德国国内政治上的激烈反应恰好与海德格尔在《存在与时间》出版后陷入的宗教与哲学信念的危机重合,使他的思想目光从书斋转向了现实。他发现,第一次世界大战之后10年间欧洲的思想(显然也包括他的《存在与时间》)根本不足以应对德国乃至欧洲所面对的危机。只是从这时开始,德国问题和欧洲问题更直接地成为了他的思考对象。①虽然这也导致了他不幸卷入政治,但这并不等于他这方面的思考是非哲学的。相反,他始终是从哲学去看政治,而不是相反。一个典型的例子就是他的校长就职演讲。

这篇演讲的标题似乎就很"民族主义":《德国大学的自我主张》。海德格尔一开始就提出"德国大学的本质"的问题,然后说德国大学是要从科学出发,通过科学来教育和培养"德国民族命运的领导者和卫护者。追求德国大学本质的意志就是追求科学的意志,就是追求德国民族历史精神使命的意志,这个民族是一个通过其国家认识自己的民族"。②在论述了德国大学所要追求的科学的本质后,海德格尔给大学生提出了三项义务:他们在民族共同体中的义务;在其他民族中对这个民族的荣誉和命运的义务;以及对德国民族的精神使命的义务。③在演讲快结束时,海德格尔说:"我们想要的是:我们的民族完成它的历史使命。"④

那么,这究竟是怎样的一种使命?是德意志民族战胜其他民族,称霸世界,统治地球的使命,就像最狂热的纳粹分子所想象的那样;

---

① 在海德格尔哲学中,"德国"或"欧洲"首先不是一个地缘政治的概念,也不是一个文化概念,而是一个哲学概念,必须根据他的存在史的思想来理解。
② Heidegger, *Die Selbstbehauptung der deutschen Universität* (Frankfurt am Main: Vittorio Klostermann, 1990), S. 10.
③ Heidegger, *Die Selbstbehauptung der deutschen Universität*, S. 15.
④ Heidegger, *Die Selbstbehauptung der deutschen Universität*, S. 19.

还是完全不同的一种使命,这种使命不仅是德国的,也是欧洲-西方的?对于任何不带偏见读过《德国大学的自我主张》的人来说,答案是不难找到的。海德格尔所说的始终是"德国民族的历史精神使命",而不是任何别的什么使命。这种使命不仅是针对"德国命运极端艰难的时刻",更是针对"西方的精神力量已经衰亡,西方本身也开始分崩离析;这个垂死的虚假文化也已坍塌,使所有的力量都陷入混乱并在疯狂中窒息"。①诚如匈牙利哲学家 István Fehér 所说:"校长就职演讲归根结底可以看作是戏剧性地号召挽救一个衰落的文化,建立一个新的精神世界。"②

从歌德和荷尔德林的时代开始,德国思想家中就一直有人认为德国人对西方文明,尤其是西方的精神世界负有特殊的使命与责任。第一次世界大战所暴露出来的西方文明的严重危机使更多的德国知识分子具有这样的想法。深受荷尔德林影响的海德格尔也不例外。他同样认为德国人或德意志民族在拯救西方文明中有着关键的作用。理由是德国处于欧洲的中心;它自己促成了现代虚无主义和发展了"权力意志";③更重要的是德国文化与西方文化的本源——希腊文化之间有一种密切关系。所以"德国人,只有德国人才能在西方历史中拯救西方"。④"这个行星在燃烧。人的本质脱了节。只有德国人才能深思世界历史,如果他们发现并保持'德国特性'(das Deutsche)的话。"⑤

---

① Heidegger, *Die Selbstbehauptung der deutschen Universität* (Frankfurt am Main: Vittorio Klostermann, 1990), S. 19.

② István Fehér, "Fundamental Ontology and Political Interlude", in *Martin Heidegger. Critical Assessment*, Vol. 4 (London and New York: Routledge, 1992), p. 177.

③ 但海德格尔并不认为尼采的"权力意志"的学说是尼采或德国人的发明,而只是西方形而上学传统的结果,它命名了这个时代的特征(Cf. Heidegger, *Heraklit*, Gesamtausgabe Bd. 55, S. 107)。

④ Heidegger, *Heraklit*, S. 108.

⑤ Heidegger, *Heraklit*, S. 123.

这些话听上去的确像是充满了民族自大和民族沙文主义色彩,但我们应该注意最后那句话是有条件的,就是德国人得知道"德国特性"为何物。正是在这个问题上,海德格尔与狭隘的德意志民族主义,更不用说与纳粹民族主义有根本的不同。对于海德格尔来说,"德国"、"德国人"或"德国特性"从来就是一个问题,而不是一种同质的既定性质,如一般英美人对自己的"身份"(identity)么确定无疑。所以,海德格尔在他写于1936—1938年的主要著作《哲学贡献》中,郑重其事地提出了"我们是谁"的问题,并且明确指出,它决不是"生物自由主义",即近代形而上学所追求的"自我确定性"(Selbstsicherheit)问题。相反,人的自我性(Selbstheit),无论是历史的人的自我性还是民族的自我性,都是一个事件发生的领域,人在这个领域中才最终拥有自己。所以一个民族的存在是种种本质规定的一种特有关系的存在。在此意义上,有"更多的东西"属于一个民族的"存在"。①这就是说,一个民族的存在不仅仅是它自己,还有,并且一定有他者的因素。海德格尔对荷尔德林诗歌的阐释,明白无误地证明了这一点。

1941/42年冬季学期的课程海德格尔讨论的是荷尔德林的诗歌《怀念》。在这个课程中,海德格尔反复和雄辩地阐述了异己的东西(die Fremde)与自我发现的关系这个主题。他明确提出精神必须与异己的东西打交道,不是为了迷失在异己的东西中,而是为了在异己的东西中为自己做准备和使之强大。②与纳粹对德国民族特性的鼓吹针锋相对,海德格尔说:"特性(das Eigene)不是通过粗暴强制地

---

① Cf. Heidegger, *Beiträge zur Philosophie*, Gesamtausgabe Bd. 65 (Frankfurt am Main: Vittorio Klostermann, 1989), SS. 48 - 54.

② Cf. Heidegger, *Hölderlins Hymne Andenken*, Gesamtausgabe Bd. 52 (Frankfurt am Main: Vittorio Klostermann, 1992), S. 123.

拽住自己的本性就可以达成的,好像它是一个可以科学地固定的事态。特性也不像教条那样鼓吹自己,通过规定来实现自己。特性是最难找到也最容易失去的东西。"①之所以如此,是因为人们往往不明白,"特性并不在于一种自我封闭、在自身就能培养的气质。特性恰恰与一个他者有关……"②培育德国特性的那个他者,就是希腊。

对于海德格尔来说,希腊是德国的源头,也是德国的典范。追求德国的历史使命,就是"要为**我们的**此在重新赢得科学原初的希腊本质的两个显著特征"。③希腊科学(哲学)的这两个基本特征在一般人看来可能是自相矛盾的,这就是:知识一方面是对命运无能为力的理论,是对存在沉思的追问;但它又是一种"实践存在"的最高方式,人的最高方式。所以,对希腊人来说,科学(哲学)不是一种"文化财富",而是整个民族-国家此在最内在的决定性核心。④很显然,海德格尔希望德国人不要将希腊人开创的这个"开端"(Anfang)作为一个早已被抛在后面的东西,而应作为自己追求的目标来理解。"开端作为伟大事物预先超越了所有将来的事物,因此也预先超越了我们自己;开端已经闯入我们的未来,它站在那里,遥遥地支配我们,命令我们重新把握它的伟大。……只有当我们坚决服从这种遥远的命令以重新赢得开端的伟大,科学才会成为我们此在最内在的必然。……一旦我们服从开端遥远的命令,科学就必将成为我们精神-民族此在的基本事件。"⑤很显然,海德格尔的"希腊"与"德国"都是一个哲学-历史或存在史意义上的概念,而不是一个民族国家单位。他(从 30

---

① Cf. Heidegger, *Hölderlins Hymne Andenken*, Gesamtausgabe Bd. 52 (Frankfurt am Main: Vittorio Klostermann, 1992), S. 123.
② Cf. Heidegger, *Hölderlins Hymne Andenken*, S. 131.
③④ Heidegger, *Die Selbstbehauptung der deutschen Universität*, S. 11.
⑤ Heidegger, *Die Selbstbehauptung der deutschen Universität*, S. 13.

年代开始)始终是以存在史的眼光,也就是哲学的眼光来观察德国和西方的命运。①对海德格尔的立场无论是批评还是辩护,只有把握了这一点才有积极的意义。

二

这当然不是说海德格尔只有哲学立场而没有政治立场;而是说我们不能将他哲学著作中出现的"德国"、"德国人"和"民族"之类的词加以简单的民族主义的理解。毋庸讳言,像多数现代人一样,海德格尔也有一定的国家和民族意识,但他的国家和民族意识与纳粹或其他任何狂热的民族主义与沙文主义毫无共同之处。正如 Pöggeler 所指出的:"海德格尔 1933 年加入的那个'觉醒'(Aufbruch),是一种民族主义的觉醒,是要恢复德国的尊严,……是要让自己顺应威尔逊的民族自决的纲领。"②而且,海德格尔的民族关切包含社会关切在内:通过大家从事共同的工作克服工人失业和农民与小资产阶级生活无着。③纳粹民族主义和其他许多政治民族主义有一共同特点,就是强调中央和国家的权威。但海德格尔却正好相反。尽管他作为校长想与希特勒建立个人接触,以实现他"领导元首"的痴心梦想,但他仍然两次谢绝柏林大学的聘请,表明他不想看到德国被置于柏林的中央集权之下。他甚至主张让巴登州反对柏林这个中心,始终视德国为欧洲诸民族之一。④我们也不能说海德格尔是一个文化民族

---

① 存在史是后期(成熟期)海德格尔最基本的思想之一,可惜始终未引起人们的足够重视。由于兹事体大,容当日后另文论述。

②③ Otto Pöggeler, "Heideggers politisches Selbstverständnis", in *Heidegger und die praktische Philosophie*, S. 31.

④ Otto Pöggeler, "Heideggers politisches Selbstverständnis", in *Heidegger und die praktische Philosophie*, S. 31, 20.

主义者。因为文化民族主义的一个基本特征是强调自己民族文化的特殊性,而海德格尔却是基于他的存在史的思想,始终坚持希腊思想(哲学)是德国思想(哲学)的本源。没有希腊开端的德国哲学是不能想象的。如果说德国和德国人负有特殊的使命的话,那也是因为德语与希腊语和希腊思想有特定的内在的亲缘性。①

正是由于从存在史的角度来观察德国和德国思想的特性和命运,对于海德格尔来说,不存在一个"纯粹的"德国。德国从一开始就被由希腊哲学开其端的西方形而上学所支配,它和其他西方民族一样分有由此而来的西方的命运。根据海德格尔存在史的思想,古希腊思想的开端在柏拉图那里发生了转折性的变化,这个开端的变化奠定了西方哲学的基础,也决定了随后各个世纪西方哲学和西方世界的命运。德国哲学不但不能避免这种命运,而且这也就是它的命运。例如,德国近代哲学同样体现了数学性东西(Das Mathematischen)居支配性地位的特点。

在海德格尔看来,数学的本质是最高的基本定理的自我规定,任何进一步的规定都必须从这些最高的基本定理出发,按照这些基本定理来进行。就此而言应该认为数学最初与数和空间毫无关系,因为它们在量的方面可以数学化(mathesis),它们才成为狭义的数学领域。因为思想是根据存在的东西来规定自己的,所以思想和言说的基本规则——矛盾律,必定不仅成为思维顺序的规则,而且也是存在的自我规定。数学的本质还在于将思想的一切规定组织在一个统一的序列中,将自己奠基为"**体系**"。从笛卡尔开始,从数学定理成为一切存在的自我规定最高的基本定理开始,哲学才得以能够有体系

---

① 海德格尔甚至说是法国人越来越促使他相信这一点,当他们开始思想时,他们就说起德语(参见德国《明镜》周刊对海德格尔的采访,中文译文由熊伟翻译,刊载于《外国哲学资料》,第5辑,商务印书馆,第159—189页)。

和构造体系。柏拉图和亚里士多德都没有体系,更不用说古人了。康德在《纯粹理性批判》中第一次指出思维在其限度内的优先权,但即使他也还没有体系,因为对于康德来说,思维,判断力,作为经验的对象的存在的规定的**上诉法庭**,仍然是不可动摇的。哲学的体系是在黑格尔的《逻辑学》中出现的,黑格尔的"逻辑学"就是通常人们所谓的形而上学、存在论、存在的学说。思想作为存在的本源以最深刻、最基础的体系形态包含在黑格尔的《逻辑学》中。从柏拉图和亚里士多德以来的西方哲学之路在黑格尔的逻辑学中得到了完成,但从它开端以来的西方哲学之路却并没有完成,它仍然没有解决,仍然被误解。尼采虽然和荷尔德林一起重新唤起了人们对前苏格拉底哲学的注意,但他在继续问哲学的基本问题,即存在问题上仍然持有19世纪的误解。他的形而上学陷入了永恒轮回学说的死胡同。[①]

正如德国哲学的问题本身是欧洲-西方哲学问题的一部分一样,德国问题也就是欧洲-西方的问题。1935年出版的《形而上学导论》再清楚不过地表明了海德格尔的这种思路。在那部著作中,他令人印象深刻地提出了欧洲正处于俄国和美国巨大的两面夹击中。在他看来,从形而上学上看,俄美本质上是一样的:同样的令人绝望的失控的技术和闻所未闻的群众组织的疯狂。[②]

欧洲处于俄美夹击之中势若累卵并不是海德格尔的发明。早在《形而上学导论》发表前整整100年,托克维尔在《论美国的民主》中

[①] Cf. Heidegger, "Europa und die deutsche Philosophie", in *Europa und die Philosophie*, hrsg. von Hans-Helmuth Gander (Frankfurt am Main: Vittorio Klostermann, 1993), S. 39.

[②] Cf. Heidegger, *Einführung in die Metaphysik*, Gesamtausgabe Bd. 40 (Frankfurt am Main: Vittorio Klostermann, 1983), SS. 40-41.

已经预言，150年后，美国和俄国将瓜分世界。俄国的危险在于它那种与政府领域和宗教或准宗教领域拜占庭式的混合共生的威权专制；而美国的危险是多数人专制，它可以通过多数人的一致来压制任何不同观点和任何创造性的冒险。通过公开或隐蔽的帝国主义，俄国和美国已经获得了巨大的领土。但美国人对印第安人的剥夺是"用十分巧妙的手段，不慌不忙，通过合法手续，以慈悲为怀，不流血，不被世人认为是违反伟大的道德原则，就达到了双重目的。以尊重人道的法律的办法消灭人，可谓美国人之一绝"。①

这种想法对于生活在欧洲中心的德国人来说，当然会有强烈的同感。海德格尔的同时代人雅斯贝斯在1932年就明确表示，美国和俄国将瓜分世界，德国的使命就只有是作为一个精神的力量。②在这一点上，海德格尔与雅斯贝斯是完全一致。只不过雅斯贝斯面对这样的世界更注意的是人类生活的边界处境（Grenzsituationen）和个人间的交往沟通；而海德格尔却更着眼于德国对于欧洲-西方的责任："这个民族作为历史的民族，把它自己，从而把西方的历史从其未来发生的中心处放入存在诸种力量的源始领域。"而德国之所以能承担这样的使命，是因为它是一个"形而上学的民族"。③也因为如此，海德格尔讲的德国拯救自己从而也拯救欧洲-西方，与纳粹征服欧洲进而称霸世界的帝国野心风马牛不相及。

根据海德格尔存在史的思想，哲学或者形而上学，不是人类精神能力所产生的"文化产物"或文化成就，那样的话哲学就成了一个现成的东西（das Vorhandene）了。相反，哲学是真正源始的东西，形而

---

① 托克维尔：《论美国的民主》，上卷，董果良译，商务印书馆，1991年，第395页。
② Cf. Otto Pöggeler, "Heideggers politisches Selbstverständnis", in *Heidegger und die praktische Philosophie*, S. 26.
③ Heidegger, *Einführung in die Metaphysik*, S. 41.

上学是源始的发生(Ereignis)。当然,这只是对西方而言,并且,正是它造就了西方,而不是相反。"在希腊时代,存在者的存在就成了值得思的东西,**这就是**西方的开始,**就是**它命运隐蔽的根源。"①正是这个命运决定了西方的历史,也塑造了西方人。"哲学在其本质上是希腊的,这句话说的只是:**西方和欧洲,并且只有它们,在其最内在的历史进程中源始地是'哲学的'**。"②但说西方和欧洲是"哲学的",并不是说只有西方人才擅长哲学思维,而是说由于他们对存在者的存在的思考,世界得以根据存在天命式的种种形态时时在西方确定自己和揭示自己,而形而上学伟大思想家对存在的阐释总是与存在的天命相应。在此意义上,存的天命就是世界的天命,这种天命长时期只限于西方,但随着现代技术和工业的扩张,它已经成了全球的天命。③因此,要拯救西方,只有对其天命的源头——存在本身进行存在史的反思。也就是说,这是一个哲学的任务,而不是政治的任务。作为一个"形而上学的"民族,德国的历史使命在此,而不在任何别的地方。

1936年4月,海德格尔在罗马作了题为"欧洲与德国哲学"的报告。报告一开头就说,我们的历史此在越来越紧迫和清楚地明白,它的未来就只有非此即彼的两个可能:欧洲得到拯救或它的毁灭。欧洲要得救需要做到两件事:(1)保持欧洲民族对亚洲民族的领先。(2)克服它自己的无根状态(Entwurzelung)和分崩离析。但后一件事是前一件事的条件。不克服欧洲自己的无根状态和分崩离析就不能保持对亚洲民族的领先。但这两件事都要求这此在在最高的准则下从根本上起变化。这种变化只能作为对迄今为止的历史——它的本质形态

---

① Heidegger, *Vorträge und Aufsätze*, (Pfullingen: Neske, 1978), S. 219.
② Hiedegger, *Was is das—die Philosophie?* (Pfullingen: Neske, 1956), S. 13.
③ Cf. Heidegger, *Zur Sache des Denkens* (Tübingen: Max Niemeyer Verlag, 1969), S. 7.

和时代创造性的阐明发生。①鉴于西方历史的哲学性,或者说形而上学对西方历史的规定,那么对迄今为止的历史的阐明就既不是继续保护纯粹的传统,也不是创造新的东西或准备创造新的东西,而是追索这历史的源头,也就是海德格尔说的"开端"(Anfang)。"当我们继续从**源始的**开端问西方哲学的**基本问题**时,我们只是在为我们称之为拯救西方的任务工作。"②由此可见,即使认为德国负有拯救西方的使命,这个使命对于海德格尔来说也是纯粹哲学的,而不是政治的。而拯救之道无非是通过追问真理的本质的问题来继续和深化存在问题,因为这是欧洲各民族源始的本质之所在,也是它们统一的根据。

三

作为一个纯粹哲学家,海德格尔基本是从哲学意义上来理解"德国"和"德国人",对于海德格尔来说,哲学并不是以匿名的德国民族的命运的名义故意表象一种使命的行为,而是坚持古代就已产生的欧洲各民族的共同任务。③在这点上,他和他的老师胡塞尔并无二致。胡塞尔在《欧洲科学的危机和先验现象学》中也认为希腊哲学是西方-欧洲的根源。因此,欧洲或西方具有一种"精神生命的统一性"。无论对于胡塞尔还是对于海德格尔,德国精神的危机必然是欧洲精神的危机,谈论这种危机,必然,也必须上溯到希腊。德国的非德国性,更确切地说,德国的欧洲性,根源就在这里。要辨认德国,必

---

① Cf. Heidegger, "Europa und die deutsche Philosophie", in *Europa und die Philosophie*, S. 31.

② Cf. Heidegger, "Europa und die deutsche Philosophie", in *Europa und die Philosophie*, S. 40.

③ Cf. Manfred Ridel, "Heideggers europäische Wendung", in *Europa und die Philosophie*, S. 47.

须要进入欧洲；希腊把德国和欧洲连为一体，不能分开。从莱布尼茨开始，德国哲学家中就有这么一条基本思路。

早在近代开始时，莱布尼茨就追问过"欧洲的本质之本源和根源"。之所以会追问这个问题，是因为他已经思考了存在者的若干种统一：个别和特殊统一于一般；个人和民族统一于世界，等等。那么，欧洲各民族统一的根源在哪里？莱布尼茨的回答是，在流变的语言之源，即后来称为印度日耳曼语系的日耳曼-凯尔特原语言中，它把欧洲各民族和国家，从西南欧说罗曼语的人和东欧斯拉夫人联在了一起。原语言的这种普遍性的流动的、并不排斥民族、国家和地区的个别性是普遍性。这使莱布尼茨看到，除了数学与自然科学那种逻辑必然的本质规定外，还有一种对只有在事实世界中可能和实现的"本质"的存在论规定。这种存在论的本质规定就是那样一些真理，它们可以超出对词义的暂时领会，变得越来越清楚，最终成为相应的知识，但也同样能又被遮蔽。不仅近代物理学以力学为基础是这样；近代政治学通过对自然法人类学还原的理解来给自己奠定基础也是这样，这种理解以法律的名义使强者得以为所欲为，迫使人们追逐权力。①

莱布尼茨承认，存在论的本质规定从根本上说都是事实真理，在世界发生的事件中才彰显出来。德国处于欧洲的中心位置就是一个事实真理。德国当时名义上是一个帝国，实际上是自由国家的联邦。莱布尼茨考虑的是如何保持这个分崩离析的帝国的和平，如何保持这个自由国家的联邦，使它成为一个有着固定的参议会、常备军和代表大会的国家。这个国家不像西欧的民族国家那么"实"，但欧洲中部的这种"空"的国家联邦却可以限制任何一个西欧民族国家的任意的权

---

① Cf. Manfred Ridel, "Heideggers europäische Wendung", in *Europa und Philosophie*, SS. 51-52.

力扩张。为此,需要有"共同精神";但它不是莱布尼茨拒绝的那种唯一的、包容一切的精神,而是通过个人实现的一个民族的共同感(Gemeinsinn),只有从个人那里才能确定。莱布尼茨说,这其实就是英国人称为"公共精神"(public spirits)的东西。他在他的暮年发现,这些精神在全欧洲都被流行的自由概念和高于一切的国家的权力政治所压制。这种精神疾病只有通过唤起反制的力量才能得到治疗。① 显然,在莱布尼茨看来,这种公共精神不仅应该是德国的,也应该是欧洲的。

从康德经过费希特和谢林到法国大革命时代的黑格尔的唯心主义形而上学把那种对于各民族、时代和地区在普遍历史基础上的一致与联系的思想叫做"精神"。在黑格尔看来,四分五裂的德国通过其古典诗歌和哲学,以"内在实现的自由的个体性"的基本原则统一它自己。个体性不再在法律的宪法中找到它的自由,但也不是在康德希望建立的一个欧洲各民族的联邦中找到它的自由。为了超越陷于欧洲基础上的普遍历史事件中而看到它与各邻邦民族本质的统一性,最终达到它自己的超主体的"概念",德国精神坚持主体的"内在性":"精神"不是别的,就是各分离民族之间共属性和联系的思想。在《哲学史讲演录》中,黑格尔把西方哲学史就分为两个时期:希腊哲学和日耳曼哲学。他和莱布尼茨一样,认为信基督教的欧洲各民族,即使是非日耳曼民族,如罗曼语系的民族,"就它们属于科学的世界而言",它们也受过日耳曼教化的熏陶,也可以被称为"日耳曼的",② 因为它们在罗马世界帝国的基础上通过种族和语言的亲缘关系在整体上有一种新的形态的特征,这种形态就是欧洲的本质。它本身既

---

① Cf. Manfred Ridel, "Heideggers europäische Wendung", in *Europa und Philosophie*, SS. 52–53.

② Cf. Hegel, *Vorlesungen über die Geschichte der Philosophie*, Werke 18 (Frankfurt am Main: Shrkamp, 1971), S. 123.

不是"日耳曼的",也不是"罗马的",而是"西方的":得追溯到古希腊人,希腊也是各斯拉夫民族历史的源头。但这并不等于说欧洲的本质是一个抽象的普遍性。相反,"欧洲的原则和特征是具体的普遍性,是自我规定的思想"。①或者说:"欧洲精神的原则是……自我意识的理性,它信任自己,因而它触及一切,以便从中想起自己。"②精神的这个纯化过程在西方历史中达到了顶点。黑格尔对欧洲科学和技术在近代历史过程中对整个地球的征服毫无保留。③

尼采就完全不一样了。他在《不合时宜的观察》中就对欧洲人提出了警告:"19世纪过于自负的欧洲人,你发疯了!你的知识没有结束自然,而在杀死你自己。"④尼采对当时的欧洲-西方提出了他的诊断。他认为欧洲犯了三重罪孽:首先是对自然毫无节制的欧洲态度,"借助机器和技术工程人员毫不迟疑的发明,我们践踏自然"。⑤其次是对上帝,"亵渎神灵是我们对上帝的态度,它企图说明隐藏在巨大的因果蜘蛛网背后的某种目的蜘蛛和道德蜘蛛"。⑥最后是对人自己的态度:"因为我们不允许用动物做实验,我们就用我们自己做实验,兴奋而又好奇地从活生生的肉体上撕下灵魂:我们又怎么会重视'灵魂'的'拯救'。"⑦除了这三种欧洲的基本病症外,他把德国对奥地利和法国的狂妄自大也包括进他的诊断中。他认为俾斯麦违背整个欧洲的意志建立普鲁士主导下的帝国及其后果使德国精神偏离了它的历史起源。⑧

---

①② Hegel, *Enzyklopädie der philosophischen Wissenschaften III*, Werke 10 (Frankfurt am Main: Suhrkamp, 1971), S. 62.

③ Cf. Manfred Ridel, "Heideggers europäische Wendung", in *Europa und Philosophie*, S. 57.

④ Nietzsche, *Unzeitgemäße Betrachtungen II*, in: Sämtl. Werke, hrsg. von G. Colli und M. Montinari, Krit. Stud. Ausg. Bd. 1 (Berlin: de Gruyter, 1988), S. 313.

⑤⑥⑦ Nietzsche, *Zur Genealogie der Moral*, in: Sämtl. Werke, hrsg. von G. Colli und M. Montinari, Krit. Stud. Ausg. Bd. 5, S. 357.

⑧ Cf. Manfred Ridel, "Heideggers europäische Wendung", in *Europa und Philosophie*, S. 57.

在德国统一之初,尼采曾经梦想一个"精神德国"能找到自己,这个"精神德国"能把在黑格尔那里辩证地克服的内在世界和外部世界的对立,即一方面坚持突破常规的内在性同时却在外部生活上随波逐流,甩在后面。为此,尼采不仅向古典哲学和诗歌的代表人物求助,而且也向当时还根本藉藉无名的荷尔德林求助。和莱布尼茨一样,他也把语言看作是"我们德国性的奥秘之所在"。但这种德国性"只有通过混合与更换种种民族性和伦理才能像通过一种形而上学魔法一样拯救它自己并从而拯救德国精神"。[①]但随着俾斯麦帝国在"民族妄想"中的建立,尼采的美梦很快就破灭了。随着德国在经济和政治上上升为世界强国,尼采与荷尔德林一样要试图寻找一个精神的中心点,"祖国的灵魂"在那儿能一下子完全展现。尼采发现,精神自我更新的美梦在"官方德国"民族主义和帝国主义追求霸权上破灭了,但必须以另一种方式来挽救。因此,他躲开俾斯麦帝国而转向欧洲。但这种转向并不意味他离开了《不合时宜的观察》的思想。相反,它使这种思想得以进入其最本己的起源,回到"欧洲本质"在希腊人那里的起源和根源。[②]

德国哲学家 Manfred Riedel 在他的论文《海德格尔的欧洲转向》中将海德格尔与尼采相比,说他和青年尼采一样,一开始希望德国能在精神上自我更新,等到这个美梦破灭后就和后期尼采一样在欧洲-西方历史的基础上去理解所发生的一切。[③]的确,海德格尔在这方面与尼采颇为相似,在对"官方德国"不抱希望后,他们都把眼光

[①] Nietzsche, *Unzeitgemäße Betrachtungen I*, in: Sämtl. Werke, hrsg. von G. Colli und M. Montinari, Krit. Stud. Ausg. Bd. 1 (Berlin: de Gruyter, 1988), S. 228.

[②] Cf. Manfred Riedel, "Heideggers europäische Wendung", in *Europa und Philosophie*, S. 58.

[③] Cf. Manfred Riedel, "Heideggers europäische Wendung", in *Europa und Philosophie*, S. 64.

转向荷尔德林,转向古希腊。但是,与尼采不同,更不用说莱布尼茨和黑格尔,海德格尔不满足于做一个"好欧洲人"。"欧洲"和"德国"一样,对他仍然是个问题。上溯到古希腊,上溯到西方思想源始的开端,并不是要在那里找到解决当前危机的灵丹妙药,更不是要复古、要恢复开端时的思想。由于西方对于存在的理解不仅是西方人的天命,随着西方现代性的扩张也成了"地球人"的天命,所以海德格尔要通过揭示西方思想的有限性来揭示未被展开的未来的可能性。换言之,为了克服形而上学就必须表明它的局限。

所以,海德格尔说哲学在其本质上是希腊的,或欧洲和西方在其最内在的历史进程中源始地是"哲学的",不应该理解为反映了一种西方中心论的思想,而是正相反。哲学是西方的,并且决定了西方乃至全球的命运恰恰表明哲学是有限的,它解决不了西方的问题。回到西方哲学历史的开端决不是出于历史学的好奇或复古,实际上就是要发现在开端的决断中已经设下的局限。如果这种局限西方思想本身对它无能为力的话,那么在另外异己的开端中寻找新的可能性似乎是必须的和不可避免的。这就是海德格尔为什么说,与希腊思想对话是为不可避免的与东亚世界的对话作准备,是那个对话的先决条件。①

早在《存在与时间》中,海德格尔就已经提出了正确理解他者的生存论前提为何的问题。②海德格尔明确指出:这种对他者的理解"不是一种由认识得到的知识,而是一种源始的生存论的存在方式,它才使认识和知识可能"。③在常人千篇一律的存在方式中,在日常的共在中,自我实际上遗失了,根本不可能有真正的对他者的理解。溶化在日常性中的我只能在千篇一律的可能性的视域中认识自己和

---

① Cf. Heidegger, *Vorträge und Aufsätze* (Pfullingen: Neske, 1978), S. 43.
② Cf. Heidegger, *Sein und Zei* (Tübingen: Max Niemeyer, 1967), S. 125.
③ Cf. Heidegger, *Sein und Zei*, S. 124.

认识他者。只有在本己存在的样态中,他者才能在他的他者性上有意义,我们才能看见他者和他所体现的生存可能性。换言之,只有在生存中,即对存在本身的理解中,我才能理解他者,提出他者的问题。在他者体现的他的源始的可能性上理解他者,对于本己的生存来说,是它自身完全洞明的条件。另一方面,必须看到,"这些最本己的可能性是由**有限性**规定的……但此在面对这些可能性而成为自由的时候,此在就制止了一种危险,不再会由于自己有限的生存理解而否认他者超过它的生存可能性或由于误解强使它回到自己的生存可能性上去"。①这就是说,此在只有接受自己的被抛性和历史性,接受它的独特性,它才能承认他者存在的可能性,才能理解他者的可能性。此外,"决心成为自己才使此在有可能让共在的他者在他们最本己的能在中去'存在'。……只有从决断的本己的自我存在中才能产生真正的彼此存在"。②很显然,此在在为它自己源始的可能性操心时必然涉及对他者的理解。由这种操心产生的接受曾在的自我是"作为共在的此在对他者的能在有所理解"的条件。③

从上个世纪 30 年代开始,海德格尔的思想逐渐从生存论的基础存在论"折回"到存在史的思想,对作为自我存在的此在的操心在存在史是思想中变成和拓宽为本质的、开端性的对存在本身的开放性的操心。④与海德格尔的前期思想相比,他的存在史思想无论在深度还是在广度上都不可同日而语。通过这个思想,海德格尔对西方历史和当今世界作了无与伦比的深刻而全面的分析、思考和批判。简而言之,如一位奥地利学者所概括的,存在史的思想一方面是通过思

---

①③ Heidegger, *Sein und Zeit*, S. 264.

② Heidegger, *Sein und Zeit*, S. 298.

④ Cf. Heidegger, *Wegmarken*, Gesamtausgabe Bd. 9 (Frankfurt am Main: Vittorio Klostermann, 1976), S. 327, 331, 332, 343, 350, 374.

考决定了近代和当代的对存在的理解的历史根源决定性地洞察了它的局限;另一方面是它努力在考察各个决定西方命运的时代的过程中理解地展示西方思想第一个开端。①

正是"折回"后存在史的思想,使海德格尔彻底摆脱了传统的民族主义残余影响。在1947年写的《论人本主义的信》中,他称赞荷尔德林不是从民族利己主义来看待德国的本质,而是从对西方天命的归属关系中来看待这种本质。西方并不是与东方相区别的一个区域,也不只是欧洲,而是要从存在的近处来世界历史地加以思考。不是世界要靠德国的本质来恢复健康,而是德国人在命运上就从属于各民族,与它们一起成为世界历史的。②

存在史的思想还使海德格尔看到,西方思想的开端的有些源始要素在西方思想中被遮蔽和遗忘已久,对于习惯了形而上学传统的西方人来说就像是他者的东西一样。③人们甚至会把这些(前苏格拉底的)思想解释为纯粹是近代理性原始的前形式(Vorform)。④然而,恰恰只有深入到习以为常的概念和问题可能性的原初根源,我们才能发现它们的局限性。这就同时打开了通向他者的可能性的大门,因为这样就没有理由用它们作为评判其他思想方式的当然标准。海德格尔说他阐释前苏格拉底哲学是为了与东亚思想的对话做准备其实就蕴含了这个意思。只有在与非西方思想方式的对话中,才有可能产生一种变化了的,或不同的世界天命(Weltgeschick)。

---

① Cf. Rainer Thurnher, "Der Rückgang in den Grund des Eigenen", in: *Europa und die Philosophie*, S. 137.
② Cf. Heidegger, *Wegmarken*, Gesamtausgabe Bd. 9 (Frankfurt am Main: Vittorio Klostermann, 1976), S. 338.
③ Cf. Heidegger, *Grundbegriffe*, Gesamtausgabe Bd. 51 (Frankfuert am Main: Vittorio Klostermann, 1981), S. 86f.
④ Cf. Heidegger, *Grundbegriffe*, S. 96, 100.

海德格尔在阐述荷尔德林的诗时曾这样提问:"欧洲……难道必须先成为日暮之乡,世界天命的另一个黎明才能由此准备它的破晓?"他接着说,"这个问题听上去是狂妄而任意的,但有其根据:一方面是在一种本质事态中,另一方面是在一个本质猜测中。这个事态就是当前全球-星际的世界状况在其不会错失的本质开端上彻头彻尾是欧洲-西方-希腊的。但猜测想的却是:自行转变的东西只能靠其开端储存的伟大来转变。因此,当前的世界状况只能从其天命般决定我们时代的伟大开端接受一种转变或也许是它的准备。然而,无法回到开端。对我们迎面而来的当前只有变得渺小才能成为伟大的开端。但这种渺小也不再能保持其西方的日渐单一。它要向少数几个伟大的开端开放"。① 很显然,在海德格尔看来,西方思想只有放下身段,与其他的思想进行平等的对话,它才能重新恢复它在古希腊起始时的那种丰富和伟大;世界天命的转机才不需要以西方的没落为代价。在《明镜》周刊对他的采访中,他甚至说:"我们中有谁能断言,会不会有朝一日一种'思'的远古传统在俄国和中国醒来,一起帮助人们对技术世界能有一种自由的关系?"②

由此我们看到,一个最德国、就他的欧洲-西方哲学的造诣来说也是最欧洲-西方的哲学家,通过他的存在史的思想,不但超越了德国,也超越了欧洲。但这种超越却不是脱离,而是开放:向自己的局限性开放,向自己的他者开放。他不但把这种开放视为西方命运的转机,也把它视为人类命运的转机。而那些指责他的德国性的人,如哈贝马斯,却至今坚持着欧洲中心论的立场。

---

① Heidegger, *Erläuterungen zu Hölderlins Dichtung* (1936 - 1938), Gesamtausgabe Bd. 4 (Frankfurt am Main: Vittorio Klostermann, 1981), S. 177.
② 《外国哲学资料》,第5辑,商务印书馆,第183页,译文有改动。

永远的阿伦特

1972年11月在加拿大多伦多加拿大社会和政治思想研究学会举办了一个关于阿伦特的学术会议,在会上,有人这样问她:"你是什么人?你是一个保守主义者?你属于自由主义者?在当代的种种可能性框架中你站在何处?"阿伦特的回答是,她不知道。她真的不知道,也从来没有知道过。她认为她从未占据一个这样的位置。左派认为她是保守主义者,保守主义者则认为她是左派或外人或天知道是什么。阿伦特说她对此不感兴趣。她不相信以这种方式20世纪的真正问题可以得到澄清。

然而,对于已经习惯了意识形态或冷战思维的人来说,不属于任何一个派别的政治思想家是无法想象的。控制人们的"不是……就是……"的思维方式使得阿伦特很长一段时间成为一个无法"戴帽"或贴标签的另类,一个十足的边缘人,她的思想不是被误解,就是被认为不值一顾。例如,以赛亚·伯林在与一个伊朗哲学家的谈话中就轻蔑地表示,他认为阿伦特并没有提出什么观点,他没有发现她的著作中有任何引起人的兴趣,引发人思考或对人有启发的观点。她的观点只是一连串形而上学的自由联想。她从一个句子跳到另一个句子,之间没有任何逻辑的联系,也没有理性或想象的联系。他并且引用犹太学者索勒姆的话说,任何有修养而又严肃的思想家都无法容忍她。

这当然是一个极端的例子。知道和喜欢阿伦特的人肯定要比知道和喜欢索勒姆的人多;稍有学术头脑的人都会认为阿伦特是原创性思想家,而伯林则不是。事实上,近一二十年以来人们对阿伦特的兴趣正在持续而稳步上升,阿伦特是20世纪最有原创性、最伟大的政治思想家之一正在得到越来越多人们的认同,以致有人认为她已不再边缘。其实,一个思想家边缘与否,不一定视其人气而定;边缘与否,在于是否能纳入或融入主流,不入(主)流就不免会屡遭误解;因为不入(主)流的东西用习惯的思路的确是无法理解的。阿伦特的创见和远见使得任何有头脑的人都不能无视她的存在;而主流意识形态的破产也迫使人们寻找新的思想资源,这些都是阿伦特地位不断上升的客观原因;但人们对阿伦特不断增长的兴趣并没有与对她的理解的增长成正比。阿伦特自称对理解最感兴趣,可是她却一直难以得到真正的理解,这不能不说是个遗憾。这也决定了她仍然只是一个边缘人。

阿伦特之难以被理解,首先是因为人们无法将她归类。在经历了一个充满意识形态对立和抗争的世纪后,不用某种主义人们已很难辨认一个思想家了。但现行的各种主义对阿伦特似乎都不合适。她父母都是社会主义者,她热爱的第二任丈夫海因利希·布吕歇尔青年时代就是卢森堡和李卜克内希领导的斯巴达同盟的成员,是坚定的社会主义者,德国共产党的早期领导人。但阿伦特自己从来就不是社会主义者,也从未要是社会主义者。虽然她对资本主义几乎全盘否定,但并没有因此就拥抱社会主义。她对马克思高度尊敬,却又对他的思想不以为然。

按照某些人的逻辑,不赞成社会主义,反对极权主义,批评马克思,就一定会是自由主义。但阿伦特就像她从来就不是社会主义者一样,从来就不是自由主义者。她并且公开说她"从来就不相信自由主义"。她对自由主义的不屑一顾从她的大量著作中很少讨论自由主义思想家的观点也可见一斑。她对极权主义的批判和抨击并未使她转向自由主义,相反,她并不认为自由主义所拥护的那个制度与极权主义毫无关系。她亲历的麦卡锡时代的美国加强了她的这个信念。

从表面上看,阿伦特似乎言必称希腊,论述问题时喜欢上溯到西方传统的这个源头,但她却不是一个保守主义者。她从来不相信我们可以恢复传统,也不认为这有任何意义与必要。相反,她认为每一代人都应该重新去认识传统。她谈论希腊或罗马决不是要恢复传统的概念与范畴,而是要在传统的框架之外重建过去的意义。只有通过这样的拯救过去,我们才能恢复我们生活的意义,看清我们今天的生存状况。在对待传统和历史的问题上,她深受本雅明的影响。虽然传统已经破碎,我们注定要生活在时代的废墟中,但衰败的过程也是一个结晶的过程。我们应该像潜海探珠的人那样,潜入大海深处,将经历了沧桑巨变仍以结晶的形式存活下来的珍珠和珊瑚带出海面。不是为了过去,而是为了现在和将来。她始终记得托克维尔的名言:"当过去不再照亮将来时,人心将在黑暗中徘徊。"从过去拯救值得保存的东西不是为保存而保存,而是为了重新发现过去,赋予它今天的意义。阿伦特从来不把过去看作是今天的出路或药方。相反,她认同她老师海德格尔的解构释义学,不惜对传统施暴,深挖(空)传统,为的是找出它"积极的可能性"。阿伦特不是要恢复传统,而是要超越传统。

也许最适合阿伦特思想的帽子是共和主义,许多人都这样认为。共和主义可分为古典共和主义和现代共和主义两种。古典共和主义强调人的德行,强调万众一心,公众利益高于一切。但阿伦特恰恰否定德行在政治中的作用,在她看来,德行仅与私人行为有关,在公共事务中不应有其地位。阿伦特虽然也强调公共利益,但前提却是人的多样性,只有在承认人的多样性前提下,强调公共利益才不致成为集权政治的借口。现代共和主义不再强调人的德行,而是承认人性的幽暗面,从而注重制度设计和权力制衡。但阿伦特对此并不很感兴趣,她关心的是如何始终能有让不同的人可以自由讨论的公共空间。现代共和主义借助人民主权的思想来证明代议制民主的正当性,但阿伦特始终不相信在代议制民主下人们能享有真正的民主和自由,而不是少数人的垄断或多数人的暴政。她心目中的民主只能是直接民主。

在今天这个政治思维仍是主义至上的时代,阿伦特看来注定是无处安顿的边缘人。其实,阿伦特自己一点都不在意自己的边缘地位,相反,她好像要刻意保持这种边缘性。在给她以前的老师雅斯贝斯的一封信中她说,她越来越感到,只有在社会边缘人才能有尊严地生存。她公开说她不爱任何民族,任何群体;既不爱德国人,也不爱法国人或美国人。她不但不愿意被归入任何群体,而且连她生来就有的身份——犹太人和德国人最初都不愿承认。她首先是汉娜·阿伦特,然后才是德国人和犹太人。她的犹太血统使她无法认同自己是德国人,虽然她不懂希伯来语,却深爱德语。她最初也没有感到低人一等,虽然反犹情绪始终在东欧弥漫。但纳粹开始迫害犹太人时,她便不但承认自己是犹太人,而且还积极参加犹太复国主义运动。用她自己的话来说,就是:"如果一个人作为犹太人被攻击,他必须作为犹太人保卫自己。不是作为德国人,不是作为世界公民,不是作为人权的持有者,或无论什么。"

在讨论犹太人认同问题时,阿伦特提出了"贱民"(pariah)和"趋附者"(parvenu)这两个概念。在她看来,犹太人在被所在地的主流社会视为局外人的时候,他有上述这两种选择。一种是趋炎附势,努力向主流社会靠拢,争取被同化;努力向上爬,争取被主流社会吸纳,成为他们中的一员。世俗的成功是他们的唯一追求,千辛万苦得来的小小成功都会使他们忘乎所以;任何些微的失败都会使他们觉得日月无光。知识分子之所以会妥协,就是因为他们太在乎被尊敬和被接受,希望"有影响"。她对阿多诺一直不以为然,除了当年不同意通过她的第一任丈夫君特·施特恩的教授资格论文外,还因为他在纳粹上台后还试图通过将犹太父姓维森格兰特改为意大利母姓阿多诺而与纳粹暴政相安无事,当一个"例外的犹太人"。

而贱民,尤其是"自觉的贱民",天生就是一个反叛者,她在《作为贱民的犹太人:一个隐蔽的传统》这篇文章中写道,自觉的贱民"是那些勇敢的人物,他们试图使犹太人的解放成为它真正应该是的那样——不是可以模仿非犹太人或有机会扮演趋附者,而是成为人的阶层。"自觉的贱民注定是反叛和孤立的,他不在乎别人的承认,也不怕"世人皆欲杀"的嫉恨。在阿伦特看来,罗莎·卢森堡就是这样一个自觉的贱民。她能忍受默默无闻和孤独,但不能忍受世上的不义。她自觉地和被压迫与被剥削者处于一个利益共同体。其实阿伦特自己也与卢森堡有许多相似之处:她们都是东欧犹太人,都是特立独行的思想家,都不顾一切要表达自己的真正观点,这些观点往往是非正统的。她们都极其热爱生活,都把个人自由与公共自由看得高于一切。她们的人格和她们的思想同样充满魅力。

"自觉的贱民"不是自觉地认同一个群体,而是自觉地实践自由。在犹太人遭迫害的时候,阿伦特义无反顾地认同犹太人共同体。但这并未使她在有关犹太人的问题上失去自己的头脑。相反,她坚持自己的冷静的观察和判断,甚至不惜与整个犹太群体为敌。围绕她的《艾希曼在耶路撒冷》一书展开的为期数年的激烈争论就是一个最好的证明。艾希曼是臭名昭著的"最终解决"或"大屠杀"的策划者和执行者,据目击者说,经他的手就杀了五六百万犹太人。战争结束后他逃到阿根廷躲了起来,1960年以色列特工在阿根廷将他抓获,押回以色列审判。阿伦特知道此事后向《纽约客》杂志要求作为特派记者去耶路撒冷实地报导这场万众瞩目的审判。《纽约客》杂志马上答应了她的请求。但是,阿伦特的一系列报导并不是单纯的记录式报导,而是一个一流政治思想家对人类历史上前所未有的恐怖罪行的深刻思考。这些思考是那样的不同寻常,那样的出人意料,甚至是那样的石破天惊,使得阿伦特几乎一夜之间成了犹太人的公敌。

阿伦特认为,审判的目的应该是表现正义,而不是别的。但这次审判却只是表现了其他的东西:痛苦、怯懦、背叛、耻辱,也许尤其是复仇。审判的正义在一开始就有一个可怕的报复的基础。因此,我们可以认为它是野蛮的。其次,正义的概念是根源于自然法,它要求人为了破坏了道德秩序本身而受惩罚。尽管如此,正义本身应该是一个普遍的标准。艾希曼应该为他的反人类罪,而不是反犹太人罪受审。

许多人的反感就是由此而来:为什么要提出这种区别?纳粹的罪恶如此巨大,艾希曼在其中的共谋责任,无论大小,都十分清楚,为什么不让这场审判本身作为一个象征的事件?为什么要提出像艾希曼应为反人类罪,而不是反犹太人罪而受审判这样抽象的问题?这里涉及一个人的自我认同和世界概念的问题。在地方性认同和人类的普遍标准之间,始终存在着程度不同的、难解的紧张。尤其是犹太民族,它的文化和历史遭遇都使它偏重于地方认同。阿伦特却不然,她拒绝任何种族的或地方的认同,虽然她尊重犹太人复仇的呐喊。她藐视自由主义的废话,它们用高谈阔论"法治"来掩盖政治或地方的动机。她着眼的不是受害者,而是行为本身。在她看来,艾希曼只是一个"普通人",既不是"堕落的人也不是施虐狂",只是"极度和可怕地正常"。但一个普通人如何会犯下这样骇人听闻的滔天大罪,这才是阿伦特要追究的问题。

阿伦特还指出,以色列人一开始就试图将艾希曼不是作为一个人,而是作为一个象征来审判。在审判前,以色列总理本-古里安就说:"在被告席上受到历史审判的不是一个个人,不只是纳粹政权,而是贯穿历史的反犹主义。"阿伦特敏锐地发现了藏在这个目的后面的几个动机:向世界表明犹太人的命运,以俘获世界各国的良心作为保卫以色列国家的一种手段;向散居在世界各地的犹太人表明作为少数族群生活的悲惨;向以色列人民表明犹太复国主义对于恢复犹太英雄主义的有效性。这些动机显然出于以色列国家生存的考虑,与正义并无关系。正是这种对以色列政府的诛心之论,激起了以色列人愤怒的风暴。

这还不算,阿伦特还要追究犹太领导人在战时的责任。他们不但没有领导犹太人反抗,反而逆来顺受,配合纳粹完成他们罪恶的"最终解决"。没有他们的配合与合作,如此庞大的罪恶计划是不可能完成的。这等于在以色列人和全世界犹太人的愤怒上又浇了一大桶汽油。德国犹太人协会马上公开向她"宣战"。多年的朋友纷纷和她断绝来往。来自全世界的口诛笔伐铺天盖地。阿伦特被指控为"反犹分子,一个纳粹的支持者和艾希曼无耻的辩护者"。但阿伦特并没有被吓倒,她始终坚持她的观点。

就像她的许多书那样,阿伦特在事实描述上常常有不实之词,但我们不能用实证主义的眼光来要求像她这样的思想家。在她那里,事实就像韦伯的"理想类型"那样,更多是论述的工具,而不是经验的证明。这就是为什么围绕艾希曼审判的争论早已烟消云散,但《艾希曼在耶路撒冷》仍拥有大量的读者。人们在其中不但分享阿伦特深刻的思想,更欣赏她惊人的勇气。身为犹太人,敢于说艾希曼是一个普通人在极权主义体制下犯了反人类罪,并对他在法庭上的表现作了如实的描述，需要有惊人的勇气；敢于揭露以色列政府隐藏在正义要求下的其他动机，需要有加倍的勇气；敢于追问犹太领导人在纳粹罪行中应负的责任，需要有三倍的勇气。而这勇气，来自对真理不顾一切的追求上。苏姗·桑塔格曾说："如果要我在真实与正义之间作选择——当然最好不作选择——我选择真实。"阿伦特看来也是这样。这种勇气的背后，是真正独立的人格和思想品格。在学术已成时尚的今天，这种品格已难得一见，这也是阿伦特为什么难以被理解的原因之一。

阿伦特独立的思想品格在她与她的老师兼情人海德格尔的关系上也表现得非常充分。阿伦特对海德格尔的情感是很复杂的，大体上说，可以用"爱恨交加"这四个字来概括。一方面，她的确始终深爱着这位被她不知为什么称为"海盗"的老师，无论是1926年被迫离开马堡去海德堡改投在雅斯贝斯门下时，还是在分别17年后两人再次重逢时，她对海德格尔的爱始终"就像第一天那样"，尽管其间她有过两次婚姻，以及之外的一些恋爱。即使她第二任丈夫的"伟大的爱"也不能动摇她对海德格尔的爱。虽然阿伦特喜欢用席勒一首诗中"陌生的姑娘"的意象自况，但她却不是天真烂漫的少女。强烈的感情并没有使她丧失理智，她对海德格尔的个人品德评价一直不高，甚至和她另一位伟大的老师雅斯贝斯说，海德格尔老是在撒谎。海德格尔在纳粹统治时期的"失节"更使她痛心疾首。但这些都无法改变她对海德格尔的爱。

难道阿伦特真是鬼迷心窍，或者像某个美国学者以为的那样，被海德格尔这个"巫师"施了魔法，不能自拔？当然不是。阿伦特和海德格尔的关系，除了男女私情之外还有思想上的密切关系。阿伦特对于海德格尔的哲学天才和他哲学的意义有足够的理解和欣赏，她自己的思想也受到海德格尔思想的巨大影响。在她的《人类的条件》

德文版出版之际,她写信给海德格尔说:"它产生于马堡的那段日子,无论如何所有这一切都归因于你。"任何读过那本书且对海德格尔哲学有所了解的人,都不会认为阿伦特这只是场面上的话。事实上她本来是想将此书题献给海德格尔的。后来虽然没有这样做,但她还是在一张纸条上写下了她的肺腑之言:"此书的题献空着。我该怎样题献给你,我信任的人,我忠于他,也不忠于他。两者都是为了爱。"的确,阿伦特从来没有背叛过她对海德格尔的爱;但她对海德格尔的思想和行为,都是有所批判的。她在《什么是生存哲学》这篇文章的一个注里提到海德格尔当弗莱堡大学校长时对胡塞尔的态度时甚至说海德格尔是"潜在的凶手"。这大概就是她所指的对海德格尔的"不忠",而不是说她还爱过别人。她对海德格尔的爱是她任何别的爱所无法代替的。

可是,在波兰裔美国人艾丁格(Elzbieta Ettinger)笔下,特立独行的阿伦特成了完全丧失自我判断能力,一心一意将自己奉献给海德格尔,逆来顺受的"小女人"。按照她的观点,阿伦特在第二次世界大战后成了海德格尔在美国的代理人,不是忙着翻译出版他的著作,就是帮他洗刷那一段丑恶历史,尽量恢复他的名誉。而美国学者沃林(Richard Wolin)就更恶劣了。他在美国《新共和》杂志上发表文章说,阿伦特在《艾希曼在耶路撒冷》中以"平庸"来为艾希曼开脱与她在《海德格尔80寿庆》文章中为海德格尔洗刷之间有着一种隐蔽的相似。在他看来,阿伦特充其量是个"左派海德格尔主义者",是个像她老师一样敌视民主和宪政政府的思想家。

然而,出于偏见的恶意中伤改变不了铁的事实。阿伦特虽然深受海德格尔的影响,却不是一个亦步亦趋的听话的学生,更不是逆来顺受的小女人。她独立的人格和思想品格同样表现在她与海德格尔不一般的关系中,她的感情从没有影响她的判断,虽然有时也会因此说些过头话。《什么是生存哲学》就是由于掺杂了个人感情因素而有些偏激的批判文章,但也可看出阿伦特对海德格尔的哲学不但是批判的,也是存在根本分歧的。即使在这篇不无偏激的文章中,阿伦特还是正确地指出,虽然像海德格尔和卡尔·施密特这样的学者一心希望能为纳粹贡献自己的思想,妄想成为纳粹的哲学王,但纳粹并不需要他们的思想,因为纳粹有自己的思想。纳粹罗致这些人只是想使他们的种族理论具有"科学性"。纳粹需要的是技术和根本没有思想的技术专家。像海德格尔这种人对纳粹来说并没有什么用。当然,这并不等于为海德格尔开脱。海德格尔道德和政治上的愚蠢是毫无疑义的。

与阿伦特1954年在美国政治学会发表的演讲《最近欧洲哲学中的政治关怀》不同,《什么是生存哲学》主要的着眼点还是哲学,其中对海德格尔的批判也集中于他的早期哲学,即他的基础存在论的思想。阿伦特认为海德格尔的基础存在论仍然是一种主体哲学,它通过将存在虚无化使得人占据了以前上帝占据的位置。人被还原为他的存在模式或他在世的功能。但基础存在论"不要一切从人的自发性中产生的,康德临时规定为自由、人的尊严和理性的人的特性"。也就是说,基础存在论否定人的自由和自发性,只有这样,才能从一个本体的自我变为一个生存的或现象学的自我。并且,这个现象学的自我也是一个与世隔绝,与他人没有往来的孤立的自我。阿伦特的这个批判不是毫无道理,但并不十分公正。阿伦特自己也承认,"海德格尔的哲学首先绝对地、不妥协地是此世的哲学"。这种此世的哲学怎么可能建立在一个没有世界的自我基础上?阿伦特又如何解释海德格尔将在世存在和与他人共在作为此在的结构特征?

阿伦特并非不了解她老师的真实思想,她之所以夸大了海德格尔基础存在论中的主体主义因素,很可能是出于政治的考虑而不是哲学的考虑。她在这里全部的批判之要点就在于指出海德格尔通过将自我现象学化，也就是空心化以后，使人与自己的世界真正疏离，更不会去关心现实的公共的事务。海德格尔政治上的愚蠢，当与此有关。与现实世界的疏离，将日常生活视为非本真使他不可能对现实政治有正确的判断。但不管怎么说，阿伦特在《什么是生存哲学》中对海德格尔哲学的批评是过于简单和偏激了，虽然她与海德格尔思想的距离是无可置疑的。

在《最近欧洲思想中的政治关怀》这篇演讲中，阿伦特对海德格尔的哲学不再那么偏激。她首先肯定海德格尔通过将黑格尔的历史性概念极端化突破了西方哲学的旁观者传统（即将人或主体视为存在或真理的旁观者），使得哲学思想有可能将自己重新定向政治世界。她认为哲学家不再以掌握智慧的智者自居就使得人们可以根据人在政治领域中的基本经验重新考察整个政治领域。尽管如此，海德格尔自己并没有走到这一步。相反，他对常人（das Man）和公共性（Öffentlichkeit）的现象学描述恰恰重现了古代哲学家对城邦的敌意。不过阿伦特并没有完全否定海德格尔对此在的生存论描述，但海德格尔完全忽视了"政治的核心——行动的人。"因此，海德格尔的历史性概念很好地为理解历史作了准备，但却没有给新的历史哲学打下基础。海德格尔哲学对时代的一般趋势十分敏感，但却忘了政治科学的基本问题："什么是政治？作为一个政治存在者，人是谁？什么是自由？"但是，阿伦特不再认为海德格尔的哲学是主体主义哲学了。相反，她认为，海德格尔对此在生存结构的分析彻底颠覆了笛卡尔主义关于一个完全脱离世界和他人的主体的偏见。阿伦特那样强调世界性和多样性的政治理论只有在这个条件下才得以提出。

《人类的条件》是阿伦特著作中海德格尔影响最明显的一部；但在这部著作中，她与海德格尔的分歧也同样明显。在对现代性的诊断上她基本接受海德格尔的思路。但她并不仅仅诊断。虽然海德格尔为更世俗的自由概念开辟了道路,但在他那里公共领域仍然没有地位,而人的日常交谈只是非本己性的"闲谈"(Gerede)。但阿伦特却高度重视舆论和公共交谈,认为它们提供了公共活动的空间。她不像海德格尔那样对"存在的命运"感兴趣,她只关心具体的经验和事件。海德格尔对西方思想传统的解构性分析使她得以看透西方政治思想传统的弊病,但海德格尔自己并没有将他的解构活动推到现代政治的领域。相反,后期海德格尔对现代性病症的诊断使他走向"无意志意志"。而阿伦特却要通过强调政治行动、道德判断和人的自由的重要性,来重新开始。对于海德格尔来说,真正的行动是思;而对于阿伦特来说,行动恰恰不是思。即使在阿伦特这部最海德格尔的著作中,她与海德格尔思想的差异也是明显的。

在艾丁格和沃林之流看来,阿伦特写的《海德格尔80寿庆》一文是她试图给她老师洗刷过去的明证。沃林认为阿伦特是通过否认海德格尔思想与他支持纳粹之间有本质关系来为她的老师辩护。阿伦特的确不同意阿多诺的海德格尔哲学是彻头彻尾法西斯主义的观点。她在这篇文章中"海德格尔比后来坐着审判他的人更快更彻底地改正了他自己的错误"的说法以及其他有些观点或有可商,但这篇文章决不是为海德格尔的辩护词。在这篇祝寿文章中,阿伦特一方面高度评价了海德格尔的哲学成就;另一方面也尖锐地指出了海德格尔哲学的根本问题。海德格尔的问题是他要固守在一个脱离世界的思的居所,思本身只关心"不在场的事物",所谓"存在的撤回"只不过是思要从创造一个从世界撤回的"虚静之所"。然而,一旦世俗的事件将思想家从他的虚静之所拉回到人类事务的领域,他就立刻没有方向了。政治判断上的可怕错误就是这样产生的。

在未完成的《精神生活》中,阿伦特用了整整一章的篇幅批判海德格尔。主要观点仍是海德格尔只注重不在场的东西,即撤回的存在,而对日常现实不感兴趣。在《精神生活》中,阿伦特还提供了一个苏格拉底的形象与海德格尔形成对照。自称"精神助产婆"的苏格拉底也关心思,但他始终是在雅典的广场上,而不是在远离人间的虚静之所运思。他的思是为了培养人的日常思维能力,能反思和消解约定俗成的道德行为和社会规定的行为规则,即更好地运用自己的判断力和倾听良知的声音。苏格拉底的思与现象世界,即多样的人的公共世界有密切的关联。而海德格尔的思刚好相反。苏格拉底的思是判断的前奏,而海德格尔的思导致判断的死亡。海德格尔政治上的失足,从思想上来说,与他的缺乏判断能力不无关系。

　　阿伦特一直到最后都是独立和清醒的,爱并没有模糊她的正义感和是非感,也没有模糊她的理智。在她的"马丁"面前,就像在任何人面前一样,她始终是汉娜·阿伦特,一个"不用扶手思想"的人,一个既爱生命也爱真理的人,一个不顾一切要是自己的人。无论是中心还是边缘,对阿伦特来说都不重要,重要的是理解与判断:理解这个世界,并作出我们的判断。

政治与判断

在《极权主义的起源》中,阿伦特指出,极权主义之不同于以前的一切暴政,在于彻底破坏了人的政治领域,消灭了人与人之间交往的可能性,使人处于完全的孤立无援的状态中,人的世界被剥夺了,人成了无世界之人。在《人类的条件》中,阿伦特从否定的恐怖现象学转向肯定的人类活动现象学,她要从考察人的基本活动形式入手,揭示人类世界、自由和意义的根基所在,同时表明现代性造成的人类的无世界性(worldlessness)除了现实的政治社会经济原因外,在西方政治思想传统中也有其深远的根源。

阿伦特自己早年学的是哲学,但对西方思想传统的反思却使她觉得哲学,确切说,柏拉图传统意义上,也就是西方哲学传统主流与极权主义之间可能有某种关联。哲学要求孤独,要求沉思,要求远离行动,它的存在论基础或者说人类的条件是 *vita contemplativa*(沉思的生活),这就使它必然与建立在人的多数性基础上,要求行动,对应于 *vita activa*(行动的生活)这个人类条件的政治处于一种紧张关系。

阿伦特认为,人生命的基本条件有三,即生命本身,世界性(人存在的非自然性)和复数性(plurality)。在这三个人类的条件中,复数性是最与政治相关的一个条件。复数性的意思其实再简单不过,就是人不是一个人,也不是作为抽象的类,而是作为无数人中的一个人,与他人生活在一起,或用海德格尔的术语,与他人"共在"(Mitsein)。并且,每个人生来就是独一无二的,即与当世的所有人不同,也与过去和未来的所有人不同。动物的行为模式是它们所属的那个种的特征;而人的言行只属于他自己,他通过他的言行来与别人相区别,来认出自己。可是,在阿伦特看来,恰恰是这个再明白不过的事实,却被西方哲学传统,包括马克思主义否认或忽视,而极权主义更是想方设法要彻底消灭多数性和自发性。

在阿伦特的人类条件等级形态中,复数性排在最高,因为复数性最能动。复数性意味着人不断地降生,新人不断成长,通过言谈和行动进入人类世界。我们通过主动开始某些新的事情来回应这个世界。[1]人生来就有重新开始或开创某事的能力,所谓行动,就是重新开始某事。这种重新开始与生俱来,所以行动与出生(natality)这个人类条件联系最密切。[2]行动就是自发的与别人交往的活动,它不是例行公事,而要求个人的主动。

行动总是与言谈联系在一起。与行动一样,言谈以人的复数性为前提,正因为世界上有各种各样不同的人,才需要言谈,使自己被别人了解,也使自己了解别人。言谈不是众口一词,而是众声喧哗。但言谈不是行动,行动也不都包括言谈。但"许多,甚至多数行动是以言谈的方式进行的"。[3]

行动总是与言谈联系在一起。与行动一样,言谈以人的复数性为前提,正因为世界上有各种各样不同的人,才需要言谈,使自己被别人了解,也使自己了解别人。言谈不是众口一词,而是众声喧哗。

---

[1] Ihannah Arendt, *The Human Condition* (Chicago: The University of Chicago Press, 1958), p. 177.
[2] Ihannah Arendt, *The Human Condition*, p. 9.
[3] Ihannah Arendt, *The Human Condition*, p. 178.

但言谈不是行动,行动也不都包括言谈。但"许多,甚至多数行动是以言谈的方式进行的"。①

行动与生产有些重要的不同。首先行动是不可预言的,因为行动有随机性。其次,行动不像生产那么"实"。生产总是将原材料加工成一个具体的东西;而行动则比较"虚"(futility),它往往并不产生什么具体的结果,如公民关于公共事务的讨论。行动还有一个与生产的根本不同,就是它的结果是不可控制的。生产者可以肯定他的生产结果,但行动者却不然。每个人生下来开始与人交往和交谈,他的行动和计划影响别人的行动和计划,也被别人的行动和计划影响。因此,不管一个人多么积极主动,他都不可能控制他一生的种种事情。人的故事只有在故事完了以后才能知道结果,它的作者和别人一样在这之前无法预言最终的结局。行动本身隐含着危险性,行动要不断重新开始,而这种首创性会使得事情过程变得收不住和不可逆。

由于行动的不可预言、虚而不实、不可逆和结果的不可控制(阿伦特认为这说明了"人类事务的脆弱性"),使得自古以来的哲学家和政治家都希望避免这些挫折。如果这些挫折是因为人类的复数性而引起的话,那么不如化繁为简,快刀斩乱麻,以单数的人作为考虑问题的出发点。与其各人自发行动,不如万众一心按部就班生产;与其允许众多公民行动,不如一人君临天下为好。行动自身的上述欠缺,很自然会引发人们作出尽量勾销复数性的选择。柏拉图以来的西方政治哲学传统主流,似乎正是被这样一种心智倾向所支配。

例如,鉴于上述"人类事务的脆弱性","柏拉图认为人类事务(ta

---

① Ihannah Arendt, *The Human Condition*, p. 178.

ton anthropon pragmata),行动(*praxis*)结果不应该去认真对待……"①这当然不等于说柏拉图不重视政治。相反,他和亚里士多德都极为重视政治,他们都是在真正意义上的政治哲学家。但他们的政治哲学是反政治的政治哲学,关注的是制定法律和建立城邦,认为这是政治生活中最高层次的活动,因为在这些活动中,人们"像工匠那样行动:他们行动的结果是一个实质的产物,它的过程有一个可明确认出的目的"。②这就是说,在柏拉图看来,政治活动与生产活动是同样的活动。阿伦特说,柏拉图和亚里士多德似乎是认为,只要人们放弃他们的行动能力,及其结果的空虚、漫无边际和不确定,就能救治人类事务的脆弱性。③

在阿伦特看来,逃避"人类事务的脆弱性",就是要取消复数性这个人类条件,因为行动造成的这个不幸结果正是由于人类的复数性,有了这个条件才有公共领域,有了公共领域才有政治。因此,逃避"人类事务的脆弱性"就是在逃避政治。柏拉图以来大部分政治哲学其实都是试图找到完全逃避政治的理论基础和实践方法的各种努力。"所有这样的逃避的标志就是统治的概念,即只有当有人有权下命令,其他人被迫服从时,人们才能在法律上和政治上共同生活在一起。"④

柏拉图在《政治家篇》中表明,下命令就是知道要做什么,服从命令则是去做。统治者只需知道无需行动,而被统治者则反之。这非常类似孟子的劳心者治人,劳力者治于人的说法。但统治者的知识不是政治判断,而是像织工的织布技艺那样的专门知识。柏拉图的统治者或者说哲学王就像一个政治工匠,他根据一个理想的模型来

---

① Ihannah Arendt, *The Human Condition*, p. 185.
②③ Hannah Arendt, *The Human Condition*, p. 195.
④ Hannah Arendt, *The Human Condition*, p. 222.

将臣民塑造成一个秩序井然的统一整体。柏拉图的理想国的理型与一张桌子的理型没什么两样,都是用来生产的蓝图和检验产品的标准,这也意味着权威来自一个超越的根源,而不是来自政治领域本身。

柏拉图实际上是用生产来偷换了或取代了行动。随着生产代替了行动,政治成了达到更高目的的手段。[①]行动被生产的同化必然导致行动的工具化,即它不再是亚里士多德讲的本身就是目的的实践(praxis),因为"生产过程完全是由手段和目的的范畴决定的"。[②]因此,从柏拉图和亚里士多德到马基雅维里和霍布斯,再到马克思和韦伯,手段/目的范畴支配着西方政治思想就毫不奇怪了。在政治思想和政治理论中,人们已经"不可能不用手段和目的的范畴,不根据工具性的思维来讨论这些问题了"。[③]

用生产取代行动意味着取消了行动者的创造性,或者用阿伦特的话,重新开始的能力。行动者只需要,也只能与更大的必然性或存在的秩序一致。自由是对必然的认识,政治行动者只是历史必然性的工具的思想,其实只是用生产来解释行动的逻辑结果。历史的主体不是各种各样的人们,而是一个体现了一般利益的历史代理人,如柏拉图的哲学王,霍布斯的主权代表,卢梭的普遍意志(公意),黑格尔的理性国家,或马克思的无产阶级。极权主义一点也没有否定这个传统,而是将它一些最珍爱、最基本的转义彻底化。[④]

如果说柏拉图是混淆了生产和行动,那么马克思是既混淆了生

[①][③] Hannah Arendt, *The Human Condition*, p. 229.
[②] Hannah Arendt, *The Human Condition*, p. 143.
[④] Cf. Dana R. Villa, *Politics*, *Philosophy*, *Terror* (Princeton: Princeton University Press, 1999), p. 197.

产和行动,也混淆了劳动和生产。阿伦特认为,马克思从1844年《手稿》到《资本论》都坚持劳动创造人,这是完全混淆了劳动和生产。马克思以为人类的解放取决于人与自然的新陈代谢的进化是模糊了人造的自由领域(政治领域)和自然决定的必然领域(经济领域)间极为重要的界线。这就有可能导致以后者来代替前者。马克思的确是认为资本主义的发展使得加快社会进化的下一阶段的政治行动有可能,他是将人类解放的行动建立在自然的必然性(经济发展)上。但是,这使得阿伦特对马克思混淆了生产和行动的批评有点说不大通。

阿伦特一方面暗示马克思混淆了人造自由和自然必然性,实际是以后者取代前者,但她又认为马克思是将共产主义理解为凭主观意志和意图来制造历史,这是将行动等同于生产。她由此得出结论说:"马克思主义由于它误用,或将政治行动误解为制造历史,有可能发展出一种极权主义的意识形态。"①但是如果马克思已经用劳动来等同生产,就不可能再用生产来等同行动。阿伦特对马克思后一个批评显然是牵强的、自相矛盾的。

通过对劳动、生产和行动的及其误解的分析论述,阿伦特发现在西方哲学传统中存在着要抹去复数性,克服自发性的"任意性"的倾向,将自由等同于控制,判断等同于知识,合法性等同于服从"更高的法则"是西方政治思想传统和极权主义最突出的特征。②当然,这并不是像波普那样在柏拉图或马克思和极权主义之间划等号。阿伦特只是要表明在西方政治思想传统中有可能导致(但并不必然导致)极权主义的因素,极权主义和西方政治思想传统之间还隔着千山万水。

---

① Hannah Arendt, "The Ex-Communists", in *Essays in Understanding*, 1930 - 1954, p. 396.
② Cf. Dana R. Villa, *Politics*, *Philosophy*, *Terror*, pp. 197 - 198.

这些因素要变成极权主义消灭复数性,消灭自发性,消灭自由的意识形态还需要许多社会历史条件,其中最重要的是资本主义的产生,它为极权主义的产生提供了现实的土壤。

此外,哲学的逻辑推理也含有一种强制性,会排斥观点(doxa)而追求"唯一的真理",因而也能产生权力。这些都使得哲学可能是反政治的,甚至会接受极权主义。而海德格尔接受纳粹,与纳粹合作的历史更刺激和加强了阿伦特的哲学容易反政治的想法。

阿伦特与许多海德格尔的批评者一样,也认为海德格尔与纳粹的瓜葛有其哲学上的原因。海德格尔政治上的"落水"不是因为他思出其位,而恰恰是由于他坚持思的纯粹性,坚持远离人间事务,这样,一旦世俗的事件将他带回到人间的事务时,他就像柏拉图笔下跑出洞穴的哲人,一下子目迷五色,不知方向了。更糟糕的是,由于刻意避免人类事务的纷扰,一旦来到日常世界后,他失去了判断的能力。这在阿伦特是一个很重的谴责,因为艾希曼犯下反人类的滔天罪行也是因为"无思想",或没有判断能力。纯粹的思想和无思想是同一现象的两面,海德格尔和艾希曼,一个真正的哲学家和一个平庸小人居然同样缺乏判断能力,[①]这难道还不令人震惊和深思?

当然,说西方哲学传统中隐含有反政治的倾向不等于说哲学与政治形同水火。在批评柏拉图和海德格尔的时候,阿伦特提出了苏格拉底和雅斯贝斯作为反例,来证明哲学与政治可以是一致的,至少在这两人那里,哲学与世界和他人是密切联系在一起的。阿伦特自己难道不是一身兼二任,同时具有哲学家与公民身份,同时过着公民

---

① Cf. Dana R. Villa, *Politics*, *Philosophy*, *Terror*, p. 85.

的生活和精神生活？但她自己好像不这么看，她晚年公开说，她不是政治动物。她告诉她的老同学兼老朋友汉斯·约纳斯说，她已经在政治上尽了自己的力量，从现在起她要坚守哲学了。①她未写完的《精神生活》似乎证明了她的这个决心。

但是，以为阿伦特在那样透辟地揭示了西方哲学传统的反政治性之后还会在哲学与政治的两端中选择哲学而摒弃政治，那等于是设想她全盘否定自己政治思想的理论前提和基础，没有什么比这更荒谬的了。事实上，正如加诺芬所指出的："调和哲学与政治的问题对于阿伦特试图重新思考政治的事业来说是中心的问题。"②她在《人类的条件》之后曾计划写一部政治理论的著作，不仅要重新考察传统概念，系统考察公共领域中的行动，还要讨论行动和思维或政治和哲学之间的关系。③虽然哲学和政治分别对应于两大不同的人类条件，即 *vita contemplativa* 和 *vita activa*，但它们毕竟都是人的活动，应该可以在人身上找到它们的联结点。阿伦特回到哲学，是要在哲学中找到被传统遮蔽了的可能性，即哲学与政治调和的可能。

但阿伦特计划中的书却没有写出来，因为她被一个现实的事件——艾希曼审判吸引住，转而去考察和报道这个事件的。但是她对艾希曼事件的思考却给她的深入上述问题提供了新的契机。阿伦特在思考艾希曼案件时，提出了引起很大争议的"恶的平庸性"的思想。她认为像艾希曼这样的人之所以犯下骇人听闻的反人类罪行，并不是由于生性恶劣，而是由于"无思想性"，这种无思想性能够发挥

---

① Hans Jonas, "Acting, Knowing, Thinking: Gleanings from Hannah Arendt's Philosophical Work", *Social Research* 44/1 (1977), p. 27.

②③ Margaret Canovan, *Hannah Arendt: A Reinterpretation of Her Political Thought*, p. 264.

潜伏在人类中所有恶的本能。①阿伦特这里说的"无思想性",不是说没有一般的思维能力,而是指没有判断是非善恶的判断能力。"正义,而不是宽恕,是一个判断问题。"②

既然"无思想性"是指不能作出判断,那么显然,判断是一种思想能力,而不是一种行动能力。然而,区分是非善恶,这显然是发生在公共领域里的事,属于 vita activa 的范畴。阿伦特明确表示:"判断的能力是一种特别政治的能力。"③但是,判断本身又不是行动,而是思想。它是参与和从事行动的人的能力自不待言,但却并不排除它也可以是旁观者的能力。果然如此的话,那么判断就是一种横跨行动的生活和沉思的生活两个领域的能力,至少在判断上,哲学与政治有共同的立足点。然而,阿伦特关于判断的论述却好像不作此想。相反,给人的印象似乎是,她关于判断的思想有一明显的断裂,一开始她将判断视为行动者的能力;但后来却变成了旁观者的能力。这表明在她那里,vita activa 与 vita contemplativa 的冲突没有解决(也就是哲学和政治最终未得到调和),"寻求在行动者和旁观者之间的某种解决继续是我们时代最深刻的问题之一"。④

伯恩斯坦的上述观察是否正确暂且不表,但对于判断阿伦特也许并没有一条先定的思路,而是随着问题本身的可能性前行,所以根据她的好朋友玛丽·麦卡锡的说法,判断可能把阿伦特引到未曾预

---

① Cf. Hannah Arendt, *Eichmann in Jerusalem: a Report on the Banality of Evil* (Harmondsworth: Penguin Books, 1987), pp. 287-288.
② Cf. Hannah Arendt, *Eichmann in Jerusalem: a Report on the Banality of Evil*, p. 296.
③ Hannah Arendt, "The Crisis in Culture", in *Between Past and Future* (New York: Penguin Books, 1977), p. 221.
④ Richard J. Bernstein, "Judging—the Actor and the Spectator", in *Philosophical Profiles* (Cambridge: Polity Press, 1986), p. 237.

期的方向。①

阿伦特对判断的关注显然是受了康德的启发。康德在他的第三批判即《判断力批判》中,系统论述了他关于判断力的思想。他给判断力下的定义是:"判断力一般是将特殊思考包含在一般之下的能力。"②也就是将特殊置于一般的概念之下,但并不被吸纳于一般概念。康德还区分了两种判断力,即限定判断力和反思判断力。前者是根据已有的一般(规则、原则或规律)来包含特殊;而后者是没有一般,得从特殊中产生一般。前者从一般出发;后者必须从特殊出发。

在康德那里,判断活动当然首先是与审美有关,但它也内在地是社会的,因为我们的审美判断总是涉及一个共同的世界,涉及公开对所有判断主体出现的东西,因此不仅是主观偏好或私人怪想的问题。判断总是意味着要说服别人我的判断的有效性,因为在这里不存在与判断对象客观相符的可能,只能通过说服来取得一致。③在阿伦特看来,审美判断与政治判断间显然有着本质的类似,它们既不是主观的,也不是客观的,而是主体间的。因此,她认为《判断力批判》包含着政治哲学的种子,这种政治哲学实际上与《实践理性批判》的政治哲学正相反,她要发挥的是康德的这一种政治哲学。

在1961年发表的《自由与政治》中,阿伦特第一次阐明她的这个观点。她说,《判断力批判》的第一部分其实是政治哲学,但却很少被论康德的著作提到。另一方面,从康德所有的政治著作来看,"判断"的主题对于康德本人来说比"实践理性"的主题更有分量。在《判断

---

① Cf. Ronald Beiner, "Hannah Arendt on Judging", in Hannah Arendt, *Lectures on Kant's Political Philosophy* (Chicago: The University of Chicago Press, 1982), pp. 93–94.

② Kant, *Kritik der Urteilkraft* (Stuttgart: Reclam, 1971), S. 33.

③ Cf. Ronald Beiner, "Hannah Arendt on Judging", in *Lectures on Kant's Political Philosophy*, pp. 119–120.

力批判》中,自由是想象力的属性,而不是意志的属性,想象力最密切地与较广阔的思维方式,即政治思维方式联系在一起。①阿伦特自己对判断的思考就是沿着康德这种政治哲学的路径展开的。

阿伦特重视判断肯定与她所揭示的哲学与政治的紧张有关,也与当代哲学在真理问题上的困境有关。自古以来,哲学追求的就是千古不移的真理,这真理不为尧存,不为桀亡。而政治处理的是各种各样的观点。因此,哲学家应该超越政治领域(观点)而进入真理的领域。近代认识论实际上加强了这种立场:既然真理应该是普遍有效和客观的,那么主观的观点当然应该尽量加以排除或不予考虑。近代认识论哲学实际上加强了阿伦特揭示的哲学的独裁倾向。然而,现代哲学的发展却使传统哲学真理的观念发生了根本的动摇。同时,相对主义和虚无主义却乘虚而入,成了另一种主要选择。但20世纪人类的灾难恰恰表明,虚无主义和独断论是一枚硬币的两面,②它给人类带来的不是解放,而是后果更难预测的隐性奴役。

判断让阿伦特看到了超越独断论真理和主观主义的第三条道路的可能。按照康德的看法,判断的基础是趣味,而趣味是一种共同体的感觉(*sensus communis*),不是私人的感受;也与认知理性的客观普遍性有别,因为它只对判断的人或判断对象出现的那个公共领域的成员有效。③它的有效性不是来自超越或先验的根据,而是来自他人的同意,这种同意只能通过劝诱说服的方式取得,而这也正是政治生活中思维模式的特征。

---

① Hannah Arendt, "Freedom and Politics", in *Freedom and Serfdom: An Anthology of Western Thought*, ed. by A. Hunold (Dordrecht: Reidel, 1961), p. 207.
② 阿伦特讲的暴民就是这两种表面截然相反的倾向联姻的产儿。
③ Hannah Arendt, "The Crisis in Culture", in *Between Past and Future*, p. 221.

"判断的力量在于与他人潜在的一致,判断的思维过程不像纯推理的思想过程,是一个我和我自己的对话,而是即使当我独自动脑筋时,也始终和首先在预期的与他人的交往中可以找到的东西,我知道为最终必须与他们达成某种一致。判断从这种潜在的一致中得到它的特殊有效性。另一方面,这意味着这样的判断必须把它自己从'主观私人的条件'下解放出来,即从种种私下自然决定每个个人的癖性中解放出来,只要它们是私人拥有的观点,它们就是正当的,但它们不适合进入市场,在公共领域里它们缺乏有效性。"①

判断是在形成观点的过程中从"主观私人的条件"下解放出来的:

"我通过从不同的看法考虑一个特定的问题,通过向我自己的心灵呈现那些缺席的人的看法,即我表现它们而形成一个观点。这个表现过程不是盲目采纳那些在别的什么地方的人的实际看法,因此从一个不同的角度来看世界;这既不是一个移情的问题,好像我试图像某个别人那样存在或感受,也不是数人数合成一个多数的问题,而是在我实际不在的地方以我自己的身份存在和思考。当我考虑一个特定问题时,我在我心里呈现的人们的立场越多,我就能更好地想象如果我处在他们的位置,我会怎样感受和思考,我表现性思维的能力越强,我最后的结论,我的观点就越有效。"②

---

① Hannah Arendt, "The Crisis in Culture", in *Between Past and Future*, p. 221.

② Hannah Arendt, "Truth and Politics", in *Between Past and Future*, p. 241.

因此，在阿伦特看来，判断是一个与他人共有世界（sharing-the-world-others）得以发生的活动，①也就是说，判断是政治行动的基本条件。另一方面，观点既然可以是普遍有效的，说明政治还是有是非的。拯救了观点，也就拯救了政治。判断与此至关重要。

到了上个世纪70年代，阿伦特关于判断的论说有了明显的变化，也就是从强调判断是政治行动者的能力转到强调它是旁观者的能力。这可能与她对自己身份的最终定位有关。1964年她在德国电视二台对她的电视采访中还说，她不属于哲学家的圈子，她的职业是政治理论。"我从来没有觉得我是哲学家"。②但到了她生命的最后几年，她改变了对自己的定位。她觉得她最终还是哲学家。哲学家不做什么，哲学家是旁观者，这样才能保证他寻求的真理的客观性。她多次赞同地引证第欧根尼·拉修斯在《名哲言行录》中引述的普罗塔哥拉的话："生活……就像一个节日：就像有些人来节日竞技，有些人来做生意，但最好的人是来当旁观者那样，在生活中奴性的人追逐名利，哲学家追逐真理。"③她显然是认同西方传统对哲学和哲学家的规定。她说："其他人主要对做事感兴趣，我不是。我不做任何事能活得很好。但我不能不试图理解发生的无论什么而活着。"④这就是说，阿伦特把自己定位为旁观者。

但作为旁观者的哲学家并不是与政治无关或反政治的，他们只是不参与政治活动，但"他们的拒绝加入是有意识的，因而成了一种行动"。⑤

---

① Hannah Arendt, "The Crisis in Culture", in *Between Past and Future*, p. 221.
② Hannah Arendt, *Ich will verstehen*, S. 44.
③ Hannah Arendt, *The Life of Mind*, I, p. 93, *Lectures on Kant's Political Philosophy*, p. 55, *Hannah Arendt: The Recovery of the Public World*, ed. by M. A. Hill (New York: St Martin's Press, 1979), p. 304.
④ Hannah Arendt: *The Recover of the Public World*, p. 303.
⑤ Hannah Arendt, "Thinking and Moral Considerations", *Social Research* 38 (1971), p. 445.

阿伦特的确是区分思维和行动，*vita activa* 和 *vita contemplativa*，但她并没有认为这二者之间是完全对立，有着不可沟通的界限。相反，苏格拉底的思维接生术——引出未经检验的观点的含义，从而破坏它们（包括价值、学说、理论、甚至确信）——隐含地是政治的。思维的这种破坏性对其他人类能力有解放的效应，判断就是思维这种解放效应的副产品。判断特殊事物的能力与思维能力当然不是一回事，思维处理的是不可见的东西，是不在场的事物的表象；而判断始终关心特殊的东西和近在手边的东西。二者相互关联就仿佛意识与良心相互关联一般。即使作为旁观者，有了判断对错、美丑的能力，也能在千钧一发的时候至少使灾难不致对自己发生。① 旁观者在紧急关头的判断仍然符合阿伦特早先判断是人类精神能力中最政治的能力的定义。

如果仅仅这样的话，人们也许就不会认为阿伦特的判断理论中存在着行动者的判断和旁观者的判断之间的紧张。但阿伦特晚年却越来越强调判断主要与过去有关，并且她比较系统论述的也是这种对过去或历史的判断，而不是在政治行动中所做的判断。阿伦特判断理论的这个重心转移，有很深的历史哲学的背景。

在写《精神生活》"意志"这一部分时，阿伦特触及到人类自由的本质的问题。阿伦特的问题是：像意志能力这样极为偶然和短暂的东西怎么能给人类自由提供一个可证实的基础？在她的著作中阿伦特一直把自由描述为本质上是世间的、公共的，与政治行动的现实世界有关的东西。但在她最后一部著作中却将在公共世界中作为行动的自由追溯到意志的自发性、偶然性和自主性。根据阿伦特，自发性

---

① Hannah Arendt, "Thinking and Moral Considerations", *Social Research* 38 (1971), pp. 445 – 446.

意味着人天生的开始能力。但人们并不总是想重新开始,他们往往宁可援引历史的先例,萧规曹随,亦步亦趋。意志也含有强迫的意味,不一定受欢迎。的确,人生下来就有意志,但出生却不是我们的选择,它是不管我们愿不愿意降临到我们的东西。问题仍然是:如何肯定自由?意志提供不了有说服力的答案。阿伦特把这称为"死胡同"。在她看来,判断力是走出这条死胡同的唯一出路。①

近代西方思想传统认为人是生来自由的,存在主义甚至认为人不能不自由(萨特),但这样一来自由的责任却成了生命中不堪承受的重,人们想方设法用各种学说来逃避它,如宿命论或历史进程的思想,唯一能实际肯定人类自由的方法是通过反思和判断人的自由行动从人的自由行动中得到乐趣。在阿伦特看来,讲故事和写人类历史就是这方面的典范。政治最终是由事后讲述的故事来证明的。人的行动是通过回顾的判断得到拯救的。②

所谓回顾性判断就是判断与思维一样,要远离行动,然后才能反思行动的意义。判断力是给予世界意义的能力。"康德相信没有人的世界将是沙漠,没有人的世界对他意味着没有旁观者。"③可见,按阿伦特的理解,旁观者就是给世界意义的人。他由于是在事后追溯,所以他的判断和审美判断一样是无功利的,不偏不私的。如果世界的意义是人赋予的,那么最终的审判者就不是历史本身,而是作判断的旁观者(史学家,讲故事者,诗人)。④他们的判断既得出历史的普

---

① Cf. Ronald Beiner, "Hannah Arendt on Judging", in *Lectures on Kant's Political Philosophy*, pp. 117 - 118.

② Cf. Ronald Beiner, "Hannah Arendt on Judging", in *Lectures on Kant's Political Philosophy*, p. 118.

③ Hannah Arendt, *Lectures on Kant's Political Philosophy*, p. 62.

④ 这似乎表明 *vita contemplativa* 不是哲学家和形而上学家的专有领地,其他人也能成为沉思的人。

遍意义，又保留了历史的特殊性，由此证明了人的自由和尊严。

虽然旁观者的判断的确是属于精神生活，是与思维、意志并列为三的人类精神能力，也不能就此得出"由于坚持精神活动和世间活动严格分离，阿伦特被迫将判断驱逐出 *vita activa* 的世界"[1]的结论，因为现在还没有足够的证据表明阿伦特旁观者的判断概念就一定排除了任何与 *vita activad* 的关系，就一定要否定先前的判断概念；也没有足够的证据表明为什么判断只能是史学家、讲故事者和诗人的判断，而不能同时也是行动者的判断。即使阿伦特将判断完全划归精神生活，也不可能否认它可以在行动的生活中起作用。事实上，她写《精神生活》固然是要弥补《人类的条件》只处理 *vita activa* 的不足，但另一个原因就是艾希曼审判刺激她产生的问题："善恶问题，我们辨别对与错的能力是否与我们的思想能力联系在一起？""思维活动本身……能否在使人不作恶或甚至实际上'制约'他们不作恶的条件之列？"[2]答案当然是肯定的，阿伦特直到最后也没否认艾希曼的罪恶是由于"无思想性"。

因此，我们可以说阿伦特的判断理论存在着内在的张力，但不能说她最后把判断"驱逐出 *vita activa*"。阿伦特判断理论这种内在的紧张，当然是来自她虽然批评柏拉图的哲学和哲学家的观念，却仍不自觉地接受思想和行动、*vita contemplativa* 和 *vita activa* 截然两分的传统。这样，至少从逻辑上讲，阿伦特无法调和哲学与政治，因为哲学与政治之间的紧张，正是因为假定政治行动的复数性原则将有害于哲学对绝对真理的追求。但是，在阿伦特这里，*vita contemplativa* 已经不再是哲学家的特权领地了，史学家、讲故事者、诗人不但

---

[1] Ronald Beiner, "Hannah Arendt on Judging", in *Lectures on Kant's Political Philosophy*, p. 140.

[2] Hannah Arendt, *The Life of Mind*, I, p. 5.

进入了这个世界,而且通过他们的判断弥补了哲学家和形而上学家的盲区:特殊的真理性。他们不但赋予人的行动以意义,而且也保存了对政治来说至关重要的复数性和特殊性。这是否意味着在阿伦特看来,通过史学家、讲故事者和诗人的中介,通过判断,哲学可以与政治和解?《精神生活》预定的第三部分"判断"没有写出阿伦特就撒手西去,把这个棘手的问题留给了她的读者。但不管怎么说,哲学与政治的内在紧张和关联,却通过她的政治哲学得到了深刻的揭示,就像通过施特劳斯的政治哲学得到揭示一样。

极权主义和政治现代性
——读《极权主义的起源》

《极权主义的起源》是汉娜·阿伦特的成名作,正是这部巨著奠定了它作为我们时代最重要的政治哲学家的地位。然而,随着冷战的结束,这部著作却渐渐退出了人们的视野,虽然阿伦特本人在现代政治哲学中的地位继续稳步上升。在冷战后出版的阿伦特研究的论文集中,有关这部著作的文章可说是凤毛麟角,寥若晨星。阿伦特研究的热门话题集中在政治行动和判断,或者伦理学与恶的问题,以及性别和犹太性问题等等,而阿伦特在《极权主义的起源》中对现代性政治特征的宏观观察与分析,却似乎成了过时的东西。然而,冷战以后的政治现实,却一再向人们表明,阿伦特在《极权主义的起源》中的许多论断,不但没有过时,而且还在被事实一再证明。《极权主义的起源》的意义,无疑已经远远超出阿伦特最初写这部书时的意图。

一

阿伦特本来对政治毫无兴趣,正是纳粹夺取政权及犹太人随后的悲惨遭遇,以及20世纪其他特有的政治现象,使得她决心要从政治上找到世纪悲剧的答案。政治成为她的思考对象,主要不是出于理论的动机,而是出于经验的动机。[①]正如英国著名的阿伦特研究者

---

① Cf. Hannah Arendt, *Ich will verstehen*, S. 47.

卡诺芬指出的:"阿伦特政治思想的整个议事日程都是由她对世纪中叶的政治灾难的反思定的。"①这个"政治灾难",当然就是指纳粹统治和斯大林主义,阿伦特把它们称为"极权主义"。"作为一个政治思想家,阿伦特一切思想活动都是以研究'极权主义的起源'作为出发点的。"②

《极权主义的起源》发表在冷战方殷的1951年,这个书名使许多人误以为阿伦特的这本书是为冷战中的一方提供了重磅炮弹。可是,促使阿伦特写这部巨著的,根本不是当时的冷战,而是前冷战发生的事件。③实际上,对于阿伦特来说,极权主义不是指一种特别野蛮的政权,而是指某个更新更危险的东西。④纳粹和斯大林主义只不过是它的标准体现而已。极权主义是政治现代性的一个极端形式,是西方文明崩溃的征象。《极权主义的起源》就是想探讨这个崩溃是由哪些因素促成的。"这些因素就是那些在现代世界通行的现象,它们本身不是极权主义的,但在任何国家都可被用作极权主义的基础,不管其自己的特殊传统是什么。"⑤

在回答著名政治哲学家福格林(Eric Voegelin,1901—1985)给

---

① Margaret Canovan, *Hannah Arendt: A Reinterpretation of Her Political Thought* (Cambridge: Cambridge University Press, 1992), p. 7.

② 川崎修:《阿伦特——公共性的复权》,斯日译,河北教育出版社,2002年,第5页。

③ 阿伦特与出版商的通信表明,她这部书最初根本就没怎么注意斯大林主义,也只有一章是论纳粹的,阿伦特称它为"种族帝国主义"(见 Margaret Canovan, *Hannah Arendt: A Reinterpretation of Her Political Thought*, p. 18)。当然,后来在这部著作中,"极权主义"一词专指纳粹德国和斯大林主义,但它们基本上都是前冷战现象,阿伦特并不认为斯大林以后的苏联是极权主义(Cf. Hannah Arendt, *The Origins of Totalitarianism*, London: Unwin, 1967, p. xxxvii.)。

④ Margaret Canovan, *Hannah Arendt: A Reinterpretation of Her Political Thought*, p. 23.

⑤ Margaret Canovan, *Hannah Arendt: A Reinteroretation of Her Political Thought*, p. 20.

这部著作写的书评时,阿伦特说:"我不是写一部极权主义史,而是根据历史来分析;我不是写一部反犹主义或帝国主义史,而是分析仇恨犹太人的因素和扩张的因素,这些因素依然清晰可见并在极权主义现象本身中起重要作用。……这本书……对形成极权主义的因素给予一个历史的说明,接着这个说明的是分析极权主义运动和统治本身的基本结构。"①《极权主义的起源》出版后,引起了很多批判,这些批判许多是从实证史学的立场批评这部著作对极权主义的描述有许多与事实不符。但从阿伦特对福格林的答辩中我们可以看到,阿伦特在这部书中并不是想要给极权主义提供一个经验的描述,而是要将它作为现代特有的一个现象加以分析,表明我们时代的危险。

在《极权主义的起源》德文版的序言中,阿伦特告诉我们:"这本书,目的是要阐述从德意志第三帝国和布尔什维克体制中,我们初次看到的、我个人认为是一种新的'国家形式'的极权主义统治,揭示它的起因和条件。这些起因是,民族国家的没落和崩溃,以及现代大众社会的虚无主义的泛滥。这种崩溃过程所释放出来的各种因素,正是本身的第一部和第二部所要探究的历史根源。第三部则是分析极权主义的本质形态。"②从阿伦特的这些自我告白来看,《极权主义的起源》决不是一部肤浅的对极权主义的意识形态的批判,也不是对极权主义的经验描述;而是要从根本上探讨这个现代特有现象的深层历史原因及其结构因素。正因为如此,她的许多观点和分析至今仍有重要的意义。

由于"极权主义"这个概念本身并不是一个有着清楚界定的概

---

① Hannah Arendt, "A Reply", *Review of Politics* 15 (January 1953), pp. 77-78.
② 转引自川崎修:《阿伦特——公共性的复权》,第29页。

念,并且在当代意识形态斗争中变得更加模糊。① 因此,要正确把握阿伦特的思想,首先要弄清"极权主义"在她那里究竟何所指。换言之,极权主义如果是人类历史上一个崭新的现象的话,它新在何处?

阿伦特指出,极权主义之新,不在于它所造成的痛苦,人类从来就不乏痛苦;也不在于它害死了多少人;而在于它使人性本身处于危险之中。② 它是一种全新的政府形式,和传统的暴政或专制不是一回事,因此根本无法用传统的范畴去把握它。它那种恐怖的原创性,任何历史流传下来的类似之事都无法使之逊色。③ 它的特点就是依靠意识形态和恐怖来统治。

极权主义与传统的暴政或专制不一样,首先在于它的行为不是像专制暴君的行为那样是完全任意的。它固然也蔑视成文法,但它不是毫无"章法",它有它的法,这就是它信奉的自然或历史的法则。它不但自己严格服从这法则,而且还强制实施这法则。由于坚信这法则就是天道或历史的必然规律,它不惜一切代价使之实现,包括牺牲具体的人。极权主义相信只有人类,而不是一个个具体的人,才是这些法则的实际承担者,其余东西都是被动地被它们决定的。

极权主义的一个特点就是把法则解释为运动的法则,自然和历史本身就是运动,它们的法则就更不用说了,与稳定和不变没有关系。统治者的职责不是应用法律,而是根据其内在的法则无条件执

---

① 有关这方面的情况可看 Michael Bittman, "Totalitarianism: the Career of a Concept", in Gisela T. Kaplan and Clive S. Kessler (ed.) *Hannah Arendt, Thinking, Judging, Freedom* (Sydney: Allen & Unwin, 1989), pp. 56-68.

② Hannah Arendt, *Total itarianism*, Part Three of *The Origins of Totalitarianism* (New York: Harcourt, Brace & World, Inc., 1968), pp. 156-157.

③ Hannah Arendt, "Understanding and Politics", in *Essays in Understanding, 1930-1954*, edited by Jerome Kohn (New York: Harcourt Brace & Company, 1994), p. 309.

行这运动。统治者谈不上什么"正义"和"明智",他们只是"科学地"认识。因为他们认识了自然和历史的法则,他们就有责任排除一切干扰让其得到贯彻。主要的手段就是用恐怖来为其扫清一切障碍,确切地说,具体的、复数的个人给运动造成的干扰和障碍。

因此,恐怖给运动或自己扫清障碍不完全靠肉体消灭,因为人总是杀不完的,而是靠通过恐怖使人划一,失去自己的个性和特殊性,失去自己的创造性和创新能力,成为人这个类的一个样本。"恐怖通过取消法律的种种边界使所有的人划一化,而正是这些边界给每个人的自由提供了存活的空间。极权主义的恐怖并不剥夺所有自由或取消某些根本的自由,至少根据我们有限的知识,它也没有成功地从人们心里根除对自由的热爱;它只是无情地逼迫人们互相反对,这样,自由行动的空间——这就是自由的现实——就消失了。"①

在阿伦特看来,人区别于动物的地方就在于他们的个别性和他们能自发行动和思想的能力。每个人都是不同的,每个人都能开始新的事情。人的本性是"不自然的"(unnatural)。即他能自发行动;他能给自然过程设置人为的界限;制订法律,互相赋予权利,这些权利是"人的",而不是"自然的"。但这些恰恰是极权主义的恐怖所要着力消除的。极权主义要在一切层面上消灭人的复数性和人的自发性,消除一切人为和偶然的东西,把人变成人类动物的标本,变成仅仅是一样东西,一个低于动物的东西,"一个不停反应和反映的集合"。②要达到这种对人的完全的控制一般通过以下步骤:首先是通过剥夺各种权利和公民权毁灭法人,然后是通过创造人的良心不再能起作用的种种条件毁灭道德人,最后通过集中营和死亡营毁灭个人,使得一个个个人成

---

① Hannah Arendt, "On the Nature of Totalitarianism", in *Essays in Understanding*, pp. 342 - 343.
② Hannah Arendt, "Mankind and Terror", in *Essays in Understanding*, p. 304.

为"绝对的多余"。所以在阿伦特看来,极权主义的目标不是对人的专制统治,而是要建立一个制度,在这个制度中各种各样的人是多余的。①

要建立这样的制度,光靠恐怖是不够的,还需要意识形态的帮助。阿伦特认为,意识形态本身就像恐怖本身一样,并不是极权主义的,"只有在新型的极权主义政府手里,意识形态才成了政治行动的发动机,这是在双重意义上讲的:意识形态决定统治者的政治行动和使被统治者容忍这些行动"。②意识形态是解释生活和世界的系统,它们声称能解释一切,过去和未来,但就是与现实经验不一致。但这也正是它起作用的条件:既然意识形态认为自己不取决于现存的经验,它就把一切事实视为制造出来的,这样也就不再知道任何区分真假的标准,"谣言的重复就是真理"就一点也不奇怪了。

总之,恐怖和意识形态本身并不必然是极权主义的,但在极权主义统治下,它们就是极权统治的两大功能,目的都是把人变成毫无主动性的原材料,变成实现自然和历史运动的铺路石。不同的是前者取消个人的思想,而后者给划一的人们一套划一的关于自然和历史运动的逻辑,这套理解证明了前者的合理。由此看来,极权主义就是从根本上毁灭人性。

那么,这样一个从根本上毁灭人性的东西,究竟是怎样产生的?这正是《极权主义的起源》以及阿伦特毕生的工作所要回答的。

二

阿伦特1946年在写给她的出版商的信中说:"极权主义形式的

---

① Hannah Arendt, *The Origins of Totalitarianism* (New York: Harcourt, Brace, Jovanovich Publishers, 1973), p. 457.

② Hannah Arendt, "On the Nature of Totalitarianism", in *Essays in Understanding*, p. 349.

成熟的帝国主义是某些因素的混合物,这些因素表现在我们时代所有政治状况和问题中。这些因素是反犹主义、民族国家的衰落、种族主义、为扩张而扩张,资本和暴徒的联盟。"①这里特别值得注意的是阿伦特把极权主义称为"成熟的帝国主义"(full-fledged imperialism in its totalitarian form),这说明在上述这些因素中,标志着帝国主义特征的"为扩张而扩张"是关键的因素。《极权主义的起源》在内容安排上的确有些问题,它并没有按照问题的内在思路和逻辑来。从阿伦特的思路上看,第二部分"帝国主义"应该是开篇部分,因为读过这本书的人都知道,阿伦特将19世纪的帝国主义视为20世纪极权主义的前提。而从上述她给出版商的信来看,她显然是将极权主义置于帝国主义的范畴之下。正是"为扩张而扩张"的帝国主义造成了民族国家的衰亡;而种族主义只是帝国主义证明自己征服全球合理的一种意识形态;资本主义的发展不但产生了过剩的资本,也产生了过剩的人。这些过剩的人被社会抛弃,成为暴徒。正是帝国主义的扩张造成了资本与暴徒的联盟。而反犹主义只有在上述这些背景下才能得到正确的认识。总之,对权力的无限追求导致资本在全球的征服和扩张,在这过程中,民族的维系被放弃,最后导致集中营里的"全面宰制",这就是《极权主义的起源》所勾勒的极权主义的来龙去脉。

阿伦特把帝国主义兴起的时间定在1884年左右,此时近代形成的民族国家的体系开始与工业和经济的发展不相适应了,资本的扩张要求资本和权力的输出,这就必然要突破民族国家的界限,而民族国家的瓦解直接导致帝国主义和后来极权主义运动和政府

---

① 转引自 Margaret Canovan, *Hannah Arendt: A Reinterpretation of Her Political Thought*, p. 28.

的兴起。在阿伦特看来,民族主义是与帝国主义根本对立的东西。这不仅是因为民族国家必然是帝国主义扩张的天然障碍,而且还因为民族国家是一种人道主义的创制,是一种文明的结构,它提供法律秩序,保障人们的种种权利,在民族国家中,人作为立法者和公民制约着资产阶级无法无天的扩张欲望。①资产阶级虽然已经成为统治阶级,但它一开始对政治并不感兴趣,"它把所有政治决定交给国家"。②借用黑格尔的概念,资产阶级一开始把市民社会(欲望的世界)看成自己的天然领地,而把政治交给国家。(民族)国家与社会的相安无事,是19世纪西方国家政治、社会秩序得以稳定的主要因素。

但是,这种稳定随着资产阶级的政治解放而一去不复返了。资本主义经济隐含着你死我活的竞争和无限扩张的趋势,最初欧洲的种种政治创制还能遏制这些趋势,但资本的扩张最终打破了民族政治的种种创制,资产阶级开始走向政治前台,把政治牢牢掌握在自己的手里。"资产阶级出于经济必然性而转向政治;因为如果它不想要放弃资本主义制度,它的内在规律就是不断的经济增长,它就得将这个规律强加给它的国家的政府,宣布扩张是对外政策的最终政治目标。"③对外的资本输出必然伴随着权力的输出,资产阶级需要将民族的暴力工具扩张到国外以保护它的海外投资。帝国主义就这样诞生了,它的诞生以民族国家的衰落为前提。

为了保护海外投资而输出的权力只能是暴力手段——警察和军队,这些东西在自己本国还受到文官制度和法律的控制,但到了殖民

---

① Cf. Margaret Canovan, *Hannah Arendt: A Reinterpretation of Her Political Thought*, p. 31.
② Hannah Arendt, *Imperialism*, Part Two of *The Origins of Totalitarianism*, p. 3.
③ Hannah Arendt, *Imperialism*, Part Two of *The Origins of Totalitarianism*, p. 6.

地国家,就完全没了约束。因为"只有权力的无限积累才能产生资本的无限积累。"①民族国家最重要的持久的功能之一就是权力的扩张。这种帝国主义的扩张概念最终成为帝国主义的政治哲学。"这种帝国主义政治哲学的新特征不是它给暴力以支配的地位,也不是发现了权力是基本的政治现实之一。暴力始终是政治行动的最终手段(ultima ratio),而权力则是统治和治理的表现形式。但二者以前从未成为国家有意识的目标或任何确定的政策的终极目的。"②现在,只有无限的扩张才能满足资本无限积累的希望,才能产生权力无目的的积累这种扩张概念成了新的政治实体(帝国主义国家)的基础,其逻辑结果就是摧毁一切共同体。而当权力与它应为之服务的政治共同体分离时,它就成了政治行动的本质和政治思想的核心。③这就意味着政治名存实亡了。

如前所述,阿伦特认为,资产阶级一开始对政治是没有兴趣的,他们只想赚钱,而把治理的事情交给任何类型的国家,只要它们能保护私有财产权就行了。在他们看来,国家只是一个组织得很好的警察机构。他们不愿意插足公共事务,而宁愿私下里赚钱。他们只知私,不知公。到了帝国主义时代,这些商人摇身一变成了政治家。但他们的语言还是成功商人的语言,他们私人的行为做派慢慢变成了公共事务行为的规矩和原则。④这就导致公共事务私人化,或者反过来说也一样,私人事务公共化。其实质则是经济的政治化和政治的经济化。总之,古典意义上的政治是不存在了。

资本的扩张造成民族国家的没落,而帝国主义的产生又使民族国家内在的矛盾尖锐化,使得民族国家及其政治秩序最终崩溃,为极

---

①② Hannah Arendt, *Imperialism*, p. 17.
③ Hannah Arendt, *Imperialism*, pp. 17 - 18.
④ Hannah Arendt, *Imperialism*, p. 18.

权主义登台铺平了道路。民族国家包含两个彼此矛盾的因素:"民族性"和"国家"。国家是一个法律机构,它的本质就是保证在一个特定疆域里的居民的法律权利。尽管国家的这种功能起源于君主制时代,但法国大革命并没有改变这一点。而民族最初就是以农民为主体的共同体,民族性就是对共同的文化世界或传统的意识。很显然,国家代表的法的普遍性与民族代表的历史、文化的特殊性之间一开始就有某种紧张关系,存在着"国家沦为民族的工具,公民变成特定民族成员"的危险。但虽然民族国家是民族对国家的征服,只要国家形式上还是民族国家,法治的架构就还不至于被破坏。

但民族国家的法律只保护自己国民的权利,当年伯克就据此批评法国的《人权和公民权宣言》太抽象,只有具体的人权,如"英国人的权利",而没有抽象的普遍的人权。人权根本不是天赋的,而是人为的,是特殊文明的产物。可帝国主义的扩张造成了大量的无国无家的人,他们是人,但不是公民,因此,即使托庇于某国,也不享有该国法律保证的该国国民的种种权利,甚至根本不受法律保护。他们被迫陷入一种无权的野蛮状态。有无权利的被统治者,就有无法无天的统治者。民族国家的国家机构的初衷是保护和保证人作为人,作为公民和国民的种种权利,但国家与民族矛盾的实践结果却是人权只能作为国民权来保护和实施,这就使得国家失去了它的法律(普遍)的、理性的外表,可以被浪漫主义者解释为"民族灵魂"模糊不清的代表。①这就意味着民族国家诞生时"民族性"与"国家"的平衡被打破,"民族性"彻底征服了"国家",民族的诉求凌驾于法律之上。民族国家赖以存在的"民族性"和"国家"的平衡被打破,民族国家也就瓦解了。

---

① Hannah Arendt, *Imperialism*, pp. 110-111.

一般而言，阿伦特对民族主义基本是肯定的，因为真正的民族主义总是和特殊的疆界和文化联系在一起，和特殊人群的经验联系在一起，它是帝国主义的对立面，是帝国主义扩张的障碍。但有一种特殊形式的民族主义，即她称之为"宗族民族主义"(tribal nationalism)的，是她所反对的。宗族民族主义是大陆帝国主义（即所谓泛日耳曼运动和泛斯拉夫运动）后面的驱动力。①大陆帝国主义与英帝国主义不同之处有二：一是更意识形态化；二是完全罔顾经验和常识。这两个特点使部落民族主义与极权主义极为相近。

在阿伦特看来，种族主义不但不是民族主义的一种形式，而且还是它的对立面。民族这个概念既意味着群体的认同，又意味着这个群体的所有成员本质上平等。而种族主义正相反，它总是要区分血统的高贵和低贱。种族主义的理论至少可以上溯到18世纪，但真正凶恶的种族主义却是从帝国主义抢夺非洲的经验和政治需要中产生的。在此意义上，种族主义也是帝国主义的产物。帝国主义是政治屈从于资产阶级经济的产物，但到了种族主义的帝国主义那里，如纳粹就不再是经济至上，而是暴力至上了。种族主义是帝国主义代表性的政治支配形态。②

资本主义的发展不仅产生了多余的资本，也产生了多余的人，这就是被阶级社会所抛弃的"暴徒"。暴徒不等于大众，也不等于工人阶级。它是被一切阶级拒绝的人，是传统阶级社会解体的产物。暴徒虽然不属于任何阶级，但却是资本主义发展的产物。暴徒决不是没有头脑，受人摆布的可怜虫。相反，他们都是一些有着强烈的企图心和野心的人。暴徒之为暴徒，是因为他们抛弃了一切传统的价值

---

① Hannah Arendt, *Imperialism*, p. 109.
② 参看川崎修：《阿伦特——公共性的复权》，第69—94页。

规范和资产阶级的虚伪,变得肆无忌惮,为所欲为,因而特别具有破坏性。希特勒及其同伙就是这样的暴徒的典型。暴徒的出现也反映了民族国家秩序的崩溃,多余的资本和多余的人(暴徒)共同颠覆了旧秩序。而种族主义则起到了加强资本和暴徒的联盟的作用,这一点在纳粹极权主义那里可以看得很清楚。

三

反犹主义是《极权主义的起源》第一部的主题,如前所述,阿伦特在这里并不要写一部反犹主义的历史,而是要剖析反犹主义和极权主义的关系。因此,她笔下的反犹主义不同于中世纪以来在欧洲文化中一直存在的对犹太人的厌恶或憎恨的情感,而是指一种包罗一切的意识形态。这种意识形态与近代民族国家的命运有绝大的关系。一方面,犹太人在民族国家的历史上发挥了非常重要的作用;另一方面,反犹主义运动的生长与欧洲民族国家的衰落是同时发生的。因此,"现代反犹主义必须在民族国家的发展这个更一般的框架里来看"。[①]由于犹太人与近代民族国家特殊的微妙关系,以及他们自身在近代所表现出来的种种奇特之处,使他们成为旧秩序的象征,反犹主义实际上是对旧欧洲体制的一种攻击。例如,极权主义运动要建立全面宰制,要建立全球帝国,必须要突破旧的民族国家的藩篱,犹太银行家既然曾对近代欧洲民族国家出过大力,理所当然是近代民族国家体系的罪恶象征。因此,纳粹迫害犹太人,以及一般的反犹主义,都不应该从社会心理的角度,而应从政治的角度来考察。这就是阿伦特对反犹主义思考的一个基本出发点。

---

① Hannah Arendt, *Antisemitism*, Part One of *The Origins of Totalitarianism*, p. 9.

阿伦特关于反犹主义的第二个基本考虑是犹太人对他们自己沦为反犹主义的牺牲品负有比别人更大的责任,这个想法后来在《艾克曼在耶路撒冷》中得到了进一步的发挥。犹太人的责任主要有两个方面:一是他们缺乏政治意识;二是他们鬼鬼祟祟自以为是一个上帝特选的种族,给极权主义运动提供了一个仿效的样板。

阿伦特将反犹主义分为政治反犹主义和社会反犹主义,通过分别考察这两种反犹主义,阿伦特详细论证了她的上述观点。阿伦特认为,反犹主义是一种政治现象,而不是社会现象,犹太人的命运与欧洲民族国家的命运息息相关。欧洲民族国家的建立使得犹太居民第一次获得了平等的权利,同时也以平等的名义取消了犹太人的限制和特权。少数犹太金融巨子对欧洲民族国家的财政金融的巨大支持,使得他们得到了某些特权,国家也把他们当作一个单独的群体,他们并没有完全融入其他的人群中去。相反,他们之所以在财政金融领域能玩得转,在欧洲的战争与和平中起到独特的作用,就在于他们没有自己的国家或民族,他们是"欧洲人"。他们的这种特权地位也使他们在非犹太人眼里是危险的。但他们从未在任何情况下为了自己的目的利用他们的特殊地位,因为他们没有这种政治意识。

随着帝国主义的兴起,犹太人逐渐失去了他们在近代欧洲经济和政治事务中的突出地位。"帝国主义扩张,以及暴力手段的日渐完善和国家对它们的绝对垄断,使得国家成了一个有趣的商业事业。这当然意味着犹太人渐渐但自动失去了他们排他的独特地位。"[①]同时,犹太人这个欧洲除了吉普赛人外唯一没国家的欧洲人,民族国家体系突然崩溃对他们的威胁是不言而喻的。欧洲政治如果还是建立在梅特涅的"权力平衡"的基础上,那么他们还可以在夹缝中生存;

---

① Hannah Arendt, *Antisemitism*, Part One of *The Origins of Totalitarianism*, p. 18.

但如果是奉行不断扩张政策的帝国主义或全面宰制的极权主义,那么他们就岌岌可危了。帝国主义和极权主义必然要反对民族国家,反犹主义就成了它们反对民族国家体系的一件非常顺手的武器。

虽然反犹主义本质上是一个政治问题,但为了理解现代反犹主义"特别的残酷",有必要考察犹太人的社会状况。近代社会虽然给了犹太人政治平等,但并没有给他们社会平等。并且,社会对犹太人的歧视恰恰是由于犹太人在政治上与其他群体日益平等。政治上越平等,他们的不同就越显眼,就越导致社会对他们的不满。①

但犹太人并非都愿意成为社会里的"外人",他们也有不少人愿意被同化。另一方面,欧洲的上流社会也接纳了一些犹太人中的优秀分子,像阿伦特为之作传的拉尔·法哈根。但上流社会不是作为平等的一员将他们接受,而是作为例外来接受他们。普通的犹太人不能指望被上流社会接受,只有那些显然失去了自己的犹太特性的人才有可能被上流社会接受,如海涅和法哈根。可是,上流社会接纳他们恰恰是因为他们的犹太特性,而不是将他们当自己人。他们是不像犹太人的犹太人,或者说他们"是但还不是犹太人"。②

当然,也并不是所有的人都希望被上流社会接纳,他们自愿当"贱民",不寻求社会的承认,保持"贱民"的种种美德:博爱、仁慈、没有偏见、对非正义敏感。③这是阿伦特自己赞赏的立场。但不管是想挤进上流社会被人接纳,还是甘心情愿当"贱民",犹太人在政治上总是"局外人",这是他们都不去关心政治权利和政治权力问题,不去评

---

① Cf. Hannah Arendt, *Antisemitism*, Part One of *The Origins of Totalitarianism*, pp. 54 – 55.

② Cf. Hannah Arendt, *Antisemitism*, Part One of *The Origins of Totalitarianism*, p. 56.

③ Cf. Hannah Arendt, *Antisemitism*, Part One of *The Origins of Totalitarianism*, p. 66.

估他们的政治处境。另一方面,反犹主义者日益相信,犹太性是一种天生的特性,是一种只有通过根除才能彻底治愈的病。①

问题还在于犹太人自己也相信自己是一个特别的种族,具有特别的内在气质。一些著名的犹太人还极力宣扬这点以为自己捞取好处,如迪斯累里。他创造的"一整套关于犹太人影响和组织的理论我们通常在更邪恶的反犹主义的种种形式中可以找到"。②阿伦特发现,非常具有讽刺意味的是,反犹主义是以犹太人之道反治犹太人之身。他们接过犹太人上帝选择的子民的意识形态,只不过把犹太人变成了日耳曼人。他们模仿犹太人的组织原则,用犹太人自己的话来证明这是一个必须消灭的民族。希特勒甚至说:"教给我们统治秘诀的人,正是犹太人。"阿伦特正是根据这些来表明犹太人对自己的命运负有相当的责任。

其实不仅仅是犹太人,我们所有的人都要对世界发生的事负责任,如果我们坚持人性的基本特点就是人的主动性的话。认为自己不需为世界发生的事负责,正表明我们没有政治意识,我们甘愿成为阿伦特所谓的"一束反应";而这恰恰是极权主义统治的最大祸害和后果。反过来,极权主义没有被操纵的、划一了的大众的无私支持,也是根本不可能的。极权主义运动是大众的运动,正是大众的无私奉献使得极权主义领导人可以无视他们人民的生命和利益。③"大众"是极权主义的基本条件:"无论何处,只要有大众,并且他们为了这样那样的理由有政治组织的欲望,极权主义运动

---

① Cf. Margaret Canovan, *Hannah Arendt*: *A Reinterpretation of Her Political Thought*, p. 48.

② Hannah Arendt, *Antisenmitism*, Part One of *The Origins of Totalitarianism*, p. 71.

③ Cf. Margaret Canovan, *Hannah Arendt*: *A Reinterpretation of Her Political Thought*, p. 53.

就有可能。"①

"大众"完全是一个现代的现象,从祁克果和尼采开始,"大众"一直是许多西方思想家关注的焦点。但是,他们都没有揭示大众对于现代政治的影响。阿伦特却从现代政治的角度对大众在现代政治中的消极作用作了透辟的分析。大众与暴徒不同,大众是阶级社会崩溃的产物,他们完全丧失了自己的阶级基础,所以他们能反映"人民的意志"。而暴徒虽然也脱离了原来的阶级社会,但他们仍然与资产阶级有密切的关系。暴徒是个人主义者,而大众是反个人主义的。暴徒有强烈的企图心,而大众却是被动的。

大众是孤立的原子式的个人,他们没有共同利益的意识,也缺乏特殊的阶级关联,因而他们也没有什么特定的、有限的、可达到的目标。"大众"这个术语意味着人纯粹的数量,人的千篇一律。这种人不可能在共同利益的基础上组织成任何组织。在通常情况下,他们在政治上都是冷漠的,不会入党,也不会去投票站。但是,一旦发生战争、革命、通货膨胀或失业,旧秩序就此瓦解,那么他们就会成为极权主义运动最合适的动员对象。因为在这种情况下,他们感到孤立无援,感到再也没有什么利益可维护,有什么东西可指望,遂准备为任何能给他们归宿感的事业奉献全部忠诚。大众就成了极权主义运动的"死士"。

但是,极权主义运动要成气候光有大众还不行,还需要有精英和暴徒暂时的联盟来充当运动的灵魂和头脑。精英和暴徒一样,也是被社会抛弃的人,因而对现存的秩序有本能的反感,这就使他们很容易被以现存秩序为打击目标的极权主义所吸引。他们毁灭现存的一

---

① Hannah Arendt, *Totalitarianism*, Part Three of *The Origins of Totalitarianism*, p. 9.

切的欲望和虚无主义的倾向以及对暴力的推崇与暴徒同样的倾向一拍即合,遂在极权主义运动中结成暂时的联盟。他们和暴徒一样被极权主义的恐怖主义所吸引。"证明如此有吸引力的是恐怖主义成了一种哲学,人们通过它表达挫折、憎恶和盲目的仇恨,一种哲学表现主义,它用炸弹来表达自己……"①

如果说精英和暴徒是被极权主义本身的暴力所吸引,那么大众就是被它的宣传所吸引。"在极权主义国家宣传和恐怖是同一个硬币的两面。"②极权主义宣传能打动大众的地方在于它总是宣传它已经洞察了历史发展的规律,因而它的预言都是不会错的。尽管它提供的理论和预言和常识相反,但却不要紧。因为大众已经失去了辨别现实和想象的能力,他们只需要一个能彻底解释一切的教条,只要这个教条把自己叫科学。极权主义的意识形态宣传恰恰符合这一点。至于它与常识和事实不符,并不影响它的贡献,相反正可起到特殊迷魂汤的作用,其实大众并不愿意面对事实。这是因为:

> "大众被逃避现实的欲望所烦扰,因为在他们本质的无家可归中他们不再能忍受它偶然的、不能把握的方面,他们对虚构的渴望也的确与人心的那些能力有某种联系,它们结构的一致性要高于纯粹偶然的发生。大众逃避现实是对他们被迫在其中生活却不能在其中存在的世界的一个判决,因为一致成了它的上帝,人类需要不断将混乱和偶然的状况变为一种人造的相对一

---

① Hannah Arendt, *Totalitarianism*, Part Three of *The Origins of Totalitarianism*, p. 30.

② Hannah Arendt, *Totalitarianism*, Part Three of *The Origins of Totalitarianism*, p. 39.

致的模式。大众对现实主义、常识和一切'世界的花言巧语'(伯克)的反抗是他们原子化的结果,是他们失去社会地位,连带着失去整个公共关系的结果,常识只有在这公共关系的框架里才有意义。在他们的精神和社会的无家可归情况下,慎重的对任意的东西和计划的东西、偶然和必然的相互依赖的洞见不再起作用。极权主义宣传只有在常识已经失效的地方才能够无耻地攻击常识。在要么面对无政府的发展和衰败完全的任意,要么屈从一个意识形态最刻板、最异想天开的虚构的一致的选择面前,大众也许总是愿意选择后者,并准备为它付出个人牺牲——这不是因为他们愚蠢或邪恶,而是因为在普遍的灾难中这种逃避给了他们最低限度的自尊。"①

对于纳粹来说,宣传的一个主要功能是实践的组织作用,"极权主义宣传的真正目的不是说服,而是组织"。②所以它并不在乎宣传内容的简陋和没有新意,它在乎的是通过宣传来使人们的行动步伐一致。"使纳粹主义和斯大林主义成为极权主义的不是它们的观点,而是它们根据这些观点行动的方式。"③当然,大众和精英对宣传的信仰程度是截然不同的。大众几乎全信,精英全不信,但这并不改变极权主义宣传的组织功能。

如果说极权主义的意识形态无甚新意的话,那么极权主义的组织形式却是"全新的"。它们的功能就是将围绕着一个核心虚构编织起来的运动的宣传谎言变成一个起作用的实在,甚至在非极权主义

---

① Hannah Arendt, *Totalitarianism*, Part Three of *The Origins of Totalitarianism*, p. 50.
② Hannah Arendt, *Totalitarianism*, Part Three of *The Origins of Totalitarianism*, p. 59.
③ Margaret Canovan, *Hannah Arendt: A Reinterpretation of Her Political Thought*, p. 56.

环境下建立一个社会,其成员根据虚构世界的规则来行动和反应。组织和宣传是同一个硬币的两面。①极权主义的组织形式类似洋葱,分外围、中间与核心。外围是同情者或积极分子,中间层是一般党员,核心是领导精英。越是核心的人员越脱离真实世界,也因而信仰更坚定,因为他们见不到与宣传相反的东西。即使见到,他们也相信他们可以改变现实,使之符合教义。

然而,权力就意味着直接面对现实,掌权的极权主义不断关心克服这个挑战。当宣传和组织不足以坚持不可能是可能的,不可信的东西是真的,脱离实际的一致性统治着世界时,极权主义虚构的主义心理支持就垮了。对于极权主义统治来说,真实的信息是比反宣传更具威胁的东西。②这时,极权主义就需要国家、秘密警察和集中营来维护它的统治了。国家是为了极权主义征服世界的长期目标。秘密警察则是为了不断制造各种敌人,使国家永远处于运动中。集中营是为了将人变得连动物都不如,把所有的人变得好像是一个人,只能有同一种反应。

虽然阿伦特是由于20世纪三四十年代特殊的历史事件转向政治研究的,但她对极权主义的研究却并不只是要说明纳粹主义和斯大林主义,或一般的极权主义,而是要揭示极权主义的政治含义。她强调极权主义不同于传统的任何政治形式、政治制度,就是要把读者引向这个政治含义。这个政治含义就是极权主义反映了"我们世纪的危机",它揭示了西方文明及其价值体系的崩溃。她甚至相信:"我们时代的真正困境……只有当极权主义已经成为明日黄花时才呈现

---

① Hannah Arendt, *Totalitarianism*, Part Three of *The Origins of Totalitarianism*, p. 62.
② Hannah Arendt, *Totalitarianism*, Part Three of *The Origins of Totalitarianism*, p. 90.

它们的本真形式。"①如果是这样的话,那么"我们世纪的危机"一定有比阿伦特在《极权主义的起源》中分析的更深层的原因。阿伦特的另一部代表作《人类的条件》,实际上是在进一步追究这些原因。

《极权主义的起源》对"我们世纪的危机"的分析基本是在政治阶级社会的层面,类似马克思主义的帝国主义分析,未涉及深层的思想和形而上的原因。如果"我们时代的困境"并未随着极权主义的消亡而消亡,说明极权主义只是"我们时代的困境"的一个极端表现,单一的、排他的生产—消费的经济关怀同样正在吞没人类活动所有其他相对独立的领域,消灭人的复数性、自由和独特性,同时在产生多余的资本和多余的人。如果极权主义的起源并没有消除,那么对极权主义的分析应该只是对"我们时代的困境"的反思的一个导引,它应该引导我们进一步对产生极权主义的"我们时代的困境"——资本主义现代性的深层原因进行反思。

---

① Hannah Arendt, *Totalitarianism*, Part Three of *The Origins of Totalitarianism*, p. 158.

经济全球化和文化认同

全球化,尤其是经济全球化,已作为现实来到我们身边。发展经济的国策决定中国注定会欢迎和全力投入经济全球化的过程。然而,这却使近代以来一直没有真正解决的文化认同的问题显得格外突出。在经济全球化的过程中,是否已无须认同?如果不是,我们的文化认同在哪里?

按照国际货币基金组织的定义,"全球化是指跨国商品与服务交易及国际资本流动规模和形式的增加,以及技术的广泛传播使世界经济的互相依赖性增加"。这个过程当然会影响人类生活的各个方面,包括文化;但它非但不能造成文化一体化,反而会刺激各种文化认同的发展。社会经济生活方式和其他生活方式的同化趋势,使人们不能不反躬自问:"我是谁?我到底要什么?文明的意义何在?"同样,人们也会问,在全球化时代,是什么使中国人成为中国人?成为中国人意味着什么?什么是中国文化?它的意义在哪里?这些就是民族认同和文化认同的问题。

虽然认同的确是一个抽象的概念,但却包含了丰富的内容。根据西方学者的研究,认同有微观和宏观两个层面。在微观层面上,认同是人类行为与动力的持久源泉,它坚定了人们对自己的看法。又从他们与他人的关系中,派生出生命的意义。在宏观层面,认同是一个更深的个人意义的代码,它将个人与最一般层面的社会意义相联系。社会学家常常将认同视为共有的信仰与情感,和维持社会秩序的社会角色与身份。它是涂尔干称为"集体良知"的东西,是将一个共同体中不同的个人团结起来的内在凝聚力。从政治学上讲,认同是形成国家,建立国家和现代化、民主政治过程的政治资源。民族认同则包括民族本质、国家的核心情感与象征。这些为大众所认同,他们在此基础上一起生活,一致行动,保卫他们的共同认同。民族认同也规定了国家是什么,国家做什么,和一种独特的国家使命感。民族认同本身不是目的,而是参与实现人类普遍的安全需求的手段。①

传统中国没有认同问题,或者说,认同不是一个问题。传统中国的认同是天下、国家、文化三位一体。天下不是一个空间概念,也不等于世界,它是一个文化的概念。古代中国人认为自己的文化是放之四海而皆准的普世文化,天下即喻指中国文化的普世性。中国人不但认为自己的文化是普世的,而且也是最优秀的。正是这种文化中心论,使中国人认为自己处于世界的中心。"天处乎上,地处乎下,居天地之中者曰中国,居天地之偏者曰四夷,四夷外也,中国内也。"②宋代理学家石介这段话涉及的并非自然的空间,而是形而上的文化的空间。相应地,著名的"夷夏之辨"也不是种族或血统之辨,而是文化和文明之辨。因此,夷夏之间并无绝对的、不可逾越的界限。认同华夏文化,就可由夷变夏。"夷"、"夏"的概念同样是文化的概念,而不是种族的概念。正因为传统中国文化的概念是一个包容性很强的概念,所以在漫长的岁月里,虽饱经沧桑,其核心部分却相当稳定。

可是,鸦片战争后,传统的文化认同很快动摇,认同危机遂见端

---

① Samuel S. Kim and Lowell Dittmer: *Whither China's Quest for National Identity?* In *China's Quest for National Identity*, Ithaca and London: Cornell University Press, 1993, p.24.

② 石介:《中国论》,《徂徕先生文集》,中华书局,1984,第116页。

倪。"三千年未有之变局"使得过去以为天经地义的一切一下子全成了问题。在"师夷长技"制不了"夷"之后,又提出"中体西用"的方案。"中体西用"的应对从表面上看是要培本固原,实际上却是认同危机最初的征象。它受到保守派和激进派两面的攻击,说明传统认同之"体"像被施了魔法一样,一下子失去了所有的力量。其实,中体西用者们自己对西用能否保住中体都是有怀疑的。①同时,猛然袭来的美雨欧风,似乎给人提供了新的认同。一时间认同西化蔚然成风,连国粹派都不能不声明:"国粹无阻于欧化","夫欧化者,固吾人所祷祈以求者也"。②提倡国粹,并非要与欧化相抗,而是要促进中国之欧化。"国粹也者,助欧化而愈彰,非敌欧化以自防。"③

可是,人们很快就发现,欧化与中体西用一样,并不能解决认同问题。当时中国最迫切的问题是成为与西方一样的现代民族国家,而要建立现代民族国家,首先要有中国之为中国的内在理由,即找到它"以界他国而自立于大地"的民族特性,也就是它的文化认同,否则它就缺乏立国之基,缺乏成为一个独立民族国家的合法性根据。西方文化显然无法提供这种根据。它造成了中国的认同危机,但它解决不了这个危机。

梁启超将这种"以界他国而自立于大地"的民族特性,或文化认同,称为"国性"。所谓国性,就是一国立国的根本,一种异于他国的特性,一种深入全国人心中之善美的精神。国性一旦衰落,"其国人对于本国之典章文物纪纲法度,乃至历史上传来之成绩,无一不怀疑,无一不轻侮,甚则无一不厌弃;始焉少数人耳,继则弥漫于国中,

---

① 列文森:《儒教中国及其新的命运》,郑大华、任菁译,中国社会科学出版社,2000,第100页。

②③ 许守微:《论国粹无阻于欧化》,载《国粹学报》1905(7);张枬、王忍之编:《辛亥革命前十年间时论选集》,2卷,上册,三联书店,1963,第52页。

及其横流所极,欲求片词只义足以维系全国人心者而渺不可得。公共信条失坠,个人对个人之行为,个人对社会之行为,一切无复标准,虽欲强立标准,而社会制裁力无所复施,驯至共同生活之基础,日薄弱以即于消灭。家族失其中心点,不复成家族;市府失其中心点,不复成市府;国家失其中心点,不复成国家;乃至社会一切有形无形之事物皆失其中心点不复成社会。国中虽有人亿兆,实则亿兆之独夫偶集于一地域耳,问所以纲维是而团结是者无有也"。①梁启超在这里描述的其实就是当时日甚一日的认同危机,这种危机将导致中国内在的瓦解。

因此,梁启超提出"国性论",并非如有的论者所以为的那样,仅仅是要维护中华文化的道统,或保护民族文化基因、利用民族传统文化资源,②而是要在传统认同日趋瓦解的情况下,为现代中国找到一个立国之基,找到它"以界他国而自立于大地"的个性和特性,建立中华民族的现代认同。其现实政治的目的是维系国家的内在统一和社会的向心力与凝聚力;而其文化的目的,则是要在现代世界建构中国的根本性和独特性,即中国的自性。

梁启超那一代敏感的中国思想家,如严复和章太炎等人,都已看到现代性的同一化趋势,因而多少都提出了文化认同的问题。他们眼中的文化认同与守旧派的传统原教旨主义的根本不同在于,他们的文化认同包含明显的对现代性的批判。梁启超的"国性论"就是一个明显的例子。国性是比传统还要抽象的精神,梁启超自己也从未正面阐述过国性究竟是怎样的一种"优胜于世界"的精神。但我们从

---

① 梁启超:"国性篇",《国性与民德——梁启超文选》,王德峰编,上海远东出版社,1995,第153页。
② 皮明勇:《民族主义与儒家文化》,《知识分子立场——民族主义与转型期中国的命运》,李世涛主编,时代文艺出版社,2000,第253—254页。

他对于中国三个传统道德概念即报恩、明分和虑后的现代诠释后,大致可以了解他心目中国性的基本内容。梁启超的诠释既赋予这三个传统道德观念现代内容,也针对现代性三个基本因素提出了批评:报恩针对个人与他人、现在与过去的分裂,明分针对现代的乌托邦性质,虑后针对现在与未来的断裂。梁启超提出国性,是希望在全球现代化的大趋势下中国能保持自己。这个保持自己决不是回到过去,或乞求过去的亡灵,而是要建立现代中国的精神。这种精神对现代性并不拒斥,不仅不拒斥,而且还能符合它的要求,但却有所保留和批判。

章太炎对民族认同或文化认同的问题比梁启超更为自觉。作为一个文化民族主义者,他认为国家的认同首先体现在文化认同上。他提倡国粹,或"用国粹激动种性",根本是要解决中国人在现代的认同问题。但在这么做时,章太炎既不像当时及后来的一些人那样,狂热地主张西学中源说,以为西方文化的一切有价值的东西都是从中国传过去的;也反对康有为等人的做法,"说甚么三世就是进化,九旨就是进夷狄为中国,去攀仰欧洲最浅最陋的学说"。①这两种做法其实都是文化中心主义的表现,而章太炎决不是文化中心论者。他固然对自己的文化无比热爱,却并未因而失去对自己文化的批判思考。相反,他主张实事求是地对待自己的文化。"稽古之道,略如写真,修短黑白,斯于肖形而止,使妍者媸,则生矣;使媸者妍,亦未得也。"②

正因为章太炎不是一个文化中心主义者,所以他也决不是文化封闭主义者和文化排外主义者。他对于印度文化的尊重就不用说了。对于西方文化,他亦不取排斥否定的态度。他一方面反对欧化

---

① 章太炎:《东京留学生欢迎会演说辞》,《章太炎政论选集》,上册,汤志钧编,中华书局,1977,第276页。
② 《章太炎全集》,第4卷,第154页。

主义,反对盲目跟在别人后面亦步亦趋;另一方面从来也不反对向别人学习,甚至认为"今国人虽尊远西之学,废旧籍,慕殊语,部屈相外,未足为大害,且其思理诚审,亦信有足辅者"。①他本人虽不通西文,但对西方学术的了解亦不少。

章太炎是文化多元主义者,他认为任何文化都有价值,都值得尊重。因此,他对西方文化的态度与真正的传统主义者和保守主义者判然有别。他的立场其实就是鲁迅在《文化偏至论》中说的,"外之既不后于世界之思潮,内之弗失固有之血脉,取今复古,别立新宗"。②章太炎提倡国粹,亦应以此来理解。对于章太炎来说,国粹就是历史,它包括语言文字、典章制度和人物事迹。历史作为一个民族的生活经验,决不只是一些过去之事的单纯记录。它是民族认同和文化认同的基础。人们正是从历史中知道自己是谁,从哪里来,从历史中获得自己的民族意识和认同感。章太炎重视历史正为此。

但是,虽然历史可以给我们提供认同的基础,但并不能建立起新的认同。因为一个现代民族国家的自我认同,至少包括政治理想、价值承诺和文化品格三个主要方面。它们关系到我们要建设什么样的国家,我们要过什么样的生活,我们要成为什么样的人。早在20世纪初,就有人指出:"有新国家必有新国政,有新国政必有新国民。二十世纪之新中国,其民族能铸成一特别之天性,光明于全球大陆……"③在现代民族国家尚未建立之前,此人已经看出,现代中国必须要能"铸成一特别之天性",即要能建立起新的民族认同,方能真正自立于世界,"而不为人类馆参考玩具"与中外"演说家诋谇材料"。④

---

① 《章太炎全集》,第4卷,第172页。
② 《鲁迅全集》,第1卷,人民文学出版社,1991,第56页。
③ 遯园:《论民族之自治》,《辛亥革命前十年间时论选集》,1卷,下册,第955页。
④ 遯园:《论民族之自治》,《辛亥革命前十年间时论选集》,1卷,下册,第955—956页。

很显然,这种新的认同既不是回到过去,恢复传统,也不是全盘西化,脱华入欧,而是要重建"民族与国家的整体目标与价值体系"。①贯穿于整个中国现代思想史的"民族本位"与"全盘西化"之争,实际上反映了中国人在建立新的民族认同和文化认同时所经历的迷惑。问题在于,民族认同与自我认同一样,不是一个固定的本质,而是一个创造的过程。然而,人们在考虑认同问题时,往往以本质主义的态度来对待这个问题。

被人们称为文化保守主义的人,以为只要在传统文化中抽取出国性、国粹或儒家文化这些本质,就可以用来建立民族认同或文化认同。认同就是认同这些传统的本质,或本质的传统。正是它们决定了我们之为中国人,并能在剧烈变动的现代世界将整个民族凝聚在一起。但是,不管人们对传统文化如何诠释或"创造性转换",事实上不过是在重复近代以来许多人都做过,但都不成功的事。人们可以人为地尊崇或弘扬传统文化,但在现代中国它再也无法起到认同的作用。事实上,想让它继承起到这一作用的人,无不以现代的价值来解释它,例如,儒家文化对市场经济有正面的作用,等等,但却忘了,如果以功利的标准来证明儒学的价值的话,那么儒学将会变得毫无特点,完全无法成为所需要的现代文化认同的基础。正如列文森所深刻指出的:"那些能被现代人重新肯定的中国的传统价值,将依然是符合现代人各自的标准的价值,其中包括甚至对传统一无所知的人所肯定的价值。"②也就是说,那些被重新肯定的"传统价值",实际是现代价值。这样妾身未明的传统文化,如何能令人信服地成为现代中国的文化认同之所在?更深一层说,中国的传统认同之所以崩

---

① 罗厚立:《从思想史视角看近代中国民族主义》,《知识分子立场——民族主义与转型期中国的命运》,第225页。

② 列文森:《儒教中国及其新的命运》,第94页。

溃,归根结底是由于中国所面临的"三千年未有之变局",即新的历史条件。只要这历史条件依然存在,传统认同的没落命运就无法改变。

更多的人则认为,既然现代化是中国的必然,现代化无非是西化,就是将中国建设成西方那样的国家,那么文化认同的问题就很简单,即曰认同西方,认同西方的价值与文化。用陈独秀的话来说,就是"……欲建设西洋式之新国家,组织西洋式之新社会,以求适今世之生存,则根本问题,不可不首先输入西洋式社会国家之基础,所谓平等人权之新信仰……"[①]"吾人倘以新输入之欧化为是,则不得不以旧有之孔教为非。倘以旧有之孔教为是,则不得不以新输入之欧化为非。新旧之间,绝无调和两存之余地。"[②]之所以这样斩钉截铁,不容商量,是因为在西化派看来,西方文化代表人类的普遍文明。

正如余英时所指出的那样,在这里,"'西方'不再是一个地理名词而是'普遍'的代号,'现代西方'则象征着'普遍的现代化'。通过这样的转换,认同'西方'变成了认同'现代'。这是'现代化'一词取代'西化'而普遍流行的一个重要根据"[③]。胡适在20世纪30年代以"充分世界化"来代替"全盘西化",完全证明了余英时的上述判断。胡适的"世界化"所讲的"世界",当然不会包括除日本外的所有非西方国家。世界化当然也就是普遍化,西方文化,当然就是人类的普遍文化。

在西方中心论受到普遍批判的今天,西方文化是人类普遍文化的信徒又退了一小步,他们既不说世界化,更不说普遍化,而改说主流文明。在这些人看来,中国根本没有认同问题,只要融入世界主流

---

① 陈独秀:《宪法与孔教》,《陈独秀著作选》,第1卷,任建树、张统模、吴信忠编,上海人民出版社,1984,第299页。
② 陈独秀:《答佩剑青年(孔教)》,《陈独秀著作选》,第1卷,第281页。
③ 余英时:《钱穆与中国文化》,上海远东出版社,1994,第4页。

文明,即西方文明,就万事大吉。别的路是没有的。非西方民族若是要以本民族的独特性为出发点,就是要排斥人类文明的积极成果。似乎非西方文明不是人类文明,非西方民族不算人类。将西方文化与价值普遍化的一个逻辑结果,就是一切与之不同的非西方价值与文化的非人化。

陈独秀与胡适政治立场迥异,但在认同问题上却有根本的一致。实际上他们都以某种现代(现成)的模式来取消认同问题。陈独秀自认是国际主义者,胡适自认是世界主义者。因此,对他们来说,没有文化认同的问题。他们唯一认同的是现代化。事实上,现代化作为一个不可避免的民族任务成了中国人的集体认同。很多人误将它作为民族认同。从表面上看,现代化似乎可以算是民族或国家的整体目标,但深一层想,它真能成为一个民族或国家的整体目标吗?如果是,那么已经现代化的国家岂非没有了自己的整体目标?现代化显然、也根本不能成为价值体系。现代化最明显的一个缺陷就是它根本无法解决价值问题,反而使一切价值在物的价值面前相对化。西方国家的价值危机随着现代化的发展而日益深重,正证明了这一点。因此,现代化认同根本不是、也不能作为我们的文化认同和民族认同。

现代化和现代性就像《荒原》中的忒瑞西士一样,"年老的男子却有布满皱纹的女性乳房",本身是一个充满矛盾的、复杂暧昧的异质性的历史现象,它给人类带来了前所未有的幸福,也给人类带来了空前的灾难。可惜人们却不能像忒瑞西士那样,在暮色苍茫中,在白昼与黑夜的汇合处看清这一点。所以需要有超越现代性的新的认同。

毋庸讳言,现代是一个普遍化和趋同化的时代,全球化只不过是这种趋势的一个必然结果。资本主义的世界政治经济文化体系,以其无情的逻辑,消灭异己因素,建立同样的制度、习惯、法律和行为方式。"它迫使一切民族——如果它们不想灭亡的话——采用资产阶级的生产方式;它迫使它们在自己那里推行所谓文明制度,即变成资产者。一句话,它按照自己的面貌为自己创造出一个世界。"① 然而,只要还不存在一个统一的全球民族(global nation),这个过程必然会在全世界引起认同危机和认同追求。全球化的过程不仅不能消除认同问题,反而使之更加突出,这就是为什么"民族主义和民族认同话语在这个愈益全球化的世界上看来仍然会保持其重要性"。②

非常有意思的是,"民族认同"实际上应该被理解为"民族认异",即一个民族确定自己不同于别人的差异或他性。因此,民族认同不是一种孤立的性质,而是一种关系。③ 中国现代的民族认同,就是在中西文化交流碰撞的大背景下,中国人维护自己的个性,给自己和自己的前途定位:"谁是中国人?""中国往何处去?"有人认为"强国梦"就是中国现代的民族认同④,这是将问题看得过于简单了。

近代中国由于国力衰弱,受尽了列强的欺凌,对此许多人有切肤之痛,从而做起了强国梦。这种心理反应自然有其合理的成分,但片面将"强国"作为国家追求的目标,就会滑向强权的逻辑。当年李大钊在北洋军阀鼓吹的强国主义中,就看到了这种危险,指出:"这恐怕

---

① 马克思、恩格斯:《共产党宣言》,《马克思恩格斯选集》,第 3 卷,人民出版社,1972,第 255 页。

② 克雷格·卡尔霍恩:《民族主义与市民社会:民主、多元性和自决》,《国家与市民社会》,邓正来、J. C. 亚历山大编,中央编译出版社,1999,第 346 页。

③ Samuel S. Kim and Lowell Dittmer: "Whither China's Quest for National Identity?" In *China's Quest for National Identity*, p. 13.

④ Michael H. Hunt: "Chinese National Identity and the Strong State: The Late Qing-Republican Crisis", In *China's Quest for National Identity*, pp. 62 - 79; Suisheng Zhao: "Chinese Intellectuals' Quest for National Greatness and Nationalistic Writings in 1990s", In *China Quarterly*, No. 152(1997):725 - 745.

又是军国主义和帝国主义的变相,是破坏世界平和的种子。"①这对于做"强国梦"的人,的确是个必要的提醒。中国应该给世界提供又一个强权,还是一种新的文明?

如果中国人只是要建立一个西方式的强国,那就根本不会有民族认同的问题,而只会有目标认同。民族认同与目标认同是根本不一样的。民族认同要解决的是自我定位:民族的定位和国家的定位,而目标认同只是一个外向选择的问题。民族认同既要确定民族性格,又要确定国家理想。这决不同于具体的发展目标。"民族认同应该被理解为一个谓语式的主格,而非一个抽象名词,一个正在进行的过程或旅程,而不是一套固定的边界,一种关系而不是一个独立的实体或品质。"② 如果是这样的话,民族认同实际上不可能一劳永逸地解决。民族认同不仅仅有一种抵抗优势文化挤压的心理功能,更能为民族的发展方向和生活原则提供正当性依据。

然而,到目前为止,我们的认同问题并没有完全解决。在这个全球化势不可挡的时代,谁是中国人?中国人的文化意义何在?显然,这不是一个民族学或人种学的问题,也不是一个人类学的问题,而是一个文化认同的问题。但如果传统文化、西方文化和现代化都不能成为我们现代的文化认同之所在,那么我们的文化认同将在什么地方?可以肯定的是,没有现成的答案,因为它将产生于我们与传统,我们与其他文化,我们与现代性的积极的互动关系中。因此,它不可能是妄自尊大的产物。在探索民族认同或文化认同时,传统的华夏中心主义很容易产生狭隘自大的民族认同。这种狭隘性和自大心的典型表现就是认为中国文化最高明,可以去除今日世界的种种弊病;

---

①② 李大钊:《强国主义》,《李大钊选集》,人民出版社,1978,第163页。

孔夫子不但是万世师表,也是万国师表;中国文化的复兴就是人类的希望所在;等等,不一而足。这种文化虚骄自大的现象其实既是文化自卑感的另一面,也是弱势文化的精神自慰法。

但这还不是问题的全部。问题是一些有着伟大传统的民族往往赋予自己独特的历史使命。如英美认为自己代表了自由民主文化;法国人认为自己有推广其文明的责任;而德国人则认为自己的历史使命是拯救西方文明。中国虽还没有人明确说这个民族的历史使命,但从那么多人相信中国文化可以救治西方文化的许多不足来看,中国的文化民族主义似乎也暗暗赋予了中国拯救世界的使命。这种使命感与上述文化自大感相互刺激,含有非常危险的因素。它会使文化民族主义演变为种族文化中心主义和文化沙文主义。这将会是亨廷顿讲的"文明的冲突"的真正根源。因此,即使为了对抗优势文化的挤压,文化自大也不可取。文化的自我批判永远比文化自大要明智得多,也重要得多。

其实,在现代中国的文化认同问题上,也应该采取陈寅恪先生讲的"一方面吸收输入外来之学说,一方面不忘本来民族之地位"的态度。①虽然我们不可能将西方文化作为我们的文化认同,但源于西方文化的诸多普遍性价值,无疑应该构成中国现代文化认同的一部分。例如,科学与民主,在"五四"前,就为许多人认为乃中国之必需。"五四"后,这一点更成为全民族的共识。然而,没有对科学与民主的精神进行深入的开掘和体会,致使德赛两先生往往流于口号,而未能被正确理解。例如,我们往往以自然主义和实证主义的态度来理解科学,因而忽略了科学的先验性,以及想象力和创造性对于科学的根本

---

① 陈寅恪:《冯友兰中国哲学史下册审查报告》,《金明馆丛稿二编》,上海古籍出版社,1982,第252页。

作用。我们只看到科学知识的普遍性,却未能看到它的历史性。我们只重视科学的确定性,却不知道它的模糊性。比起科学精神,我们似乎更重视科学的结果。这样,科学始终未能成为我们文化认同的有机部分,即它对我们只是器,而非道。

民主就更是如此。我们只是把民主简单理解为某种制度安排,而未能将它理解为一种生活方式。诸如国家权力与人民主权的关系,人民参与国家事务的过程,少数人的权利,宽容对于民主的根本作用等问题,都没有深入地思考与讨论。不要说在政治生活中,就是在日常生活中,仍然缺乏民主的精神。其他如平等观念、环保意识等,也应该成为我们文化认同的一部分,但都还没有真正形成我们的价值体系。如何将那些源于西方或其他文化的普遍价值化为我们新的价值理念和民族理念,将是新世纪中国文化认同的真正任务。

除了尽量吸纳普遍的价值外,"本来民族之地位"对于现代中国的文化认同来说仍然是很重要的。中华文明是人类最古老、最优秀的文明之一,它理当在现代继续为人类文明作出它特殊的贡献,理当有它独特的文化认同。事实上它也不能不这样。孙中山提出"以俄为师",毛泽东要"走俄国人的路",结果还是"中国式的社会主义"。但什么是"中国式的"?是特定的传统,特定的政治经济体制,特定的发展观,还是一种特定的文明态度?至少到目前为止,好像还没有一个令人满意的回答。因为我们并未在建立现代民族国家的同时,建立起稳固的现代文化认同。而没有这样的文化认同,民族国家也是不会稳固的。

现代文化认同的问题不仅与现代性问题相关,它实际上就是由现代性引发的。但如前所述,现代性并非一个一元封闭的本质。相反,"首先在西方发展起来的现代性文明从一开始就充满内在的二律背反和矛盾……产生了持续不断的批判话语和政治争论"①。由于其内在的矛盾和张力,"通过众多宣扬和实施不同现代性理想的文化和政治行动分子的活动,通过他们之间的不断争论,形成了不同的现代性模式,即多元的现代性"。②现代化研究大家艾森斯塔特的这个观察纠正了许多人长期以来的误解,就是以为现代性只有一种模式,即西方的模式。实际上现代性有多种面相、多元的模式。

这个观点如果成立,传统/现代的二元对立模式不攻自破。这就意味着,选择自己特殊的发展道路并不等于反现代化,追求自己的文化认同也不等于反对"主流文明"。中国完全可以有自己的发展道路和自己的文化认同。同时,批判现代性也不等于反现代性,而完全可能是以一种现代性来反对另一种现代性。例如,批判西方中心论,完全可能是从多元论出发来批判总体论,而它们都是现代性的不同面相或模式。在当今世界,对现代性的批判绝大多数是现代性的内部批判,而不是在现代性之外对它的批判。后现代主义也无非是将一种现代性发挥到极致,来反对另一种现代性。所以它只是一种文化态度,而不是一个文明阶段。

毫无疑问,现代中国的文化认同不建立则罢,如建立的话,对现代性的某些面相提出自己不懈的批判将是题中应有之义。认同就是要与众不同。是什么能使中国"以界他国而自立于大地"? 只能是独特的文明态度。独特性决定了它的批判性。现代中国思想家在追求新的文化认同的同时,大都对西方的现代性模式提出了程度不同的批判。这当然也是文化认同的逻辑使然。文化认同就意味着独特的价值理念和态度。而全盘接受就是放弃自己的认同,去认同别人。

---

① 艾森斯塔特:《迈向二十一世纪的轴心》,《二十一世纪》,2000 年 2 月号,第 7 页。
② 艾森斯塔特:《迈向二十一世纪的轴心》,《二十一世纪》,2000 年 2 月号,第 9 页。

但这对于一个民族就像对于一个人一样,是绝对不可能的。以为放弃认同就能与"主流文明"(即西方文明)接轨,结果只能是认同危机和虚无主义。以为经济全球化预示着全球一体化,认同问题将自然消失的想法更是天真。

经济全球化并不意味着世界一体化,更不意味着利益一体化。现代性自身所包含的张力和矛盾使得它既是一个普遍化的过程,也是一个特殊化的过程。并且,这两个过程往往纠缠在一起。① 全球化过程非但没有消除认同问题,而且使它比任何时候都多样而复杂。② 这说明,人们希望在这个剧变的世界中保持自己,更不想放弃对自己的前途和命运的思考。文化认同不是文化乡愁,它不是对过去的缅怀,而是对现在的定位和对未来的想象。它要在物的机械运动中开辟出价值和理想的天地。文化认同更不是种族主义的情怀,因为它并非以血缘和种族为基础,而是以共同的价值理念为基础。而对于中国人来说,建立现代文化认同更意味着建立自己的国家理想和社会理想。从某种意义上说,只有建立了现代的文化认同,才会有真正的中国发展道路。

今天,人类共同面临诸多棘手的问题,如全球贫富差距拉大问题、环境保护问题、人口问题、资源问题、恐怖主义问题、毒品犯罪问题,等等。这些问题的解决远远超出任何个别国家的能力,需要集中全人类的智慧和力量来对付。作为一个有着悠久文明传统的大国,中国理当为此作出自己的独特贡献。不仅贡献物力,也贡献心力。这就要看她是否能像在过去那样,给世界提供一种独特的文明态度。这个问题最终要由中国的现代文化认同来回答。

---

① 参看 Roland Robertson: *Globalization*, London, Newbury Park, New Delhi: SAGE Publication, 1992, pp. 98–105.
② 这从认同问题的研究史也可看出。认同问题研究始于第二次世界大战以后,而今已成国际学术界的一门显学。

全球化的政治后果

——评哈贝马斯对全球化政治的思考

虽然全球化被许多人认为是一个不争的事实,但它却远非是一个中立的、简单的事实。围绕着全球化理论所展开的种种激烈争论,足以证明这一点。在种种关于全球化的论说后面,有着明显的意识形态动机,以至于有人说,今天的"全球化"具有五六十年代"自由世界"一样的功能。①

在有关全球化所展开的讨论中,全球化的政治后果也许是最为敏感的部分了。一方面,"现代和当代的民族国家——深刻地改变了全球化的本质形式以及前景";②另一方面,代表全球资本利益的新自由主义却认为全球化证明现代国家的基本形式——民族国家即将消亡和必定消亡。因为市场机制和经济关系是维系人类共同生活的唯一纽带,民族国家继续存在不利于经济的发展——资本和市场的无限扩张。单一的全球市场的出现和全球竞争规则使得民族国家地位急剧下降。人们认为:"经济全球化通过建立生产、贸易以及金融的跨国网络实现着经济的'解国家化'(denationalization)。在这种'无国界'经济中,国家政治下降为不过是全球资本的传送带,或者完全沦为夹在不断强大的本土、地区以及全球治

---

① 戴维·赫尔德等:《全球大变革》,杨雪冬等译,社会科学文献出版社,2001年,第11页。

② 戴维·赫尔德等:《全球大变革》,第39页。

理机制之间的中介制度。"①

信奉资本与市场逻辑的新自由主义者这么认为丝毫不令人感到奇怪,倒是出身批判理论,始终对新自由主义持批评态度的哈贝马斯在此问题上与新自由主义不谋而合,颇值得注意。哈贝马斯的学术生涯从一开始,就有着强烈的政治兴趣和政治倾向。他的第一部主要著作《公共领域的结构转型》就是一个证明。到了上个世纪90年代,他的主要学术努力几乎都放在了政治哲学上,他这个时期的代表作《事实与规范》(1992)与黑格尔的《法哲学》一样,与其说是法哲学,不如说是政治哲学更为恰当。至于后来的《包容他者》(1996)和《后民族状况》(1998)等著作,就更不用说了。

然而,哈贝马斯最近十几年的政治哲学不再是要论证西方政治制度的"合法性危机",而是要论证它的正当性。简单说来,就是西方的政治体制是建立在具有普遍主义性质的共和主义(法治国家)和人权与民主的基本原则上,因而具有超历史、超民族、超地域的普遍性,这种先验的普遍性是它合法性的根本保证。

但这种普遍主义的原则却是有问题的。从历史和事实上说,人类始终存在着不同的政治实体和政治制度,西方目前的政治制度也是其特定历史发展的产物;从理论上说,在西方延续了一个多世纪的理性批判早已指出,普遍主义实际上是建立在一个超历史的先验主体基础上,绝对的主体必然要求绝对的普遍性。然而,事实证明,作为主体性基础的人类理性,本身不是绝对的,它不仅要受到种种非理性因素(如哈贝马斯所谓的"旨趣")的影响和支配,更有其不可超越的历史性。人类理解的历史性和释义学原则决定了对任何普遍的原则或原理都会有不同的理解和解释。如果这些

---

① 戴维·赫尔德等:《全球大变革》,第4—5页。

原则是普遍的话，它们必然是在不同的历史条件和语境下实现的。在人类世界中不可能有先验的普遍性，而只能有历史的普遍性。或者说，普遍性只有相对的意义，它的现实内容恰恰有赖于它实现的特殊条件。

对此，哈贝马斯当然是不同意的，因为他的全部理论，正是建立在普遍主义的原则上。要证明他普遍主义的政治哲学，必须证明人类历史发展的普遍性。这就使得民族国家消亡的思想成为他近年政治哲学思考的一个重点。

如前所述，全球化必然导致民族国家过时和消亡的观点并不是哈贝马斯的发明，新自由主义一直在鼓吹这种观点。但在出发点上，哈贝马斯与他们还是有区别的。新自由主义鼓吹民族国家过时和消亡是为了替资本主义经济在全球的加速扩张开道；而哈贝马斯的目的和理由要更复杂一些。

出身批判理论的哈贝马斯清楚地认识到，飞速发展的资本主义工业化加剧了阶级对立和由此而来的社会紧张，为了转移国内矛盾，欧洲各国政府在19世纪与20世纪上半叶利用民族主义的推动力将社会冲突引向对外的帝国主义战争。但在第二次世界大战的惨剧之后，民族主义的整合力已消耗殆尽，西方各国不得不利用在社会总产值中支配的很大份额，实行有力的基础设施政策、就业政策和社会福利政策，同时促进经济的活力，保障社会一体化，化解了阶级对立，稳定了资本主义。[1]但是，在激烈竞争的全球化的经济框架中，民族国家要保持其国际竞争力，就不可能再继续福利国家的政策，而必然要"采取有害于社会团结一致，使社会的民主稳定性面临严峻考验的

---

[1] Jürgen Habermas, *Die Einbeziehung des Anderen*, Suhrkamp Verlag, Frankfurt am Main, 1996, S. 201-202. 哈贝马斯：《超越民族国家？》，贝克等：《全球化与政治》，王学东、柴方国等译，中央编译出版社，2000年，第71页。

'削减'政策"。①在哈贝马斯看来,经济全球化破坏了一度得以实现的社会福利国家妥协的历史局面。而社会福利国家妥协即使不是解决资本主义内在问题的理想方案,至少也能够把它所造成的社会代价维持在可以容忍的限度内。②

问题还不仅如此。一旦放弃社会福利国家的政策,势必要造成贫富差距扩大和社会分化;而社会分化又势必破坏自由的政治文化,丧失民主的基础。哈贝马斯认为,"只有把民族国家的社会福利国家职能转让给能够在一定程度上适应跨国经济的政治共同体,才能在迄今的水平上履行这种职能"。③再说经济全球化也必然大大削弱民族国家的能力。④也就是说,只有从民族国家过渡到一个超民族国家的政治共同体,才能在经济全球化的条件下继续原先由民族国家采取的社会福利措施,对抗资本无限扩张的逻辑,保障和进一步扩大社会民主。哈贝马斯对那种将资本主义的经济逻辑推崇到极致的新自由主义深为不满,认为只有坚持政治先于经济,对在全球范围内横冲直撞的资本主义加以"政治驯化",才能使现有的制度长治久安。

哈贝马斯要超越民族国家的第二个主要考虑是:经济全球化使得地球上的人们成为风险共担的共同体,有着无法回避的集体命运。一方面,市场的扩张遇到了地球幅员的限制,资源开发也遇到了自然界的限制。"日益变小的世界已不允许人们将行为后果外化:无须担心制裁,而把代价和风险转嫁给他人,如其他社会部门、其他地区、其

---

① 哈贝马斯:《超越民族国家?》,《全球化与政治》,第73—74页。
② 哈贝马斯:《超越民族国家?》,《全球化与政治》,第77页。
③ 哈贝马斯:《超越民族国家?》,《全球化与政治》,第78页。
④ 参看 Jürgen Habermas, *Die Postnationale Konstellation*, Suhrkamp Verlag, Frankfurt am Main, 1998, S. 104。

他文化或子孙后代的机会越来越少。这无论在重大技术的跨地区风险上,还是在富裕社会的工业所从事的危害整个地球的有害物质上,都表现得同样明显。"①单个国家不再能靠自己的力量保护自己的公民免受全球风险。另一方面,生态环境问题,恐怖主义问题,毒品走私,跨国犯罪和军火贸易,都不是哪一个国家可以单独解决的;并且,解决这些问题必然也必须对民族国家的主权有所限制。面对上述人类共同面临的严重问题,"各个国家都必须在对内政策上鲜明地被纳入一个负有世界义务的国家共同体的有约束力的合作过程"。②

哈贝马斯主张超越民族国家的第三个主要理由是维护世界和平与人权。哈贝马斯认为,产生于威斯特法利亚和约,建立在国际政治体系基础上的"权力均衡",到第二次世界大战就崩溃了。古典国际法如果没有国际法庭和跨国的审判权力机关,根本不可能像国内法庭那样得到有效的贯彻和执行。20世纪的总体战争把这种脆弱的规范框架也打破了。军备竞赛愈演愈烈,大规模杀伤性武器遍布全球,使(由独立的民族国家形成的)国家世界(Staatenwelt)处于一种危险的无政府状态。③这就迫切需要有超民族国家的政治体系来消除战争危险维护世界和平,国联和联合国的建立都体现了这种设想。此外,人权作为人类普遍的基本权利和法律意义上必须贯彻的权利,也应该得到普遍的维护,联合国的《世界人权宣言》就表明了这一点。这就意味着民族国家的主权必须受到限制。

可以看出,超越民族国家是哈贝马斯对当代人类面临的一些极为重大问题的回答,可以说,超越民族国家的思想是他这些年来政治哲学思考的主要结论之一。进一步考察他的这一思想,对于

---

①② 哈贝马斯:《超越民族国家?》,《全球化与政治》,第82页。
③ 参看 Jürgen Habermas, *Die Einbeziehung des Anderen*, S. 152。

弄清哈贝马斯的政治思想,和我们自己思考这些问题,都是有益的。

应该肯定,在全球化问题上,哈贝马斯比新自由主义者头脑远为清醒。他不像他们那样,以为经济全球化将带来普遍美好的生活。相反,他一再指出,经济全球化造成大多数人,尤其是弱势群体生活水平下降,收入差距日益扩大,而"收入差距日益扩大导致贫困者和无社会保障者增多,这方面的指数确凿无疑,社会分化的趋势同样也是显而易见"。①"不管从哪个角度看,经济全球化都破坏了一度得以实现的社会福利国家妥协的历史局面。"②这说明哈贝马斯还未完全忘记社会正义和平等的理念。

但他似乎忘了,经济全球化本身是资本主义逻辑的产物,资本主义从它诞生的那天起,就有向全球扩张,在自由竞争的幌子下实行弱肉强食的原则的倾向。更关键的是,"资本主义全球化的逻辑,正是在于要在全球范围内开发经济,把政治和意识形态置于经济需求的从属地位"。③也就是说,资本主义的逻辑必然要以经济来冒充政治,或将政治经济化,使一切都服从资本主义经济的逻辑。第二次世界大战后西方各国社会福利国家妥协的局面是特定历史条件——冷战和两大军事集团对峙条件下的产物,随着冷战结束和经济全球化的加剧,自然就难以为继。造成福利国家的政策普遍遭到质疑,社会福利支出日渐削减的根本原因不是政治的,而是经济的。但这种经济原因根本支配了当代西方国家的政治。恩格斯在19世纪就已指出:"在现代历史中,国家的愿望总的说来是由市民社会的不断变化的需

---

① 哈贝马斯:《超越民族国家?》,《全球化与政治》,第72页。
② 哈贝马斯:《超越民族国家?》,《全球化与政治》,第77页。
③ 萨米尔·阿明:《资本主义、帝国主义、全球主义》,罗纳德·H.奇尔科特主编:《批判的范式:帝国主义政治经济学》,施杨译,社会科学文献出版社,2001年,第213页。

要,是由某个阶级的优势地位,归根到底,是由生产力和交换关系的发展决定的。"①这个论断看来至今有效。

根据哈贝马斯的分析,"在西方混合经济中,国家可以在社会总产值中支配很大的份额,因而拥有转移支付、补贴,乃至实行有力的基础设施政策、就业政策和社会福利政策的活动余地。国家能够对生产和分配的框架条件施加影响,以便达到增长、价格稳定和充分就业的目标"。②可是,在经济全球化的条件下,国家不得不屈服于日益加剧的全球竞争的压力,宁要效率,不要公正,以牺牲多数人福利为代价来换取经济上的有利地位。当然,哈贝马斯认为,这种做法后果同样严重,它不仅与民主制自由社会的根本原则相违背,而且会导致社会民主稳定性受损害。应该说,哈贝马斯的这些分析有一定的道理,但却没有看到,即使在全球化条件下,民族国家也不是毫无作为,"民族国家的权力是把生产和消费从以全球市场为中心转移到以本地市场为中心并使全球性交流变成补充性活动的基础。只有在民族国家权力的基础上,才能进行植根于不断加深的社会团结和社群联系的、把生产率与更多自由时间联系起来的革新和技术组织"。③如果说哈贝马斯的分析不够全面,那么他提出的解决方案,则更成问题。

哈贝马斯的解决方案,具体而言,就是"把民族国家的社会福利国家的职能转让给能够在一定程度上适应跨国经济的政治共同体"。④

---

① 恩格斯:《费尔巴哈和德国古典哲学的终结》,《马克思恩格斯选集》,第4卷,人民出版社,1972年,第247页。
② 哈贝马斯:《超越民族国家?》,《全球化与政治》,第71页。
③ 詹姆斯·佩特拉斯:《全球化:一个批判性的分析》,《批判的范式:帝国主义政治经济学》,第285页。
④ 詹姆斯·佩特拉斯:《全球化:一个批判性的分析》,《批判的范式:帝国主义政治经济学》,第78页。

这种共同体之所以"能够在一定程度上适应跨国经济",是因为由于地理的和经济的基础扩大而在全球竞争中获得优势,加强自己相对于其他国家的地位。①哈贝马斯心目中这样的政治共同体,显然是欧盟。但正如他自己也承认的,"它改变不了经济基地竞争的模式,也不会自动地适应跨国性世界经济体系的方针转向企图从政治上对该体系的框架条件施加影响的方针"。②

如果出现这种政治共同体改变不了全球经济激烈竞争的格局,而它又不可能自动从纯被动地在经济上适应这种形势,转而主动在政治上对资本主义经济体系的框架条件施加影响,那么,这种政治共同体在面对效率与公正的选择时,仍会像单个民族国家一样,牺牲公正以赢得效率。这是无情的资本主义逻辑所决定的。更不用说欧盟不仅至今尚无原先民族国家的种种调控社会福利的权能,而且自马斯特里赫特条约以来,各成员国内反对扩展欧盟的倾向都有所增强。③因此,即使欧盟经过各成员国的长期努力后,在将来不仅有跨国货币和货币政策,而且还有共同的财政政策、经济政策和社会政策,是否就会不顾全球经济的激烈竞争而实行原来各主要成员国曾实行过的福利政策,还在未定之天。对此哈贝马斯并非不清楚。

所以,他也认为,仅仅将原先民族国家的调控能力转让给跨国性的政治共同体是不够的,关键是要以政治来驯服"横冲直撞的资本主义"。具体做法是,"要引进世界范围内的政治意志构成因素,并保证政治决策的约束力"。④也就是将国内的民主扩大到国际范

---

① ② 詹姆斯·佩特拉斯:《全球化:一个批判性的分析》,《批判的范式:帝国主义政治经济学》,第79页。
③ 参看 Jürgen Habermas, *Die Einbeziehung des Anderen*, S. 149。
④ 哈贝马斯:《超越民族国家?》,《全球化与政治》,第80页。

围,借助各政治实体的市民社会和政治舆论,形成世界性的强制互助意识。①只有公民要求大力转变对内政策形成观念压力,具有全球行动能力的行动者,包括民族国家在内的各种政治共同体的自我意识才会发生变化,才会日益把自己视为一个只能相互合作和相互兼顾利益的共同体的成员。

尽管哈贝马斯认为今天已无人愿意追随乌托邦,但他的这个以广泛的全球民主来驯服资本主义的想法,却不能不说是乌托邦的。既然单个民族国家的市民社会及其政治舆论都不足以使它们的政府不屈从资本的逻辑,而坚持社会民主的政策,那么怎么能指望它们(即使能)形成的世界性互助的意识能使一个超民族的政治共同体牺牲自己在全球经济中的有利地位,去实行民族国家无法继续实行的社会福利政策呢? 此外,我们的时代是一个商业力量更强、更富于侵略性而且比以前面临更少有组织反抗的时代。资本的力量不仅可以将其政治权力编成法典,也可以通过影响和占有媒体来控制舆论。②在这种情况下,不利于资本主义发展的舆论永远不会成为主流,更不用说影响和改变政治的方向。

更有甚者,如乔姆斯基所指出的,政府是现代资本主义制度的核心。它们向那些占统治地位的经济集团提供大量的政府津贴,使其能够在众多领域中牟取更大利益。鼓吹新自由主义的国家要求政府退出经济领域,让市场自由发挥作用,但实际却是自己利用国家的力量来削弱和打垮一切可能的竞争对手,保持自己的优势地位。例如,肯尼亚的纺织工业在1994年彻底崩溃,原因就是克林顿政府通过设立配额,阻止了其他任何工业国家一直遵循的发

---

① 哈贝马斯:《超越民族国家?》,《全球化与政治》,第83页。
② 罗伯特·W.迈克杰斯尼:"《新自由主义和全球秩序》导言",诺姆·乔姆斯基:《新自由主义和全球秩序》,徐海铭、季海宏译,江苏人民出版社,2000年,第3、5、185页。

展道路。①在新自由主义意识形态占统治地位的时代,世界公民互助只能是一个遥远的梦想。由世界公民参与的国际民主,更是如此。哈贝马斯想要以此为基础来驯服资本主义,不能不是彻头彻尾的空想。

在今天的世界上,有许多问题,像环境生态问题,跨国有组织犯罪问题,军火交易,毒品走私,金融风险等等,的确不是任何一个国家能够单独解决的,需要各国的互助合作。这些问题必须在世界范围内加以解决,意味着国家权力要受到一度的限制。此外,我们的确生活在一个风险共担的时代,全球化也意味着灾难和风险的全球化。任何国家都不可能置身于人类的共同命运之外,而必须和别的国家一起承担起人类的共同命运和责任。个别国家的主权必须服从人类的共同利益。这都没有错。但这未必一定意味需要超越和削弱民族国家。

虽然在20世纪已经出现了治理的区域性和全球性制度和机制,出现了像绿色和平运动这样的全球性跨国行动者,但即使是联合国,也在许多方面仍然软弱无力,全球治理的机制还未形成。在这种情况下,对付上述全球性问题,恰恰只能以民族国家和区域治理为单位,通过民族国家的合作来进行。事实上,在对付像使用麻醉品、管理核废料、军事安全、砍伐热带雨林、保护土著居民、使用非再生资源、管理和控制动物和人类基因工程上等问题,国家仍是最有效的执行单位,尽管这些问题本身超出了国家的边界之外。国际合作和各种政治共同体也许可以超越和限制国家权力,但还不能完全取代它。哈贝马斯自己也不得不承认这一点:"要使利益协调和普遍化的程序以及创造性地策划共同利益的程序制度化,不能靠根本不受欢迎的

---

① 诺姆·乔姆斯基:《新自由主义和全球秩序》,第7、21页。

世界国家这一组织形式来实现,而要靠以前各主权国家的自主、自愿和独特性来实行。"①

实际上,正如有的国外学者所指出的,经济全球化绝不必然等于国家权力的弱化,而只是改变了国家权力实施的条件。②哈贝马斯设想超国家的全球市民社会可以解决人类面临的全球问题。但且不说这种"超国界的市民社会"是否真正可能还是个问题,组成这种全球市民社会的某些非政府组织和社会运动也完全可能是代表局部利益的排斥性的、相互对立的团体。③以为只要诉诸超国家的市民社会就可以解决国家无法解决的问题,那的确是像有的论者所说的那样,"把实际问题简单化了,理所当然地把建立制度,发展公民社会组织看作是解决问题的唯一途径,没有深入探讨制度、功能以及国家与公民社会之间的关系。而且由于流于制度层面的分析,忽视了现有国际关系中的不平等"。④因此,试图超越民族国家来解决全球问题的方案,同样是一种不切实际的空想。

至于通过超越民族国家来保障世界和平和推行人权政治,则问题更大。在这个问题上,哈贝马斯肯定是受了康德"永久和平"思想的启发。康德认为,既然人际关系可以通过法律的实施从自然状态向市民社会状态过渡,那么国家间的关系也应该依照这个模式从自然状态过渡到法治状态,只有这样,才能产生永久和平。而国与国之间的法治状态必须通过建立合法的国际组织来保证。但是,康德心目中的国际组织,决不拥有统治权,而只是一个自由国家的联盟或联

---

① 哈贝马斯:《超越民族国家?》,《全球化与政治》,第83页。
② 戴维·赫尔德等:《全球大变革》,第608页。
③ 杨雪冬:《全球化的文明化和民主化:一条艰难的路》,《全球大变革》译序,《全球大变革》,第24—25页。
④ 杨雪冬:《全球化的文明化和民主化:一条艰难的路》,《全球大变革》译序,《全球大变革》,第24页。

邦,随时可以撤销并定期更换。①但他赞成的自由国家的联盟能否维护和平却是很成问题的。因为它应该服从成员国,就像成员国服从各自的公民一样。②这个国际组织应该绝对尊重各成员国的主权,因为"国家是一个人类的社会,除了它自己本身而外没有任何别人可以对它发号施令或加以处置"。③这样,这个国际组织的权力就受到了严格限制,它其实无法制止可能的战争。

但康德却认为可以,因为永久和平的根据在三个从理性中自然生长出来的倾向,即:(1)共和制国家自然的和平天性,(2)世界商业的统一的作用,(3)政治公共性的功能。它们使得各国出于自利而不要战争。哈贝马斯虽然认同康德将国际关系法律化、世界公民法和世界公民的思想,但却认为,康德在《永久和平论》中所表达的思想,经过二百年人类历史的经验证明已经过时,必须根据变化了的历史条件重新加以阐明。

哈贝马斯认为,康德永久和平的观念是建立在威斯特伐里亚和约形成的国家体系和古典国际法基础上的,但全球化使得古典国际法的根本前提——国家主权神圣不可侵犯和内政与外交的绝对区别成了问题。一方面,跨国企业和有国际影响的私人银行正在掏空名义上属于民族国家的主权;另一方面,随着经济的解民族化,尤其是随着金融市场和工业生产世界范围的相互联系,民族政治已经失去了对一般生产条件的控制,因而也失去了对保持已实现的社会标准的控制。④与此同时,民主化政治和人权政治的规范观点以及权力本身的扩散改

---

① 参看列奥·施特劳斯、约瑟夫·克罗波西主编:《政治哲学史》,下册,李天然等译,河北人民出版社,1993年,第721页。
② 参看列奥·施特劳斯、约瑟夫·克罗波西主编:《政治哲学史》,下册,第720页。
③ 康德:《历史理性批判文集》,何兆武译,商务印书馆,1996年,第99页。
④ Jürgen Habermas, *Die Einbeziehung des Anderen*, S. 202 - 203.

变了古典强权政治的状况。康德自由国家联盟的主体——民族国家的基础,正被抽去。①

根据古典国际法,民族国家享有一般无罪推定(die generelle Unschuldsvermutung),但随着20世纪人类区分了侵略战争和反人类罪后,它们已失去了这种无罪推定。②而联合国的建立及其《世界人权宣言》,以及对侵略战争和人道罪行进行惩处,都表明古典国际法的不干预原则已受到限制。③但哈贝马斯对联合国反对侵略、维护人权的功能并不十分满意。不仅是因为联合国没有自己的惩罚力量,可以强制执行它的决议,而且也在于它对国家主权的暧昧态度。联合国不管各国内部事务,1991年联大在决议中宣布:"各国的主权、领土完整和国家统一必须在与联合国宪章一致的情况下得到完全的尊重。"④哈贝马斯认为这种暧昧态度既限制又保证了各国的主权,对此他是不以为然的。他的根本理由是人权。

在哈贝马斯看来,人权是人最基本的普遍权利,它既是道德范畴,也是法律范畴。作为法律范畴,它表现为法权。这意味着侵犯人权就是犯法,世界公民就可以对之绳之以法。所以哈贝马斯更注重作为法律范畴的人权,他所谓的世界公民法就建立在这种人权范畴基础上。在他看来,人权保护的痛处就在于缺乏执行权力,它可以一旦需要,通过侵犯民族国家主权使一般人权得到尊重。由于人权在许多情况下必须通过反对民族国家政府来加以贯彻,国际法不得干

---

① Jürgen Habermas, *Die Einbeziehung des Anderen*, S. 203.
② Jürgen Habermas, *Die Postnationale Konstellation*, S. 159.
③ 哈贝马斯:《兽性与人性——一场法律与道德边界上的战争》,刘慧儒译,《读书》,1999年,第9期。
④ Jürgen Habermas, *Die Einbeziehung des Anderen*, S. 209.

涉(内政)的原则应该修正。①相反,如果人权仅仅是道德范畴,它就不能是强制干涉的正当理由,用哈贝马斯自己的话来说,就是"呼唤良知的道德规范不能像既定的法律规范那样强加于人"。②只有作为法律范畴,国际社会才能像惩罚一个罪犯一样侵犯一个违反人权的国家的主权,迫使它尊重人权。这就要求将国际关系法律化,即以世界公民法代替过时的古典国际法,并将其制度化和程序化。③有了这样的制度和程序,就可以名正言顺地、合法地加以干涉。可见哈贝马斯支持科索沃战争不是一时冲动,而是有着深刻的思想基础。

从理论上讲,哈贝马斯似乎没有错。如果承认人权是人普遍的基本权利和主权在民的原则,那么当一国政府破坏人权时,不仅它的人民有权起来反抗,世界上其他国家的人也可以批评干涉,及时干涉可以制止大规模的灾难。但是,正如哈贝马斯所看到的,要能合法有效地干涉,需要三个先决条件:(1)得到普遍公认的世界公民法;(2)一个世界公民的政治法律共同体;(3)它所拥有的执行权力或执行暴力。可是,在今天的世界上,这三个先决条件一条也不具备。

首先来看世界公民法。按现代民主理论,民主法治国家就是根据人民的意愿和自由意志确立的合法性秩序,法律的受者也是法律的作者。④哈贝马斯心目中的世界公民社会虽然不是一个世界国家,但毫无疑问也是一个放大了的法治秩序,其基本法——世界公民法,无疑也应该由来自各种文化传统,各个国家的世界公民来制定。但这在现在还根本做不到。因为不仅现在的国际政治中充满了强权话语,而且不同文化和传统之间的民间交往也充满了种种文化中心论的偏见。这些强权话语和文化中心论后面,则是特殊的集团利益。

---

① Jürgen Habermas, *Die Einbeziehung des Anderen*, S. 212.
②③ 哈贝马斯:《兽性与人性——一场法律与道德边界上的战争》。
④ Jürgen Habermas, *Die Einbeziehung des Anderen*, S. 136.

即使是哈贝马斯所要求的保证理性交往的前提——民主程序的制度化,也只有在克服了这些现实的障碍后才能名副其实地加以实施。否则,人们有权问:谁来制定程序和制度?这些人的权力何来?然而,在大型经济集团通过控制"生产方式、交流、舆论、交通和通讯,并集中控制新闻媒体和其他舆论宣传机构"的时代,①指望通过理性平等的自由交流达成共识,形成民主意见和意志,并以此来决定世界事务,使之能符合全人类的共同利益和民主原则,岂不又是一个乌托邦?任何乌托邦都有意识形态的色彩,哈贝马斯的乌托邦也不例外。将未经联合国授权的科索沃战争说成是"从国家间的古典国际法向世界公民社会的世界公民法演变过程中的一个飞跃",②充分暴露了哈贝马斯的意识形态立场。但人们不禁要问:世界公民法究竟应建立在什么基础上,理性的讨论,还是暴力的强加?不管人们对哈贝马斯的思想如何理解,它所表现出来的意识形态倾向,却反映了今天世界的现实。

哈贝马斯心目中的世界公民共同体,在今天的世界也根本不存在。今天的世界,依然是强者的世界。在国际事务中,权力(暴力)和金钱占优势的国家一言九鼎,就像在国内事务中垄断钱权的人说了算一样。按照康德的思想,世界公民的权利以普遍的友好交往为条件。③但在今天的世界上,弱者的权利常常得不到尊重,强者对弱者动辄以武力相威胁,这说明我们离世界公民体制还很远。如果说人与人之间的不平等事实上有损弱者的人权,那么国家间的不平等,如哈贝马斯自己也承认的经合组织国家与经济还十分落后的边缘国家之间的不平等的依附关系,④就使得世界公民共同体困难重重,在目

---

① 诺姆·乔姆斯基:《新自由主义和全球秩序》,第36页。
② 哈贝马斯:《兽性与人性——一场法律与道德边界上的战争》。
③ 康德:《历史理性批判文集》,第115页。
④ Jürgen Habermas, *Die Einbeziehung des Anderen*, S. 152.

前根本不可能。而没有这样一个理想的正义维护者和执行者,谁又有足够正当的权力来侵犯和剥夺一个国家的主权呢?

此外,皮之不存,毛将焉附,假如目前还不存在这样一个世界公民共同体,那么那属于它的,必要时强制执行干涉政策的武力也就更不可能了。如有,那一定是一些国家的武力以国际社会的名义在"替天行道"。但这些武力如何行动,实际当然只听它们自己政府的,而不是任何别的机构和组织。就拿经常充当"世界警察"的美国来说,它"首先考虑的是自己的利益,而它的利益与所宣称的规范目的并不总是一致的"。①不仅如此,事实上,"华盛顿推行的治外法权法律原则确认,美国法律高于被认为是主权国家的法律……"②那么我们怎么能防止有些国家以人权或别的什么高尚的名义,损害别人的主权,实际却是在推进和扩展自己的利益呢?在世界公民共同体还不存在的情况下,鼓吹超越民族国家究竟对谁有利呢?

事实上,"当代全球化的独特特点决不预示着民族国家的终结或国家力量的侵蚀。……许多国家,特别是发达资本主义国家在关键方面显然已经变得更加主动"。③"在发挥跨国公司作用的能力方面,和更重要的在扩大国际流动中的统治阶级的世界市场的份额的能力方面,帝国主义的民族国家正在使它扩大到最大限度。"④在这种情况下,政治经济诸方面相对处于劣势的非西方国家如再放弃或削弱自己的主权的话,会是怎样的后果?我们看到,在民族国家制度解体的地方,几乎无一例外地引起战争和悲剧。那些因内战或宗教冲突而陷入无政府状态的地方,并未因国家主权的极度削弱而人权状况

① 哈贝马斯:《兽性与人性——一场法律与道德边界上的战争》。
②④ 詹姆斯·佩特拉特:《全球化:一个批判性的分析》,《批判的范式:帝国主义政治经济学》,第284页。
③ 戴维·赫尔德等:《全球大变革》,第602页。

有所改善,或获得和平。外部干预可以获得一时的和平,制止大规模迫害,但无法根本解决问题。

总之,哈贝马斯从普遍人权出发,希望通过用世界公民法将国际关系法律化,以一个世界公民共同体的名义,用这个共同体所控制的强制执行力量,对一切破坏和平与人权的国家和政府进行干预、制裁或剥夺它们的主权来维护和平与人权,只是他脱离实际的美妙设想,根本无法按票面兑现。这是因为,民族国家的世界体系得以产生的根本条件,现代性及其政治、经济逻辑并未随着全球化的到来而过时。即使是在哈贝马斯看来与美国有别的欧盟,也并非不是从自己的利益出发来决定干预与否。特殊的民族利益永远在普遍的人权原则之上,这只要看看欧盟国家的移民政策就可知道了。

西方国家不等于国际社会,也不等于是普遍人权原则的当然代表。世界上大部分国家在人权问题上与西方的态度并不一致。非西方国家与西方国家在人权问题上的分歧,并非如某些西方思想家(包括哈贝马斯)所认为的那样,纯粹是为了维护自己的专制制度,而更多的是从几个世纪所遭受的帝国主义和殖民主义的惨痛经验而来。因此,它们不会轻易相信那些动听的语言,而是清楚地看到,西方会凭借世界自由贸易和人权的极端双刃剑,为更新其独特的自身合法性服务。[①]西方"人道主义的干预"并未给世界带来新的和平。相反,如德国著名社会学家贝克所指出的:"西方的'人道主义干预'将威胁越来越多的世界居民。人们在推行新自由主义的世界政策的过程中鼓吹并创造一种弱国家世界体系,在这样的世界体系中,对世界主义使命的帝国主义滥用将不再有任何障碍。"[②]

---

① 乌尔里希·贝克:《全球化时代民主怎样才是可行的?》,《全球化与政治》,第42页。
② 乌尔里希·贝克:《全球化时代民主怎样才是可行的?》,《全球化与政治》,第45页。

哈贝马斯不是新自由主义者，相反，他一直对新自由主义持批评态度。①在一般人看来，新自由主义是右派，出身批判理论的哈贝马斯是左派。可为什么在对待民族国家问题上，他们却殊途同归呢？虽然许多人将哈贝马斯视为批判理论的后起之秀，但与早期批判理论不同的是，哈贝马斯从未对现状持完全的否定态度。在对待资本主义，对待现代性这些根本问题上，他更接近自由主义，而不是早期批判理论。他和自由主义者一样，是绝对的普遍主义者，他们都认为全球化将迫使各国走上与西方相同的发展道路。从上世纪80年代开始，哈贝马斯逐渐适应了现状。他似乎放弃了对资本主义的任何理论批判，转而强调法律在现代社会的重要性，关注自由主义与民主的关系，以法治和民主来论证资本主义制度的正当性。他的早期著作还提出要使经济、公共行政和政党民主化，但现在他追求的却是权力、金钱与团结之间适当的平衡。他的确对民主感兴趣，却不对分配感兴趣。他维护作为理性的政治争论前提的平等，但不是社会平等本身。②归根结底，哈贝马斯并不反对市场资本主义，而只是希望它能有点人情味，能顾到一点弱势群体，以保持战后西方各国好不容易获得的社会妥协，避免资本主义所取得的各项成就毁于一旦。③

在全球化的条件下，国家主权的确有所削弱和变化，但它仍是全力扩张的全球资本主义的一大障碍，"全球化没有带来'国家的终结'，反而推动了各种调整战略的出现，而且在某些方面推动了更加积极的国家的出现。因此，国家政府的权力不一定被全球化削弱了，相反正在重组织和重构，以迎接在一个相互联系更紧密的世界中治

---

① 参看 Jürgen Habermas, *Die Postnationale Konstellation*, S. 144ff。
② 参看 Jan-Werner Müller, "Jürgen Habermas", in *Prospect*, March 2001, pp. 47–48。
③ 参看 Jürgen Habermas, *Die Einbeziehung des Anderen*, S. 148。

理过程不断复杂的挑战"。①在这种情况下,普遍主义者,西方中心论者,全球资产者,当然要以全球化和世界主义的神话来瓦解民族国家主权的正当性。而并不反对资本主义的全球扩张,而只是要"通过对全球化市场的框架条件施加政治影响的方式补充全球化市场"②的哈贝马斯,对此有相似的立场,是不奇怪的。

然而,全球化也好,世界主义也好,它们决不等于"全人类共同利益"。相反,对于不同国家、不同民族、不同利益集团、不同社会群体,甚至不同个人,它们的含义是不一样的。简单地将全球化和超越民族国家说成是"世界共同利益",也许正掩盖了这个世界实际存在的激烈尖锐的利益冲突。"西方经济强国从'世界共同利益'中获得了新的权力资源:全球市民社会的议题为正在全球活动的西方进行经济和军事干预提供了意识形态工具。"③在今天的世界上,不管出于什么理由,鼓吹超越民族国家或民族国家消亡,客观上只会产生这样对非发达国家十分不利与危险的前景。这当然不是由于什么人的恶毒意向,而根本是由于当今世界的政治经济格局和远未退出历史舞台的国际强权政治的逻辑决定的。哈贝马斯超越民族国家的思想不管主观意图可能多么善良,实际一定会成为强权政治的某种辩护,他对科索沃战争的态度,就证明了这一点。

---

① J. Rosenau, *Along the Domestic-Frontier*,(Cambridge:Cambridge University Press,1997),转引自《全球大变革》译序,第 14 页。
② 哈贝马斯:《超越民族国家?》,《全球化与政治》,第 88 页。
③ 乌尔里希·贝克:《全球化时代民主怎样才是可行的?》,《全球化与政治》,第 43 页。

哈贝马斯和帝国主义

哈贝马斯一直自命自己是一个关心公共领域的"公共知识分子",并以此与他德国大学的同事相区别。但与萨特和罗素这样的公共知识分子不同,他决不涉足街头示威与广场集会,更不会像伯尔那样在铁路上堵截载有核子武器的军车;而是以接受传媒采访,为报章撰文为他介入公共事务的主要手段。

对于目前的科索沃战争,虽然西方的舆论一致到了惊人的地步,民意调查也显示半数以上的人支持北约发动的这场战争,但给米洛舍维奇的"希特勒第二"的帽子,尺寸终嫌大了些;用最先进,最精确,最有杀伤力的战争手段来维护人权的逻辑也还未臻完善,须进一步加以阐明。尤其是北约"正义之师"轰炸的牺牲者早已不是军事指挥部、地面部队、机场或通讯设施,而是医院、民宅、发电厂和面包房这样的生活设施;牺牲者也早已不止是"执行种族清洗的直接责任人",也包括老弱妇孺,平民百姓,以及第三国的记者和儿童。现代传播手段每天传来的悲剧场面和令人发指的罪行,时时在刺激着人们的神经和良心。这一切自然需要哈贝马斯这样的"公共知识分子"出来排疑解惑,指点迷津。

他也果然不负众望,于最近在德国有影响的《时代》周报发表了题为《兽性与人性》的长篇文章,专门讨论巴尔干战争。文章的标题来自哈贝马斯近年来在政治哲学上的主要批判对象——卡尔·施密特(Carl Schmitt)。卡尔·施密特有一个著名的反人道主义的公式,曰："人性，兽性。"意谓人性就是人的自然性，即其动物性，或者兽性。这其实也不是什么了不起的发明，或骇人听闻的主张。古典自由主义的理论核心，契约论的前提——自然状态，实际上已经蕴含了人性即兽性的意思。而此番哈贝马斯用一连词"与"将"人性"和"兽性"隔开，自然表示人性与兽性判然有别。施密特认为国家间的斗争完全是自然的斗争，将原本中性的国家利益至上原则（Staaträson）"道德化"，势必使国家间的自然斗争变成卑劣的"反对坏人的斗争"。而哈贝马斯却认为人权政治决定了国与国之间斗争的道德性。换言之，与人权政治有关的一切，包括战争，都有道德的性质。

但道德并无强制惩罚的功能，即使为了人权的目的发动战争，也必须有法律的依据，才能师出有名，才是名副其实的"正义战争"。但北约发动的针对南联盟的战争，其道德性固已并非无可非议，法律上更是毫无根据。这两个问题不解决，厚颜无耻的政客和嗜血成性的将军们固然无所谓，善良百姓即使接受政府的做法和说法，那些无辜牺牲者的悲惨遭遇，多少会使他们清夜扪心，辗转难眠。毕竟，以暴易暴不仅在逻辑上，而且在情理上也很难说得通。

哈贝马斯对此洞若观火，故其文章的副标题也十分醒目："一场法律和道德边界上的战争"。这个副标题的确很妙。如果是"一场法律和道德边界内的战争"，那么他的文章纯属多余。"在法律和道德的边界上"，既暗示了还有问题需要解决，又暗示了解决的方向。这就是论证北约发动的战争既有道德理由，又有法律依据。这样，许多还有顾虑的人每天可以安然入睡，无须良心不安了。笔者在特里尔大学的一位德国同事曾师从哈贝马斯，毕业多年，只要老师在法兰克福大学有课或讲座，必驱车前去聆听。此次读了哈贝马斯的文章后，如释重负，说从此可以安枕了。

我虽非哈氏信徒，听了此言却也颇受鼓舞，于是正襟危坐，恭读奇文。然而，却越读越困惑。一上来，此公就说北约打的不是传统的战争，而是一场"外科手术般精确的，有计划地保护平民"的战争，而这两点具有高度的合法意义。也就是说，北约的暴力行动如同执法的警察的暴力一样，专打坏人，不伤无辜。这自然符合道德要求，其合法性也由此产生。然而，道德的行为不一定是合法的行为，稍有常识的人都知道。这且不去说它。北约进行的这场战争究竟是否"外科手术般的精确"，和"有计划地保护平民"，只要问问中国驻南使馆三位记者和索菲亚郊外六名儿童的冤魂。无视每天在各种传媒上俯拾皆是的事实，来为自己的先定目的展开论证，说明作者缺乏一种基本道德——诚实。

当然，哈贝马斯不是一位蹩脚的西方宣传机构从业员，而是享有世界声誉的哲学家。他对科索沃战争的辩护，既出于他的政治立场，也出于他的哲学立场。《兽性与人性》一文，实际上移植和挪用了他近年出版的一部重要著作《事实与规范》的一些基本思想。《事实与规范》是一部研究法哲学的著作，其基本出发点就是将道德和法律直接挂钩，法律内在地与道德和政治相关。哈贝马斯秉承康德的思路，认为道德原则必须能普遍化。而古典自由权的人权内容与它们的形式——最初只限于民族国家的成文法——之间存在着脱节。正是这种脱节使人们意识到，以对话为基础的"权利系统"要超出单一的宪政国家，而指向权利的全球化。康德已经认识到，根据其语义内容，人的基本权利要求光是一个国际法院是不够的；只有一个不仅能通过，而且能强制执行其决议的联合国结束了单个主权国家的时代，国际法院才能起作用。

但问题在于，无论如何，今天仍然是单个主权国家的时代。康德设想的"世界社会"或"和平联邦"（*foedus pacificum*）；或哈贝马斯所谓的"世界公民的联合"（Assoziation von Weltbürgern）之类的东西并不存在。只有一个根本无法左右大国行为的联合国,只有一个只有不拂逆美国的意志,才有权威可言的联合国。尽管如此,今天人们一般还是认为,只有经过联合国授权,对一个主权国家动武才是合法的,才不是侵略。北约对南联盟的空袭并未经过联合国授权,北约显然也不等于国际社会,北约对南联盟的军事行动,按照现行国际法,按照普通人的常识,毫无疑问是侵略。

然而,以批判理论的传人自居的哈贝马斯却说"不然"。他说,按照古典国际法,北约的做法是干涉一个主权国家的内部事务,违反了不得干涉的禁令。但是,在人权政治的前提下,这种攻击应理解为"国际社会授权的(虽然没有联合国的委托)的武装创造和平的使命"。在后现代的状况下始终坚持理性原则的哈贝马斯,在这里开始有点强词夺理了。"没有联合国委托",也就是没有得到国际社会的认可。不管人权政治的前提是什么,都得不出应该把没有得到国际社会认可的军事行动理解为"国际社会授权"的结论。至于"武装创造和平的使命"(eine bewaffnete ... Frieden schaffende Mission)这种说法,从修辞学的角度讲,十分蹩脚;从逻辑上讲,则颇成问题;与事实更是截然相反。持续两个多月的轰炸创造的不是和平,而是进一步的杀戮,是死亡、苦难与仇恨。

这些,尤其是没有委托引起的不安,不是一个缺乏根据的"应该"可以轻易消除的。"人权政治的前提"也无法完全解决北约动武的合法性问题。即使西方指控的米洛舍维奇"种族清洗"的罪名桩桩坐实,北约动武也只有道德的理由,而没有法律的依据。北约不是世界政府,也不是世界警察,它根本没有对一个主权国家执法的权力,况且,也不存在这样的世界法。近年来一直致力于法哲学研究的哈贝马斯自然知道"合法性"三字对于北约军事行动的重要性,他也就以此为目标来做文章。

他的策略是,提出国家关系彻底法律化。就像他的绝大部分主要观念都是取之他人一样,他的国家关系法律化的思想也是从康德那儿来的。在康德看来,独立人格的充分发展是文明的目标,这个目标只有通过建立普遍的法律规则,也就是说,通过一个将确保普遍与永久和平的组织的计划才能达到。由此,康德设想通过国家关系的法律化来消除国家间的战争与冲突。但这种法律必须是各个主权国家自愿接受的,而不是外部势力强加的。并且,法律只是道德特殊的制度化,由此,不能有战争的"法律"。康德相信人性本恶,自然状态就是战争状态,甚至另一个人的存在本身就是威胁。既然文明人是靠法律的约束来防止彼此伤害,国家间当然也应该照此办理。但一个根本不同在于,个人可以服从一个外在的强制力量,只要他们是同一个国家的子民;可国家间却没有一个共同的外在强制力量可以服从。尽管如此,各国还是对法律概念表示了尊重。即使在为侵略战争辩护时,也总要引用格劳修斯、普芬道夫、瓦特尔等人的话。这说明尽管人性本恶,但在人性中还存在一种更大的道德品质,要审判和控制人身上恶的因素,并希望别人也这么做。康德认为这是我们谈论国家间法律和权利的基础。但是,目前人类的上述道德品质还处于休眠状态。国家间追求它们权利的方式还只是战争。可是,康德认为,战争及其成功的结局——胜利决定不了什么是法律和正义。一纸和平条约只结束一场特殊的战争,但并未结束人类的战争状态。严格说,人们也不能将此称为不义,因为在此条件下,每个国家都是它自己的案例的审判官。国际法下的国家并不服从对在没有法律的自然状态中的个人有效的规则:"他们应该离开这种状态。"因为国家内在地有一个法律制度,它们的公民不会受那些希望将他们置于一个根据那些人自己的法律规范建立的法律制度之下的人的强制。

然而,理性谴责将战争作为决定什么是正义的方法。理性使建立和平状态成为一个直接的责任。这种和平状态不能没有国家间的条约,因此,必须有一种可称之为和平联邦(foedus pacificum)的特殊联邦,它有别于和平协定。后者试图结束一次战争,而前者要永远结束一切战争。这个联邦并不要保证国家的某种另外的权力,而只是要确保每个国家自享和自为的自由,同时保证相互联合的国家的自由。理性必然要将这样一个联邦与国际法的概念联系起来。另一方面,一个发动战争权利的国际法概念是毫无意义的;因为它被设定为不是根据限制个人自由的法律,而是依靠武力和片面的原则来决定何为正义的权利。根据理性,相互关联的国家除了放弃它们野蛮的,无法无天的自由,接受公共的和可强迫的法律,从而形成一个不断成长的世界政府(civitas centium),这个世界政府最终将包括所有国家外,没有别的方法可以摆脱国家间无法的状态,这种状态只有战争,没有别的。但康德清楚地看到,理论上合理的事情实际上未必行得通。各国不会要这样一个世界政府,就像它们在国际法概念上不会一致一样。所以世界政府的积极概念必须为一个消极的国际联盟所代替,有总比无要好。康德心目中的这个国际联盟并不是"国家的国家",或"国际政府",而是各民族的"和平联合"。它并不具有对各主权国家立法、执法或司法的功能。康德坚信现代民族国家的主权,所以他心目中的这个国际联盟(Völkerbund)不必是一个国际政府(Völkerstaat)。国际政府包含一个矛盾,因为每个政府(Staat)都有上(立法者)下(老百姓)关系。但国际联盟是彼此平等的国家的联邦,正因为它们不能合并为一,才有必要以国家联盟来保障彼此的权利。

虽然哈贝马斯经常以康德作为自己的理论先驱,此次也不例外,但从上述康德关于国际关系和世界和平的思想来看,他的思路,与哈贝马斯在《兽性与人性》中表达的思路,是根本不同的。康德谈论国际法是为了永远消除国家间的战争；而哈贝马斯却是要使这种战争合法化。他在《兽性与人性》中说："国际关系彻底法律化没有固定的解决冲突的做法是不可能的。"不言而喻，北约对南联盟的战争行为就是他所暗示的"解决冲突的方式"。北约已经宣布它们的"业务范围"将扩大到欧洲以外的地方，而哈贝马斯也在考虑，一旦北约在其他地区，比如亚洲"用武力推行人权政治"的话，法律依据从何而来。

现在看来，国际关系中没有一定的法律的确是十分危险的。但国家间法律本身的依据是什么？康德一方面主张国际法应该以自由国家的联邦为基础；另一方面又看到国家间的法律与个人间的法律情况很不一样。个人服从国家这个外在的司法和执法的强制力量；可国家没有一个外在的强制力量可以服从。世界政府从理论上讲没有问题，实际上却行不通。而且，康德也意识到"世界政府"会唤起一个世界范围专制主义的幽灵。因此，一个消极的替代物——国家联邦倒比一个积极的世界政府概念更可取。但这种联邦缺乏有效的手段来防止战争，因为它的法律只能建立在人的道德性上，而人的道德性正处于沉睡的状态。

而对于哈贝马斯来说，问题要简单得多，只要有一定的玩弄语言的能力即可。关键是模糊道德与法律的界限。哈贝马斯这篇文章的副标题暗示了他全部论证策略的奥妙所在——"在法律与道德的边界上"。此次北约对南联盟用兵，唯一的理由是"人道"或"人权"。但"人权"基本是个道德理由，而不是法律依据。以人权为理由对一个主权国家实施军事打击，在现行的国际法上找不到根据。联合国安理会这条路又被堵死了。北约只能以国际法的道德有效性为根据，但因为这些规范只是道德规范，所以并没有相应的为国际社会承认的运用法律和执行法律的有关机构。在此情况下，固然可以用诸如"国际社会"或"世界公民状态"这种模糊概念来作北约军事行动的间接主语,但画饼毕竟难以充饥。问题是现在世界上并没有一个军事集团可以以某种借口对一个主权国家动武的法律;北约自己的章程上也写明,只有在自己的成员国遭到别国攻击时,才能对别国动武。因此,必须将人权的道德理由同时也变成法律依据。哈贝马斯一语道破天机:"如果人权不是作为自己政治行为的道德取向起作用,而且也作为在法律意义上必须贯彻的权利,事情看上去就不一样了。不管其纯粹的道德内容,人权显示了主体权利的结构特征。它本身需要在强制的法律秩序中付诸实施。"

哈贝马斯在这里的推论是,只要人权是法律意义上必须贯彻的权利,北约出兵就有了法律依据。这个推论若要成立,前提是要有将人权视为必须实行的权利的法律;问题是在一些国家里可能已有这样的法律,但在世界范围内却告阙如。也就是说,在当今世界,还没有可以在任何国家强制实行人权的世界法律。而没有这样一个法律的重要原因,是各国由于文化、历史或传统的差异,对人权的理解和解释还不尽一致。此外,现在世界上也不存在一个"强制的法律秩序",这是北约此次大动干戈所要达到的目的。以它作为北约动武的法律依据,在逻辑上犯了以要论证的结论为论证前提的错误。

哈贝马斯之所以犯这样的推理错误,是因为他不适当地以西方的法律秩序来类推世界法律秩序,认为只要人权像基本权利在德国宪法中有其位置那样,在世界民主法律秩序中找到"一席之地",被强制施行人权的人民也就会认同这人权。这等于说,西方对于人权的看法,具有世界法律的效力。这是典型的欧洲中心论的逻辑。

哈贝马斯的哲学由于始终坚持"启蒙的普遍主义",因而有明显的欧洲中心论的倾向。尤其在谈论人权问题时,更是如此。1994年在《科隆城报》对他的一次采访中,采访人曾尖锐地向他发问:"你与人权联系在一起的普遍主张不会有某种形式的不可容忍的欧洲中心主义吗？你显然相信在各人民之间有一基本的价值一致。这真的存在吗？想一想在伊斯兰社会和西方社会妇女的社会地位。"哈贝马斯的回答是这样的："今天世界市场,各种形式的交往,各种交流和技术已经如此紧密地将各个国家、文化和社会联系在一起,没人再能避开别人。我们没有选择:如果我们要避免重新陷入原子的种族战争,我们必须同意某些公平共存的规则。一个例子就是在人权上一致,虽然对人权的解释是可以争论的……平等尊重每一个人的规范思想是在欧洲产生的,但不能因此说它是有偏见地表达了欧洲文化和欧洲要表明自己的意志。人权也在于反省,它使我们能从我们自己的传统中抽身退步,学会从他人的观点理解他人。欧洲不仅产生了殖民主义和帝国主义,其丑恶是无法掩盖的;西方理性主义也产生了可以使我们对欧洲中心主义持批判态度的认识立场。这当然不是说欧洲人和美国人不需要阿拉伯、亚洲或非洲文化的成员启发他们特选的人权解读法上的盲点。我之所以认为这可能,是因为不同的道德观念最终是从整体受到伤害,和得不到承认的共同经验中产生的,即这些观念源于任何还算是正常的家庭的基本经验。如果伊斯兰妇女的地位像在西方世界那样变了,因为妇女要解放自己——又有什么不好?"

从哈贝马斯的回答中,我们可以看到,就像在《兽性与人性》中再次看到的那样,由于其理不直,他不能不用迂回曲折的修辞手法来表达他真正要说的话:一方面冠冕堂皇地表示要学习别人,批判欧洲中心论;另一方面却处处暗示欧洲的价值是普遍的,不同的道德观念是由于负面的生活经验产生的。言下之意,人类的道德观念应该是一致的。但是,事实上人类今天并无共同的道德体系,即使对于人权,看法也不一致。在这种情况下,是否可以不要,也不能公平共存了呢?按常识看,公平共存的首要条件应该是相互承认,平等尊重,包括尊重不同意见；而不是在条件不具备的情况下，以自己的观念为普遍观念，强求一致。如果西方的人权观念具有普遍标准的意义，那么学会用他人的观点来理解他人，让非西方人来启发西方人人权解读法上的盲点这种话，不是非常虚伪的饰词吗？

不仅是虚伪。在这次战争中，在哈贝马斯的这篇文章中，这种虚伪变成了赤裸裸的专制。既然知道在今天的世界上，关于人权还有不少争论，怎么可以"动用军事暴力来获得人权？"既然出于尊重和维护人权，怎么可以"家长式地行事"？"很好的道德理由"何在？拯阿尔巴尼亚人于水火？3月份德国政府还以"科索沃不存在种族清洗"为理由，拒绝阿族难民的避难申请。如果北约的人权政治可以成为军事干涉的法律依据，北约岂不是自我立法，又自我执法？立法与执法权集于一身，不是现代专制政治的典型特征？

200年前，康德在《关于永久和平》中提出的永久和平的第5条预备性条款就是：任何国家不得武力干涉另一国的宪法和政府。联合国宪章第2条和第7条规定：禁止对任何国家的国内司法行为进行干涉；禁止一国利用武力或武力相威胁反对另一个国家。联合国大会第2131条决议也宣布："不允许进行干涉"，并进一步强化了这样的观点，即对任何国家进行强迫性的军事干涉是一种侵略行为，是一种任何理由都无法开脱的罪行。这难道不也是对"本世纪道德上意义重大的经验，对极权主义政治的勃兴，对大屠杀的必要而正确的回答"？哈贝马斯为什么不在联合国宪章和现存国际法中为北约的军事行动寻找法律依据呢？因为在这些文件和规则中，他找不到任何支持"家长式统治不可避免"，"干涉提上议事日程"的法律依据。他只能用闪烁其词的手法，说出一个赤裸裸的主张：西方的人权政治就是世界法律。但他却无法为这个"世界法律"找到任何合法的基础。

科索沃战争和哈贝马斯的文章,使我们再也不能忽视现代西方政治的一个重要特征:国内政治与国际政治的巨大反差。不了解这一点,就不能真正理解西方政治。西方各国的国内政治,都可算是民主政治;但其国际政治或对外政治,多为强权政治。这种反差也一定会表现在它们的政治理论中。在其专门研究法哲学的著作《事实与规范》中,哈贝马斯称,在一个后形而上学的多元社会中,综合性世界观与有集体约束力的道德标准已经瓦解,在这样的社会中幸存的后传统的道德良心不再能替代一度以宗教和形而上学为基础的自然法。因此,民主产生法律的程序是法律合法性的唯一后形而上学根源。而这种合法性力量则来自问题和意见,信息和理性的自由交流,来自每一个公民在公共领域中的自由对话与讨论,来自社会每一个成员以平等的身份积极参与。法律决定是在理性论证的基础上产生的,因而,以此为基础的程序产生的结果多少是合理的。姑且不论这些论述有多少理想化或乌托邦的成分,合法的法律的确只有这样才能产生。

如果我们坚信民主是人类公共生活的普遍原则,不仅适用于单个国家,也适用于国际关系,世界应该是一个放大的民主社会,而不是强权政治的一言堂,那么哈贝马斯在《事实与规范》中所表述的民主产生法律的原则,正是他在谈论国际关系彻底法律化时所应坚持的原则。比起现代西方社会,今天的世界更为多元。世界法律如果要有的话,更应该是通过平等的对话、交流产生,而不是凭借强权和武力,将自己的意志和喜好作为普遍法律强加于人。可是,在哈贝马斯的文章里,我们看不到他在《事实与规范》中大谈的"公共领域"、"民主程序"、"交往理性"或"对话"、"讨论",更没有"平等参与"。北约和南联盟不仅不是平等的关系,简直就是警察和罪犯的关系。这个警察之所以能有效地对付罪犯,恰恰在于法院(安理会)拒绝发出执法的命令。以此为出发点提出的国际关系法律化,当然容不得平等参与,理性论辩,或程序民主。却让人们看到,强权政治就是国际专制政治,暴力之下无民主。

对一个哲学家来说,尤其对一个政治哲学家来说,理论的一贯性和彻底性不仅是一种学术美德,也是一个道德要求。一向热衷于谈论"公共领域"、"交往行为"、"商讨伦理学"、"激进民主"和理性主义的哈贝马斯,为什么会在今天写下这么"一篇狂野暴力的辩护词"(彼得·汉德克语)?是因为战争的第一个牺牲者总是真理,因此,曾经鼓吹"解放"的"批判哲学家"一夜之间思路转向了导弹飞行的方向?还是这位法兰克福学派的殿军终于以与现状的认同和向权势靠拢,完成了对这个学派的批判和背叛?其实,早在《事实与规范》出版后,就有批评者指出,这部书是"支撑国家的"(staatstragend)。哈贝马斯从资产阶级意识形态的批判者到北约战争的支持者,其来有自。

正如他以所谓普遍语用学的修辞取消了阿多诺等人赋予矛盾的社会存在论地位一样,启蒙的辩证法到了他那里,变成了启蒙原教旨主义。启蒙哲学的核心是普遍主义与同一哲学。所以阿多诺在《否定的辩证法》对启蒙的负面效果——大众文化和工具理性的批判,在《否定的辩证法》中进一步发展为对同一哲学的批判。正是这种批判使他永远是现状的质疑者,而不是认同者。尽管哈贝马斯一再提到阿多诺对他的影响,但阿多诺对同一哲学的批判他并不认同。相反,他坚信"启蒙的普遍主义",将欧洲的启蒙运动变成了人类历史的普遍必然。问题是作为欧洲历史经验的启蒙,其普遍主义不可能是真正的普遍主义,而是以某种特殊为普遍的伪普遍主义,即以西方现代性价值为普遍价值,将西方等同于世界。哈贝马斯正是如此。在关于战后德国的政治走向问题上,他坚决主张德国走西方的路,即英美的路。为此,他对阿登纳政权赞美有加,认为它奠定了战后德国的政治方向。他对现代西方制度完全认同,公共宣称他理论著作的终点就是要求"金钱、权力和团结间可接受的平衡"。所有对西方现状和现代性有所怀疑的人,都被他称为"保守主义者"。在他那里,西方、现代性和人类历史是基本同一的。"差异"和"他者"对他最多只有论证和修辞策略上的意义。他的"公共领域"里,没有真正的他者,因而只是一个伪民主的概念。

哈贝马斯的"公共领域"(Öffentlichkeit)来自汉娜·阿伦特的"公共空间"(der öffentliche Raum)的概念。从表面看,两者没有多大差别,都是指政治权力之外,作为民主政治基本条件的公民自由讨论公共事务,参与政治的活动空间。实际上有重大的差别。阿伦特的"公共空间"概念是从她的"政治"概念来的。她认为,政治不是在人们中,而是在人们之间产生的。不同的人的自由和人的自发性是人之间这个空间产生的前提。所以政治的意义在于自由。政治依据人的多样性这个事实。一个人不会有这个"之间",同样的人也不会有这个"之间";只有不同的人才会产生公共空间及对公共空间的需要。而这个空间反过来又保证了他们的多元与不同,保证了他们的自由与自发性。人之间的这个空间,就是世界。也就是说,世界是由人的多元性产生的。只有我与他人同时共存,才有世界。多元与差异是自由的本质,也是世界和政治的本质。暴力只能导致公共空间的摧毁,所以,暴力与政治无关。但现代恰恰以暴力代替了政治,以同一代替了多元,人越来越变成马尔库塞所谓"单向度的人",使得公共空间和自由受到了根本威胁。20世纪的极权主义只不过是一个特别明显的症状而已。

哈贝马斯的"公共领域"恰好是现代-启蒙的产物。所谓"公共领域",就是私人聚在一起,议论、讨论公共事务,形成意志,达成共识。无论是早期的《公共领域的结构转变》,还是后来的《交往行为理论》

和《事实与规范》,哈贝马斯的"公共领域"着重的是趋同,求同,而不是存异。即使事实上做不到,也要将它作为一个乌托邦确立。然而,一个"统一意志"的社会,自由从何谈起?西方舆论在这次战争中惊人的一致,倒是对哈贝马斯"公共领域"的一个很好说明。至于即使这样的"公共领域"概念也内外有别,在哈贝马斯的国际政治理论中并不存在,说明哈贝马斯视他者为无物,西方的意志,就是普遍的意志。

哈贝马斯的例子告诉我们,凡是坚持启蒙普遍主义和主张现代性的人,大都是坚定的西方中心论者。而启蒙普遍主义和现代性的批判者,也往往同时是西方中心论的批判者和真正的多元主义者。西方中心论对差异与他者的压制,使我们不能不怀疑启蒙和现代性的哲学基础——普遍主义和同一哲学本身潜在的专制含义。更应使我们警惕的是,20世纪专制主义的哲学基础也是普遍主义和同一哲学。以"解放被压迫人民"或"保卫社会主义大家庭"的名义出兵和以人权的名义出兵,同样都是以一个冠冕堂皇的道德理由,行干涉侵略之实。1968年苏军坦克开进布拉格的同时,莫斯科提出了"有限主权论"。30年后的今天,在北约的轰炸声中,哈贝马斯说世界公民状况要民族国家的独立朝后退。并挖苦塞尔维亚人"神经质地坚持"自己的主权。这种惊人相似后面的同一逻辑,不令人深思吗?

1791年底,法国国民公会各党派为了要不要进行一场消灭欧洲各国旧政权,带来永久和平的正义战争吵得四分五裂。这时,罗伯斯庇尔挺身而出,坚决反对用军事手段给各民族送去自由。他说:"认为手执武器侵略一个陌生民族,强迫它接受自己的法律和宪法可以满足一个民族,这种出格的想法可以出现在政治家的头脑中。但没有人会喜欢武装的传教士。自然和智慧的第一个建议就是把他们当敌人打回去。"但罗伯斯庇尔被多数否决。法兰西共和国半是主动,半是德奥联盟发动的同盟战争迫使她进入别国领土。这样,她就等于用即决审判的方式宣判了她刚刚宣布的民族自决权的死刑。同样,科索沃战争不是西方人权政治的胜利,而是对真正人权理想的沉重打击。

和自由、平等、民主一样,人权是人类的普遍要求与理想,任何人都无法垄断它们的解释权。它们的根据,不在西方的政治教科书或意识形态宣传品中,而在每个人的良知和理性,在每个人的心里。这才是人权的普遍性之所在。普遍主义不等于普遍性。人权的普遍性至少应该有以下三层含义:(1)它应该受到全人类的普遍尊重,具有超越民族、文化、宗教的普遍约束力;(2)它不能有双重标准,而应绝对无条件地一以贯之,坚持到底;否则就是虚伪,就是以人权为手段,而非目的;(3)对人权概念有不同的理解和解释本身就是基本人权——思想和信仰自由——的体现;但这不应意味着永远不可能有一些全人类都可接受的人权标准。各民族、文化、宗教、族群、性别通过坚持不懈的对话与讨论,就人权的基本内容达成一些最低共识是可能的,也是必须的。如果上述三条人权普遍性的基本前提成立,那么任何国家出现侵犯人权的行为,国际社会都有权干涉;但应基本排除武力干涉。除非出现希特勒那样的人物,但那也要有联合国授权。因为战争——消灭人的生命——是与人权不相容的。兽性的手段不能达到人性的目的。英法联军和八国联军给我们带来的只是痛苦和耻辱,而不是和平与民主。

正因为自由、平等、人权、民主是人类的普遍要求和理想,将它们与西方政治等同起来是过于天真的想法。凡尔赛和雅尔塔告诉我们,西方总是将自身的利益置于这些原则之上,"人道的无私"总是夹杂着"帝国主义的权力逻辑"。因此,揭露和反对西方帝国主义政策和强权政治,决不能理解为反对上述原则,而恰恰是对它们的维护。

真正的自由知识分子，必须反对世界上一切地方发生的不义，反对任何人以任何名义对上述原则的践踏。哈贝马斯及其文章提醒我们，在冷战后条件下，传统左右的分野已日益模糊。既然昨天的批判者可以是今天的辩护士，"左""右"的招牌除了意识形态标榜和类似名教的东西之外，已失去意义，那么判断一个知识分子人格的只能是他（她）对正义的热情，对虚伪的敏感，和对罪恶的愤怒。还有，对一切不义的拒绝。

恐怖主义的本源

9·11事件拉开了21世纪的序幕,就像第一次世界大战拉开了20世纪的序幕一样。不久以前,人们还欢欣鼓舞,以为人类在上演了一个世纪的悲剧后,从此该演喜剧了。9·11事件以其极端的残酷、荒谬和野蛮,粉碎了无数人天真的幻梦。9·11事件的历史意义在于,它以血腥悲剧的代价,再一次敦促人们正视恐怖主义这个现代的基本现象。

恐怖行为有着悠久历史,但恐怖行为不等于恐怖主义。伏尸二人,流血五步,那是弱者对强者的反抗。扬州十日,嘉定三屠,那只是兽性的发泄,虽是骇人听闻的暴行,但不是恐怖主义。在现代之前,无论是宗教迫害还是种族屠杀,都具有偶然性的特点。恐怖之成为主义,完全是由于它具有一些鲜明的现代特点:它有着明确的政治经济和社会目的;它经过精心组织与策划,充分利用了现代计算理性的缜密和科层制度的效率;它拥有巨大的财源,足以利用一切高科技手段造成最大的恐怖效果;它不择手段,不受任何道德和法律的约束,有意拿无辜百姓开刀,以恐怖手段使受害者屈服。无论是纳粹的大屠杀,苏俄的古拉格,还是美国在越南的地毯式轰炸,以及这次9·11事件,概莫能外。只有智力低下的人才会认为它们只是人类兽性的偶尔发泄。相反,现代恐怖主义,有着明显的制度化(institutionalized)的特点。无论是革命与反革命的恐怖,多数对少数和少数对多数的恐怖,冷战和热战的恐怖,还是公民投票民主和一党专政的恐怖,种族灭绝与舆论一律的恐怖,都有明显的制度化的特点。可以说,进入现代以来,制度化的恐怖就一直伴随着人类。它超越了一切意识形态和宗教文化的界限,成了人际行为的常见方式。"恐怖主义"与"意识形态"、"大众社会"或"极权主义"一样,是典型的现代概念。

然而,在西方文化中心论的"文明/野蛮","现代/前现代","民主/专制"等二元分裂思维定式影响下,人们很自然会将9·11事件看作是野蛮的前现代的伊斯兰原教旨主义者对现代文明的攻击,是专制对民主的挑战。可是,除了上述的思维教条外,我们究竟有什么理由认定9·11事件的制造者属于前现代?如果是因为他们的宗教信仰,那么岂非非犹太-基督教信仰的人都属于前现代?岂非现代就等于是犹太-基督教文明?是他们的经济背景?那么我们不要忘了,本·拉登及其家族正是现代资本主义工商业的巨子,而不是传统社会的土财主。是他们的行为方式?那么且不说与此事有干系的人不少曾受到过美国的训练和支持,滥杀无辜,以恐怖手段迫人屈服决非此辈的发明,在此之前,西班牙人在美洲,法国人在非洲,德国人在欧洲,美国人在亚洲都干过此类勾当。难道我们能说,摧毁没有军事目标的德累斯顿,或在海湾地区投下几百吨贫铀弹是现代的文明行为,而唯有劫机撞毁纽约世贸中心才是前现代的野蛮行为?恐怖行为如果是由西方国家或政府来进行,就是现代的;而由一个或几个非西方的恐怖组织来进行,就是前现代,这种区分不是太可笑了吗?

当然,人们会说,西方国家进行的恐怖活动都是在战争中进行的,是战争行为,与这次恐怖主义者在和平时期滥杀无辜不可同日而语。此话有一定的道理。但我们不应忘了,小布什在事件发生后马上将它定性为"战争行为"。其实,近代以来,战争概念发生了很大的变化。从第一次世界大战开始,战争已由古典意义的(正式宣战,只针对对方军事人员)战争变为往往不宣而战,不分军事和非军事目标的总体战争。保罗·威尔金森在《恐怖主义与自由国家》一书中早已指出,恐怖主义本质上是一种"未经宣布的秘密战争"。冷战以后,战争形态更进一步发生变化。1995 年世界上发生的 50 场武装冲突中,只有 2 场遵循了人们熟悉的模式。中东的巴以冲突,双方经常是以平民百姓为目标。战争与恐怖杀戮的区别已没有太大的意义。小布什说袭击纽约和华盛顿是战争行为,并没有说错。

实际上,滥杀无辜几乎成了 20 世纪每一场战争的常规手段。过去半个多世纪没有发生世界大战,正是建立在一些国家具有毁灭其他一个国家,甚至全人类的恐怖能力的平衡基础上的。核武器被大家当作宝贝,再怎么也要把它搞到手,就在于它能,也一定会滥杀无辜。现代军事技术早已使全人类成为恐怖主义的人质,是任何一个聪明的中学生都能看出的事实。9·11 事件只不过把现代战争以滥杀无辜来使人屈服的恐怖主义本质淋漓尽致地表现在世人面前而已。

因此,仅仅谴责恐怖主义是不够的;只反对某些人的恐怖主义,而不反对以国家名义进行的恐怖主义,更是虚伪和势利。问题不在于表态显示自己的道德良知和政治正确,也不在揭露某种恐怖主义而为别的恐怖主义开脱,更不能幸灾乐祸,完全丧失了起码的人道立场。9·11 事件后,根除恐怖主义的呼声不绝于耳,但问题是,现代恐怖主义是如何产生的,它的根源又在哪里。这些问题不搞清楚,要想根除恐怖主义,不啻缘木求鱼。

著名的现代性问题研究者艾森斯塔特曾指出,野蛮主义潜藏于现代性的核心。野蛮主义不是前现代的遗迹和"黑暗时代"的残余,而是现代性内在的品质,体现了现代性的阴暗面。恐怖主义则是野蛮主义最极端的形式。它是现代政治的产物。从表面上看,现代政治比古代政治更理性,更文明,因为它更受法律和制度,而不是个人意志的制约。但是,现代政治的基本原则是权力和利益,而不是任何别的东西。法律无非是使权力的使用和利益的分配具有合法性而已。现代政治从一开始,就埋下了恐怖的因子。

近代西方政治哲学的主流大都将自然状态,以及自然状态中孤立的原子式的个人作为基本的理论预设。这个孤立的人首先是兽性的,即是说,一开始,在自然状态中,人与人之间就像狼一样,你死我活地争斗不休。但人与狼不同的是,人有理智,他发现这种无休止的生死斗争对自己没有好处,于是自愿订立社会契约,将自己的一部分权力让渡给君主、国家或公意。社会契约的根据是个人意志,个人希望通过社会契约形成政府和国家,来保障自己的生命安全和财产权。一切公权都来源于此。卢梭认为,在市民社会的国家中,一切自然权利都消失了,但它们又以成文法的形式再次出现。在市民社会的国家中,一切权力由法律加以固定。

虽然黑格尔等人一再指出自然状态及社会契约理论的虚构性,但它们却构成了现代人对自己的本性,对社会和政治的基本理解。希腊人是根据自己的政治生活来阐述自己的政治理论,而现代人却是根据自己的政治理论来理解和构造自己的政治生活。现代西方政治理论的核心是个体性原则,没有这个基本原则,自然状态和社会契约理论是无法想象的。但是,正如黑格尔一针见血地指出的:"个体性本质上是含有否定性的。"因此,他把个体性叫做"排他性的自为存在",尤其表现在对别国的关系上。而艾森斯塔特则认为,它突出地表现在对他人的排斥,把他人当作矛盾情结的焦点或目标:他人不仅是陌生的,而且是邪恶的。

这样,以个体性原则为基本原则的市民社会必然是个人私利的战场,是一切人反对一切人的战场;同时,也是私人利益和特殊公共事务冲突的舞台。这就使得警察、特务、监狱制度和常备军成了现代的特有发明。这些能有效制造恐怖的制度被非西方国家毫无困难地加以接受,成为它们政治现代化的最初标志,证明了现代性无远弗届的渗透性和普遍效应。世界上没有任何一个国家和民族可以置身现代性之外,不受其感染和影响。

当然,政治现代性还有它的另一面,就是民主与法治。虽然其理论预设也是个体性原则,但却是对否则会无限张扬的个体性原则的一种约束,在充分实现了民主与法治的西方国家,理性的秩序已经制度化,讲理,而不是恃力成了社会生活的基本原则,国内恐怖主义得到了有效的遏制,但并没有真正根除恐怖主义的根源。这就是为什么"任何地方也没有像美国这个资本主义反革命发源国家一样,最终如此清楚地显示出社会衰落;刑事犯罪像瘟疫一样流行。在加利福尼亚州,有世界上排名第七的经济财团,这个州用于监狱的开支已经超过了全部教育预算。已经有2 800万美国人,即全国居民总人口的1/10以上住在严密警戒的高楼之中,在住宅区构筑防御工事。美国公民为私有武装保镖所支付的金钱相当于他们的国家支付警察开支的2倍"。(《全球化陷阱》,中文版,第13页)

更应指出的是,在现代社会,对他人的敌视和排斥集中表现在资本对市场的竞争和扩张上。"盲目地适应世界市场的压力必将把迄今为止的福利社会引入无法无天的社会反常状态,使社会结构崩溃,而这些社会结构的正常运转本是福利社会赖以生存的必要条件。"(《全球化陷阱》,中文版,第224页)另一方面,跨国公司对政治权力的垄断必然导致对公民政治权利的实际剥夺,引起公民的"造反"。"并不是真正缺吃少穿的贫困者在进行造反,而是目前社会中间阶层中广泛流行的对即将丧失社会地位的恐惧会爆发出无法预料的政治爆炸力。不是贫困,而是对贫困的恐惧正在威胁着民主。"(《全球化陷阱》,中文版,第15页)尽管目前西方国家的民主体制还看不出有动摇的迹象,但日益增加的恐怖事件却是不争的事实。

现代性,确切地说,政治现代性的根本问题是,它无法解决它内在所包含的自我毁灭的恐怖因素。这因素既包含在现代的政治经济体制中,也包含在它的基本意识形态预设中。一个有力的证据就是国际关系的野蛮和无理性并未随着所谓的"民主化浪潮"有所缓解乃至消失。相反,却愈演愈烈。9·11事件及其后果清楚地向人们表明,在国际关系中,除了以牙还牙,以暴易暴外,人类似乎找不到更为理性的手段,可能也不想用比较理性的手段来解决他们之间的冲突。以毁灭对毁灭,以恐怖对恐怖,强权就是公理,这是恐怖主义的典型逻辑。可是,近代以来,国际关系中充斥着这种逻辑。而起源于欧洲的民族主义,又为这种逻辑的运用提供了工具理性的论证。

一般认为,威斯特伐利亚和约建立了现代主权国家的体系,奠定了现代国际关系的基础。殊不知威斯特伐利亚和约体现的这个主权国家制度其实是不完全的、有限的。主权国家的原则仅仅适用于"欧洲国家社会"体系内部,这一体系之外的国家从未享受过主权国家原则下的权益。只是在第一次世界大战之后,尤其是第二次世界大战之后,主权国家的原则才延伸到西方之外的国家。(见李强在"经济全球化与中华文化走向"国际学术研讨会所提交的论文:《全球化背景下的主权国家》)即便这样,中国作为一个主权国家,作为一个盟国和战胜国,她的主权还是在雅尔塔受到严重的损害。以恐怖主义为底色的强权政治,始终是现代国际关系的基调,这就是为什么世界和平至今还是个梦想,冷战的结束不是战争的结束,而是战争的回归。眼下,"21世纪的第一场战争"正以其不可逆料的后果横亘在我们面前。它让我们看到的不是天真的希望,而是真实的恐怖。

200年前,康德在写《永久和平论》时,18世纪已近尾声,但它孕育的乐观主义,还要延续一个世纪。可作为启蒙运动的集大成者的康德,却不像他的前辈那样,对人性充满信心。相反,他对人性中恐怖主义的因子洞若观火,尤其是在民族间的关系方面。他明确指出,人性之中并不会有自愿减少武力,彼此互相征服的意志或者说侵犯对方的意志,是任何时候都存在的。因此,战争与恐怖实源于人的天性(康德是接受并维护现代的个体性原则的)。既然如此,世界和平岂非永无可能?康德的《永久和平论》,就是想要回答这个问题。

康德认为,虽然就人类全体而言,"一切归根结底都是由愚蠢、幼稚的虚荣,甚至还往往是由幼稚的罪恶和毁灭欲所交织成的",他们自己"根本就不能假设有任何理性的目标",但自然的目标是理性的,作为自然一分子的人可以没有自己的理性计划,却不能不服从自然的计划。这个计划对于人类来说就是充分发展和运用自己的理性。但任何人都做不到这一点,因为"理性需要一系列也许是无法估计的世代,每一个世代都得把自己的启蒙留传给后一个世代,才能使它在我们人类身上萌芽,最后发挥到充分与它的目标相称的那种发展阶段"。这就是说,除非一个人活得无比长寿,否则就不可能充分运用他的理性。也就是说,充分运用理性是对人类这个物种的先验规定,而不是任何个人的实际可能。因此,根据一种预定的计划来行动的"理性的世界公民"其实就像尼采的"超人"一样,只是一个永远不能达到的理想目标。但这样一种目的论的先验规定,却成了永久和平的历史哲学根据。

但康德决不是一个不通世事的冬烘,上述先验目的论的规定虽然没有经验的基础,却是人类行为的伦理学的"绝对命令",它规定了人类行为的"应然"。但这"应然"要成为"实然",还需要制度的保证。他的《永久和平论》就是要提出一个这样的制度设想。

康德保障国际间永久和平的设想,基本是将现代主流政治哲学从国家范围扩大到国际范围。基本原则依然是个体性原则,只不过在国家范围内,个体是个人,而在国际范围内,这个个体是主权国家。在国家范围内,个人权利神圣不可侵犯,同理,在国际事务中,国家主权神圣不可侵犯。在人际关系中,人是目的,而不是手段,同理,在国际关系中,"花钱雇人去杀人或者被杀,看来就包含着把人当作另一个人(国家)手中的单纯机器或工具来使用,这和我们自己身上的人权是不会很好地结合一致的。"既然战争是"自然状态之下的一种可悲的、以武力来肯定自己的权利的手段",那么人类同样应该用合法的制度来结束这种自然状态。国家是法治下人的统一。世界也应是如此。康德批评格劳修斯和其他国际法的理论家,以及权力平衡学派,说他们没有看到国家间一个合法的国际组织的决定性作用。但康德心目中的这个合法的国际组织不是"普遍国家"或"世界政府"。普遍国家只能是普遍专制,它产生的和平只是坟场的和平。康德认为,这个合法的国际组织应该是自由国家的联盟,这个联盟应该使所有国家处于一个共同的外部法律强制力之下。格劳修斯、普芬道夫等人写的国际法没有提到这一点,这就使所谓的国际法,除了被人引证来论证战争侵略的正当外,并不能产生和平,制止战争。

在康德看来,不服从外界法律的强制就是野蛮。以这个标准来看,西方人同样是野蛮人。"欧洲野人与美洲野人的区别主要地就在于:美洲野人许多部落是被他们的敌人统统吃光的,而欧洲野人却懂得最好是用他们来扩充自己臣民的数目,因而也就是扩大继续战争工具的数量。"以康德这个标准来衡量,人类今天不仍处于野蛮状态吗?人类至今仍无一部所有国家共同无条件服从的法律,在此意义上说,国际关系仍处于自然状态,而康德认为,自然状态不如叫"战争状态"更为恰当。

但是,康德也看到,他心目中的这个和平联盟,实际操作起来也是困难重重。因此,康德在这个问题上态度实际是暧昧的。根据契约理论,有效的、限制每一个个体的自由的外部法律,是要通过个人自由缔结的契约,让渡一部分权力给一个政治共同体,通过民主的协商或代议制程序产生的。但与个人不同的是,国家主权丝毫不得让渡,而缔结国家间的契约,建立一个国际法律制度,必然意味着国家要放弃一部分主权,这岂不是矛盾?另外,在康德心目中,这个和平联盟"仅仅是要维护与保障一个国家自己本身的以及同时还有其他加盟国家的自由,却并不因此之故……需要他们屈服于公开的法律及其强制之下"。这岂不是说,国际有效的世界法律是不必要的,虽然康德自己认为唯有它才能使人类进入文明的境地。

康德的回答是,普遍有效的国际法律在理论上是正确的,但实际上是行不通的,因为民族国家不愿意像个人一样放弃自己的自然状态(无法律)的自由。所以可行的不是一个积极的世界共和国,而是消极的和平联盟。但这个联盟的可能性在哪里?康德认为,它的可能性在于:(1)共和制国家的和平天性;(2)商业利益的考虑;(3)政治公共领域的功能。然而,世界历史经验证明,这三种可能性一个也靠不住。从康德时代以来,共和制国家始终是世界战争的主角。商业利益往往不是防止了战争,而是促使战争。在战争问题上,好战的公共舆论绝大多数时候占上风。公共舆论还从未制止过一场战争。因此,康德关于永久和平的设想,在现代条件下,注定只能是一个美好的空想。

在这个问题上,黑格尔看得要比康德深。与绝大多数近代思想家不一样,黑格尔是从关系,而不是个体性原则来看个人与国家的。黑格尔不承认霍布斯的自然状态。在他看来,人首先处在关系中,然后才有个体和自我意识。但关系中的人同样处于同别人的生死斗争中,不是为了争权夺利,而是为了得到承认。只有被人承认,他才能有他的自我、自由和各种权利。但承认的斗争总有一方占上风,失败的一方由于害怕死亡,不得不屈从占上风者,承认他是主人,自己是奴隶。人的社会性和政治性就是从这种承认的斗争中产生的,这也是国家的开始。黑格尔虽然不承认霍布斯的自然状态,但他同样将人的社会和政治生活的起源理解为暴力、死亡与恐怖。换言之,人类的社会和政治生活从一开始就蒙上了暴力与恐怖的阴影。

国家正是脱胎于暴力与恐怖,国家的使命是调和主奴冲突。因此,它必须以权利和自由的相互承认为基础。虽然相互承认构成了市民社会的基础,但它并未消除冲突的因素,因为它并未解决个别意志与普遍意志的矛盾,市民社会只能是"个人私利的战场"。与古希腊不同,现代社会只承认追求个人特殊目标的个体意识和意志,即黑格尔所谓"主观自由",而否定一般意志的"客观自由",这就使得主观自由成了完全缺乏规定性的抽象原则,法国大革命的恐怖正是这种抽象原则使然。

正如在市民社会里,个人的权利和自由来自相互承认,国家的主权也由于被其他国家承认才能得以实现。因此,国家也要进行承认的斗争。但是,与在国家中不同的是,这种相互承认并不产生一个普遍意志或精神,它可以形成所有国家都要服从的法律,并将之强加给所有国家。

按照康德的思路,要确保世界和平,必须有一个超越一切国家的绝对权力和被一切国家无条件服从的外部法律。可是,这在现代条件下根本做不到。现代的个体性原则,不仅是国内政治生活的基本原则,更是现代民族国家的世界体系的基本理论根据。现代民族国家之所以成其为国家,就在于它享有绝对的主权。它靠它的独立性和自主性原则来获得它的主权,并保障其公民的自由。要让它将主权让渡给一个超国家的实体,恰恰与他国之为国的基本原则相矛盾。

并且,在现代,一个国家与其他国家发生关系,进行承认的生死斗争,争的恰恰也是它们作为个体的独立主权。有了这主权,它们才能成为所谓国际社会的一员。因此,现代性的政治原则实际上排除了世界和平制度上的可能性。

职是之故,黑格尔认为康德的设想根本不可行,因为"国家之间没有裁判官,充其量,只有仲裁员和调停人,而且也只是偶然的,即以争议双方的特殊意志为依据的。……康德的这种观念以各国**一致同意**为条件,而这种同意是以道德的、宗教的或其他理由和考虑为依据的,总之,始终是以享有主权的特殊意志为依据,从而仍然带有偶然性。"这就是说,在国际事务中,每个国家总是以自己的国家利益为最高利益,只要与它的国家利益不符,它就可能撕毁一切它所签订的条约。美国在国家导弹防御系统问题上的立场,就是一个典型的例子。现在不断可以听到一些中国人说:"中国有自己的国家利益,美国为什么不可以有自己的国家利益?"这话说得一点也不错。问题是:如果某个国家的国家利益要损害其他国家的国家利益时怎么办?如果真像黑格尔所说的那样,道德和政治间的冲突只能由国家的具体存在来解决,而不能由普遍正义的抽象原则来解决的话,那么,典型的恐怖行为——战争,就将是解决冲突的唯一选择,而胜利者拥有正义的专利权。在国际关系中,真正起作用的只能是实力-权力了。

所以,虽然承认是一个国家现实性和合法性的条件,也是一切国际关系的条件,但对于有实力者来说,承认与否是无关紧要的。拿破仑就曾不可一世地说:"法兰西共和国不需要承认,就像太阳不需要承认一样。"黑格尔对此评论道:"这句话的含义,不外指事物实存的力量;这种力量已经保证了承认,更不用人们明白表示。"今天的美国也是这样,它的"实存的力量"(实力)决定了它不需要别人的承认;相反,人们都渴望得到它的承认。这样的承认其实是主奴相互承认的翻版,而不是平等的相互承认。

在古希腊人看来,政治的前提是彼此平等的人用理性交往的方法来解决公共事务。因此,它的基本前提就是相互承认为平等的伙伴。但是,这种平等的相互承认,在现代国际关系中,其实是不存在的。西方人总是觉得他们的文化优于其他文化,这就使得他们很难真正平等地承认他人。黑格尔就坦率地承认,虽然相互承认在国际关系中非常重要,实际却很难做到,困难主要在于文化与文明的发展程度不一样,处于不同发展阶段的文化就很难被人承认。"因此,欧洲人就不承认墨西哥人和秘鲁人。"今天,某些人鼓吹的"文明的冲突",正是这种不承认的反映。

但是,承认是相互的,不承认也是相互的。以色列不承认巴勒斯坦人的权利和主权,巴勒斯坦人也就不承认以色列人的权利和主权。美国人无视阿拉伯人的权利和主权,阿拉伯人也就无视美国人的权利和主权。在国际政治中,没有承认的政治,就只有强权政治和恐怖政治了。在这里,国际法不起作用。因为正如黑格尔分析过的那样,国与国的关系,今天还处在自然状态中。"它们的权利不是由被组成为超国家权力的普遍意志来**实现**,而是由它们的特殊意志来**实现**的。因此,国际法的那种普遍规定总是停留在**应然**上。"这就决定了,人类今天甚至缺乏对付恐怖主义的普遍的法律依据。

在第一次世界大战行将结束时,美国总统威尔逊提出了著名的"十四点计划",他说:"在这场战争中,我们所要求的并不是什么一己之利。世界本来就应该是这样安排,以保障每一个生活于其中的人的生命安全;我们特别希望,每一个像我们一样热爱和平、渴望以自己的方式生活和制定自己法律的民族,都能够自由自在、不受干扰,同时又能够得到安全的保障。我们在此敦促的,符合世界各民族的利益;对我们自己而言,我们很清楚,只要别的民族受到了某种不公正的待遇,那么,这种不公正的事情迟早也会同样降临到我们自己身上。"诚哉斯言。可惜他的后辈没有记取他的告诫;9·11事件被他不幸而言中。

制造9·11事件的人之所以对曾经支持和训练过他们的美国下此毒手,当然不是出于邪恶本性或偶尔冲动,更不是由于宗教文化使然。阿拉伯人并不天生好战,伊斯兰教也并不比犹太教或基督教更不容异端。阿拉伯人和犹太人曾友好相处了千年以上。萨拉丁对十字军的态度远比十字军对阿拉伯人的态度更加文明与高尚。希腊文明有相当一部分是通过阿拉伯人传给西方人的。恐怖主义决不是伊斯兰原教旨主义者的发明,更不是他们的专利。他们之所以以恐怖主义作为解决问题的手段,必须放在现代性和全球化这个宏观背景下来考察,不仅因为恐怖主义是纯粹现代现象,而且9·11事件本身也给了我们这样的暗示。

据说被劫持的四架飞机中那架在匹兹堡附近坠毁的飞机,其目标本来是白宫。如果这样的话,那么,事件的制造者在目标的选择上可谓费了一番苦心。白宫、世贸中心、五角大楼分别是美国政治、经济、军事权力的象征,而美国本身又是全球资本主义体制的象征。这说明恐怖事件的制造者决不是什么前现代的野蛮人,而是深谙现代性逻辑的阴谋家。在今天的世界上,不懂这个逻辑,置身于这个逻辑之外,就连风车也战胜不了。实际上,恐怖与暴力都不是从外面强加给这个文明的,而恰恰是它自己产生的。正如本杰明·巴伯一针见血指出的那样:"在可口可乐与圣战之间存在着因果关系。"离开了经济和文化的殖民化就不能理解原教旨主义。

事实上,正如乔姆斯基所说,美国生活方式也是一种原教旨主义,并且它还利用它的政治经济优势拼命推销这种原教旨主义。他们认为"只有他们自己的政治和自己的体制是理所当然地符合道德原则的;所有自私自利的目的(以及往往本是丑恶的现象)被道德的语言掩饰起来了。他们提出政治上领导的要求不仅是基于对民主、自由和人权应当担负起来的义务,而且是基于自己作为世界范型的文明和文化的所谓优越感。这种盲目的热情、偏执、压制和赤裸裸的军事干涉,往往是出于民族主义的自我肯定。"(汉斯·昆语)美国出于自己的国家利益,长期支持以色列,不能不使阿拉伯人视它为仇敌。它力图控制中东的石油和其他战略物资,更使阿拉伯人觉得自己的民族利益受到了很大的损害。美国文化以普世文化自居,不能承认和尊重伊斯兰文化,自然也引来穆斯林的反感与拒斥。全球化在全球造成的马太效应,更加深了弱者的种种怨恨。这些归根结底都是现代性内在矛盾和冲突的表现与反映,但在现代条件下,这些矛盾和冲突却不可能有合理的解决办法。各阿拉伯国家出于对各自国家利益和实力对比的清醒认识,自然只能将怨恨埋在心底;而像本·拉登这样四海为家的阿拉伯的朱家、郭解之流,自然赤条条来去无牵挂,仇恨变为行动,将最大效率化原则用于恐怖袭击,来向美国开战。他们的确是无法无天的罪犯、人神共愤的凶手、反人类的暴徒。但无论是他们,还是其他人,都只是现代制度化的恐怖主义的产物,而不是它的根源。恐怖主义的根源在现代性本身,现代性才是恐怖主义的本源。

  黑格尔在《法哲学》中曾写道,战争有利于一个民族的伦理健康,这使他从此蒙上"法西斯主义先驱"的恶名。其实黑格尔只是想说,作为"个人私利的战场"的市民社会(现代资产阶级社会)必然会以战争来作彼此冲突的最后了断,战争的触目惊心和创深痛巨将使在市民社会中争名逐利的冷漠心灵开始苏醒,意识到市民社会的局限,和超越市民社会的必要。那么,恐怖主义的暴行,是否也可使陶醉在全球化美梦中的人们猛醒,想到现代流行的这个世界制度,也是应当克服和超越的呢?

伯林和乌托邦

以赛亚·伯林是公认的西方自由主义的主要思想家之一,他的著名论文"两种自由的概念"已成为当代自由主义思潮的经典文献,一再为人征引。其实,伯林是正统自由主义的一个异数。他出生于拉脱维亚的一个犹太人家庭,长于英国,并在那里受教育;却从俄罗斯文学和德国哲学中得到影响终身的精神滋养。他自由主义的哲学基础不是经验主义和功利主义,更不是实证主义,而是维科和赫尔德所代表的古典人文主义和浪漫主义。而古典人文主义和浪漫主义却被正统的自由主义者视为一切"政治非理性主义"的精神渊源。

但古典人文主义和浪漫主义是伯林思想的起点,他的"多元自由主义"就是由此形成的。由他的学生 Henry Hardy 编辑,出版于 1990 年的伯林的论文集《扭曲的人性》,就充分证明了这一点。

这部论文集由 8 篇论文所组成,最重要的显然是开首两篇:《理想的追求》和《乌托邦观念在西方的衰落》。这两篇论文发表的时间较其余 6 篇为迟,却被放在最前面;而书名又是从这两篇论文结尾的同一引文而来,已暗示这一点。这两篇论文的重要性在于,在那里,伯林通过叙述西方思想史的方式,向人们表明了他的"多元自由主义"的基本观点。

《理想的追求》是篇带点自传性质的论文。一开始,伯林就回顾了他思想形成的过程。最先给他巨大影响的是 19 世纪俄罗斯作家。他们既是小说家,又是社会思想家。他们都相信人的本质就是能选择如何生活。社会通过人们强烈的信仰和为之献身的真正理想是可以改变的。他们有时也认为人是不自由的,而是为他无法控制的外部因素所决定。但他们也认为,如果自由只是一种幻想的话,那也是一种没有它人类就无法生活和思想的幻想。

伯林直到进了牛津大学才开始读哲学家的著作。他发现,大多数哲学家,尤其在伦理学和政治思想领域,也是这样想的。苏格拉底认为,如果能用理性的方法在我们外部世界知识中获得确定性,同样的方法也可以在人行为的领域里产生同样的确定性。这可以通过理性的论证来达到。柏拉图认为,获得这种确定性的圣人精英应该有权统治智力上不那么行的人。斯多葛派认为,任何人只要按照理性生活,就可以正确解决个人和社会问题。犹太人、基督徒、穆斯林相信上帝向他特选的先知与圣人启示人类问题的最终答案,接受有资格的教师和他们所属的传统对这些天启真理的解释。

17世纪的唯理论者认为,答案可以在一种形而上学的洞见中找到。建立在数学技术上的自然科学开拓的知识领域,给18世纪的经验主义者深刻的印象。他们像苏格拉底一样,自问为何同样的方法,不能在人类事务领域同样成功地确立无法拒绝的规律。他们相信,理性地重组社会将结束精神与理智的混乱,偏见与迷信的统治,以及盲目服从未经检验的教条和压迫性政治的愚蠢和残忍。所需的只是认识人所需要的最重要的东西,找到满足它们的手段。这将产生一个幸福、自由、公正、和谐的世界。这种观点是19世纪一切进步思想的基础,也是伯林在牛津作学生时吸收的批判经验主义的核心思想。

伯林认为所有这些观点都有一个柏拉图式的理想:首先,正如在科学中那样,一切真正的问题必定有一个真答案,而且只有一个,其余的都必然是错误;第二,必定有一条朝向发现这些真理的可靠道路;第三,真答案如发现的话,必然彼此兼容,形成一个单一的整体,因为一个真理不能和别的真理不相容。这种无限知识就是宇宙之谜的解决。在道德问题上,只要正确理解决定宇宙的规则,就可以想象完美的生活一定是怎样的。

但黑格尔和马克思却认为问题不那么简单。没有永恒的真理。只有历史发展,不断的变化。进化的阶梯上人类每进一步,视野就发生变化;历史是多幕戏剧;它是由观念和现实领域种种力量冲突推动的。这冲突有战争、革命、国家、阶级、文化、运动的剧变等形式。经过不可避免的倒退、失败、故态复萌,乃至退回到野蛮,孔多塞在地牢里动情地预言的美好世界将会实现。戏将有幸福的结局——人的理性已经获胜,不会永远倒退。人不再是自然,或他们自己非常不理性的社会的牺牲品,理性会赢;普遍和谐的合作,真正的历史终将开始。

许多人直到今天还这么认为。这也是伯林当初的信仰。但读了马基雅弗里的著作后,他的这种信仰发生了根本的动摇。马基雅弗里不是一个历史主义者,他认为罗马共和国或早期执政者时期的罗马帝国可以恢复。要做到这点,需要有一个勇敢、机智、理智、有天赋的人的阶级,他们知道怎样抓住机会和利用机会;以及受到充分保护的,爱国的,以他们国家为骄傲,集中体现男子汉气概和异教徒美德的公民。罗马就是这样崛起和征服世界的。在逆境中缺乏这种智慧、生命力和勇气,使它最终没落。但马基雅弗里同时又提出了基督教德行的概念——谦卑、接受苦难、出世、希望死后得救。他说,如要建立一个罗马类型的国家,这些品质没有用。但他并不谴责基督教道德,只是指出这两种道德是不相容的。他不承认任何我们可以用来决定正确生活的统一的标准。罗马的美德和基督教价值的统一对他来说是不可能的。

伯林说,这在他思想上引起了很大的震动。人们在现在和过去所追求的价值并不都是必然彼此相容的,这根本动摇了他原来的假定：生命主要问题的真答案是不冲突的。后来，他又在柯林伍德的建议下去读维科的《新科学》。他从中又看到了一点新东西。维科认为，每个文化都有对现实，对它生活的世界，对它自己和与自己过去的关系，对自然，对它所奋斗的东西有它自己的看法。这些看法在每一个连续的社会整体中都不相同，每一个都有它自己的天赋、创造模式，彼此不可通约。

这以后伯林又转向德国18世纪思想家赫尔德。维科思考文明的相续；赫尔德进一步比较许多国家和时期的民族文化，认为每一个社会都有他称之为"重心"的东西，它们各不相同。由此伯林认识到，如果我们要理解斯堪的纳维亚的传说或《圣经》中的诗篇，我们一定不能将18世纪巴黎批评家的审美标准应用于它们。人们生活、思考、感受彼此说话的方式，他们穿的衣服，唱的歌，崇拜的神，吃的食物，内在于他们的假定、风俗、习惯，正是这一切创造了社群，每一个都有它自己的"生活风格"。

这种观点被很多人称为文化相对主义，也许在中国会被那些无所不知的人称为"后现代"。但伯林认为这是不对的。这不是相对主义。一个文化的成员，完全可以凭借想象的洞察力，理解另一文化或社会的价值、理想、生活方式，即使那些东西在时空上相距遥远。他们可能觉得这些价值是不可接受的。但他们的心灵如充分开放的话，他们就能理解，根据一个完全不同于自己的价值生活的人，同样可以是一个完全的，可以与之交流的人。伯林认为，"我喜欢咖啡，你喜欢香槟。我们有不同的口味，再没什么可说的"。这是相对主义。但赫尔德和维科的观点不是，而是他称之为"多元主义"的东西，即尽管人们可以寻求完全不同的目的，但仍是完全理性的人，彼此可以相互理解、同情、得到启发。不同文化的相互交流之所以可能，是因为使人之为人的东西对它们是共同的，在它们中起了桥梁作用。

伯林认为有一个客观价值的世界,但这不是说有一个全人类共同的价值系统。"客观价值的世界"指的是人们为了这些价值自身的缘故去追求那些目的,其他都只是手段。但不同价值会冲突,这就是为何文明是不兼容的。正义对于一些人来说是绝对价值,但它与某些可能同样是终极价值的价值——宽容、同情等可能是不相容的。自由和平等一直是人类追求的主要目标,但它们也可能是不相容的。狼的完全自由就是羊的死亡。强者的完全自由与弱者的权利是不相容的。一个艺术家为了创造一件杰作,可以过一种使他家庭陷于悲惨境地的生活,而他却对之无动于衷。我们可以谴责他,说杰作应为人的需要牺牲;但也可以站在他一边。两种态度都体现了一些人的终极价值。

伯林由此得出结论,这个世界上有些价值无法兼容并存。要想鱼与熊掌兼得,有一个完美的最终解决,不仅做不到,而且从概念上也讲不通。人类有些善不能并存,我们注定要选择,每一种选择都可能包含不可弥补的损失。这就从理论上否定了将一个完美状态作为奋斗目标。在实际操作上则更有社会学-心理学的障碍。老的问题解决了,又会产生新的问题,新问题可能是由于老问题的解决而产生。所以最终解决人类问题根本不可能。即使设想有这样一个根本解决,也是非常危险和有害的。如果能有这样一个根本解决,当然任何代价都算不了什么。本世纪的有些恐怖和罪行,正是这样产生的。

既然众善不可兼得,那么人类只有在可能性中进行选择。但怎么选?伯林说他也没有一个明确的回答,只知道冲突即使不可避免,也可以软化。各种主张加以平衡,可以达成各种妥协,在具体条件下不是每一种主张都有同等力量。没有最终和绝对,但哪些应该优先是可以决定的。

《乌托邦概念在西方的没落》,一看标题,就知道它与《理想的追求》讨论的基本是同一个问题。乌托邦就是尽善尽美的理想世界,或完美的最终解决。不过这次伯林不是以思想自传的方式来叙述,而是从阐述他在《理想的追求》中讲到的西方政治思想主要传统的三个基本命题着手,来展开问题。这三个基本命题,也是乌托邦的思想基础。它的实质是绝对的普遍主义:存在着普遍的,在一切地方,一切时代,对所有人都为真的真理。论证是:没有人会否认人的目标是普遍和统一的。人都要吃饭,喝水,有栖身之处和安全;人都要生儿育女;人都寻求社会交往,正义,一定程度的自由,自我表达的手段,等等。达到这些目的的手段可能国与国不同,时代与时代不同,但这些目的,不管原则上可变与否,总是不变的。这正是当年胡适批评梁漱溟的《东西文化及其哲学》所用的论证,也是正统自由主义者惯用的论证。

然而,伯林从马基雅弗里那里已经知道,世上众善并不尽皆相容。在他看来,马基雅弗里的这个发现是对普遍主义的一大打击。并且,上述三个基本命题的普遍主义,从另一个角度看也有问题。它们假定人性是静止不变的本质,人的目的也是永远不变的,在任何时间地点都一样。只要掌握充分合适的知识,就可以达到人性的全面实现。启蒙运动更是将这种信念推到不容置疑的顶点:既然人用观察、分析和试验的方法可以发现自然规律,为什么不能用同样的方法来发现人的本质?科学知识可以发现我们是什么和要什么,提供满足这些需要的手段,只有它可以救我们。

但赫尔德发现,每个民族都有它自己的传统,自己的个性,自己的面貌。每个民族都有它的道德重心,它们彼此不同。每个民族的幸福就在于发展它自己的民族需要,它独一无二的个性。并没有什么不得不然的理由去模仿外国的模式,或回到遥远的过去。每个时代,每个社会在目标、习惯和价值上都彼此不同,文化是不可通约的。人们的确有许多东西是共同的,但这无关紧要。使他们成为一个个体,使他们成为他们,使他们能交流的,是他们特有的东西,差异,特殊性,细微不同。个性才是最重要的。伯林认为,近代对乌托邦观念,对乌托邦本身的攻击,就是由此发轫的。如果法国人的价值不同于葡萄牙人的价值,古希腊人的价值不同于现代法国人的价值,那么乌托邦的基本假定:有对一切人都有效的共善概念,就是建立在一个基本错误的基础上。宇宙并不是一个由不可摧毁的逻辑联系保证的,数学真理和道德或审美价值形成的一个完美的和谐,而是不同意志自行其是,相互冲突的战场,各种可能性并存的世界。

对于相信有普遍、绝对、永恒真理的人来说,不管这真理是规律、公理、上帝,还是欲望和功利,总是"天下胡定,定于一"。而赫胥黎、奥威尔或扎米亚金则给我们描绘了一幅幅这种"定于一"的社会的恐怖画面:人与人的不同被尽可能消除了,至少被减少了,生活被粗暴地纳入一个统一的社会和政治束缚中,达到了法国唯物主义者"人是机器"的设想。但对于多元主义者来说,重要的是异,是特殊,是个性。没有这些,也许天下可定,人却不存在了。

上述两篇文章发表的时间相隔10年,但在结尾伯林都引用了康德在《从世界公民立场设想的一般历史》中说的一句话:"从扭曲的人性中造不出完全笔直的东西。"而这也是他这本论文集书名的由来。可见他非常欣赏这句话。然而,这句话也不过是说,自身不完美的人无法创造一个完美的世界。但是,仅仅这个理由,再加上众善不能并存的理由,就能把人类的理想和乌托邦彻底否定了吗?恐怕未必。理想和乌托邦作为人类特有的精神现象,之所以能随着人类文明一起发展,决不仅仅由于它们的普遍主义哲学预设。如果理想和乌托邦(伯林在这两篇文章中实际把它们等同起来了)只是设想人类问题实际上可以有一个完美的最终解决，可以在地上建立天堂，那么上述伯林的论证与批判是基本有效的。但如果理想和乌托邦既不能完全等同；它们的内容和意义又不像伯林理解的那么狭窄，那么伯林这两篇文章充其量只能说是否定了西方政治思想传统中的普遍主义信仰，却并未能完全否定理想和乌托邦。然而，伯林对上述三个普遍主义预设的批判，倒是对西方正统自由主义的一大打击。因为上述三个普遍主义预设，正是正统自由主义的理论基础。

理想与乌托邦有一根本不同点，这就是理想未必是无法实现的；而乌托邦则肯定是无法实现的。一个以科学家为其理想的孩子，经过努力，未必不能实现他的理想。但乌托邦却永远只能存在于人类的意识和文字中。乌托邦必然要有完美的性质，理想却不必。现代化是许多不发达国家和民族的理想，但它并不等于人间天堂。追求这一理想的人也不一定将它视为问题的最终解决。理想不一定是现实的批判与否定；乌托邦却总是作为现实的对立面出现。由此可见，理想与乌托邦之间有重要的区别。但它们有一共同的本原，这就是人类希望与梦想的本能。理想是它的一般表现，而乌托邦是它的最高形式。而夸夫追日，西西弗斯推石上山，则是它永恒的象征：追求完美，而不是达到完美。

其实，正像鲍曼（Zygmunt Bauman）所敏锐发现的那样，乌托邦有一种悖论的性质，它的生命力恰恰在它的非现实性。鲍曼在其所著的《社会主义——积极的乌托邦》一书中写道："社会主义和一切其他乌托邦都有一种令人不快的性质，只有当它存在于可能的领域中，它才保有其丰富的生命力。当它宣布它作为经验实在已经完成时，它就失去了其创造力，而不是激发人的现象力……"乌托邦积极的功能是探索可能的东西，批判现存的东西，促进人类自我更新和改善。理想与乌托邦存在的根据并不仅仅是伯林所归纳的三个绝对普遍主义预设,而在于人的希望与梦想本能。因此,尽管对上述西方政治思想传统主流的普遍主义立场早就有人批判,但乌托邦在我们这个时代并未死亡。"自信地宣布它的死亡似乎言之过早。"(库玛:《近代的乌托邦和反乌托邦》,页三八八)

之所以很多人认为乌托邦已经衰落或死亡,很大程度上是因为它们把社会主义看作是现代唯一的,或主要的乌托邦。实际上,社会主义只是现代乌托邦的一个变种。产生于18世纪的自由主义,何尝没有乌托邦的性质,它也许诺一个没有悲惨经验的世界和生活。读过哈耶克的《法律、立法和自由》或诺齐克的《无政府、国家与乌托邦》的人,对此不难体会。所以波兰依(Karl Polanyi)说自由市场经济是"十足的乌托邦"。英国前首相撒切尔夫人1985年在一次电台采访中对此也直言不讳。她说共产主义和资本主义在她看来是两个可选择的、竞争的乌托邦。

因此,现代最著名的两个反乌托邦作家赫胥黎和奥维尔一再否认,社会主义,甚至苏联,是他们反乌托邦的主要目标。《美丽的新世界》以美国梦的实践为基础,矛头主要指向科学主义。《1984》则以极权主义为目标。由于《1984》出版于冷战时期,自然被许多人看成是反共小说。但奥维尔自己并不这么看。他并不认为像《1984》这样的事会发生。他要指出的是,这是现在世界正在走的方向,这股潮流深埋在当代世界状况的政治、社会和经济基础中。他在给扎米亚金的反乌托邦小说《我们》写的评论中说:"扎米亚金似乎针对的不是任何特定的国家,而是工业文明所含有的目标。"库玛说,这也是对他自己的《1984》的目标的不错陈述。(《近代乌托邦和反乌托邦》,页二九六)

无论是赫胥黎、奥维尔,还是扎米亚金,他们的反乌托邦实际针对的并不是某一特定的乌托邦,而是现代乌托邦本身。乌托邦作为人类对美好生活的设想和希望,不可能局限于某一特定的事态、现象或理想。"民主"、"科学"、"市场经济",就像"美国"和"苏联"一样,不都是有些人的乌托邦,完美的最终解决的象征?现代科学技术和市场经济似乎给人类提供了满足其欲望的一切可能性。只要运用理性,加以科学的管理和控制,以及种种社会工程,人类最终会在地上建立天堂。这是现代人特有的信念。这也解释了为什么只是在现代,人们才会那样热情地将乌托邦付诸实施。而美国与苏联,无疑是两个最大的现代乌托邦试验。苏联已经寿终正寝,而美国乌托邦还未有任何衰落的迹象。不是有人认为,只要沿着美国的路走下去,总有一天,普通人也可以像今天的亿万富翁那样,上午在华尔街交易所办公,下午去非洲打猎,晚上在巴黎听歌剧?

抛弃冷战思维方式,我们对现代乌托邦问题会有更深刻的认识。乌托邦并不是社会主义的专利。作为乌托邦,美国比起苏联不仅毫不逊色,而且更持久,更有吸引力。《白鲸》的作者麦尔维尔说:"我们美国人是特殊的选民——我们时代的以色列;我们产生了世界自由的方舟。"爱默生则说,"美国是未来的国家"。美国梦更是美国人引以为傲的东西。"关于美国的一切都已激起,并将继续激起乌托邦主义。"(《近代的乌托邦和反乌托邦》;页六九)库玛的这个观察,极为正确。每次美国国民归化宣誓时,那些新移民流下的幸福泪水,感性地证明了美国是当今世界最大的乌托邦。

既然美国和苏联都是乌托邦,它们之间一定存在着"家族相似":它们都相信伯林归纳的三个普遍主义假设;它们都认为"信它的人有福了",人间天堂是可能的;它们都相信不可抗拒的客观规律;它们都是绝对理性主义者,相信凭借理性,通过种种社会工程和制度安排,可以最终解决人类所有问题;它们都认为自己是通向地上天堂的康庄大道,和无可争辩的历史终结者;它们都认为自己代表人类的未来；它们都是不可救药的乐观主义者，死心塌地的科学主义者，和坚定不移的进步主义者。如此众多，如此根本的这些家族相似，难道还不足以使我们重新考虑，或反省我们以往的意识形态偏见吗？

也许，从伯林苦心孤诣地告诉人们的众善不能并存的道理中，还可以引出另一个结论，那就是，世上许多事情并不都是黑白分明，非此即彼，魔鬼之敌定为天使。鲁迅在70年前就已觉察到："旧的和新的，往往有极其相似之点——如：个人主义者和社会主义者往往都反对资产阶级，保守者和改革者往往都主张为人生的艺术，都讳言黑暗，棒喝主义者和共产主义者都厌恶人道主义等……"美苏这两个现代最大的乌托邦在那么些原则问题上根本相似，用偶然是无法解释的。它们一定有共同的根源。说到底，它们都是现代性的产物，都是典型的现代现象。

鲍曼在分析苏联这个乌托邦时写道："在苏联发生的实际上是一场现代化革命，完成了工业化和城市化，构成了国族，建立了凌驾于公共生活广大领域之上的现代国家，由范围狭小的少数人统治，大众忙于他们习惯的日常例行公事，很少超越常识的范围。"正因为如此，"它不再是一个工业化过程彼岸的乌托邦……它现在是工业化本身的乌托邦：一个没有资本家地盘的资本主义乌托邦，一个私人企业大亨被官僚制章鱼精明老练的奉命唯谨所代替，冒险的主动性被可靠的纪律所代替的资产阶级乌托邦。另一方面，道德……是彻头彻尾资产阶级的。就好像不折不扣遵照新教的诀窍，它赞美努力劳动，朴素和节俭的美德，它提倡热情忘我地投入工作，这一点也不像马克思和魏特林这样不同的人，用绚烂的人文主义色彩描绘的自由主动的创造性。"半个多世纪以前，海德格尔发明了"美国主义"一词，并且说苏联也是"美国主义"，正是看到了它们的相似性。伯林对乌托邦的批判如果是正确的话，必须对这两个最大的乌托邦都有效，否则，其价值就值得怀疑了。

既然这两个最大的乌托邦都是建立在绝对普遍主义基础上，伯林对乌托邦的批判当然对它们都有效，尽管伯林心目中的乌托邦似乎并不包括美国。然而，批判了乌托邦的普遍主义理论预设，就能消除人们现实的乌托邦信仰吗？社会主义的乌托邦眼下的确行情一落千丈，但科技乌托邦、自由市场经济乌托邦，美国梦乌托邦，乃至全球化乌托邦，不正在世界各地流行？许多人在将乌托邦作为社会主义的代名词加以嘲笑和诅咒的同时，却对上述乌托邦坚信不疑。伯林对乌托邦普遍主义的理论前提的分析批判完全正确，却丝毫动摇不了科技万能论的信徒，美国梦的追求者和自由市场经济的传教士的乌托邦信念。

如果伯林关于乌托邦观念衰落的断言是错的，那么对他上述断言的否证也恰好证明，对于乌托邦普遍主义理论前提的哲学批判不能根本动摇乌托邦的根基。正因为"从扭曲的人性中造不出完全笔直的东西"，由于人性天然的欠缺，世界永远不可能完美，才会有乌托邦。伊甸园中的亚当和夏娃当然不需要乌托邦。乌托邦既是人类对美好事物的追求，也是对现实的不满与批判。乌托邦的意义不在于其完美的形式，而在其批判的功能。伯林对乌托邦的批判，就现代乌托邦的现实性质而言，是基本有效的；但对乌托邦的批判功能而言，则并不相干。现代乌托邦的根本问题是不屑作为超越现实的力量，而竭力使自己成为人间天堂。与乌托邦相联系的种种悲剧，恰恰是这样发生的。而将美国和苏联这样的实在视为乌托邦，不仅会对它们失去批判的能力，甚至会对它们的黑暗曲意维护。而作为乌托邦的美国和苏联，由于其现实的性质，则不仅基本失去了乌托邦的批判功能，而且使乌托邦走向了自我否定。

库玛在《近代的乌托邦和反乌托邦》一书的最后写道：一旦被发明后，乌托邦的观念就不会完全消失。但是，乌托邦作为一种社会理想的形式，却已明显削弱了。的确，经过20世纪种种骇人听闻的悲剧与浩劫后，那些以暴力和强制手段来实行的乌托邦，怕是少有人会相信了。但其他乌托邦，尤其是金钱和欲望的乌托邦，在这个物质主义和消费主义的时代，不是格外流行和时兴吗？然而，正是那些怀抱金钱欲望乌托邦的人，对乌托邦深恶痛绝。很显然，他们其实反对的不是乌托邦本身，因为他们也有自己的乌托邦；他们反对的是乌托邦的理想性和批判性。或者说，他们反对的是人类精神崇高的一面，即人文精神是也。在他们看来，追求崇高，必将带来苦难；而躲避崇高，倒是可以得到不少实惠。以《意识形态和乌托邦》一书闻名于世的曼海姆曾提醒人类："乌托邦的消失将产生一种静止的事态，在这事态中人本身成了物。那时我们将会面对可想象的最大悖论，即已经获得对存在最高度理性控制的人，却没有理想，成了一个纯粹冲动的生物。"然而，这不正是那些陶醉于"中产阶级""体面生活"的"反乌托邦者"们所梦寐以求的吗？

今天，受到削弱的恰恰是乌托邦超越现实的力量，而不是伯林着力批判的普遍主义的"最终解决"和人间天堂的迷信，即乌托邦的实在形式。人们会和伯林一起揭露和谴责以美好未来的名义牺牲千百万人的罪行，却不太会认真思索他对近代乌托邦绝对普遍主义基础的批判。另一方面，只要乌托邦的现代性特征没有被深刻揭示与分析，对乌托邦的批判与否定只能削弱它的批判功能和崇高理想，而不是它尽善尽美的实在形式和绝对独断的真理主张。当一个社会的工具理性结构和价值评判标准没有受到根本质疑时，对普遍主义的批判本身也不可能是彻底和切中肯綮的。

不过，现代既然是和《乌托邦》、《太阳城》和《新大西岛》这些乌托邦一起诞生的,也难说它不会在人类创造的新的乌托邦中完成其自我批判和扬弃。扭曲的人性固然造不出完全笔直的东西,但人类可以在想象中超越这一局限。否则,世上还怎么会有希望?

记忆的权力和正当性

《读书》今年第3期发表的孙歌先生的文章《实话如何实说》，是篇耐人寻味的文字。在讨论中日战争这样重大的历史事件时，作者并不满足实证主义的记忆的"真实性"，也不以时髦的"政治正确性"为然，而是尖锐地提出了"感情记忆"的问题。作者发人深省地指出：感情记忆的丧失，"它使得历史失掉了紧张和复杂，变成了可以由统计学替代的死知识；而恰恰是这种死知识，最容易为现行政治和意识形态所利用"。然而，在现代世界，对历史的"感情记忆"也往往是"民族记忆"，而当这种记忆是刻骨铭心的"创伤记忆"或"痛苦记忆"时，它是否也会将历史简化为政治或意识形态的工具？作者显然对此有所意识，因此，在文章的结尾时特别强调："假如我们尝试着依靠感情记忆来改变历史知识的结构关系，那么这种感情记忆必须能够承担复杂的历史内涵。"

孙先生的文章使我想起了另一篇同样也是讨论历史记忆，但论述角度却有不同的文章，这就是美国史学家达格玛·巴诺（Dagmar Barnouw）教授在她获得1998年度洪堡奖时所发表的获奖演说《时间，回忆和记忆的用处》。该演说虽然提出了极为尖锐而棘手的问题，却赢得在场听众的广泛好评。

巴诺是南加州大学的历史学教授。几年前，加州曾发生过一群中学生观看《辛德勒的名单》过程中，看到纳粹向一个年青的犹太妇女开枪时，发出笑声的事。当时舆论大哗，媒体在采访这些学生，问他们为什么要笑,一位女生说,因为那位女演员倒下时不像是真死,而是在装死。而生活在奥克兰的他们,都亲眼看到过被枪杀的人是如何倒下的。毕竟,电影是艺术品,是虚构。可是,在过去的半个多世纪,"大屠杀"(Holocaust)在西方早已成了"神圣事物"(holy),所以当《辛德勒的名单》在美国商业电视上播出时,赞助商福特公司同意中间不插播广告加以打断。在所谓公众的集体心目中,《辛德勒的名单》不是故事片,而成了纪录片,所以才会对观看这部影片时发出笑声的中学生怒不可遏。这使巴诺想起了另一件类似的事。那是一组由英国摄影家拍的照片,记录的是1945年一些德国平民被迫去看一部关于德国"暴行"的记录片。其中有一张是两个十几岁的女孩由于在看这部电影时发出笑声,而被5个英国士兵押着去看第2遍"补课"。照片的解说词说,这两个女孩的笑是罪恶地否定她们和全体德国人都必须为之负责的恐怖罪行,那是她们一定不能忘记的。可是,在巴诺看来,这两个女孩也许只是在反抗胜利者生硬的道德-政治权力。

可是,如果历史被神圣化,或成了超历史的"民族真理",那么,任何这种反抗都不仅是大逆不道,而且是非法的。在以色列和德国,都有针对任何对这种"民族真理"的怀疑和否定的相关法律。巴诺认为,这种庞大的"民族真理"是对创伤记忆政治动员的结果,它封闭了一切批判地探究的可能性。尼采在《历史对于人生的利弊》中曾提出,人们应该在适当的时候对历史有所遗忘。巴诺认为这样做的好处是可以使我们找到一种不那么排斥性的记忆方式,它允许别的声音提出的问题。在巴诺看来,回忆既是混乱的,也是建构的;既是变动不居的,也是僵硬不变的。回忆是高度选择性的呈现过去的事件,这就使它很容易受到虚构的诱惑。

就像一切虚构的言说一样,大屠杀的言说作为一个回忆故事的建构成了一种搁置怀疑的言说。但是,从定义上来说,虚构的言说并不是在断言我们与他人共有的世界,可超历史的大屠杀的言说却认定它对过去与现在的生活世界的解释具有真理性,尤其是对那些并非大屠杀的牺牲者的回忆而言。它实际上把它对于历史的解释强加给所有的人,而否定了一切其他解释的合理性和正当性,成了一种似乎无法质疑和抗拒的强势话语或权力。

在这个被许多人认为是后现代的世界上,一切都在急剧变化,似乎已没有什么不可动摇的东西,唯独这个记忆的权力话语,却丝毫也没有改变。德国著名作家马丁·瓦尔策1998年10月在接受"德国书业和平奖"时发表的演讲所引起的轩然大波,就足以证明这一点。在这个演讲中,瓦尔策提醒他的听众,身份认同与回忆都是暂时的,变动不居的。记得某事已经发生的人不是事情对其发生的那个人,在我们现在相信发生了的事发生时,我们并不像我们现在知道它发生那样知道它正在发生。这种经验是司空见惯的;但在涉及德国历史的某些事情,却被严重地政治化了,充满禁忌。瓦尔策对德国越来越强的记忆崇拜感到沮丧,因为它根本瓦解了更为宽广和可靠的历史回忆,否定了个别德国人的回忆的正当性。战后德国有不少人担心,历史地对待纳粹时期会使将纳粹罪行的记忆中得出的道德教训相对化,因而抵制这么做。对这些人来说,瓦尔策的这些看法不啻是一种挑衅。

但是,在巴诺教授看来,只有在后见之明的条件下,过去作出的决定才会(无疑义地)对或错。但如果要重建它们在过去的意义的话,就要求将后见之明的确定性暂时悬置起来,这样才能容纳经验的暂时性,承认其历史性。在回顾往事时,人们理解当时的人们是不同地看待和判断事情的;现在人们知道当时人们的判断是错的。即使当时人们已经怀疑,知道,甚至担心错误,那还是一种不同的错误。

这种差异是对现代历史研究和纪实的严重挑战。很显然,她是同情和赞同瓦尔策的观点的。

然而,德国犹太人中央理事会及其主席布比斯,却很快对瓦尔策的演讲作出了强烈的反应。布比斯说,他们对瓦尔策不尊重大屠杀的牺牲者深感震惊。瓦尔策的演讲是在质疑仍然不可质疑的东西——牺牲的集体故事不变的权威性。在布比斯看来,瓦尔策是要让大屠杀的话题"消失进历史的阴曹地府"。对于犹太人来说,这是思想右翼极端主义在德国兴起的又一信号。很显然,有些人是要防止人们谈历史的问题,布比斯就拒绝一切关于回忆过程的历史性的谈论,简单地将其斥为反犹主义。但瓦尔策认为这种防范无济于事。布比斯不但肯定大屠杀的超历史地位,也肯定他对那种不仅允许,而且以批判问题为先决条件的历史回忆的深深的不信任。

但在巴诺看来,这种对于历史的超历史态度是成问题的。即使对于历史的记忆,同样需要允许有多样的声音,需要听任不同声音彼此挑战,让它们陷入纠缠不清的过去,让它们承认时间与回忆的变化。可是,第二次世界大战的恐怖的后遗症,却在历史记忆的领域造成了摩尼教那种绝对的善和绝对的恶的场景,胜利者的判断不容违犯,对其任何修正都是异端。结果同时限制了胜利者和被征服者的历史想象力。

不知政治敏感的读者是否会将巴诺视为纳粹余孽;学问高深的学者也许会给她戴上"后现代"的帽子。但巴诺的理论资源并不来自后现代,而却来自经典的现代——启蒙时代。她认为,从18世纪中叶以来,文化现代性就意味着世界越来越能为人所接近。人们渴望知道得更多,对世界的关心与好奇,促使人们搜集闻所未闻的不同的做人方式的信息。人们被新的信息迷住的同时,也越来越意识到,植根于受个人与文化制约的感知的观察,是有可能失真的。作为启蒙思想发动机的好奇心,包括自觉努力去准确表象和建构新的、不同的世界。同时,随着对世界多样性越来越多的了解,人们不仅交换各自的信息,也对文化价值的问题展开争论。然而,到了20世纪下半叶,回忆与认同的多样性问题却政治化和仪式化到了爆炸性地步,没有商量,更不用说批判的余地。按理说,人们观察和理解事物总是在某一个时间,某一地点,为了某种理由——回忆也是这样,因而总是相对的。因此,巴诺说,在现代西方文化中,没有无时间或唯一的解释模式;真理是相信证据的过程;它在时间中进行,常常是游移不定的;它要求批判呈现其他的观点和声音。

　　这种态度在释义学和编史工作中得到提炼,导致对理解条件越来越多的研究,魏玛共和国后期对曼海姆的知识社会学的相对主义的争论,就是一例。然而,战后存在主义的本质主义却先天地蔑视对现代历史的纪实研究,代之以诗与哲学的元历史论说。例如,霍克海默和阿多诺在《启蒙的辩证法》中说,启蒙,现代西方文化,不可避免地自我毁灭为法西斯反犹主义。这种说法的持久影响对某些特定的历史记忆唯我独尊地高踞时间之上起了很大的作用。18世纪以来,人们日益承认人类事务中偶然性的重要,和时间与变化的流动性。可是,建立在这种承认基础上的现代政治的多样性,在20世纪下半叶却倒退到前现代的简单化。牺牲的痛苦记忆凝结成一种无时间的个体-集体的记忆崇拜。这就难怪像《辛德勒的名单》这样一部精心操作的对重要问题的虚构再现竟然立刻获得了纪录片的权威。影片在卖给学校和大学作为历史事件的记录时,还附加了研究资料。由于大屠杀声称的超历史的唯一性,就给历史准确性的论证设置了更多的障碍。一般而言,这类话题支持的是一个封闭的神话诗学话语,而不是开放的历史记录的论说。

　　巴诺认为,纪实的开放性是基于事实的准确性这个准则,因为它产生于与他人共享的经验和资讯,因而它要服从他人批判的探究和暂定的判断。事实并不是被发现在那里,而的确是在人心中"造成的",在此意义上,它们就像神话一样。但还是有根本的不同。事实服从一个建立它们的有效性的批判过程,那个过程得遵从现代的在资讯充分的基础上相信证据的准则。相信证据的过程性要求论证或然性,而不是真理:在这个特殊的时间,特殊的地点,在这些特殊的观察者中,某些事实似乎更可能,某些种证据似乎比其他证据更值得相信。但因为事实是在心中制造的,值得相信是由于构造证据的共同努力,它们也可以改变。在历史研究的纪实论说中,事实经常是可以修正的;证据是可以重新讨论的,记忆和身份的易变性应该得到承认和探究。而超历史的迫害的神话诗学话语却不是这样,它不在众多冲突与交替的回忆中明确表达历史时间;而是将牺牲者与迫害者的区别持久绝对地确定下来,前者完全没有历史的能动性,后者完全没有历史的可信性。

在我们这个狂暴的世纪行将结束时,被各种禁忌最有力保护起来,因而最不能说的问题,就是关于牺牲者的文化能动性,以及他们对历史事件的参与和共同责任的问题。牺牲者和迫害者已经成了超现实地有别的超历史现象,它否定时间的变异和不定。在此场景下,受害者已经是,而且将永远是受害者;迫害者也同样如此。但所有我们用像"法西斯主义"、"奴隶贸易"、"殖民主义"、"家长制"这样绝对的措辞拒绝的文化都是历史的现象,是复杂的、不稳定的,会在时间中改变。回忆的仪式化的论说不可能承认和容纳它们。正是这种论说构成了认同和记忆政治的基础。既然这些政治拒绝现代纪实想象的主张,它们怎么可能有助于一个未来切实可行的对文化多样性的理解?至少暂时,现代要对我们的世界知道得更多的责任感,要理解和记录它令人迷惑的复杂性,多样性和无情的时间性,似乎更有可能支持一个共有这个世界的理想。

我对上述巴诺的观点并不完全赞同。巴诺最大的问题，恰恰在于无视孙歌先生在她的文章中所强调的历史记忆中感情的地位，虽然她在演讲中只字未提感情记忆的问题。实际上，感情记忆正是她要排除的东西。大屠杀之所以有几乎不容质疑的，几近绝对权力的地位，正是因为它不仅包含犹太民族强烈的感情，而且也牵动一般人类的感情。而巴诺认为，任何群体的感情记忆都容易被仪式化和神圣化，结果，记忆流于虚构，成为一种历史的图腾。巴诺只要"纪实"（documentary），在她看来，只有坚持纪实的原则才能对历史记忆有一种批判的态度，才能容纳世界和人类事务的多样性。

但问题是，人类是否可以像实验室里的实验者那样，不动感情地记下他们的历史经验？当然不能。巴诺也明确承认这一点。正因为人们只能在特定的历史时间，特定的历史条件下记录他们或前人的历史经验，纪实才必须是开放的，必须接受不同声音的挑战和批判。如果是这样的话，我们该如何定义"证据"及其准确性？证据如果是可以改变的话，信凭证据又有什么必要？没有先验的证据是否意味着没有绝对的证据？如果回答是肯定的，重新讨论证据的根据和理由何在？这些问题巴诺都未加以论述和回答。这就使她演讲的主旨缺乏牢靠的根基。

另一方面，感情记忆只要不被仪式化和图腾化（尽管它很容易那样），是可变的，它可以随着时间的推移接纳历史更多复杂的内涵，就像一个人对牵动感情的事件，随着时间会逐渐冷静，会更加理性地看待这些事件，虽然不会因此而完全去除感情的成分。也只有这样，人们才可能对历史记忆采取批判的纪实态度。相反，完全否认历史记忆的感情基础和价值基础，是否就能得到一个客观公正、可以共享的历史记忆还未可知，但肯定不可能对理解与包容这个世界的多样性有任何益处。

当然,巴诺没有提"客观""公正"这些典型的现代性术语,而只是说要相信证据。但既然事实是人心的构造,而人心往往会受感情的支配,那么由人心构造出来的证据也难免不带感情的成分。就此而言,即使在历史记忆中,感情也自有其正当性。问题还不仅关感情。既然人类历史充满了压迫与被压迫,受害与迫害的事实,那么,压迫者和被压迫者、施害者与受害者之间的区别,应该是无法抹去的。时间会改变一切,却改变不了这个根本区别。因为它不仅是建立在事实基础上,更是建立在人类良知基础上,它具有超历史的先验性。除非我们认为人类良知也会随着时间而消失,否则,我们就不能否认它的超时间性。时间的确会使我们重新认识,或别样认识;它可以使我们认识得更多,也能使我们认识得更少。时间并不保证什么。它可以消灭一切,却不能消灭记忆。因为,记忆是它唯一的保证。而良知则是记忆的保证,没有良知,人类就不需要有历史记忆,更不需要对历史记忆有巴诺所主张的批判态度。时间可以改变特殊的记忆,却无法改变记忆的这个先验根据。

因此,一切屠杀与迫害的受害者与施害者的区别并不会随着时间的改变而改变。无论到什么时候,人们都不能把死于屠刀下的南京平民或奥斯威辛的牺牲者说成是加害者,就像人们在任何时候都不能把白说成黑。能改变的只是人们的评价。其实,即使是在同一时代,人们对历史现象和历史事实的解释也并不相同。在有些人眼里,殖民主义者是文明的传播者;而在另一些人看来,他们恰恰是文明的破坏者。当然,这并不是说,任何时代都没有占主导地位或支配性地位的看法。相反,正如马克思早就揭示过的那样,统治阶级的意识形态就是占统治地位的意识形态。只要有强势集团,就有强势话语。强势话语的背后,是处于支配地位的权力。虽然对历史现象的任何解释都不可能是唯一的和最终的,是不可改变的。但改变的根据主要并不在于"发现"了更多的事实,而在于权力的转移。在这里,诉诸抽象的时间性毫无用处,时间性只能证明一切解释都会变化,但也到此为止,它不能保证变化了的解释就一定是合理的。一种强势话语为另一种强势话语所取代不能改变一般强势话语的权力性质。然而,巴诺想要挑战的,正是这种似乎无法改变的强势话语的权力性质,尤其是在历史记忆的论说中。她演讲的价值,也就在这里。

这篇受到听众欢迎的演讲提出了有关历史记忆的一些尖锐而无法回避的问题,特别是:历史记忆究竟应该是历史本身的延伸,还是超历史的禁忌和图腾?它究竟应该体现我们对世界多样性的理解,还是一种凌驾于历史之上的垄断的、压迫性的论说?即使是正义的胜利者,他们的记忆是否就一定准确可靠?胜利者有无剥夺失败者拥有自己的历史记忆的权利?或者说,胜利者有无垄断历史的权利?虽然巴诺对这些问题的态度似乎是明确的,但它们并不是容易回答的问题,尤其是想到 5 个英国士兵押着两个德国少女进电影院去"补课"这一其实我们自己也不陌生的场景。

在这个崇尚"科学"的时代,至少在理论上,谁也不会反对:历史应该是开放的,而不是封闭的;它应该不断接受新材料的检验,以及在新的证据基础上的批判。历史并不属于某些人,或某些集团和群体,而是为全人类所共有。任何人都没有垄断它的权利。历史关乎人类的事实,没有什么是不能说的。然而,在现代,历史的论说却成了权力的体现。尤其是当它披上了"政治正确性"的外衣时,它就成了一种压迫性的势力。犹太人不许德国人有自己的记忆,就像纳粹不许犹太人有自己的记忆一样,同属压迫。这种压迫在压迫自由的同时,必然也在压迫历史本身。汉娜·阿伦特身为犹太人,而且曾任"犹太文化复兴委员会"的领导工作,因为说出了"牺牲者的能动性",

即揭露了二战时期欧洲各犹太人社群领袖与纳粹合作的事实,就几乎成了犹太社会的"贱民"和"弃儿",许多犹太知识精英都因此与她绝交,就是一个明显的例子。

恰恰在崇尚理性与科学的现代,历史在前所未有地图腾化的同时,成了禁忌丛生的领域。并且,历史的禁忌成了现代最为坚固的禁忌。人们往往不是通过发掘新的证据来打破这些禁忌,而是不断制造新的神话来巩固它们。现代文化工业和宣传手段则为此提供了一切可能的条件。《辛德勒的名单》和《鸦片战争》,以及其他这类"史诗"影片,都是以"假作真时真亦假"的手法,创造一个超历史的图腾与神话。当它们被用来"教育"人们"毋忘历史"时,它们就成了规定人们应如何理解历史的权力。而剥夺对历史多样理解的权利,乃为现代的一元论历史哲学所必须。既然历史发展只有一个方向,那么对历史自然只能有一种理解与解释。流动的历史,成了超历史的固态的结构。任何"新解",只有能纳入这个结构,才会被接受;否则,就是意识形态的异端。而这种意识形态的异端,必然产生政治上的反动。这不但解释了布比斯为什么对瓦尔策的演讲反应那么强烈;也解释了人们为什么会对《怀柔远人》、《天朝的崩溃》或《白银资本》反应那么强烈。

按照巴诺教授的解释,现代西方文化,特别是启蒙的根本精神,是追求多样性和容忍多样性,正是这种文化品质使其始终要求对历史保持一种开放和批判的态度,将任何历史记忆都视为可变的和暂时的。这种态度将保证人类共有一个最大限度容纳人类多样性的历史。然而,巴诺的解释是片面的。现代西方文化和启蒙,都不是一个同质性的本质,而是一个异质性的过程。它们在不同的时期,不同的条件下,呈现不同的面相,并且在自身包含一定的自我批判因素。但这不等于说,它们没有一个主流形态。否则,一百多年来人们对本质主义、整体主义和同一哲学的批判就成了无的放矢了。历史记忆的政治化和仪式化,绝对的善与绝对的恶二元对立的摩尼教式世界观,以及历史发展只有一个方向的历史哲学,恰恰向人们指明了现代文化的主导倾向究竟是什么。而巴诺对现代西方文化和启蒙精神的解释却无法说明,为什么这种精神在20世纪下半叶会"倒退到"她所谓的"前现代的简单化",更无法克服这种简单化。

真正的问题是,人们的确是只看他们想看的东西,只听他们想听的声音。证据只对愿意承认它们的人存在。在现实的历史中,巴诺心目中那种超历史的、没有任何选择性的现代主义者是不存在的。只有承认这一点,即承认自己记忆不可避免的选择性和局限性,才能承认他人记忆的正当性。否则,难免会有人将自己的特殊记忆绝对化和超历史化,变成一种权力话语或强势话语,而这种权力话语或强势话语正如孙歌先生在最近的一篇文章中所说的,它不一定诉诸政治权力,相反,它有时依靠的是对于政治权力的挑战状态,或者依靠被人称作"常识"的心理定势,它可以通过语焉不详把话语的危险性降到最低而把它的威慑力提到最高。这种强势话语必然要封杀历史的可能性,使历史成为不能怀疑,不能讨论和批判的独断论说。共有的历史,变成了垄断的历史。

像巴诺那样,试图诉诸认识论客观主义来解决这个严重的问题显然是不可能的,理由恰恰是巴诺一再提醒人们的时间性;只是她只看到外在时间对历史记忆的影响,而没有看到历史的参与者、论说者和记忆者本身的历史性。其实,巴诺所揭示的问题并不是一个认识论或方法论的问题,而是一个政治哲学的问题。只有在承认的政治基础上,才能真正肯定他人记忆的正当性。当然,这并不是说,要放弃自己的感情和立场,放弃在此基础上的批判。而是说,在肯定自己的感情与立场的同时,也要承认别人的感情和立场,并在此基础上展开相互批判。只有这样,人类的记忆才能真正容纳世界的多样性和复杂性,历史与世界才能真正为全人类所共有,人类才能有真正意义上的世界历史。

文化,还是政治?

德国书业和平奖在德国是一个崇高的奖项,许多当代德国文化名人都得过此奖项,如雅斯贝斯、汉娜·阿伦特、哈贝马斯、君特·格拉斯等,去年该奖项授予了一个叫沃尔夫·莱普尼斯(Wolf Lepenies)的社会学家和历史学家,他获奖的作品是《文化和政治》一书。此书在德国出版的同时(2006年),其部分章节以《德国历史中文化的诱惑》为书名由普林斯顿大学出版社以英文出版。

这是一部内容极为丰富、叙事引人入胜、又不乏独到眼光和见地的思想史著作,主题是检讨德国从近代开始以来,即从18世纪到20世纪长久以来一个根深蒂固的思想,就是文化优先、以文化对抗政治、对抗文明的思想。二战以来,人们痛定思痛,对德国浩劫的原因进行了深入的反思,人们认为,德国文化是一个非常主要的原因。德国在世界大战中的对手早在战争期间就这么认为;而德国学者在战后基本上也都持这种看法,以至于直到今天,在德国谈德国的文化传统、德国的文化认同,都是一件需要非常谨慎的事,一不小心,可怕的政治帽子就会飞来。

这固然表明德国人反省之彻底和决绝,的确是到了剔骨还肉,洗心革面的地步。可是,在我们局外人看来,这样的反省,其勇气和真诚固然可敬,但是否也会犯倒洗澡水时将孩子一起倒掉的错误。德国文化博大精深,仍是人类文化宝库中不可替代的珍藏。德国的哲学、音乐、文学、艺术,乃至社会学、史学和自然科学,都有极高的成就,对全人类都产生了深远的影响。虽然一直有人试图证明黑格尔、尼采、海德格尔,甚至康德的思想与纳粹专制的密切关系,但都应了中国的那句老话:"尔曹身与名俱裂,不废江河万古流。"

要给现代的灾难找出一个直接的因果性原因,本身是典型的现代性思维方式。在现代之前,没有人会用文化传统来解释自己经历的悲剧,而这种做法在机械因果性思维盛行、凡事要给出一个理由或原因的现代,却是常见的做法。我们不是直到今天还把现代和当下种种问题与挫败归咎于传统文化吗?不是还有那么多的人在反思我们文化的"劣根性"吗?我们在对自己文化的批判与否定上,一点不比德国人逊色。我们和他们一样彻底、无情和坚决,只是缺乏他们的真诚。

然而,彻底、无情和坚决不等于正确。纳粹思想和纳粹暴行的确都可以在德国文化中找到某些遗传因素,人们甚至可以说德国文化中的确有幽暗和可怕的方面;但哪一种文化没有幽暗和可怕的方面?文化既是一个整体,这就要求我们不能以偏概全;文化又是一个多样性的集合,我们可以从中找到我们需要的任何东西,这就要求我们不能抓住一点,不及其余。德国文化并不必然导致法西斯主义、奥斯维辛和第二次世界大战,就像西班牙文化并不必然导致殖民主义者在美洲犯下的种族灭绝罪行一样;历史事件的原因错综复杂,通常是多种因素合力的结果,那种后见之明式的直线因果推理,是不能服人的。

莱普尼斯的著作当然没有那么简单,它实际上并不直接探讨德国文化与20世纪的德国浩劫的关系,它也不是一部单纯的反思著作,而要复杂得多。它的目的不仅在清理过去,更在探讨德国的未来。悟已往之不谏,知来者之可追,反思是为了前行。《文化和政治》的主题如这个书名所暗示的那样,不是要一般地讨论德国文化,而是要从18世纪以来,德国知识分子对文化的绝对推崇入手,探讨这种文化绝对优先性的观念对德国现实政治造成的负面影响,以及这种思想对法国和美国的辐射。1945年以后,这种文化优先的思想在德国不断受到批判,可以说已是明日黄花了。冷战以后,欧洲的一体化进程在扩大的同时也在加快,但这是否能消除欧洲各民族的文化认同?如果不能的话,在全球化和欧洲一体化的历史背景下,文化与政治该是何种关系?统一后的德国,如何能让它的邻居们放心,在欧洲和世界又该如何自处?这都是普莱尼斯想通过《文化与政治》探讨的。

凡是对德国有所了解的人都会发现,德国人特别重视文化和教育。不要说知识分子,就是像商店售货员和清洁工看戏听歌剧都是常事,父母给临睡的孩子念童话和小说,大学生一边喝啤酒一边朗诵诗歌,那种从上到下普遍浓郁的文化氛围,常给外国人留下深刻的印象。与他们的西方邻居相比,德国人不是以他们的政治、经济为傲,而是更多是为他们哲学、文学、音乐和科学的成就而自豪。这种普遍的民族心态大概是他们文化优先理念的社会心理基础,同时它也的确导致了德国人特有的文化优越感和傲慢。

然而,德国人的文化优先的思想甚至文化概念本身,含有非政治甚至反政治的趋向(Stoßrichtung)。这首先是由出生德国的著名社会学家埃利雅斯(Norbert Elias)提出的。他在《德国人研究》一书中写道,在德国,"文化"这个词"实质上有一种非政治或也许是反政治的趋向,这种趋向对于德国中产阶级精英防范出现的感觉来说是典型的,对他们来说,政治和国家代表他们不自由和屈辱的领域,文化则代表他们自由和骄傲的领域。在18世纪和19世纪的部分时间,这种反政治的矛头指向专制诸侯的政权。……在后来的阶段这种反政治的趋向演变为反对民主国家的议会政治"。如此说来,文化在德国就不是单纯的文化,而是一种特有的政治态度。埃利雅斯和普莱尼斯大概都不会反对这个推断,因为他们都承认这种文化概念对德国的内政外交有根本性影响。

一般人对于德国中产阶级精英和知识分子这种文化高于一切或文化优先性的解释会是:他们生活在一个专制统治下,又无力也不敢反抗,只能祭出文化的法宝来象征性地表示不满,在自尊自贵和自我陶醉中以所谓精神自由和内在自由自欺欺人,继续忍受他们屈辱的地位和生活。这用来解释18世纪和19世纪上半叶的情况也许还不太离谱,却难以解释为什么这种以文化反政治的态度会演变为"反对民主国家的议会政治"。这种出于政治意识形态的解释,忽略了现代性问题的历史背景。

德国人是一个在思想上非常敏感的民族,他们对于现代性问题早就有所觉察和思考。歌德意大利之行之后,就担心现代工业和商业将使人类许多美好的事物一去不返。歌德是一个理性清明,决不极端和悲观的人,可是他在与爱克曼的谈话中却说:"如果在忧郁的心情中深入地想一想我们这个时代的痛苦,就会感到我们愈来愈接近世界末日了。罪恶一代接着一代逐渐积累起来了!我们为我们祖先的罪孽受惩罚还不够,还要加上我们自己的罪孽去贻祸后代。"黑格尔更是在他的著作中对现代性问题进行了系统深入的思考。他在《精神现象学》中揭示现代性的根本原则就是有用,它成了衡量一切事物的准绳。

"文化"概念在近代德国是作为与"文明"概念相对的一个概念提出的。在德语用法中,"文化"意味着一切精神价值和教养;而"文明"就是指一切有用或实用的东西,包括政治、经济等制度性安排,它只涉及人外在的东西,包括人实际存在的最表层的东西,只有次要的价值。而文化则代表人的本质和真正的成就。20世纪德国的文化哲学家(如卡西尔)提出人是文化的动物,人的本质在于文化,就是基于这样的文化概念。同时,德国人也因为文化和文明的区分而认为法国人和英国人,尤其是英国人,唯利是图,只有文明,没有文化。连马克思也多少受此影响,他在《资本论》中把称边沁的功利主义为英国小店主的哲学。

德国人以文化对抗政治,不能说与上述文化和文明的根本区分无关。德国人文化优先性的理念和以文化对抗政治的传统,显然是一种对现代性问题的特殊回应。看不到这点,就不可避免会把这个问题加以意识形态的简单化处理。在普莱尼斯看来,问题并不在于用文化对抗政治,文化与政治之间的紧张在其他国家也有。例如中国儒家士大夫以德抗位的传统未尝不能说是以文化对抗政治。问题在于德国人以文化对抗政治导致了一种"对政治罕见的冷漠"。这与古代中国的情况刚好相反。正是这种独特的"德国态度"造成了现代德国政治的种种悲剧和不幸。

有趣的是,从文化中寻找政治问题的原因不是德国人的发明,早在20世纪初,杜威在他的《德国哲学和政治》(1915),桑塔亚那在他的《德国哲学中的自我中心论》(1916)中,就不约而同地要在文化领域中寻找德国政治不发展的根源和原因。到了第二次世界大战期间,杜威又更进了一步,声称可以在希特勒的世界观和德国古典哲学传统之间找到直接联系。这种做法在西方学界决不是个别的,英国政治哲学家霍布豪斯、法国哲学家毛鲁斯(Charles Maurras)、卢卡奇等,都是如此。毛鲁斯甚至称他在"康德数学头脑"中看到了德国野蛮的外貌。

今天恐怕很少会有人相信这样简单的推断,作为一流德国学者的普莱尼斯当然更不是以这种简单的推理作为《文化与政治》的主题。他的一个基本设想是,不是德国文化本身,而是德国知识精英**文**

化优先的思想对现代德国政治产生了严重的负面影响。不管怎么说,德国人是高估和高抬了文化,甚至将文化绝对化;这种高估和高抬导致一种特殊的权力主张,文化把自己误解为是一种更好的政治,即文化政治。可是,从德国历史看,这种对文化的高估和高抬有它的历史合理性:德国长期无法像英国或法国那样建立一个统一的民族国家,德国人只有在文化中发现他们的统一。

"文化政治"这个术语并不能改变文化与政治有明显的距离这个德国的事实。可是,德国人并没有让文化与政治完全绝缘。相反,"文化政治"的术语表明德国人喜欢用政治来证明文化。例如,普法战争的胜利在许多德国人看来首先是德国文化的胜利。即使第一次世界大战爆发时德国知识分子支持战争的声明,也是以"文化世界"的名义发出的。他们认为德国是代表文化与代表文明的协约国,尤其是英国相抗。但即便如此,德国知识分子对政治本身还是不屑一顾。

托马斯·曼在第一次世界大战的最后一年发表了几近六百页的《一个非政治人物的观察》一书。尽管在此书中,曼不仅仍然支持战争,而且声称军国主义是德国道德的一种表现形式,但他还是对政治不以为然。在《对战争的沉思》一文中他说,政治是"一种理性的事、民主的事和文明的事",所以它是一种非德国的事,因为德意志民族是"形而上学的民族、教育的民族和音乐的民族","不是一个政治的民族,而是一个道德倾向的民族"。在《一个非政治人物的观察》一开始,他就按照文化和文明区分的老套说:"德意志文化,就是文化、灵魂、自由、艺术和**不是**文明、社会、选举权、文学。"民主属于文明,因而"德意志民族决不能爱政治民主,理由很简单,因为它不能爱政治本身……"虽然托马斯·曼后来放弃了他的这个立场,成为一个共和主义者,但在当时他的这种立场却颇有代表性。德国知识分子支持威廉二世打第一次世界大战,未必是支持当时的德意志帝国,而是为了他们心中的德国文化。这种文化与政治的距离其实并不如他们想象的那么远。

说德国知识精英的文化优先的理念导致普遍对政治的冷漠也不尽然。从费希特开始,德国的知识精英有不少希望通过自己哲学或艺术的真理和力量影响政治,托马斯·曼在魏玛共和国期间也是如此。但德国知识精英对现实政治的不信任的确是根深蒂固的。1932年2月3日,著名的古典语言学家维纳·耶格尔(Werner Jaeger)在柏林政治科学进修协会作了题为《国家与文化》的报告。在这个报告中,耶格尔说,国家想尽一切办法根据它的计划来确定精神,或者把它作为纯粹为它服务的工具,使文化丧失活力,使它的帮助对于国家是无价值的。在他的报告结尾他把文化作为一个精英的事情与"今天被没有受过教育的大众所支配的"国家相对立。耶格尔提出,在这样的时代,有必要有足够的人内在地还有一种不同于固定的党派信念的立场,有独立于人们意义变换和国家暂时命运的国家理念。他报告的最后一句话是:"丰富和支持这个国家精神是文化对国家伟大的直接的任务。"

问题是:对文化如此看重和自负,对政治如此不屑和防范的德国知识精英,怎么会倒向纳粹专制政治一边,很多人一时成了纳粹的同路人,失去了其挟文化以自尊的独立意识呢?普莱尼斯的回答是:因为法西斯主义的美学魅力。纳粹的头目,从希特勒开始,年轻时都有过艺术野心。希特勒画过画,戈培尔写过小说,第三帝国的军工部长斯佩尔是建筑师,纳粹青年组织的头目希莱赫是个抒情诗人。他们掌权之后,并未放弃他们的美学野心,而是非常认真地要付诸实施。他们甚至还把自己看作主要艺术家。希特勒战前对英国驻德国大使亨德森爵士说,他对政治厌倦了,"一旦我实现了我对德国的计划",

就想回去画画。"我觉得我可以成为这个时代一个伟大的艺术家,将来的史学家记得我是由于我的艺术,而不是由于我为德国做的事。"这番话未必完全的矫情或骗人,因为希特勒在战争中仍然念念不忘文化。他对手下说:"我们现在所获得的权力,在我看来,只有通过我们把建立文化奇迹看作是我们存在的意义、目的和任务,才是合法的。""战争来了又去。唯有艺术作品是始终存在的。"当他得知人口四百万的柏林只有三个歌剧院时,说:"柏林必须有四个、五个歌剧院。"而戈培尔则非常懂得用艺术来掩盖纳粹政权的非人本质。不用说德国人,就是外国人也被迷住了。1937年,亨德森和法国驻德国大使、美国驻德国大使第一次出席纳粹党代表大会,他的印象是"既隆重又美丽……我战前曾在圣彼得堡度过七年时间,那是俄国芭蕾最美好的时代,但我从未看过一场在壮美上足堪与之相比的芭蕾"。

但德国的知识分子和艺术家却被纳粹的文化政治所迷惑,还不仅仅是因为它的外表。而是他们觉得纳粹的政治完全不是英美政治意义上的政治,而是一种为文化服务,要实现他们的文化理想的文化政治。他们在"元首"身上看到了一个艺术家。诗人本恩(Gottfied Benn)认为那些领导德国的人"本身都是艺术创造型的"。德国进行战争不是为了自身的利益,而是为了从以英美苏俄为代表的现代性中拯救西方文明。纳粹在文化政治上的表现使他们对纳粹产生了一种错误的理解和同情,在这样一种氛围下,与纳粹合作是允许的。

但这只是德国知识精英倒向纳粹的一个外在原因。还有一个内在的原因,就是他们非道德的艺术观。许多德国艺术家认为,艺术与任何形式的道德无关,它完全有理由把世界证明为只是审美现象。普莱尼斯认为,这种艺术观至少在某个时候会被那个将政治看作是运动,将国家视为艺术品的权力诱骗。这个艺术观的根源,还在于德国历史上对文化的一贯高估。这种艺术观在一定时间中的政治作用,恰好证明了高估文化的危险性。普莱尼斯特别指出,如果文化成了政治的代用品,那就会因此接受政治潜在的非道德性。这就使得德国知识精英在一段时间失去了对纳粹政治批判的能力。诗人本恩甚至说:"元首不是权力的全部,我们一般不认为他是恐怖的原则,而是把他看作最高的精神原则。元首:他是创造性的人……"

普莱尼斯并不把本恩在1933年(他在1934年6月希特勒杀了罗姆后就开始看清了纳粹的本质)对纳粹的种种言论看作是一种皈依的记录。相反,他认为这些言论证明了一个至今仍使我们不知所措的精神政治延续性。他尖锐地问:一个始终在宣传精神与生活、道德与权力对立,并以能放弃价值和哲学内容而自豪的知识阶层,要去追随纯粹形式原则和表达原则并且在为体验而体验的迷雾和回到神话中找到这些原则,难道有什么奇怪吗?这个知识阶层欢迎纳粹或投票赞成纳粹难道有什么奇怪吗?

作为对德国知识精英缺点的反衬,普莱尼斯在他的书中论述了美国大诗人惠特曼关于艺术和文化的立场。托马斯·曼当年在读了两卷本的惠特曼著作的德译本后就非常兴奋,将他与歌德相提并论。他认为,他们在精神上是同时代人;他们让我们看到,人性也有感性的一面。普莱尼斯指出,惠特曼不是没有民族主义,但这种民族主义不涉及侵略,只涉及骄傲。惠特曼不是一个一味歌颂美国生活和美国民主的诗人。"我不愿意歌唱关于部分的诗歌/我愿意使我的诗歌,思想,关涉到全体。"

在《草叶集》出版后12年后,惠特曼出版了《民主的展望》一书。在那里,他忧郁地描写了当时美国的现实——经济繁荣年代压倒一切的物质主义:"美国社会是腐烂的、不成熟的、迷信的和腐败的。虽然由法律产生的政治社会像私人社会一样是自愿的。"在惠特曼看来,无论是美国"身强力壮的民主"还是他的自由诗歌都不是理所当然和不可改变的。在他的"道德的显微镜"下,他看到"一种贫瘠乏味的撒哈拉……城市充满了可鄙的漫画,畸形人和幽灵,上演着无意义的恶作剧。……在商店,在街上,在教堂、剧院、饭馆和办公室,到处是窃窃私语和卑鄙,下流的诡计和背信弃义……到处是卑劣、无耻、矫揉造作、早熟的青年……到处是不道德的贪婪,不健康的形象,男人和女人都一样梳妆打扮,涂脂抹粉,脸色肮脏,血液败坏……"

在《民主的展望》中,惠特曼毫不含糊地表达了他对美国经济基础腐败的厌恶,对一个国家危险的堕落的担忧,这个国家始终还在期待文化和社会的真正进步,和对一个民族的愤怒,这个民族有着强有力的身躯,却只有孱弱的灵魂。惠特曼相信文学在民主中将起关键的作用。它是"庄重的"、"现代的,能以我们各州的可能性来衡量自己"。在一个巩固的和功能化的民主中,文化不只是一种装饰,一部交响乐的结尾。相反,在一个不稳定的民主中,就有沉重的担子落在志在改善国家的诗人肩上。在1856年8月写给爱默生的一封信中,他提到教会散布的只是谎言,国家的议员和法官令人伤心,一个骗子和罪犯窃取了总统职位。然而,只要人们相信她的政治理论,以此构建她的公民可以为之自豪的民族性格和认同,美国还是所有国家中最出类拔萃的国家。在此过程中,文学将作出重要的贡献,但不是自以为能够成为更好的政治,而是通过充实共和国的政治生活。

普莱尼斯通过对惠特曼文化立场的论述,暗示了他自己对德国知识精英文化优先传统的批评态度:它混淆了文化与政治,没有真正划清文化与政治的界限,因此,尽管拼命将文化与政治对立,以文化去对抗政治,实际上却不能在现实政治中起到任何积极的作用。文化与政治不是一回事,文化不能取代政治,文化只有在承认政治自身的正当性和合法性的前提下才能对政治产生积极的作用。鉴于两个世纪以来德国的历史经验,德国的关键不在文化,而在于政治,在于突出政治,而不是突出文化。这其实是二战后德国知识界主流的共识。阿多诺那句奥斯维辛以后写诗是野蛮的名言,也曲折地表达了这个共识。

二战结束后,好学深思的德国人马上对自己的惨痛经历进行了深刻的反思。1946年,84岁高龄的梅尼克出版了《德国的浩劫》一书,对德国的悲剧提出了他的观察和思考。由于此书出版正当其时,满足了人们急欲反思历史经验的需要,一时洛阳纸贵,三年中出了四版。但这并不意味着人们认同他的观点,相反,很多的人质疑他的观点,尤其是他对德国文化的态度。在普莱尼斯看来,这本书本身就是它描写的浩劫的一部分。这么严苛的指责,就是因为梅尼克作为一个老一辈的学者,还不能抛弃传统文化优先论、文化解决问题的观点,还认为德国复兴的希望在于她的文化。

在《德国的浩劫》最后梅尼克写道:"我们听说在一些城市里成立了文化结社和文化团体;我们听说有舞台演出,在那里被人遗忘的德国戏剧的珍品又重见天日了,青年人和老年人都蜂拥到音乐会里去,会上演奏着伟大的德国音乐。"(何兆武先生译文)因此德国复兴有望;并且还提出德国人的存在的内在化要从德国精神的宗教生活和文化出发;在每一个德国城市和较大的乡村建立倾向于文化的人们的社团。这都使那些激进的反思者深为不满。在他们看来,这根本不能更新德国,反而是延续了将德国带入浩劫的那个传统。在普莱尼斯看来,梅尼克的目的是要用非政治的艺术来使德国人政治化,这不啻缘木求鱼,早被历史证明不仅无益,而且有害。

阿伦特在给雅斯贝斯的一封信中曾这样写道:"我多次问自己:让德国人对政治有感觉和让美国人对哲学哪怕懂一星半点,哪个更难?"正因为德国人难以理解政治(当然是现代意义上的),所以战后不少德国思想家着力于给德国人政治启蒙。最突出的也许要算是哲学人类学家普莱斯纳(Helmuth Plessner)了。早在第二次世界大战之前他就警告德国人,不要对政治感情用事。普莱斯纳所谓"对政治的感情事"指的是第一次世界大战后人们希望开放、诚实、兄弟情谊统治地球。他认为这会使政治瘫痪。他反对文化与文明的区分,认为正是这种区分将德国与西方区分了开来。他也反对滕尼斯提出的共同体与社会的区分,认为共同体要求的是一个非暴力的乌托邦,而社会要求的是"对权力的义务"。政治是赤裸裸的利益博弈,它只关勇气、精明和无情,而不关正直、讲理和温情。因此,私德和公德必然是彼此分裂的。他用第一次世界大战时德国首相霍尔维格的例子来说明德国人对政治的误解。

霍尔维格 1914 年 8 月在一份德国军队进军比利时的声明中说,德国破坏比利时的中立是不得已的不义。普莱斯纳用当时一份英国报纸的说法作为自己的论证。那家英国报纸写道,不是德国军队的进军,而是公开承认不义才是德国政府的罪行,这不仅是反对英国的罪行,也是反对公共道德的罪行。流行的公共道德就是一个国家不应该承认自己不义。霍尔维格并没有帝国议会授权让他讲自己的看法,他的任务是把事情摆平。霍尔维格混淆了普通道德和政治。这也意味着他误解了政治的本质。他错误地站在了共同体和文化的一边,而他的职位是必须站在社会和文明一边的。生活中不可能总是将诚实置于伪装之前,这对人来说是要求过分了。

在普莱斯纳看来,自诩表现了诚实使得政治处于一种道德化的压力之下,这种道德化压力使她与她的西方邻居疏远。德国人谴责英国的伪善,认为把英国利益等同于人类利益是欺骗,而"1789 年的观念"只是辞藻,后面隐藏着法国人的利己主义。可普莱斯纳认为,像英国和法国那样把现实政治与观念修辞混在一起是完全对的。德国作家方塔纳(Theodor Fontane)曾说,英国人说的是基督,意思却是薄印花平布。普莱斯纳的反应却是:那又怎样?"德国人意思是印花平布时总是说印花平布。那一点好处也没有。而且也决不一定她在人性上就更高。"总之,在普莱斯纳眼里,政治与道德是两码事,政治是非道德的。只有这样才算是理解了政治。

普莱斯纳1985年去世,没来得及看到1989年后的德国。但普莱尼斯认为,如果他活到1989年以后的话,他会像在1918和1945年以后一样告诉德国人:不要从政治困难逃进文化,他们必须学会在政治领域解决政治问题。但政治意味利益政治,而不是理想政治。只有当她像其他民族一样承认自己的利益,而不是作为骄傲的独行侠退回到理想和道德,德国才能成为欧洲的一个"正常的"国家。这大概也是普莱尼斯自己的观念。他认为德国只有明确表明她的民族利益,才能让她的欧洲邻居放心。恰恰是在1989年后,德国不能再回到文化国家,放弃政治,继续德国的传统。因为"德国人对此感到骄傲:世界的良心在他最好的生活方式中,但这对于其他人来说不是在扮演一个破坏游戏者?这不也是不幸?"普莱斯纳的结论是:1989年后德国人在欧洲不是游戏破坏者,他也在政治领域解决政治问题。这就是说,不再让文化反对政治。

就像有人讽刺伽德默尔的《真理与方法》的书名说,其实那本书应该叫《真理,还是方法》。普莱尼斯这个气魄同样很大的书名也可以读作《文化,还是政治》。显然,他是想把文化坚决排除在政治之外。而德国人似乎二战以后也的确是朝这个方向走,即与文化渐行渐远,与利益政治越走越近。下面这个例子也许可以证明这一点。

德国的一家民意调查研究所在1949年歌德诞生200周年和1999年歌德诞生250周年分别举行了两次有关歌德的民意调查。1949年,半数以上的被调查者对歌德是否是典型的德国人作了肯定的回答;而半个世纪后东德还有一半人是肯定的,西德却只有31%

的人是肯定的。1949年40％的受访者能背一首歌德的诗;1999年只有区区10％的人能背,前东德地区多一些,有25％的人能背。1949年有31％的人愉快地回忆起在学校里学习过歌德;1999年只有22％的西德受访者,34％的东德受访者愉快回忆起学习歌德著作的课程。在歌德诞生250周年时,西德的被调查者只有19％的人读过《浮士德》,东德是50％。在问到《浮士德》哪一个人物最受关注时,1949年一半的德国人回答是浮士德。而在1999年,西德的受访者回答是梅非斯特,浮士德和甘泪卿位居次席;而在东德浮士德依然高居榜首。但越来越多的人会认为梅非斯特比浮士德重要,就像在中国,越来越多的人喜欢猪八戒,而不是孙悟空或唐僧一样。在德国人眼里,梅非斯特体现了享乐主义的原则,这个原则随着德国的经济奇迹持续在产生影响。人们更愿意成为梅非斯特,而不是浮士德,就像在中国,人们更愿意成为猪八戒,而不是孙悟空或唐僧一样。

作为一个学者,普莱尼斯未见得会欢迎这种现象。但他的确希望德国像她的西方邻居一样,把政治建立在利益之上,公开追求利益政治。正是在煞费苦心区分文化与政治时,普莱尼斯,以及在他之前的普莱斯纳,明白地揭示了现代政治的本质。但有一个问题仍然挥之不去:这是否就是对**政治**的唯一正解? 如果是的话,何以证明?

图书在版编目(CIP)数据

政治世界的思想者/张汝伦著. —上海:复旦大学出版社,2009.11
ISBN 978-7-309-06955-6

Ⅰ.政… Ⅱ.张… Ⅲ.政治思想史-世界 Ⅳ.D091

中国版本图书馆 CIP 数据核字(2009)第 200823 号

政治世界的思想者
张汝伦　著

出版发行	复旦大学出版社　上海市国权路 579 号　邮编 200433
	86-21-65642857(门市零售)
	86-21-65100562(团体订购)　86-21-65109143(外埠邮购)
	fupnet@fudanpress.com　http://www.fudanpress.com
责任编辑	陈麦青
出 品 人	贺圣遂
印　　刷	上海肖华印务有限公司
开　　本	890×1240　1/32
印　　张	16.625
字　　数	401 千
版　　次	2009 年 11 月第一版第一次印刷
印　　数	1—6 000
书　　号	ISBN 978-7-309-06955-6/D・438
定　　价	48.00 元

如有印装质量问题,请向复旦大学出版社发行部调换。
版权所有　　侵权必究